U0683066

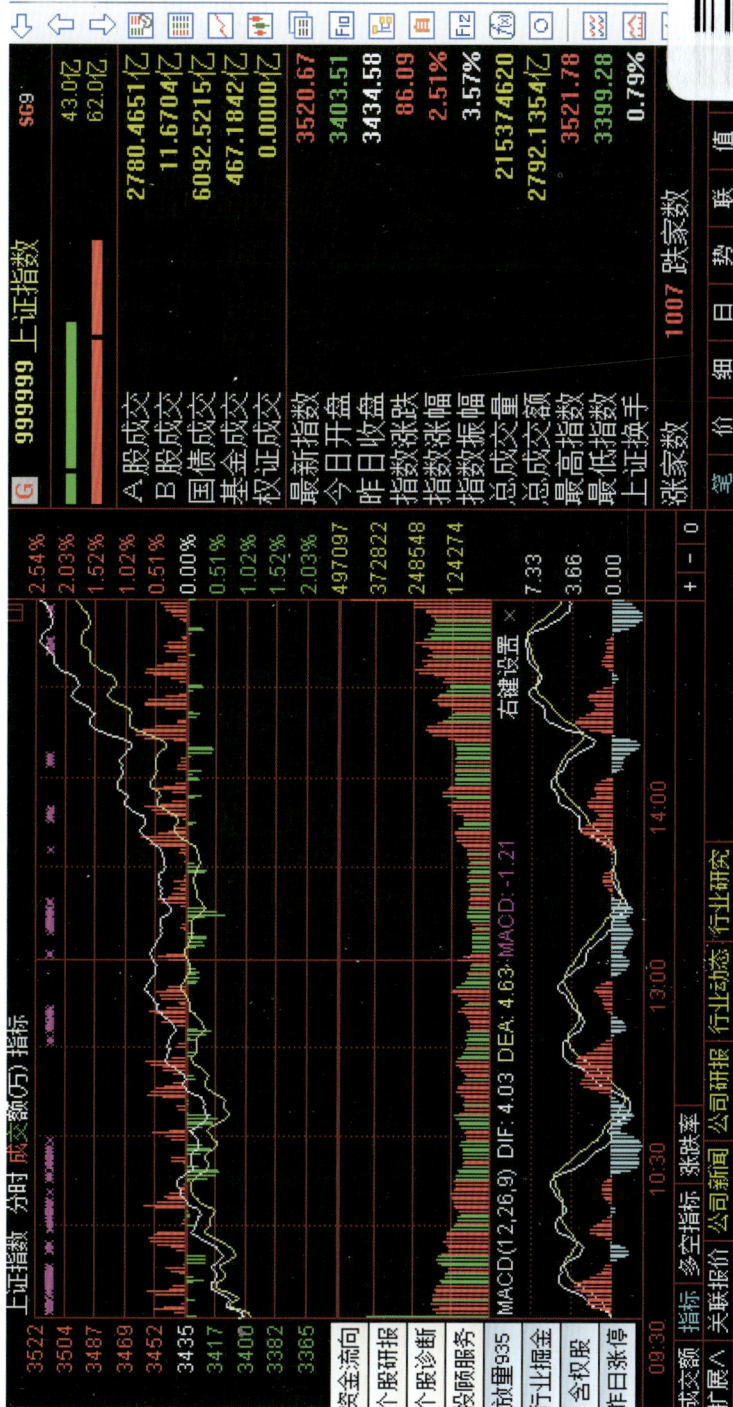

图 7.1

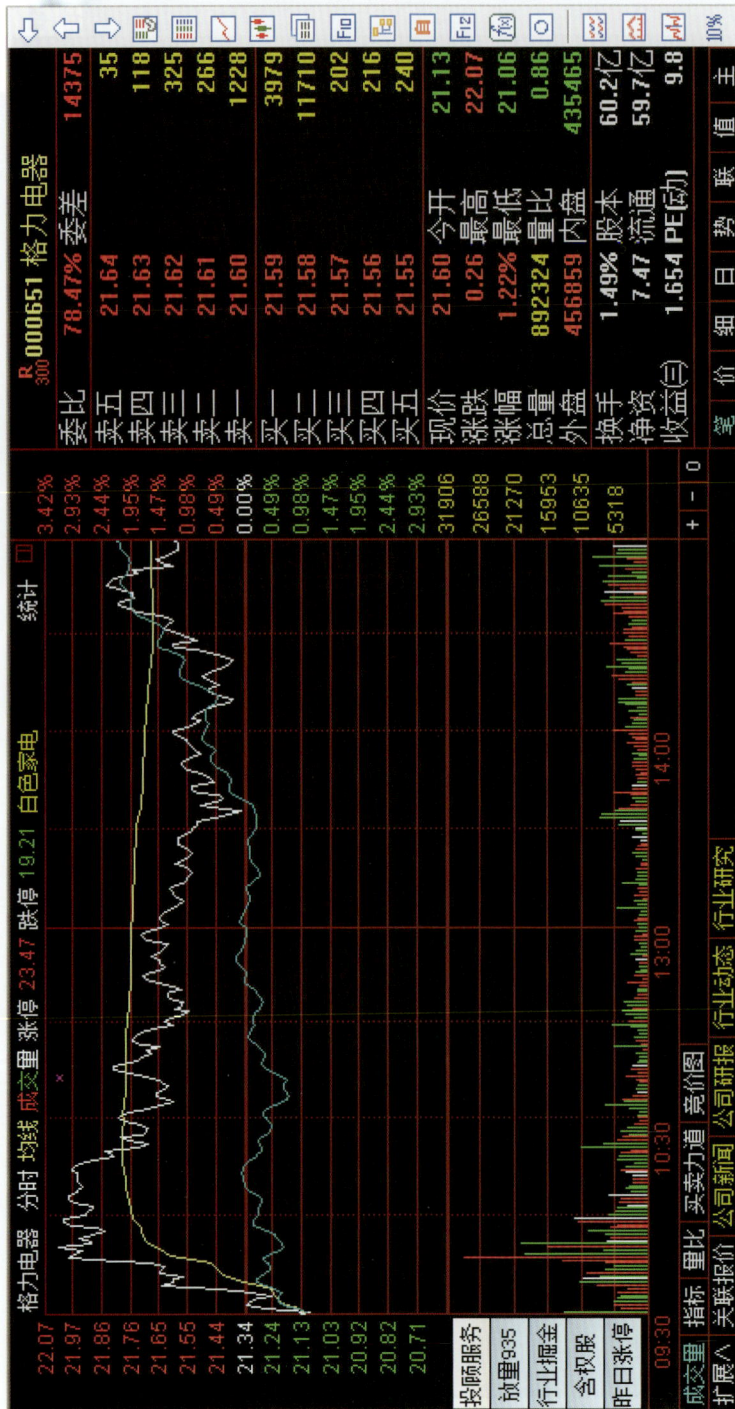

图 7.2

高等学校应用型特色规划教材 经管系列

财 务 管 理

(非会计专业)

(第二版)

主　编　段九利

副主编　袁晋峰　郭志刚　赵淑惠

清华大学出版社

北 京

内 容 简 介

本书是为适应高等院校应用型的人才培养模式改革，以培养应用型、复合型人才为教学目标，遵循理论够用、突出实际应用与能力培养为原则，以新颁布的会计准则及应用指南和修订后的公司法、证券法为依据组织编写的。本书分为十一章，主要内容包括企业财务管理概述、财务管理基础、长短期资金筹划、资本结构决策、项目投资决策、证券市场投资决策、流动资产管理、利润及税金管理、财务评价和跨国公司财务管理。其特色表现为：结构合理，重点突出；脉络清晰，体例新颖；案例丰富，信息量大；博采众长，吐故纳新。

本书可作为高等院校非会计专业本科教材，也可用于财务管理的专业基础课教学用书，还可作为在职人员培训、第二学位及经济管理相关人员学习用书。

图书在版编目(CIP)数据

财务管理：非会计专业/段九利主编. —2 版. —北京：清华大学出版社，2017（2020.11重印）
（高等学校应用型特色规划教材　经管系列）
ISBN 978-7-302-48398-4

Ⅰ. ①财… Ⅱ. ①段… Ⅲ. ①财务管理—高等学校—教材　Ⅳ. ①F275

中国版本图书馆 CIP 数据核字(2017)第 216420 号

责任编辑：温　洁
版式设计：杨玉兰
责任校对：周剑云
责任印制：刘祎淼
出版发行：清华大学出版社
　　　　　网　　址：http://www.tup.com.cn, http://www.wqbook.com
　　　　　地　　址：北京清华大学学研大厦 A 座　　　　邮　编：100084
　　　　　社 总 机：010-62770175　　　　　　　　　　邮　购：010-62786544
　　　　　投稿与读者服务：010-62776969, c-service@tup.tsinghua.edu.cn
　　　　　质量反馈：010-62772015, zhiliang@tup.tsinghua.edu.cn
　　　　　课件下载：http://www.tup.com.cn, 010-62791865
印 装 者：北京国马印刷厂
经　　销：全国新华书店
开　　本：185mm×230mm　　印　张：21　　插　页：3　　字　数：458 千字
版　　次：2007 年 6 月第 1 版　2017 年 10 月第 2 版　　印　次：2020 年 11 月第 4 次印刷
定　　价：43.00 元

产品编号：041499-02

出版说明

　　应用型人才是指能够将专业知识和技能应用于所从事的专业岗位的一种专门人才。应用型人才的本质特征是具有专业基本知识和基本技能，即具有明确的职业性、实用性、实践性和高层次性。进一步加强应用型人才的培养，是"十三五"时期我国经济转型升级、迫切需要教育为社会培养输送各类人才和高素质劳动者的关键时期，也是协调高等教育规模速度与培养各类人才服务国家和区域经济社会发展的重要途径。

　　教育部要求今后需要有相当数量的高校致力于培养应用型人才，以满足市场对应用型人才需求量的不断增加。为了培养高素质应用型人才，必须建立完善的教学计划和高水平的课程体系。在教育部有关精神的指导下，我们组织全国高校的专家教授，努力探求更为合理有效的应用型人才培养方案，并结合当前高等教育的实际情况，编写了这套《高等学校应用型特色规划教材》丛书。

　　为使教材的编写真正切合应用型人才的培养目标，我社编辑在全国范围内走访了大量高等学校，拜访了众多院校主管教学的领导，以及教学一线的系主任和教师，掌握了各地区各学校所设专业的培养目标和办学特色，并广泛、深入地与用人单位进行交流，明确了用人单位的真正需求。这些工作为本套丛书的准确定位、合理选材、突出特色奠定了坚实的基础。

✧ 教材定位

➢ 以就业为导向。在应用型人才培养过程中，充分考虑市场需求，因此本套丛书充分体现"就业导向"的基本思路。

➢ 符合本学科的课程设置要求。以高等教育的培养目标为依据，注重教材的科学性、实用性和通用性。

➢ 定位明确。准确定位教材在人才培养过程中的地位和作用，正确处理教材的读者层次关系，面向就业，突出应用。

➢ 合理选材、编排得当。妥善处理传统内容与现代内容的关系，大力补充新知识、新技术、新工艺和新成果。根据本学科的教学基本要求和教学大纲的要求，制订编写大纲(编写原则、编写特色、编写内容、编写体例等)，突出重点、难点。

➢ 建设"立体化"的精品教材体系。提倡教材与电子教案、学习指导、习题解答、课程设计、毕业设计等辅助教学资料配套出版。

✧ 丛书特色

➢ 围绕应用讲理论，突出实践教学环节及特点，包含丰富的案例，并对案例作详细解析，强调实用性和可操作性。

➢ 涉及最新的理论成果和实务案例，充分反映岗位要求，真正体现以就业为导向的培养目标。

➢ 国际化与中国特色相结合，符合高等教育日趋国际化的发展趋势，部分教材采用双语形式。

➢ 在结构的布局、内容重点的选取、案例习题的设计等方面符合教改目标和教学大纲的要求，把教师的备课、授课、辅导答疑等教学环节有机地结合起来。

✧ 读者定位

本系列教材主要面向普通高等院校和高等职业技术院校，适合应用型、复合型及技术技能型人才培养的高等院校的教学需要。

✧ 关于作者

丛书编委特聘请执教多年且有较高学术造诣和实践经验的教授参与各册教材的编写，其中有相当一部分教材的主要执笔者是精品课程的负责人，本丛书凝聚了他们多年的教学经验和心血。

✧ 互动交流

本丛书的编写及出版过程，贯穿了清华大学出版社一贯严谨、务实、科学的作风。伴随我国教育改革的不断深入，要编写出满足新形势下教学需求的教材，还需要我们不断地努力、探索和实践。我们真诚希望使用本丛书的教师、学生和其他读者提出宝贵的意见和建议，使之更臻成熟。

清华大学出版社

前言(第二版)

本书第一版出版以来，广受众多读者的欢迎和肯定，同时获评辽宁省"十二五"。精品教材能够得到广大读者的厚爱是基于该书始终结合读者的阅读目的与专业知识层次，重在培植财务管理的理念，淡化财务理论探究，坚持贴近现实，深入结合我国目前经济体制改革中的财务管理实践。坚持以培养应用型、复合型人才为教学目标，遵循理论够用、突出实际应用与能力培养为编写原则。

第二版修订，增加了部分相关内容的深度与容量，对一些内容作了个别调整。在体例和内容组织方面继承沿袭了第一版的特点：首先，保持了结构合理，重点突出的特点。从满足(非会计专业)财务管理专业的读者的需求出发，根据课时安排，对教学内容合理配置，既保证知识的系统性，又突出重点内容，强调实用性。其次，理论部分逻辑清楚，脉络清晰，体例新颖；内容安排遵循学习规律，由浅入深，每章都有导读、核心概念、专题案例、本章小结、知识链接、案例与点评、思考与练习，内容前后呼应，融会贯通。最后，案例丰富，信息量大。理论表述与实务相结合，注重用案例诠释财务理论，同时加入相关的知识信息资料，提高可读性，扩大读者的信息量。

本书可作为高等院校非财务管理专业本科、专科、研究生教材，也可用于财务管理的专业基础课教学，还可用于第二学位学习、在职人员培训、MBA 教学和经济管理人员自学用书。

全书由段九利任主编，袁晋峰，郭志刚、赵淑惠任副主编。编写人员不但有长期从事高校一线教学的教师，还包括长期从事大型国有企业和上市公司财务管理工作的财务总监。本书的编写是对高等教育财务管理课程教学改革的积极尝试。

由于作者水平有限，书中的纰漏错误在所难免，恳请读者和同行批评指正，以便我们不断地修改和完善。

编　者

前　言

本书系普通高等学校应用型特色规划教材经管系列教学用书。该书是为适应高等院校应用型的人才培养模式改革，以培养应用型、复合型人才为教学目标，遵循理论够用、突出实际应用与能力培养为原则组织编写的。力求结合读者的阅读目的与专业知识层次，重在培植财务管理的理念，淡化财务理论探究，坚持贴近现实，与我国目前经济体制改革中的财务管理实践相结合。

随着我国社会主义市场经济的迅猛发展，企业所处的理财环境愈发复杂、多变，金融体制改革不断深化，金融工具不断推新，必然对企业管理人员素质和财务管理人员水平提出更高的要求。本书分为十一章，主要内容包括企业财务管理概述、财务管理基础、长短期资金筹划、资本结构决策、项目投资决策、证券市场投资决策、流动资产管理、利润及税金管理、财务评价和跨国公司财务管理等。

本书具有如下特点：第一，结构合理，重点突出；从满足(非会计专业)财务管理专业读者的需求出发，根据课时安排，对教学内容合理配置，既保证知识的系统性，又突出重点内容，强调实用性；第二，脉络清晰，体例新颖。内容安排遵循学习规律，由浅入深，每章都有导读、核心概念、专题案例、本章小结、知识链接、案例与点评、思考与练习，内容前后呼应，融会贯通；第三，案例丰富，信息量大。理论表述与实务相结合，注重用案例诠释财务理论，同时加入相关的知识信息资料，提高可读性，扩大读者的信息量；第四，博采众长，吐故纳新。本书借鉴和学习了国内众家所长，参考吸收了国内外相关教材的精华和财务管理实务成果，以新颁布的会计准则及应用指南和修订后的公司法、证券法为依据，组织经验丰富的教师编写而成。

全书由段九利任主编，郭志刚、徐鹿、肇静玮任副主编。段九利负责全书总体框架设计、初稿修改、补充以及最后总撰定稿，郭志刚参与初稿的修改。撰写初稿分工如下：第一、二、七章由段九利编写；第三、四、五章由徐鹿编写；第六章由郭志刚编写；第八、九章由肇静玮编写；第十章由徐海峰编写；第十一章由曹宇波编写。

另外，本书配有电子课件，以适应多媒体教学的需要。课件下载网址：www.tup.com.cn。

本书可作为高等院校非财务管理专业本科、专科、研究生教材，用于财务管理的专业基础课教学，还可用于第二学位学习、在职人员培训、MBA 教学和经济管理人员自学用书。

本书的编写是对高等教育教学改革的积极尝试，由于作者水平有限，书中的纰漏错误在所难免，恳请读者和同行批评指正，以便我们不断地修改和完善。

编　者

目　录

第一章

企业财务管理概述

本章导读：

学习和掌握财务管理，首先要了解财务管理的基本内容，这是掌握这门学科的钥匙。财务管理是一门实践性很强的学科，它是在既定的理财环境中，按照企业合理的财务管理目标，通过财务管理的具体程序和方法，研究资金在企业的运动形式及其规律。

核心概念：

资金运动(cash flow)　财务活动(financing activities)　财务管理目标(financing aim)　财务预算(financing budget)　财务控制(financing control)　现金预算(cash budget)

【专题案例】

《新约·马太福音》中有这样一个故事，国王远行前交给三个仆人各一锭银子，并让他们在自己远行期间去做生意。国王回来后把三个仆人召集到一起，发现第一个仆人已经赚了十锭银子，第二个仆人赚了五锭银子，只有第三个仆人因为怕亏本什么生意也不敢做，最终还是攥着那一锭银子。

于是，国王奖励了第一个仆人十座城邑，奖励了第二个仆人五座城邑，第三个仆人认为国王会奖给他一座城邑，可国王不但没有奖励他，反而下令将他的一锭银子没收后奖赏给了第一个仆人。国王降旨说："少的就让他更少，多的就让他更多。"

这个理论后来被经济学家运用，命名为"马太效应"。俗话说，你不理财，财不理你。如果"穷人"不改变理财思路，继续保守理财的话，那还是会应验马太福音中的那句经典之言：让贫者越贫，富者越富吧！

其实，财务管理的实质就是生财、聚财之道，资本有其自身的运动法则，掌握了它，你就开启了财富之门。

第一节　企业的组织形式

一、企业的组织形式概述

企业是依法设立、以营利为目的的社会经济组织。现代企业的组织形式主要来源于西方工业国家历经几百年间的实践演变而成,西方企业的主要组织形式有 3 种:独资企业(又称个体企业)、合伙企业和公司。

(1) 独资企业(sole proprietorship)是最古老的企业组织形式之一,是一个人投资经营的企业,投资者持有企业的全部资产并对企业债务承担无限责任的经营组织。独资企业不单独缴纳所得税,在计算个人所得税应税收入时应加上独资企业利润或减去独资企业亏损。其组织结构简单、容易开办、利润独享,经营限制少,但筹资相对困难。

(2) 合伙企业(partership)是指由两个或两个以上合伙人,共同出资、合伙经营、共享收益、共担风险的经营组织。合伙企业必须订立书面合伙协议,合伙人按合伙协议约定享有权利,同时承担责任。普通合伙企业中,所有合伙人都对合伙企业债务承担无限连带责任的企业。由于每位合伙人都可能给企业带来债务,因此合伙人要经过仔细选择。在大多数合伙契约中都载明了每位合伙人的权利、合伙企业利润的分配方式、每位合伙人的投资额、吸收合伙人的程序,以及在某合伙人死亡或退出时合伙企业重组的程序等内容。

在有限责任合伙企业中,有限责任合伙人(limited partner)出资后仅以出资额为限承担责任,也就是即使他们发生损失不会超过其当初投入企业的资金额。但是在合伙企业中必须至少有一位承担无限责任的无限责任合伙人(general partner)。有限责任合伙人不参与企业的经营,企业经营由无限责任合伙人负责。从严格意义上讲,有限责任合伙人就是投资者,其盈亏比例由合伙契约规定。

独资企业及合伙企业都是由个人或少数人出资并控制的简单的企业组织形式。以其规模小,注册程序简便,注册资本低为特点,适合小型企业。其共同的特点是:

① 从法律角度,这两类企业都不是法律实体,不具有对外承担独立民事责任的法律地位,由其所有者承担全部民事责任,包括对企业债务负有无限清偿责任。

② 从会计角度,两类企业都是经营实体,全部利润归所有者。

③ 从纳税角度,独资企业和合伙企业本身都不纳税,由所有者交纳个人所得税。

(3) 公司主要有股份有限公司(corporation)和有限责任公司(limited liability company,LLC)两种形式。是依据一国公司法设立,由若干法人或自然人出资组成,能够独立从事民事活动,独立承担民事责任和享有民事权利的企业组织形式。"公司是企业法人,有独立的法人财产,享有法人财产权。公司以其全部财产对公司的债务承担责任。"[①]公司具有法律虚拟创制和认可的独立人格,是一种"人格化"的经济组织。公司股东作为出资者按出资份额享有财产收益、经营决策等权利,并以出资额或所持股份为限对公司承担有限责任。董事长是公司法人代表,公司作为法人实体,具有完整意义上的法人财产权。其特点如下:

① 出资者所有权与公司法人财产权相分离,法人财产权和公司经营权结合。

② 公司以独立法人的资格依法自主经营,自负盈亏,依法缴纳税款。

---

① 中华人民共和国《公司法》,第一章第三条,2013 年 12 月 28 日修订。

③　股东责任有限。股东的投资风险仅限于投资额本身，一般对个人财产并无追索。

④　股份有限公司具有"无限生命"的可能。除非公司或破产，或被兼并，或依公司章程自动终结。有限责任公司相比较股份有限公司，一般不具有严格意义上的"永续存在"的特点。有限责任公司允许某个成员转让其股份退出企业，但前提必须得到大多数股东的同意。

⑤　所有权的流动性。公司所有权的转移可以通过股票或股份的转让实现。

由于公司具有有限责任、股份可以转让买卖、永续存在以及公司筹资能力强等优点，使公司制这种企业形式在19世纪迅速发展，成为当今社会最重要的企业组织形式。

公司制组织形式也有缺陷，具体内容如下：

①　双重税赋。公司作为法人要缴纳公司所得税，股东从公司取得的收益要缴纳个人所得税，存在双重课税。

②　内部人控制。由于公司所有权与经营权分离，公司内部管理人员可能为自身利益而在某种程度牺牲股东的利益。

在我国，企业的组织形式有不同的划分，如按照所有制形式不同可分为国有企业、集体企业、私有企业和混合所有制企业。随着现代企业制度的建立，企业组织形式按照资本金组成标准，我国将企业划分为独资企业、股份制企业、合资企业和合作企业等组织形式。

(1)　独资企业是指资本金属于某一所有者的企业。按照所有者的不同又可分为国有独资企业、集体独资企业和私人独资企业。其所有者享有企业最终资产收益权，并对企业债务负有全部偿还的义务与责任。

(2)　股份制企业是指资本金属于若干所有者的企业。我国的股份制企业主要包括有限责任公司、股份有限公司和股份合作企业。我国《公司法》中，公司是指有限责任公司和股份有限公司。有限责任公司的股东以其认缴的出资额为限对公司承担责任，股份有限公司的股东以其认购的股份为限对公司承担责任。股份合作企业是股东投资和投入劳动力，并将二者折合为股份的一种特殊的责任有限的股份制企业，目前多存在于乡镇企业。

(3)　合资企业是指资本金属于多个所有者的股权企业。合资者按出资额的多少取得股权证，并承担有限责任和享有净资产权益。股权不能任意转让，如要转让需经其他合资者同意，并先在内部转让。合资企业可分为中外合资企业和国内合资企业两种。企业集团是国内合资企业的重要形式。

(4)　合作企业是指资本金属于多个所有者的契约型企业。合作者可以将资金、技术、场地等不同生产要素投入企业，按合作契约规定享有权益和承担责任。合作企业不能采用发行股票方式筹资。合作者的退出将导致企业的解体和重组。

综上所述，企业组织形式对企业财务有重要的影响：一是企业注册资本的筹集和结构受其影响；二是不同组织形式影响出资者承担企业债务的责任；三是不同组织形式影响企业收益的分配形式。

二、企业财务管理机构

财务管理在企业整个经营管理活动中居于核心地位，在企业内部，财务管理组织机构的设置以及财务专业人员的配置对企业管理财务的职能与工作效率起着关键作用。

财务机构和岗位的设置应当与组织规模和结构相适应。针对小型企业，财务机构与会计机构可以合并设置，财务人员兼做会计；而对于较大企业而言，会计与财务应各自分设机构。

以某股份有限公司财务管理的组织机构为例，如图 1.1 所示。

在现代企业发展过程中，财务管理人员扮演的角色越来越重要。在企业财务工作的主要负责人是财务副总经理或财务总监(Chief Finance Officer，CFO)，在企业中的地位和作用至关重要。财务总监直接对总经理负责，主要职责包括：维护企业财务管理组织制度；组织会计核算工作；组织筹资、投资和分配工作，协调企业资金运营；组织预算与成本控制工作；协调各部门涉及资金管理事宜。

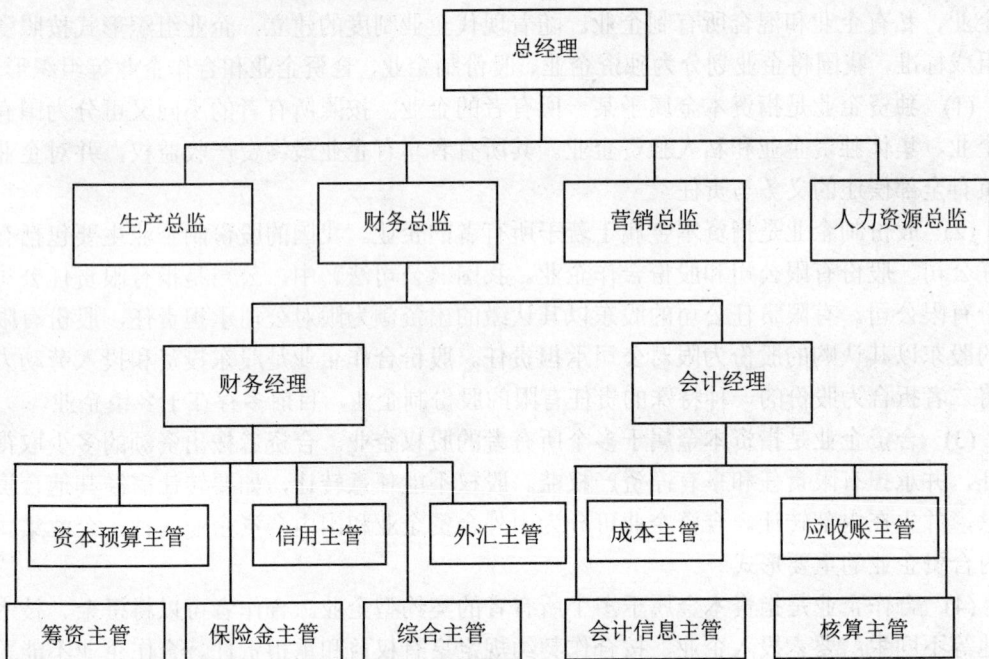

图 1.1　某公司财务管理组织机构图

第二节　财务管理基本概念

一、财务管理的内涵

英文中 finance 一词在会计领域通常译作财务，而财务管理有两种解释：公司理财(corporate finance)与财务管理(finance management)。那么，什么是财务呢？张先治在《财务学概论》(2006)中，对财务作了如下界定。"财务与价值紧密相关，这种价值具体表现为资金或资本；财务表现为财务活动，即资金或资本的筹集、使用与分配；财务活动体现出财务关系，包括所有者、债权人、政府等的关系。"

财务管理就是对财务的管理，是企业组织财务活动，处理财务关系的一项经济管理工作，其目的是实现资金或资本的运筹效率和效果。

在国外的某些教材中，财务管理被理解为：在一定的整体目标下，关于资产的购置、融资和管理。因此，财务管理的决策功能分为 3 个主要领域：投资、融资和资产管理决策。

(1) 投资决策是在企业涉及价值创造时，企业 3 个决策领域中最重要的方面。投资决策要决定的首要问题是企业需要持有的资产总额。其次，要决定这些资产的组成。例如企业总资产中需要保持多少现金，多少存货。此外，除了决定投资什么，还要决定不投资什么。对于不再有经济效益的资产，应减少对它们的投资，或者停止投资，或者用别的资产取而代之。

(2) 融资决策是企业的第二项主要决策。如果说投资决策关注的是列示在资产负债表左边的资产，则融资决策关注的是资产负债表右边各项目的组成。考察不同的行业甚至不同的企业的融资结构，你会发现它们有明显的差异。有些企业的债务金额很大，而有些企业则几乎没有负债。采取不同的融资类型相对企业来说会有多大差异呢？理论上存在最佳融资组合吗？此外，西方学者倾向于将股利政策看作企业融资决策的一个组成部分。理由是股利支付率(dividend-payout ratio)决定了企业的留存收益多少，而留存收益是企业权益融资的重要方式之一。因此，支付给股东的股利价值必须用所损失的留存收益的机会成本来衡量。

(3) 资产管理决策作为企业第三项主要决策，是在企业购置了资产、筹集到了所需资金之后，需要对这些资产实施有效的管理。相对于固定资产而言，财务经理更关注于流动资产的管理。

二、财务管理的特征

财务管理的特征主要表现为以下内容。

1. 财务管理是价值管理

从财务管理上看，财务管理的对象是企业的资金运动，而资金运动的过程实质上就是资金价值的取得、形成和分配的过程。从财务管理指标体系上看，企业主要是利用收入、成本、利润等价值指标进行财务分析和控制。从财务关系上看，企业外部或内部相关单位和个人之间经济利益关系的核心就是价值的分配及再分配。因此，财务管理的基本属性是价值管理。

2. 财务管理是综合性管理

企业管理在实行分工、分权的过程中形成了一系列专业管理，有的侧重于使用价值的管理，有的侧重于价值的管理，有的侧重于劳动要素的管理，有的侧重于信息的管理。而在企业各方面的管理中，大都可以通过资金运动来反映各项管理的质量和效果。因此，财务管理关系到企业管理的方方面面，是一项综合性的管理工作。

3. 财务管理控制功能较强

企业经营活动一方面是物质商品运动的过程，另一方面是资金运动的过程。企业的任何商品运动都必然与资金运动存在一定的关系，通过资金管理可以对商品的运动过程即经营过程进行有效控制，这正是财务管理控制功能得以形成的基础。另外，因为财务管理是一种价值管理和综合管理，所以更有利于确定企业内部各部门、各环节以及个人的经济责任，强化责任控制功能。

4. 财务管理的内容广泛

财务管理的对象是资金运动，企业财务管理的内容主要包括：资金筹集、资金投放管理、资产管理、成本、收入管理、分配管理等；此外，还包括企业设立、合并、分立、改组、解散、破产的财务处理，这些均是资金运动在企业的不同体现，共同构成企业财务管理的完整体系。

综上所述，财务管理是企业管理的一个重要组成部分，是企业开展筹资活动、投资活动以及利润分配活动，并处理与各方面财务关系的一项经济管理工作。

三、财务管理的对象

1. 资金

企业要进行生产经营活动，就必须拥有劳动力、生产资料和信息等生产要素。人们把在企业生产经营过程中生产经营要素的价值称之为资金。在生产经营过程中，资金会呈现出不同的形态，并从一种形态转化为另一种形态。资金形态主要包括：一是货币资金，又称为现金；二是指流动资产，包括存货、应收账款、短期投资等；三是指长期资产，包括固定资产、无形资产、长期投资等。企业财务管理主要就是资金的管理，其对象就是企业中呈现不同形态的资金。

　　这里所说的"资金"需要强调两点：第一，资金不局限于现金及其现金等价物。在理解现金流量表时，我们非常关注影响现金流入、流出账户的交易，但是，企业还发生一些其他交易，虽不直接影响现金收支，但对完整评价企业财务状况非常重要，不容忽视。例如，期末的大宗赊销和赊购，用财产换取股票和债券，以及用一种财产换取另一种财产等交易都无从体现在现金的变化上。第二，此处的资金范围更大，包括企业所有的投资和权益(为投资而筹措的资金)。这样就可以把握影响企业资金来源和运用的所有交易。

　　这就让我们自然地把资金与资产负债表联系起来。资产负债表反映了企业的财务状况，也就是资金状况。资产负债表列示了企业所有的投资(资产)及与之相对应的、由债权人和所有者提供的权益(负债和所有者权益)。资产负债表与资金的关系表现在

　　资产负债表=资金的存量

　　资产负债表项目的变化="净"资金流

　　资金来源=资金占用

　　为了更好地理解资金的来源和运用项目分类，我们可以归纳如表1.1。

表 1.1　资金来源与运用项目分类

资金来源	资金运用
资产项目的减量-	资产项目的增量+
权益项目的增量+	权益项目的减量-

　　例如，存货(资产)的减少和短期借款(权益)的增加，对企业意味着资金的来源；应收账款(资产)的增加和股东权益的减少(如股票回购)，则意味着资金的运用。那么，现金的增加是属于资金的来源还是资金的运用呢？最初的反应可能是"来源"，但仔细分析，现金属于资产项目，现金增加应属于资金的运用。

2. 资金循环

　　由于企业的生产经营活动是连续不断地进行的，因此，资金进入企业后不是静止不动的。资金从始至终需要经过筹集、投放与运用、收回与分配等环节，伴随这种运动，资金从现金转化为非现金资产，非现金资产又变为现金，形成一个完整的现金流动链条，这种流动伴随企业的生产经营不间断地进行，就构成了资金循环。这种循环周而复始，不断进行，便形成资金周转。因此，财务管理的对象是指资金及其流转，统称为资金运动。

　　企业生产经营过程，主要包括原材料供应环节、产品生产或加工环节、产品销售环节，从而使生产经营过程表现为实物商品运动过程，在这种物质运动中，实物商品由一种形态转化为另一种形态。但是，企业这种生产经营活动并非孤立进行，其中紧密相随的就是资金循环。譬如，新建一个企业，首先必须解决两个问题，一是制定规划，明确经营的内容和规模；二是筹集若干资金，作为最初的资本。企业建立后，就要用现金购买原材料和雇

佣工人,随着这些生产要素的投入,生产出产品。这样,初始资金就转化为了有形的存货。企业售出产品,存货又变回了现金,这就有两种情况,一种是现金销售,这种转换瞬时完成;另一种是赊销,只有在一段时间以后,收回应收账款时才有现金。这种由现金至存货,至应收账款,再回复至现金的简单现金流动,就是企业的资金循环。

在以上的资金循环中,还应考虑固定资产的价值转移问题。企业用现金购买的固定资产在生产产品的过程中要被逐渐损耗掉,固定资产的价值在使用中逐步减少,减少的价值称为折旧费。因此每一单位产品的价值都包含了一部分固定资产的转移价值,会计师对这一过程的认识是通过不断减少固定资产的账面价值,由折旧这一数额把价值逐渐转移到存货上来增加产品的价值。为了维持生产能力,企业必须将部分回笼的现金投资于新的固定资产。总之,整个资金循环的目的就是为了使循环产生的现金超过初始资金。资产运动生产循环图,如图 1.2 所示。

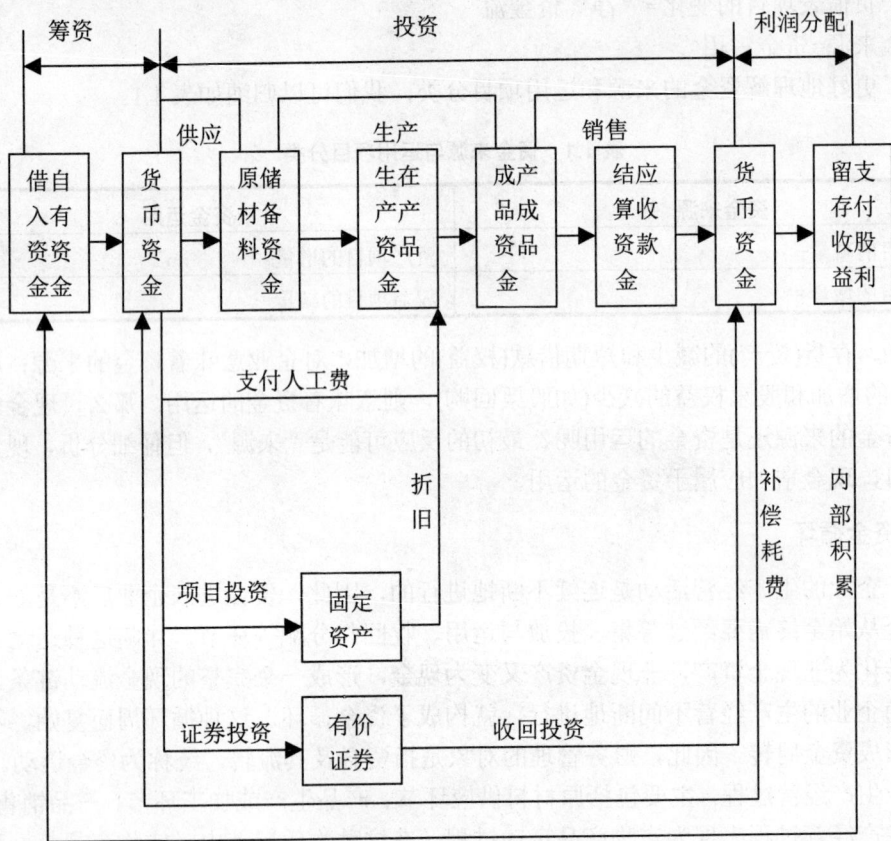

图 1.2　资金运动生产循环图

四、财务活动

企业财务管理的对象是资金，从企业资金的运动规律以及循环过程可以看出，资金运动主要包括筹资、投资、利润分配 3 个环节。因此，企业财务活动主要包括以下 3 个方面。

1. 筹资活动

筹资是指筹集资金，它是企业进行经济活动的前提，筹资所要解决的是企业如何获取资金以及资金合理配比的问题。企业可以通过发行股票、债券、吸收直接投资等方式从股东获得权益资金，还可以通过银行贷款从债权人获得借入资金。

企业通过各种方式或渠道筹集资金，表现为资金的流入；企业支付各种筹集资金费用、到期偿债付息、支付股利等，表现为资金的流出。这种因资金筹集而产生的资金流入和流出便是企业的筹资活动。

2. 投资活动

投资是指企业以收回现金并取得收益为目的而发生的现金流出。其包括长期投资和短期投资：企业购买设备、建造厂房等固定资产、无形资产或购买股票和债券等，影响所及超过一年或一个生产周期，形成企业的长期投资；企业增加存货、应收账款或购买短期有价证券等发生的现金流出，影响所及不超过一年或一个生产周期，就形成了企业的短期投资。还包括对内投资和对外投资：企业把资金投资于企业内部用于购置固定资产、无形资产等，便形成企业对内投资；企业把资金投资于购买其他企业的股票、债券或与其他企业联营进行投资，便形成企业的对外投资。

企业无论是购买内部所需各种资产，还是购买各种证券，无论是长期投资还是短期投资，都会发生现金流出；而当企业变卖其投资的各种资产或收回其对外投资时，则会发生现金的流入。这种因企业投资而产生的现金流出和现金流入，便是企业的投资活动。

3. 利润分配活动

企业通过投资活动取得了投资报酬，并最终形成了企业的利润。企业的利润要按规定的程序、比例进行分配，包括纳税、弥补亏损、提取公积金公益金、向投资者分配利润等。利润分配伴随着资金的流出，这种因利润分配而产生的资金流出便是企业的利润分配活动。

以上三个方面的内容既相互独立，又相互联系，共同构成了企业完整的财务管理体系，即企业筹资管理、企业投资管理、企业利润分配管理等。企业财务管理涉及企业外部、内部和内部各个部门，由此便形成了相互之间特定的财务关系。

五、企业财务关系

企业财务关系是指企业在财务管理过程中与有关各方所发生的经济利益关系。企业财务关系可概括为以下几方面内容。

1. 企业与政府之间的财务关系

企业与政府之间的财务关系主要是指企业通过依法纳税而与政府形成的经济利益关系。政府担负着维护社会正常秩序、保卫国家安全、组织和管理社会活动等职能，政府社会职能的行使需要通过税收获取足够的资金作为保障。因此，企业必须按照国家税法的规定向中央和地方政府缴纳各种税款，以保证国家财政收入的实现。这种关系体现出一种强制性和无偿性的特点。

2. 企业与投资者之间的财务关系

企业与投资者之间的财务关系是指企业投资者即所有者，包括国家、法人、个人和外商向企业投入资金，企业向其支付投资报酬而形成的经济利益关系。一方面，企业投资者要按照投资合同或协议、章程的约定履行出资义务，以便及时形成企业的资本；另一方面，企业利用投资者投入的资金进行经营，并按照出资比例或合同、章程的规定，向投资者支付投资报酬。这种关系体现经营权和所有权分离的特点。

3. 企业与债权人之间的财务关系

企业与债权人之间的财务关系是指企业占用债权人资金或向债权人借入资金，并按有关合同的规定按时支付利息和归还本金而形成的财务关系。企业债权人包括本企业债券的持有人、贷款银行或金融机构、商业信用提供者、其他出借资金给企业的单位和个人。企业利用债权人的资金后，应按约定的时间和金额及时还本付息。企业同债权人之间的关系体现的是债务与债权的关系。

4. 企业与受资者之间的财务关系

企业与受资者之间的财务关系是指企业以购买股票或直接投资的形式对外投资，而与受资者之间形成的经济利益关系。如果企业以持有股票或直接投资的形式成为其他企业的投资者，就应按约定履行出资义务，同时享有依据其出资份额参与受资者的经营管理和利润分配的权利。企业与受资者之间的关系体现的是投资与被投资者的关系。

5. 企业与债务人之间的财务关系

企业与债务人之间的财务关系是指企业将资金以债券投资、提供借款或商业信用等方式出借给债务人而形成的经济利益关系。如果企业以购买债券、提供借款或商业信用等形式将资金出借给其他单位或个人以后，企业有权要求债务人按约定的条件还本付息。同样，债务人也具有偿还义务。企业与债务人之间的关系体现的是债权与债务的关系。

6. 企业内部单位之间的财务关系

企业内部单位之间的财务关系是指企业内部各单位之间在生产经营各环节中相互提供产品或劳务所形成的经济利益关系。企业在生产经营活动中，由于分工协作产生内部各单位相互提供产品或劳务的情况，在实行内部独立核算以及履行经营责任制的要求下，各单位相互提供产品、劳务应按照独立企业的原则计价结算，从而形成内部的资金结算关系和利益分配关系，体现的是内部单位之间的关联关系。

7. 企业与职工之间的财务关系

企业与职工之间的财务关系是指职工向企业提供劳动而企业相应支付劳动报酬形成的经济利益关系。职工是企业的劳动者，又是雇佣者，应按劳动合同的约定履行工作责任，同时企业要按约定支付给职工一定的劳动报酬。这种企业与职工之间的财务关系，体现的是职工和企业在劳动成果上的分配关系。

第三节　财务管理目标

一、企业目标

企业是依法设立、以营利为目的的经济组织，企业一旦成立，就会面临竞争，并始终处于生存和倒闭、发展和萎缩的矛盾之中。企业只有生存下去才可能获利，只有不断发展才能求得生存。因此，企业的目标可以概括为生存、发展和获利。

(一)生存

企业生存是企业获利和发展的前提，在激烈的市场竞争中，企业要想生存下去，必须具备以下基本条件。

1. 创造利润的能力

从损益的角度来讲，企业在一定的经营期间所取得的收入要能补偿所耗费的各项生产要素的价值(即成本费用)，即产生利润。收入弥补不了成本费用就会出现亏损，企业长期亏损，投资者的投资就无法得到回报，企业的存在也就失去了意义，投资者只能被迫终止企业的经营。

2. 创造现金的能力

从现金流量的角度来讲，企业在一定的经营期间所产生的现金流入量要能大于现金流出量，也就是说，企业应具有创造现金的能力。企业创造现金的途径主要有两种：一是依靠企业自身的经营活动产生现金流量；二是通过发行股票、债券以及对外借款等方式筹集资金。如果企业通过两种途径都无法创造足够的现金，企业现金流入量长期小于现金流出量，会出现资金短缺，导致企业经营难以为继。

3. 到期偿债的能力

企业出于扩大业务规模与负债经营的考虑，或因资金周转困难而经常产生债务。债务与股东权益的区别之一是债务具有有期性,债务人必须承诺按期还本付息。如果企业兑现不了该种承诺,就可能被债权人接管或被法院强制破产。

保持企业创造利润、现金及偿还到期债务的能力,减少破产的风险,使企业能够长期、稳定地生存下去,这是企业目标对财务管理提出的第一个要求。

(二)发展

企业的发展好比逆水行舟,不进则退,只有不断发展,才能增强自身实力,提高核心竞争力,才能在激烈的市场竞争中始终处于不败之地。

企业的发展过程就是不断扩大再生产的过程,企业要不断扩大生产规模,就必须购置或更新设备、新建或扩建厂房以及提高劳动力数量和质量,这些都需要足够的资金投入。因此,及时、足额筹集企业发展所需要的资金是企业目标对财务管理提出的第二个要求。

(三)获利

建立企业的宗旨是获利,获利就是要不断地创造利润。获利是企业生存和发展的保证,也是投资者的最终要求,从长远来看,企业不能获利,也就不具备生存和发展的条件。企业要获利,一方面应通过各种有效途径增加收入,另一方面应加强成本费用的控制,减少资金耗费和占用,即降低成本费用与提高资产利用率、加速资金周转相并举。

合理有效地使用资金,使企业获利,这是企业目标对财务管理提出的第 3 个要求。

二、企业目标对财务管理的要求

企业目标是企业希望经过努力所能实现的结果。财务管理目标是企业进行理财活动所要达到的目的,是评价企业财务活动是否合理的标准。财务管理目标从属于企业整体目标,一方面要服务于企业目标,从财务的角度保证既定企业目标的实现,另一方面要统领企业财务管理工作的有序进行。由于企业的资金运动构成企业相对独立的运行系统,只有制定正确的财务管理目标,才能为企业目标的实现提供资金保障。

根据不同的企业目标,其对财务管理目标要求也不同。

1. 生存目标

为满足企业生存目标的需要,财务管理应努力使企业保持合理的财务比例和良好的融资环境,保证企业维持正常经营所必需的现金流量,确保企业的生存。

2. 发展目标

为满足企业发展目标的需要,财务管理应及时地以合理的方式、低廉的成本筹集企业发展所需要的资金,从资金方面满足企业的发展需要。

3. 获利目标

为满足企业获利目标的需要，财务管理应有效管理各项资产，加速流动资金的周转，做好固定资产更新改造，提高资金投资收益水平。

三、一般财务管理目标

关于财务管理目标的问题理论界尚有争议，在此列举以下 3 种观点。

1. 利润最大化

这种观点认为，利润代表了企业所创造的财富，利润越多说明企业的财富增加得越多，越接近企业的目标。以利润最大化作为财务管理的目标，有其合理的一面，原因如后文所述。

(1) 利润体现着企业经济效益的高低，也是投资者取得投资回报的基础，无论从企业经营者还是从企业所有者的角度，利润都是其所追求的目标，因此可以把利润最大化推广为企业财务管理目标。

(2) 在自由竞争的资本市场中，资本的使用权最终将属于获利最大的企业。利润最大化是企业获得资本的最有利条件，取得了资本，也就意味着取得了各种经济资源的支配权。因此，利润最大化有利于资源的合理配置。

(3) 企业追求利润最大化，就必须讲求经济核算，加强管理，改进技术，提高劳动生产率，降低成本。这些措施都有利于资源的合理配置以及企业经济效益的提高。

这种观点具有以下不足。

(1) 利润最大化没有考虑资金的时间价值。同样取得一定数量的利润，今年取得还是明年取得，对于企业来讲意义是不同的。不考虑资金的时间价值因素，就会使企业决策或经营工作缺乏时间观念，一方面减少了效益，另一方面也增加了风险。

(2) 利润最大化没有考虑所获利润和投入资本额的关系。同样获得一定数量的利润，两个企业投入的资本额可能有很大差距。不考虑利润与投入资本额的关系，就会使企业优先选择高投入的项目，而放弃一些高效率的项目。

(3) 利润最大化没有考虑风险问题。两个不同的经营项目，利润相同，但风险大小可能存在很大差异。不考虑风险因素，就会使企业的财务决策过多地倾向于高风险、高利润的项目，影响企业决策的准确性和全面性。

(4) 利润最大化往往会使企业财务决策带有短期行为的倾向，即只顾实现目前的最大利润，而不顾及企业的长远发展。在现实生活中，企业近期最大利润有可能是建立在损害企业长远利益的基础上的。

2. 股东财富最大化

这种观点认为,股东创办企业的目的是扩大财富,企业的价值在于它能给所有者带来未来报酬,包括获得股利和出售其股权换取的经济利益。以股东财富最大化作为财务管理的目标,也有其合理的一面,原因如下。

(1) 以股东财富最大化为目标,可以使所有者的利益得到保障,股东有享受剩余财产的权力。因此,把股东财富最大化作为企业财务管理的目标符合股东的要求。

(2) 社会利益最大化实现的条件是社会资源的最合理分配,把资源分配到为社会最大限度地创造财富的投资机会上,社会利益就会得到实现,财富最大化的作用之一就在于资源的有效配置。

(3) 企业经营者与所有者之间存在的是受托责任关系,企业经营者要按契约的规定努力实现企业所有者的目标,即股东财富最大化,企业经营者的利益与股东财富的大小具有直接的关系。因此,股东财富最大化体现了经营者与所有者目标及利益的统一。

这种观点的缺陷是:只强调某一利益集团即股东的利益,忽略了其他利益集团的利益。现代企业是多边契约关系的总和,股东、债权人和职工都要承担风险,而股东财富最大化并不能完全体现除股东外的其他利益集团的利益,长此以往,容易激化矛盾。

3. 企业价值最大化

这种观点认为,财务管理目标应与企业多个利益集团有关,是多个利益集团共同作用和相互妥协的结果,而各个利益集团的目标都可以折中为企业长期稳定发展和企业总价值的不断增长。因此,以企业价值最大化作为财务管理的目标,比以股东财富最大化作为现代企业的财务管理目标更科学。

企业价值最大化是指通过企业财务上的合理经营,采用最优的财务政策,充分地考虑资金的时间价值和风险与报酬的关系,在保证企业长期稳定发展的基础上使企业总价值达到最大化。以企业价值最大化作为财务管理的目标,具有以下优点。

(1) 现代意义上的企业与传统企业有很大差异,现代企业是多边契约关系的总和,股东债权人和职工都要承担风险,政府也承担了相当大的风险。企业价值最大化目标既考虑了股东的利益,又充分考虑了其他利益集团的利益。

(2) 企业价值最大化目标科学地考虑了风险与报酬的联系。

(3) 企业价值最大化能克服企业在追求利润上的短期行为,因为不仅目前的利润会影响企业的价值,预期未来的利润对企业价值的影响所起的作用更大。

这种观点的缺陷是:企业价值最大化这一目标,最大的问题就是其计量问题。从实践上看,可以通过资产评估来确定企业价值的大小,但具体技术环节上还有许多问题需要解决。

四、具体财务管理目标

财务管理的具体目标，取决于财务管理的具体内容。一般而言，有哪些财务管理的内容，就会有相应的具体目标。财务管理的具体目标可以概括为以下几个方面。

1. 企业筹资管理目标

任何企业，为了保证生产的正常进行或扩大再生产的需要，必须具有一定数量的资金。企业的资金可以从多种渠道、用多种方式来筹集，不同来源的资金，其可使用时间的长短、附加条款的限制和资金成本的大小都不相同。这就要求企业在筹资时不仅需要从数量上满足生产经营和扩大再生产的需要，而且要考虑各种筹资方式给企业带来的资金成本的高低，财务风险的大小，以便选择最佳筹资方式，实现财务管理的整体目标。

2. 企业投资管理目标

企业筹集的资金要用于对内和对外投资，以期获取最大的投资报酬。但任何投资决策都带有一定的风险性，因此，企业在投资时必须认真分析影响投资决策的各种因素，科学地进行可行性研究。对于新增的投资项目，一方面要考虑项目建成后给企业带来的投资报酬，另一方面也要考虑投资项目给企业带来的风险，以便在风险与报酬之间进行权衡，不断地提高企业价值，实现企业财务管理的整体目标。

3. 企业利润分配管理目标

企业进行生产经营活动，最终要体现在企业的利润上，如果企业实现了利润，就要根据公司章程等有关规定对其进行合理分配。企业的利润分配关系着国家、企业、企业所有者和企业职工的经济利益。在分配时，要正确处理国家利益、企业利益、企业所有者利益和企业职工利益之间可能发生的矛盾。

第四节　财务管理环境

财务管理环境是对企业财务活动产生影响作用的企业外部条件。财务管理环境是客观存在的，企业只有适应它们的特点，才能有效开展财务管理工作。财务管理环境涉及的范围很广，其中主要包括经济环境、法律环境以及金融市场环境等。

一、经济环境

经济环境是指企业进行财务活动时所处的宏观经济状况。经济环境具体包括以下几个方面。

1. 经济周期

一个国家或地区的经济通常都不会较长时间地持续增长或较长时期地萎缩，而是在波动中发展。一般呈复苏、繁荣、衰退和萧条几个阶段的循环过程，这种循环为经济周期。经济周期直接影响企业所处资金市场、产品市场的兴衰。

2. 政府的经济政策

一个国家或地区对某些地域、某些行业、某些经济行为的优惠、鼓励或限制构成了政府的经济政策。例如，对高新技术企业或项目实行的所得税优惠政策，对东北老工业基地的增值税优惠政策等。

3. 通货膨胀

通货膨胀对企业的影响主要表现在：一是企业资金需求不断膨胀；二是资金供应持续性短缺；三是货币性资产因不断贬值会产生购买力损失，而持有货币性负债会因贬值产生购买力收益；四是实物性资产，如原材料、产成品、固定资产等会相对升值，产生持有收益。

4. 利息率波动

国家金融机构存贷款利息率的波动，一方面，对企业持有或发行的股票或债券价格产生直接影响，利息率上升，股票、债券价格下降；利息率下降则股票、债券的价格上升；另一方面，对企业的筹资活动也将产生较大影响，利息率上升，筹资成本增加，反之筹资成本会下降。

5. 竞争

竞争广泛存在于市场经济之中，任何企业都无法回避。一方面，竞争能促使企业用更好的方法来生产更好的产品，对经济发展起到推动作用。另一方面，竞争也给企业带来了巨大的威胁，一旦竞争失败就将给企业相关利益集团带来不可估量的损失。

二、法律环境与税法环境

财务管理的法律环境是指企业和外部发生经济关系时应遵守的各种法律、法规和规章。国家管理经济活动，处理经济关系的手段，包括行政手段、经济手段和法律手段。在市场经济条件下，行政手段逐步减少，而经济手段特别是法律手段日益增多，越来越多的经济关系和经济活动的准则用法律的形式固定下来。

企业无论是在筹资、投资还是利润分配时，都要和企业外部发生经济关系。在处理这些经济关系时，应遵守相应的法律规范，具体内容如表1.2所示。

表 1.2　财务管理中常用的法律规范

法律规范类别	法律规范的功能	法律规范内容
企业组织法律规范	约束企业依法成立	公司法 外资企业法 个人独资企业法 中外合资经营企业法 中外合作经营企业法 私营企业暂行条例 合伙企业法等
税务法律规范	约束企业承担纳税义务	税收征管法 所得税(个人所得税、企业所得税) 流转税(增值税、消费税、城建税) 财产行为税(房产税、印花税、土地使用税、土地增值税、资源税、契税、车辆购置税、屠宰税)
财务法律规范	约束企业财务活动行为	会计法、企业会计准则等

三、金融市场环境

所谓金融是资金的融通，金融市场(financial market)则包括资金融通的场所、交易活动及其制度安排。所有的企业都在不同程度上参与金融市场中，那么金融市场存在的目的是什么呢？

一个经济体中之所以存在金融市场是为了将资金储蓄有效率地配置给最终的使用者。如果有资金储蓄的经济单位是寻求资金的使用者单位，则即使没有金融市场，经济发展也不会受到影响。然而在现代经济社会，大多数缺乏资金的经济单位所投资于实物资产的资金都超过了自己的储蓄资金，大多数个人的资金储蓄则超过了总投资。因此，效率需求以最低的成本、最简单的方式把实物资产的最终投资者和最终的资金储蓄者撮合在一起。

(一)金融市场的组成及分类

1. 金融市场的组成

金融市场并不完全是实际的场所，而是把资金储蓄配置给实物资产最终投资者的机构综合。金融市场由主体、客体和交易价格组成。

主体是指金融市场的参与者，既可以是居民、企事业单位，还可以是银行或非银行金融机构。

客体是指金融市场上的买卖对象，如黄金、外汇、资金、有价证券等。

金融市场(如图 1.3 所示)上各种交易对象都有交易价格，如银行信贷利率、贴现率等。在现代金融市场中，利率发挥着重要作用，金融市场的大多数功能都要通过利率的调节来实现。

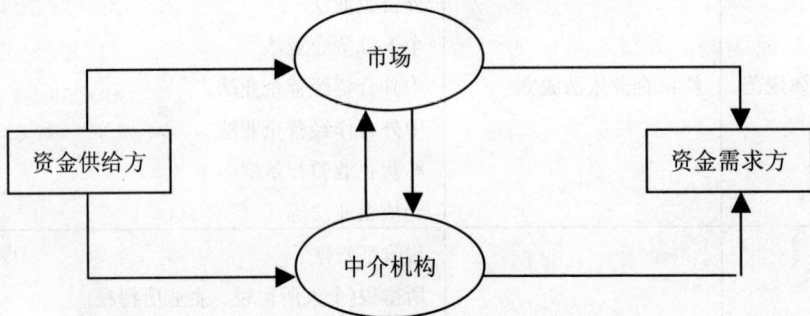

图 1.3　金融市场图示

2. 金融市场的分类

金融市场按其划分的标准不同，可做不同的分类。

(1) 按实际交割期限不同，可分为即期市场和远期市场。即期市场又称现货市场，指买卖的资产是现场交割或几天以内完成交割手续的市场，钱货两清。远期市场指交易双方成交后在约定的时间按照契约规定进行交割的金融市场，主要包括期货市场和期权市场。远期市场以衍生金融工具为交易对象，又称衍生市场。

(2) 按交易的标的物不同，可分为货币市场、资本市场、外汇市场和黄金市场。货币市场是指期限不超过一年的资金交易市场；资本市场是指期限在一年以上的股票和债券等长期资金的交易市场。外汇市场是指买卖外汇及以外币计价的有价证券的交易市场。黄金市场是专门集中进行黄金买卖的交易市场。

(3) 按流通特征不同，可分为发行市场和流通市场。证券市场是股票、债券、投资基金等有价证券发行和交易的场所。证券市场实现了投资需求和筹资需求的对接，从而有效地化解了资本的供求矛盾。证券市场可分为发行市场和流通市场。

① 发行市场又称为初级市场、一级市场(primary market)，是指从事证券首次发行的转让市场，它是股份有限公司发行股票、筹集资金、将社会闲散资金转化为生产资金的场所。在一级市场，资金通过新政券的出售来筹集，并最终从储蓄者手中流入实物资产的最终投资者手中。

② 流通市场也叫二级市场(secondary market)，是指从事已发行证券买卖的转让市场，供投资者买卖已发行证券的场所，这些已发行的证券的交易并不会给金融资本提供新的资金，主要通过证券的流通转让来保证证券的流动性，进而保证投资者资产的流动性。如何

理解呢？这与汽车市场有类似之处。新车的销售为汽车制造商提供资金，旧车市场上旧车的交易则不会给汽车制造商提供资金。旧车市场的存在可以使人们更容易地做出购买新车的决策，因为可以很方便卖掉要淘汰的旧车。与此非常相像，二级市场的存在鼓励个人和机构购买新的证券。如果证券购买者要在未来出售证券，他可以在二级市场做到。所以，完善的二级市场的存在会提高一级市场的效率。

大量的有组织的证券交易所，如美国的纽约股票交易所、纽约债券交易所，英国的伦敦股票交易所、日本的东京证券交易所、中国的上海证券交易所等，它们促进了各国及地区金融系统的平稳运行，为买单和卖单双方提供了高效匹配，买单和卖单供求双方的力量决定了证券的价格。

此外，场外市场(OTC)也是对二级市场的补充，它是未在交易所上市的股票和债券及一些上市证券进行交易的场所。它是由准备买卖证券和报价的经纪人及券商组成的。

(二)金融机构

金融市场的主体是金融机构，我国金融机构很多，归属于不同的类别，其业务范围、主要职能和服务对象都有所不同，具体情况如表 1.3 所示。

表 1.3　我国金融机构对比表

金融机构类别	业务范围	主要职能
中国人民银行	作为中央银行	代表政府管理全国的金融机构和金融活动、经理国库
政策性银行	经营贷款业务	由政府设立，以贯彻国家产业及政府、区域发展政策为目的，不以营利为目的
商业银行	经营存贷业务	通过吸收存款积聚资金，并把这些资金以贷款的形式提供给资金需要者
证券公司	经营证券业务	通过承担证券的推销或包销工作，为企业融通资金提供服务
保险公司	保险理赔业务	通过收取保费集中一定的资金，当投保人遭受损失时予以赔偿
租赁公司	融资租赁业务	先筹集资金购买各种租赁物，然后以融资租赁的形式出租给企业

(三)利息率

在金融市场上，利率是资金使用权的价格。一般来说，金融市场上资金的购买价格，可用下式表示

利率=纯粹利率+通货膨胀附加率+变现力附加率+

　　　　违约风险附加率+到期风险附加率　　　　　　　　　　(1.1)

1. 利率构成要素

(1) 纯粹利率。纯粹利率是指无通货膨胀、无风险情况下的平均利率。因此，纯粹利率代表真实的无风险报酬率，其高低受平均利润率、资金供求关系和国家调节政策的影响。

(2) 通货膨胀附加率。由于通货膨胀的存在，它会使货币贬值和投资者的真实报酬率下降。所以当投资者将资金贷给借款人时，会在所愿意接受的利率水平上再加上通货膨胀附加率，以补偿因通货膨胀带来的损失。

(3) 变现力附加率。任何资产若能在短期内卖掉并转换成现金，就认为该资产具有较高的变现力。各种有价证券的变现力是不相同的，一般而言，在违约风险与期限风险都相同的情况下，变现能力强的金融资产与变现能力弱的金融资产的变现力附加率差距介于1%～2%之间。

(4) 违约风险附加率。违约是指借款人未能按时支付利息或未如期偿还贷款本金。提供资金的人拿出款项后所承担的这种风险叫违约风险。违约风险越大，投资人要求的利率报酬越高。债务人的信用等级越低，违约风险越大，投资人要求的利率就越高。

(5) 到期风险附加率。到期风险附加率是指因到期时间长短不同而形成的利率差别。到期时间越长，投资人承担的利率风险越大。到期风险附加率就是对投资者负担利率变动风险的一种补偿。

2. 利率的分类

(1) 按利率之间的变动关系，可把利率分为基准利率和套算利率。基准利率又称基本利率，是指在多种利率并存的条件下起决定作用的利率。套算利率是指基准利率确定后，各金融机构根据基准利率和借贷款项的特点而换算出的利率。

(2) 按债权人取得的报酬情况，可把利率分为实际利率和名义利率。实际利率是指名义利率扣除通货膨胀补偿以后的利息率。名义利率是指包含对通货膨胀补偿的利率。名义利率一般都高于实际利率。

(3) 根据在借贷期内是否不断调整，可把利率分为固定利率与浮动利率。固定利率是指在借贷期内固定不变的利息率。浮动利率是指在借贷期内可以调整的利率。

(4) 根据利率变动与市场的关系，可把利率分为市场利率和官定利率。市场利率是指根据资金市场上的供求关系，随市场规律而自由变动的利率。官定利率是由政府金融管理部门或者中央银行确定的利率。

第五节　财务管理的职能

一、财务预测

财务预测是财务人员根据过去和现在的财务资料，考虑企业预测期中存在的各种可能的情况，运用科学的方法对企业未来的财务活动和财务成果进行的预计和测算。财务预测的作用是为财务决策和编制财务计划和预算提供科学依据。

1. 财务预测的过程

(1) 确定预测的对象和目的。

(2) 收集和整理所需的信息资料。

(3) 选择具体的预测方法。

(4) 进行预测并确定预测结果。

2. 企业财务预测的主要内容

(1) 资金预测指企业进行资金需求量预测、资金使用情况预测以及资金结余情况的预测。

(2) 成本费用预测指企业进行经营成本预测、管理费用预测、销售费用预测和财务费用预测。

(3) 价格与收入预测指企业进行产品价格变动预测、销售收入总量预测以及投资收益预测等。

(4) 利润预测指企业进行营业利润预测和利润总额预测等。

二、财务决策

财务决策是在财务活动中，为了实现企业某一财务目标，从一个或若干个备选的财务可行方案中，确定或选择最佳方案的分析判断过程。企业财务决策是财务管理的核心，是企业经营决策的重要组成部分。

1. 财务决策的过程

(1) 确定决策目标。

(2) 拟定多种可行的备选方案。

(3) 拟定评价标准，分析、对比和评价各种方案。

(4) 确定或选择最佳方案。

2. 企业财务决策的主要内容

(1) 企业筹集资金决策是企业财务决策中的基础内容。

(2) 投资决策是企业财务管理的重点。

(3) 成本费用决策直接关系到企业的经济效益。

(4) 利润分配决策是各方利益分配的前提。

三、财务计划和预算

财务计划是指财务人员运用科学的技术手段和数量方法,对企业未来资金运动所进行的具体规划,如筹资计划、资金使用计划、成本费用计划、投资计划以及利润分配计划等。财务计划是以财务预测提供的信息和财务决策确定的方案为基础来编制的,是财务预测和决策的具体化,是企业财务控制的依据。

财务预算是根据企业过去业务经营情况和财务预测、决策的结果,对企业未来财务活动的各个方面预先进行科学计算,编制出财务预算书,作为企业财务活动的指导性、纲领性文件,如企业现金预算、成本费用预算、损益预算和资产负债预算等。现金预算是财务预算中重要的预算管理方式。例如,很多刚成立不久的网络公司震惊地发现,当公司的现金突然用光的时候,企业也不得不关门了。另外,即使有大量现金流入的企业,如果现金预测出错,也会造成大量资金闲置,失去投资机会。

现金预算(cash budget)反映企业在预算期内一切现金收入和支出及结果,主要反映预算期内现金流入量和现金流出量及其所发生的时间。这里的现金是指货币资金。根据这些信息,财务经理能更好地确定企业未来的现金需求,为这些需求安排融资计划并对企业的现金和流动性实施控制。理论上,现今预算可以按任意时间间隔编制,但常用的是每年按月编制,这有助于分析现金流的季节性变动。如果企业的现金流不稳定,则有必要按周为单位编制。现金预算主要根据有关经营预算以及经营支出预算等编制,具体包括以下内容。

(1) 期初现金余额,是指本期初期企业的现金余额。

(2) 现金收入部分,特指企业经营活动不包括企业筹资及投资活动,本期产生的现金流入的具体项目及金额。

(3) 现金支出部分,特指企业经营活动不包括企业筹资及投资活动,本期产生的现金流出的具体项目及金额。

(4) 现金收支差额,不考虑企业筹资及投资活动的企业期末现金余额。期初现金余额加上本期现金收入合计减去本期现金的支出的合计等于现金收支差额。

(5) 资金筹集与运用,指企业筹资及投资活动产生的现金流入与流出项目及金额。

(6) 期末现金余额,指企业当期进行经营、筹资、投资活动后,期末现金结余的金额。现金收支差额加减资金筹集与运用项目等于期末现金余额。

现金预算表如表 1.4 所示,表中存在两种平衡关系

$$现金收支差额=期初现金余额+现金收入-现金支出 \qquad (1.2)$$

$$期末现金余额=现金收支差额\pm资金筹集与运用 \qquad (1.3)$$

大部分现金预算的准确性程度取决于销售预测。销售预测可以使用内部分析和外部分析两种方法进行预测。进行内部预测,需要了解销售代表对未来时期销售的预测。实践表明,如果同时结合外部预测,则所做出的销售预测往往会更准确。进行外部预测时,可能

会运用回归分析法来估计行业销售额和社会总体经济形势，接下来会估计个别产品所占的市场份额、可能被接受销售价格以及对新产品的预期接受程度。通常这些估计是与营销经理共同做出的。

表 1.4　现金预算表

摘　要	1月	2月	3月	4月	5月	6月	7月	8月	9月	10月	11月	12月	合计
期初现金余额													
加：销售收入													
租金收入													
旧设备变卖收入													
下属公司股利													
……													
其他													
现金收入合计													
减：采购支出													
支付股东股利													
工资薪金支出													
设备租金与保养													
债务支出													
税金支出													
……													
其他													
现金支出合计													
现金收支差额													
资金筹集与运用													
加：银行借款													
减：进行投资													
偿还借款													
支付利息													
……													
期末现金余额													

在销售预测工作结束后，下一步需要确定这些销售带来的现金收入。如果采用现金销售，当时就会收到现金；如果采用赊销方式，需要考虑要过多长时间才能收到现金，这取决于企业制定的付款条件、顾客类型等企业信用政策和收账政策。例如，假设公司提供的

信用条件是"n/30",这意味着顾客要在实现销售后 30 天内付清货款。同时,假设公司应收账款中 90%在一个月内收回,如果没有坏账发生,其余 10%在第二个月收回。此外,再假设销售额中有 10%属于现金销售。如表 1.5 所示。

表 1.5　1~6 月销售额及现金回收预测　　　　　　　　　单位:元

	11 月	12 月	1 月	2 月	3 月	4 月	5 月	6 月
销售额								
赊销 90%	270	315	225	180	225	270	315	342
现金 10%	30	35	25	20	25	30	35	38
销售总额	300	350	250	200	250	300	350	380
现金回收								
本月现金销售			25	20	25	30	35	38
上月赊销 90%			283.5	202.5	162	202.5	243	283.5
上两月赊销 10%			27	31.5	22.5	18	22.5	27
回收现金合计			355.5	254.0	209.5	250.5	300.5	348.5

从上面的例子中可以看到,销售的变化对现金收入数量和时间的影响,并且销售与回款政策密切相关。

同理,下一步对现金支出的预测中,最复杂的是采购预测。它需要与管理层的生产计划相结合综合考虑。比如与应收账款一样,从采购实现到实际支付现金有一段滞后期。如果供应商的平均收款条件是"n/30",而企业的付款政策是在信用期末付款,则从采购到支付货款大约有 30 天的时间。举例如表 1.6 所示。

表 1.6　1~6 月采购额及现金支出预测　　　　　　　　　单位:元

	12 月	1 月	2 月	3 月	4 月	5 月	6 月
采购	100	80	100	120	140	150	150
上月采购		100	80	100	120	140	150
支付工资		80	80	90	90	95	100
支付其他费用		50	50	50	50	50	50
采购和经营费用支出合计		230	210	240	260	285	300

四、财务控制

财务控制是以财务预算指标和定额为依据,对企业各项财务活动进行计算和审核,找出差异,采取措施,使企业财务活动朝着有利于提高财务成果和优化财务状况的方向发展。

财务控制是企业财务管理的基本手段之一，是财务预算实施过程中的必然要求。

企业财务控制的过程：①根据财务计划，制定企业财务控制标准，落实责任目标。②实施全程追踪控制，及时调整差异。③分析差异的原因，采取消除措施，保证完成预算任务。④搞好业绩评价，奖优罚劣。

五、责任控制

责任控制是实施财务控制的具体方法之一，它是以责任会计制度确定的责任中心为对象，以各责任中心的业绩考核指标为依据，对企业资金运动情况进行考核、评价和调节的一种控制方法。这种控制方法是为了适应经济责任制的要求，在企业内部划分若干责任中心，将责任中心在履行职责中的成绩作为对该责任中心各级主管人员业绩考评的依据，从而构成经济责任和业绩考评相结合的一整套内部控制措施。根据责任中心控制的对象，可以分为成本中心、利润中心、投资中心3种类型。

1. 成本中心

成本中心是以成本(费用)作为主要的预算与控制数据的责任中心。成本中心只能控制成本，而无法控制销售和收益。成本中心应用的范围最广，任何对成本、费用负有责任的部门都是成本中心。成本中心的类型包括标准成本中心和费用中心。

2. 利润中心

利润中心是既能控制成本，又能控制收入的责任中心，它是处于比成本中心高一层次的责任中心。这类责任中心通常是那些具有产品或劳务生产经营决策权，但没有投资决策权的部门，因此可以根据其利润的多少来评价该中心的业绩。一个利润中心通常包含若干个不同层次的下属成本中心。利润中心的类型包括自然利润中心和人为利润中心，自然利润中心是指能直接对外销售产品或提供劳务取得收入而给企业带来收益的利润中心。而人为利润中心是指不能直接对外销售产品或提供劳务，只能在企业内部责任中心之间按照内部转移价格相互提供产品或劳务而形成的利润中心。

3. 投资中心

投资中心是指既要对成本、利润负责，又要对投资效果负责的责任中心，它是比利润中心更高层次的责任中心，投资中心拥有投资决策权和经营决策权。

六、财务评价

财务评价是根据有关信息，运用特定方法，对企业财务活动过程和结果进行分析，对企业财务计划完成情况和资金运动状况做出评价，提出改进措施。具体内容见财务评价章节。

本 章 小 结

1. 西方企业的主要组织形式有：独资企业(又称个体企业)、合伙企业和公司。我国将企业组织形式按照资本金组成标准，划分为独资企业、股份制企业、合资企业和合作企业等组织形式。

2. 企业财务管理主要是资金管理，其对象就是资金及其流转，或称之为资金运动。在企业中的具体表现形式为不间断的资金循环过程。

3. 企业财务管理活动的基本内容主要包括筹资、投资和利润分配，它们既相互独立，又相互联系，共同构成了企业完整的财务管理体系。企业财务关系是指企业在财务管理过程中与有关各方所发生的经济利益关系，具体包括企业与政府、投资者、债权人、受资者、债务人之间的财务关系以及企业内部各单位、企业与职工之间的财务关系。

4. 财务管理的目标主要有：利润最大化、股东财富最大化以及企业价值最大化。每种理财目标各有其优点和缺点，企业需结合具体情况来选择判断。

5. 财务管理的职能有财务预测、财务决策、财务预算、财务控制和财务评价。

6. 财务管理环境是客观存在的，企业只有适应它们的特点，才能有效开展财务管理工作。财务管理环境涉及的范围很广，其中最重要的环境是经济环境、法律环境以及金融市场环境等。

知 识 链 接

日本企业的财务管理

日本企业的财务活动具体表现为资本的筹集和运用，资本筹集与运用的计划和控制是财务管理。记录和核算作为财务对象的资本变动，所使用的方法和手续是财务会计，而进行财务管理主要依靠管理会计。

日本企业的资本筹集有外部融资和内部融资之分，外部融资方式主要有商业信用、信贷融资、证券融资等，内部融资主要有发行股票、留存利润、计提折旧费及财产处理等。日本企业资本运用的具体表现形式主要有货币储备、赊销投资、存货投资、固定资产投资、无形资产投资、公司对外投资、创业投资以及研究与开发投资等。

财务管理是企业管理的重要组成部分，主要包括：

(1) 财务政策，企业组织和进行财务管理业务工作的指南。

(2) 财务企划，是财务政策的具体体现，是对计划期内财务活动的内容、程序和目标、数据的详细计划。

(3) 财务控制，是财务计划实施过程中对财务活动的指导、限制和调整。

日本企业财务部门的职能主要包括：筹集和运用资金、财务会计核算、管理会计等。其财务管理机构的组织形式取决于企业内部管理的模式及其规模的大小和经营内容的复杂程度。日本大企业实行统一核算、统一管理的高度集中型财务管理模式，垂直领导，财权高度集中。(资料来源：张先治.财务学概论.大连：东北财经大学出版社，2006)

案例与点评

亨利的企业

亨利拥有一家小型的家庭保洁企业，它现在是独资企业。该企业有 9 名员工，年收入为 48 万美元，总负债为 9 万美元，总资产为 26.3 万美元。亨利的个人净资产为 46.7 万美元(其中包括这家家庭宝洁企业)，他个人的负债是 4.2 万美元(以他的住宅作为抵押)。亨利想把企业的部分权益转让给一名员工——汤姆。亨利正在考虑到底采用合伙企业还是股份有限公司的形式，如果采用后者，他将给汤姆一些股票。汤姆的个人净资产为 3.6 万美元。如果面临一宗大额法律诉讼，假如标的为 60 万美元

(1) 在采用独资企业形式时，亨利需要承担的最高责任是多少？

(2) 在采用合伙企业形式时，亨利需要承担的最高责任是多少？

(3) 在采用股份有限公司形式时，亨利需要承担的最高责任是多少？

点评：

(1) 亨利要对全部的负债包括或有负债，承担责任。如果被起诉且败诉，他将丧失自己的全部净资产，即 46.7 万美元。即使没有被起诉，在企业由于某种原因不能偿还 9 万美元的债务时，他个人也要对此债务负责。

(2) 亨利仍然会丧失其全部净资产。因为汤姆的净资产不足以偿还案件金额的大部分：60 万-3.6 万=56.4 万。因为两个合伙人的净资产有很大差异，亨利承担的损失更大。

(3) 在股份有限公司组织形式下，亨利会失去企业，但不会损失其他资产。公司的净资产是 26.3 万-9 万=17.3 万，这是亨利个人在企业的投入。他的净资产剩余部分为 46.7 万-17.3 万=29.4 万，将受到保护。(资料来源：《Fundamentals of Financial Management》twelfth edition)

思考与练习

1. 财务管理的对象是什么？应该如何理解？
2. 财务管理的内容是什么？
3. 企业目标及其对财务管理的要求有哪些？
4. 阐述你对财务管理目标的理解。
5. 财务管理的环节有哪些？
6. 如何理解财务管理环境对企业理财的影响？

第二章

财务管理基础

本章导读:

资金之道,首先应客观认识时间,现值与终值是连接价值世界的两个端点,货币时间价值原理讲述两者之间如何换算。其次,理财风险无时不存在,明白风险与收益的关系,才能更好地理财。最后,财务管理的核心是价值管理,价值评估就是对企业全部或部分价值进行的估价。

核心概念:

单利(simple interest) 复利(compound interest) 货币时间价值(cash time value) 终值(finish value) 现值(present value) 年金(annuity) 风险(risk) 收益(profit) 企业价值(company value)

【专题案例】

拿破仑留给法兰西的尴尬

拿破仑 1797 年 3 月在卢森堡第一国立小学演讲时说了这样一番话:"为了答谢贵校对我,尤其是对我夫人约瑟芬的盛情款待,我不仅今天呈上一束玫瑰花,并且在未来的日子里,只要我们法兰西存在一天,每年的今天我将亲自派人送给贵校一束价值相等的玫瑰花,作为法兰西与卢森堡友谊的象征。"时过境迁,拿破仑穷于应付连绵的战争和此起彼伏的政治事件,最终惨败而流放到圣赫勒拿岛,把卢森堡的诺言忘得一干二净。

卢森堡这个小国对这位"欧洲巨人与卢森堡孩子亲切、和谐相处的一刻"念念不忘,并载入他们的史册。1984 年底,卢森堡旧事重提,向法国提出违背"赠送玫瑰花"诺言案件的索赔。要么从 1797 年起,用 3 路易为一束玫瑰花的本金,以 5 厘复利(即利滚利)计息全部清偿这笔玫瑰案;要么法国政府在法国各大报刊上公开承认拿破仑是个言而无信的小人。起初,法国政府准备不惜重金赎回拿破仑的声誉,但却又被电脑算出的数字惊呆了,原本 3 路易的许诺,本息竟然高达 1 375 596 法郎。经过冥思苦想,法国政府斟词酌句的答复是:"以后,无论在精神上还是在物质上,法国将始终不渝地对卢森堡大公国的中小学教育事业予以支持和赞助,来兑现我们的拿破仑将军那一诺千金的玫瑰花信誉。"这一措辞最终得到了卢森堡人们的谅解。(作者根据相关资料整理)

第一节　货币时间价值

一、货币时间价值概述

(一)货币时间价值的概念

1. 货币时间价值的产生原因

货币时间价值是指资金在周转使用过程中，由于时间因素而形成的差额价值。

同样的 1 元钱，现在拿到和一年后再拿到，其效用是不一样的。对于个人来讲，现有的 1 元钱可以购买物品以满足消费的欲望，而一年后的 1 元钱却要等待；对于企业来讲，现有的 1 元钱可以立即用来投资，可以产生一定利润，如果获利是 10%，其现在的 1 元钱就相当于一年后的1.10 元；反过来，一年后的 1 元钱只等于现在的 0.91 元。

不同时间的资金之所以不能直接对比，关键在于货币具有时间价值，也就是货币的价值会随着时间的推移而发生变化。原因如下。

(1) 投资收益的存在。也就是说，当前的一笔资金能够立即用来投资并带来收益，而将来才可获得的资金无法用于当前的投资，也无法获取相应的收益，从而现在的一笔资金比将来的一笔同样数额的资金更值钱。

(2) 通货膨胀因素的存在。因通货膨胀将导致货币贬值，在货币将贬值的情况下，未来一笔数额较大的资金在价值上仅相当于现在一笔数额较小的资金。

(3) 风险因素的存在。也就是现在获得一笔资金的风险比未来获得同样一笔资金的风险要小得多，为使未来所获得的资金在价值上等同于现在所获得的资金，必须对未来获得资金所可能承担的风险或损失予以补偿。

其中，投资收益的存在是货币产生时间价值最根本的原因，正是由于资金具有增值的特性，才使得资金具有时间价值。资金增值过程用公式表示为

$$G_t = G + \Delta G \tag{2.1}$$

式中，G——投入资金；G_t——产出资金；ΔG——资金增值部分，也就是货币的时间价值。

所以，简单地说，货币的时间价值就是资金随着时间的推移而产生的增值部分。

2. 货币等值的概念

在货币时间价值的计算中，等值是一个十分重要的概念。货币等值是指在时间因素的作用下，在不同时点上的绝对额不同的货币可能具有相同的价值。例如，某人在银行存入 1000 元，在银行利率 12% 的情况下，一年后可得到 1120 元。从绝对额上看，1000 元与 1120 元不等，但在货币时间价值条件下，可以说一年后的 1120 元与今天的 1000 元相等，或者说今天的 1000 元与一年后的 1120 元相等。这就是货币等值的直观解释。

　　利用等值的概念，可以把在一个时点发生的货币金额换算成另一时点的等值金额，这一过程就叫作货币等值计算。其中，把将来某一时点的货币金额换算成现在时点的等值金额的过程，特别称为"折现"或"贴现"。相应地，将来时点的货币金额被称作"终值"或"将来值"，一般用 F 表示；与终值等值的现在时点的货币金额被称为"现值"，一般用 P 表示；而在货币等值计算过程中所采用的反映货币时间价值的参数则叫作折现率，一般用 i 表示。

　　在进行上述分析的过程中可以看出，影响资金等值的因素主要有 3 个：一是利率的高低；二是时间的长短；三是金额的大小。根据这 3 个因素，就能确定不同时间的不同数量金额是否等值。

3. 货币时间价值的计算基础

　　在利润平均化规律的影响下，等量货币资本在相同时间内应获得等量利润。从这个意义上看，货币时间价值的相对量的形式，就是在不考虑风险和通货膨胀条件下社会平均的资本利润率。由于货币时间价值的计算方法与利息的计算方法相同，很容易将货币时间价值与利息率相混淆。但通行的利息率中通常都包括一定的风险价值和通货膨胀因素。

　　在现实生活中，计算货币时间价值的方法与利息的计算方法相同。

　　利息是指占用资金所付出的代价(或放弃使用资金所得的补偿)。利息的计算通常按一定的时间单位进行，如年、月等。这种计算利息的时间单位一般称为计息周期。相应地，一个计息周期的利息与借贷金额(即本金)之比(一般以百分数表示)就是利率。而在具体计算利息时，又有单利和复利两种方法。

　　1)　单利制

　　单利(simple interest)计息是指仅用本金计算利息，利息不再产生利息。单利计息的利息计算公式为

$$I_n = P \cdot n \cdot i \tag{2.2}$$

式中，P——本金；i——利率；N——计息周期数；I_n——表示经历了 n 个计息周期后的利息。

　　如果用 F_n 表示 n 个计息周期后的本利和，则

$$F_n = P + I_n = P(1 + i \cdot n) \tag{2.3}$$

　　2)　复利制

　　复利(compound interest)计息是指用本金与前期累计利息总额之和计算利息，也就是除最初的本金要计算利息之外，每一计息周期的利息也要并入本金再生利息。这样一来，利息和本金一样生息，正是这种利息产生的利息，或是复合的利息形成了一个差额，而这个差额说明了单利和复利的差别，而且随着以后的学习，我们会发现复利的概念能用来解决财务中的很多问题。不难推导，按复利计息，n 个计息周期后的本利和为

$$F_n = P(1 + i)^n \tag{2.4}$$

　　与单利计息相比，复利计息更符合资金在社会再生产过程中运动的实际情况，因此，

在技术经济分析中，一般又以复利计息方法为首选。

【案例2.1】

复利具有强大的威力

关于复利的威力，有一个古老的故事很能说明其强大的能量。传说西塔发明了国际象棋而使国王十分高兴，他决定要重赏西塔，西塔说："我不要你的重赏，陛下，只要你在我的棋盘上赏一些麦子就行了。在棋盘的第1个格子里放1粒，在第2个格子里放2粒，在第3个格子里放4粒，在第4个格子里放8粒，依此类推，以后每一个格子里放的麦粒数都是前一个格子里放的麦粒数的2倍，直到放满第64个格子就行了"。国王觉得很容易就可以满足他的要求，于是就同意了。但很快国王就发现，即使将国库所有的粮食都给他，也不够百分之一。因为即使一粒麦子只有一克重，也需要数十万亿吨的麦子才够。尽管从表面上看，他的起点十分低，从一粒麦子开始，但是经过多次乘方，形成了庞大的数字。在金融学上，也有一组数据说明了复利的威力。如果一个人在20岁以1万美元开始投资，如果可以保证每一年的符合增长率是35%，等到他70岁时，就可以拥有328亿美元的资产！这就是复利的效果，极其震撼。也正因为复利的强大威力，不少名人对其赞誉有加。爱因斯坦认为："复利是人类最伟大的发明、是宇宙最强大的力量、堪称是世界第八大奇迹，其威力甚至超过原子弹"。富兰克林也说："复利这块神奇的石头，能够把铅变成金子。"可见，复利的威力早已是公开的"秘密"。(资料来源：投资有道 2015\04\20)

(二)货币时间价值的计算

1. 一次支付终值公式

当已知现值 P，需要求终值 F 时，要采用一次支付终值公式

$$F=P(1+i)^n \tag{2.5}$$

式中，i——折现率；n——P 和 F 之间的时间间隔，一般以"年"来表示。

式(2.5)的含义就是，在折现率为 i 的条件下，现在时点的一笔资金 P 在经过 n 年后将变成 $P(1+i)^n$，或者说，现在的一笔资金 P 与 n 年后的一笔资金 $P(1+i)^n$ 等值，如图2.1所示。

表2.1 年利率为8%的1元投资经过不同时间段的终值

年数	单利(元)	复利(元)
2	1.16	1.17
20	2.60	4.66
200	17.00	4838949.59

不难看出，式(2.5)与复利计息的本利和公式(2.4)是一样的。但在复利计息的本利和公式(2.4)中，P、F_n、i 和 n 分别称为本金、本利和、利率和计息周期数，而在这里则一般称

为现值、终值、折现率和时间周期数。

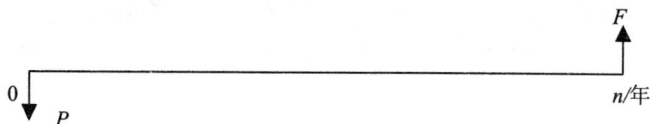

图2.1 现金流量图

式(2.5)中的系数$(1+i)^n$又称为一次支付终值系数，一般采用"美国工程教育协会工程经济分会"所规定的专门符号统一记为$(F/P,i,n)$。这样，式(2.5)又可以改写成

$$F=P(F/P,i,n) \tag{2.6}$$

【例2.1】某企业将部分闲置资金作为定期存款存入银行，以求获得一定的资金收益。定期存款年利率为6%，该企业第一年末存款1000万元，第二年末存款2000万元，问第5年末本利和是多少？

解：该问题可用现金流量图表示，如图2.2所示。

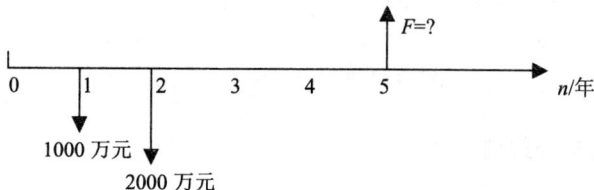

图2.2 例2.1的现金流量图

利用一次支付终值公式，第5年末的本利和为

$$F=1000(F/P,6\%,4)+2000(F/P,6\%,3)$$
$$=1000(1+0.06)^4+2000(1+0.06)^3$$
$$=1000×1.2625+2000×1.1910$$
$$=3644.5(万元)$$

2. 一次支付现值公式

这是已知终值 F 求现值 P 的等值计算公式，是一次支付终值公式的逆运算。计算公式为

$$P=F(1+i)^{-n} \tag{2.7}$$

式中，n——表示 P 与 F 相距的时间间隔；$(1+i)^{-n}$——称为一次支付现值系数，一般用符号记为$(P/F,i,n)$。不难看出，它和一次支付终值系数$(F/P,i,n)$互为倒数。

【例2.2】若银行年利率为6%，假定按复利计息，为在10年后获得10 000元款项，现在应存入银行多少钱？

解：该问题可用现金流量图表示，如图2.3所示。

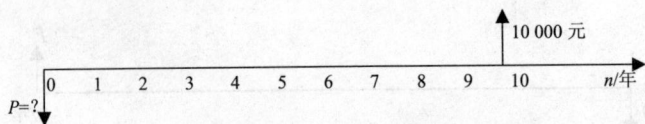

图 2.3   例 2.2 的现金流量图

利用一次支付现值公式，现在应存入银行的金额为

$$P=10\,000(P/F,6\%,10)$$
$$=10\,000(1+0.06)^{-10}$$
$$=10\,000×0.5584$$
$$=5584(元)$$

【专题知识】

如何计算时间跨度中包括非整数年的投资的终值和现值？

只要把非整数年换算成小数代入公式即可。例如，假设将1000元存入银行，年利率为6%，每年复利一次，15个月(即1.25年)后支取存款。则 $F=P \cdot (1+i)^n$，可求出15个月后能支取的金额是： $F=1000×(1+6\%)1.25=1075.55(元)$

3. 年金终值与年金现值

年金(annuity)是指在相同的间隔期内(一年、一季、一个月)收到或支出的等额款项，例如定期收到的工资、利息；定期支付的租金、水电费。年金同样要以复利制为计算的基础，也要计算其相应的终值和现值。

由于定期等额款项收到或支出的时点不同，年金可以分为四种：普通年金、即付年金、递延年金和永续年金。

1)   普通年金的终值与现值

普通年金是指定期等额的系列款项发生于每期期末的年金，也称后付年金。它的基本特征是从第一期末起各期末都发生系列等额的款项，如计提折旧、支付保险费等。由于期末收付款项在日常生活中比较普遍，故称普通年金。

(1)   普通年金终值计算公式。由于年金是复利的特殊情况，所以可以用复利的计算方法推导年金的计算公式，年金终值是指一定时期内每期末等额收付款项的复利终值之和。普通年金终值的计算公式

$$F_A = A \cdot \frac{(1+i)^n -1}{i} \tag{2.8}$$

式中，A——年金；F_A——普通年金终值；$\dfrac{(1+i)^n -1}{i}$——"年金终值系数"，记作：$[F/A,i,n]$。

如[F/A,10%,5]表示利率 10%、5 年期的年金终值系数。为计算方便，编制了"年金终值系数表"，见附件。

【例2.3】某人在每年年末存入银行 1000 元，连续存款 5 年，年存款利率 3%，按复利计算，则第 5 年末时连本带利是多少？

解： 该问题可用现金流量图表示，如图 2.4 所示。

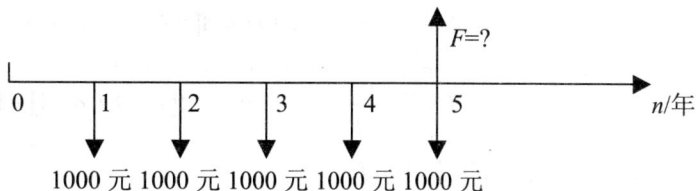

图2.4 例2.3的现金流量图

计算年金终值系数：[F/A,3%,5]=5.3091

计算年金终值：则 $F_A=A[F/A,i,n]=1000×5.3091=5309.1$(元)

(2) 普通年金现值计算公式。普通年金现值是指一定时期内每期期末等额收付款项的复利现值之和，其计算公式为

$$P_A = A \cdot \frac{1-(1+i)^{-n}}{i} \tag{2.9}$$

式中，$\frac{1-(1+i)^{-n}}{i}$ ——"年金现值系数"，记作：[P/A,i,n]。如[P/A,10%,5]表示利率 10%，5 年期的年金现值系数。为计算方便，编制了"年金现值系数表"。

【例2.4】某人拟在银行存入一笔款项，年复利率 10%，要想在今后的 5 年内每年末取出 1000 元，则现在应一次存入的金额为多少？

解： 该问题可用现金流量图，如图 2.5 所示。

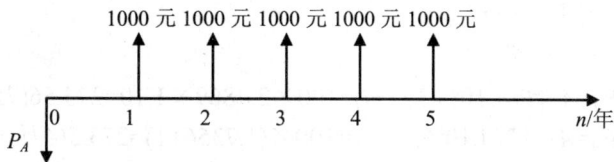

图2.5 例2.4的现金流量图

计算年金现值系数：[P/A,10%,5]=3.7908

计算年金现值：则 $P_A=A[P/A,i,n]=1000×3.7908=3790.80$(元)

2) 即付年金终值与现值

即付年金是指定期等额的系列款项发生在每期期初的年金，也称为预付年金、先付年

金，它的特征是从第一期开始每期期初都有一个等额的款项，如零存整取、等额支付租金等。即付年金与普通年金的区别是款项发生的时点不同，由于期初与期末可以转换，即第二期期初也是第一期期末，所以即付年金的计算可通过普通年金的计算转化后求得。

(1) 即付年金终值的计算。即付年金终值是每期期初等额款项的复利终值之和，其计算公式为

$$F_A = A \cdot \frac{(1+i)^n - 1}{i} \cdot (1+i) = A[F/A, i, n](1+i) \tag{2.10}$$

$$F_A = A \cdot \left[\frac{(1+i)^{n+1} - 1}{i} - 1 \right] = A \cdot \{[F/A, i, n+1] - 1\} \tag{2.11}$$

式中，括号内的内容称为"即付年金终值系数"。

【例 2.5】某人于每年年初存入银行 10 000 元，连续存入 5 年，存款利率 5%，则在第 5 年末一次能取出的本利和是多少？

解：
$$F_A = A \cdot [F/A, 5\%, 5] \cdot (1+5\%) = 10\ 000 \times 5.5256 \times 1.05 = 58\ 019(元)$$
或
$$F_A = A\ \{[F/A, 5\%, 6] - 1\} = 10\ 000 \times (6.8019 - 1) = 58\ 019(元)$$

(2) 即付年金现值的计算。即付年金现值是每期期初等额款项的复利现值之和，其计算公式为

$$P_A = A \cdot \left[\frac{1 - (1+i)^{-n}}{i} \right] \cdot (1+i) = A \cdot [P/A, i, n] \cdot (1+i) \tag{2.12}$$

或

$$P_A = A \cdot \left[\frac{1 - (1+i)^{-(n-1)}}{i} + 1 \right] = A \cdot \{[P/A, i, n-1] + 1\} \tag{2.13}$$

式中，括号里系数称为"即付年金现值系数"。

【例 2.6】某企业投资一项目，每年年初投入 100 万元，若利息率 10%，3 年建设期，则该项目投资的总现值是多少？

解：
$$P_A = A \cdot [P/A, 10\%, 3](1+i) = 100 \times 2.4869 \times 1.10 = 273.56(万元)$$
或
$$P_A = A \cdot \{[P/A, 10\%, 2] + 1\} = 100 \times (1.7356 + 1) = 273.56(万元)$$

3) 递延年金的现值

递延年金是指开始若干期内没有年金，若干期后才有的年金。递延年金是普通年金的特殊形式，凡不是从第一年开始的年金都是递延年金。

假设没有年金的期限为 m 期，有年金的期限为 n 期，则递延年金现值的计算公式为

$$P_A = A \cdot [P/A, i, n] \cdot [P/F, i, m] \tag{2.14}$$

或

$$P_A = A \cdot \{[P/A, i, m+n] - [P/A, i, m]\} \tag{2.15}$$

或

$$P_A = A \cdot [F/A,i,n] \cdot [P/F,i,m+n] \tag{2.16}$$

【例 2.7】某人年初存入银行一笔款项，想要从第 5 年开始每年末取出 1 000 元，至第 10 年取完，年利率为 10%，则年初应存入的金额是多少？

解：

$$P_A = A \cdot [P/A,10\%,6][P/F,10\%,4] = 1\ 000 \times 4.355 \times 0.683 = 2974(元)$$

或

$$P_A = A \cdot \{[P/A,10\%,10] - [P/A,10\%,4]\} = 1\ 000 \times (6.1446 - 3.17) = 2974(元)$$

或

$$P_A = A \cdot [F/P,10\%,6] \cdot [P/F,10\%,10] = 1\ 000 \times 7.7156 \times 0.3855 = 2974(元)$$

4）永续年金的现值

永续年金(perpetuity)是无限期等额收付的系列款项，也是普通年金的特殊形式，是无限期的普通年金。在现实工作中，符合永续年金的例子较少，如：存本取息、购买优先股定期取得的固定股利等。由于永续年金持续期无限，没有终止的时间，因此不能计算终值，而只能计算现值。

永续年金的现值等于无限期的普通年金的现值，其计算公式为

$$P_A = A \cdot \sum_{n=1}^{\infty} (1+i)^{-n} = \frac{A}{i} \tag{2.17}$$

【例 2.8】某人持有某公司优先股，每年每股股利 5 元，若想长期持有，在利率 10% 的情况下，则现在该股票价值是多少？

解：

$$P_A = \frac{A}{i} = \frac{5}{10\%} = 50(元)$$

二、货币时间价值的实践应用

1. 根据年金现值对比分析决策方案

【例 2.9】某机械加工厂准备从银行贷款 20 万元购买一条生产线，可使用 5 年，期满无残值，估计使用该设备每年可获纯收益 5 万元，该款项从银行借款年利率为 8%，试问购买该生产线方案是否可行？

解： 这项方案如果不考虑货币等值，就会认为 5 年收益为 25 万元(5×5)，超过生产线购价，似乎方案可行。但由于每年收益在未来期，各期的 5 万元则是不等值，需要统一到现在的时间上，因此有

$$P_A = A \cdot [P/A,8\%,5] = 5 \times 3.993 = 19.965(万元)$$

经过对比，5 年总收益折成现值小于原生产线购价，即收益小于投资，说明此项购置方案不可行。

2. 根据年金终值对比分析决策方案

【例 2.10】某公司有一产品开发需 5 年完成，每年终投资 30 万元，项目建成后每年均可收益 18 万元(含折旧费)，若该项目投资款项均来自银行贷款(利率为 10%)，问该方案是否可行？

解：该项投资如不考虑货币的时间价值，就会认为该项目投资总额为 150 万元(30×5)，那么每年有收益 18 万元，只需 8 年多(150/18=8.3 年)就可收回投资。本题是认为这项投资可无限期地取得收益，因此认为该项方案是可行的。但从时间价值角度看，5 年总投资结束，已从银行贷款(年金终值)为

$$F_A = A \cdot [F/A,10\%,5] = 30 \times 6.105 = 183.15(万元)$$

就是说该项投资已向银行贷款不是 150 万元，而是 183.15 万元，以后每年偿付银行利息金额就达 183.5×10%=18.315 万元，这样与每年投资收益 18 万元相比，表示每年收益不仅不能偿本，连付息也存在一定困难，这样的借款永无偿清之日，故认为投资方案不可取。

3. 根据投资使用时间(n)对比分析决策方案

【例 2.11】某公司目前准备对原有生产设备进行更新改造，需支付现金 8 万元，可使每年材料和人工节约 1.6 万元，据估计该项投资后，设备使用寿命最多为 6~7 年，该投资款项拟从银行以 8%的利率贷款，问该投资方案是否可行？该设备至少用多少年才能收回投资额？

解：如不考虑货币的时间价值问题，那么就可以认为 6 年可节约成本 9.6 万元(节约的成本就是取得的收益)与投资额 8 万元对比，该方案可行。但考虑到收益 9.6 万元与投资额 8 万元不是同一个时点的金额，因此要考虑货币等值问题，就需要计算该设备至少使用多少年？

因为 $\qquad\qquad P_A = A \cdot [P/A,8\%,n]$

即 $\qquad\qquad 8 = 1.6 \cdot [P/A,8\%,n]$

则 $\qquad\qquad [P/A,8\%,n] = 8/1.6 = 5$

设该设备可使用 X 年，用插值法计算，在年金现值系数 I=8%中依次找到接近系数为 5 的两个邻近值分别是 4.623(n=6)和 5.206(n=7)。

年金现值系数[$P/A,8\%,n$] $\qquad\qquad$ 期数(n)

$$\left.\begin{matrix} 4.623 \\ 5 \\ 5.206 \end{matrix}\right\} \qquad\qquad \left.\begin{matrix} 6 \\ X \\ 7 \end{matrix}\right\}$$

用比例法计算

$$\frac{5-4.623}{5.206-4.623} = \frac{X-6}{7-6}$$

$$X = 6 + \frac{0.377}{0.583} = 6.65(年)$$

计算结果表明：该设备至少使用 6.65 年才能收回投资款项，而该设备至多使用 6～7 年，因此投资方案属于在可行与不可行之间，要慎重考虑，还要再从其他方面加以论证。

4. 分期付款的定价决策

购买房或汽车等资产时，经常采用分期付款的方式。

【例 2.12】 某款汽车市场现销售价格为 10 万元，若采用分期付款方式，分 5 年等额付款，利率为 10%，问每年末付款额是多少？

解：5 年内年终付同样金额是年金，其 5 年现值之和应等于 10 万元。

那么
$$P_A = A \cdot [P/A, 10\%, 5]$$

则
$$A = \frac{PV_A}{[P/A, 10\%, 5]} = \frac{10}{3.791} = 2.638(万元)$$

则每年支付 2.638 万元。

5. 偿债基金的决策

【例 2.13】 某企业为了偿还一笔 4 年后到期的 100 万元借款，现在每年末存入一笔等额的款项设立偿债基金。若存款年复利率为 10%，则偿债基金应为多少？

解：偿债基金的计算是普通年金终值的逆运算，通过普通年金终值的计算公式可以求得

$$A = F \cdot \frac{i}{(1+i)^n - 1} = 100 \times \frac{1}{4.641} = 21.55(万元)$$

式中，分式称为"偿债基金系数"，记作[A/F,I,n]。"偿债基金系数"一般通过普通年金终值系数的倒数求得。

6. 投资回收额的计算

【例 2.14】 企业投资一项目，投资额 1000 万元，年复利率 8%，投资期限预计 10 年，要想收回投资，则每年应收回的投资为多少？

解：投资回收额是指在一定时期内等额收回所投入资本或清偿所欠债务的价值指标。年金现值是已知年金求现值，若已知现值求年金，则此时的年金即为投资回收额。因此，投资回收额的计算是年金现值计算的逆运算，其公式为

$$A = P \cdot \frac{i}{1 - (1+i)^{-n}} \tag{2.18}$$

式中，分式称为"投资回收系数"，记作[A/P,I,n]，该系数可以通过查"年金现值系数表"后倒数求得。

$$A = P \cdot [A/P, 8\%, 10] = 149.03(万元)$$

以上几例说明，企业在实际工作中遇到类似投资决策问题，必须在经过科学评价的基

础上才能进行决策，防止忽视货币的时间价值存在，只对不同时间的投资和收益的绝对额直接对比就作出拍板的决定。可见，在企业经营管理活动中，特别是重大的投资决策方面，一定要重视资金的使用效益，防止片面性。既要看收益率，也要看回收期，还要看投资额，这就是前面所讲的货币等值的三个因素，以保证企业预期目标的实现。

7. 计息期小于一年的复利计算

【例2.15】如果将100元人民币存入银行，名义利率为8%，假定利息每半年支付一次，则6个月后的终值是多少？1年后的终值又是多少？

解：基于不同的计息期，不同的投资可能会提高不同的回报。这就要区分名义利率(nominal interest rate)和实际利率(effective annual interest rate)。如果一年中计息m次，则计算第n年年末终值的通用公式为

$$F=P(1+[i\div m])^{nm}$$

那么6个月后的终值是

$$F=100\times(1+[8\%\div2])^{0.5\times2}=104(\text{元})$$

1年后的终值是

$$F=100\times(1+[8\%\div2])^{1\times2}=108.16(\text{元})$$

这个数值比计息期为1年同样利率的终值108元多出0.16元，这是由头6个月所得利息4元人民币在第2个6月中的产生的利息。因此，我们可以得出1年计息次数越多，当年年末的终值就越高。再比如仍用此案例，但修改假定每季度复利一次，名义利率为8%，则1年后100元的终值是

$$F=100\times(1+[8\%\div4])^{1\times4}=108.24(\text{元})$$

从以上内容看出，实际利率就是使每年计息一次的利息等于名义利率在每年计息m次时所提供的利率。

$$(1+\text{实际利率})=(1+[i\div m])^{lm}$$

那么实际利率的计算公式可推导为：

$$\text{实际利率}=(1+[i\div m])^{m}-1$$

例如，在上例中假定每季度复利一次，名义利率为8%时的实际利率是多少呢？

$$(1+[8\%/4])^{4}-1=(1+0.02)^{4}-1=0.08243$$

只有在每年计息一次时，实际利率才等于名义利率。

第二节　风险与收益

一、风险与收益的原理

企业发生的财务活动都是在一定的风险情况下进行的，这是因为财务活动总是针对未

来的活动，未来的活动相对于现在来说具有一定的不确定性，也就是说具有一定的风险性。风险广泛存在于重要的财务活动中，并且对企业实现其财务目标有着重要影响。因此，在财务活动中必须对风险加以考虑，不能忽视风险的影响。

(一)风险的概念

所谓风险，是指在一定条件下和一定时期内可能发生的各种结果的变动程度。财务管理中所说的风险，就是在企业各项财务活动中，由于各种难以预料或无法控制的因素作用，使企业的实际收益与预计收益发生背离，从而蒙受经济损失的可能性。

不同的事件风险不同，事件一旦决定下来，风险大小就无法改变。也就是说，特定投资的风险大小是客观的，是否去冒风险或冒多大的风险是主观的。对于不确定的事件，无法知道其准确的结果，但是随着时间的推移，事件的不确定性在缩小，待事件完成，其结果则完全肯定，风险也就不存在了。因此，风险总是一定时期内的风险。

由于人们普遍存在风险反感的心理，因而一提到风险就误解为损失，事实上，风险不仅能带来超出预期的损失，呈不利的一面，也可能带来超出预期的收益，呈有利的一面。一般来说，投资者对意外损失比意外收益更加关注，因而在研究风险时主要从不利的方面来考察风险，经常把风险看成是不利事件发生的可能性。

在证券投资中，怎么定义风险呢？又如何做到衡量风险呢？

假设家家公司 2012 年购买了收益率为 6% 的一年期国库券，且持有满 1 年，则该项投资能够为其带来政府承诺的 6% 的收益率。再假设它购买的是某家公司的普通股股票并持有 1 年，则预期的现金股利可能实现，也可能无法预期实现，而且一年后的股价可能低于预期，甚至有可能低于当初的购买价格。因此，该投资的实际收益与预期收益可能相差很大。如果将风险定义为预期收益的不确定性，则国库券是无风险的证券。而普通股则是有风险的证券。我们可以得出结论，证券的不确定性越大，其风险越高。在这种投资中获得收益的不确定性，可以借用数学中的概率加以表达。风险的测量通常采用数学中概率论和统计学等方法。

(二)风险的类别

风险从不同的角度进行分类，可以产生不同内容。

1. 从投资主体的角度看，风险可以分为系统风险和非系统风险

系统风险(systematic risk)是指对所有企业产生影响的因素引起的风险。产生系统风险的影响因素一般是宏观因素，如通货膨胀、经济衰退、自然灾害等。这种风险涉及所有的企业，所有的投资对象，不能通过多角化投资来分散，因而又称为不可分散风险。如投资者投资于股票，若某些因素导致整个大盘下跌，则无论投资于哪种股票，都要面临股价下跌带来的损失，也就是要承担市场风险。

非系统风险(unsystematic risk)是指发生于个别企业特有事项造成的风险。这种风险不是每个企业都面临的，而是发生于个别企业，如罢工、诉讼失败、失去销售市场等。这类事件是随机发生的，不同企业发生的可能性是不确定的，因而，要想规避这个风险，可以通过多角化投资来分散风险。

2. 从公司本身来看，即公司特别风险又可分为经营风险和财务风险

经营风险是指因企业生产经营活动的不确定性而带来的风险。企业的供、产、销等各种生产经营活动都存在着很大的不确定性，都会对企业收益带来影响，因而经营风险是普遍存在的。产生经营风险的因素既有内部因素，又有外部因素。如原材料供应地政治、经济情况变动，运输方式改变，价格变动等，这些因素会造成供应方面的风险。此外，企业外部环境的变化、国家经济政策、通货膨胀、自然灾害等因素都会给企业经营带来不确定性，从而导致经营风险。

财务风险是指由于举债而给企业带来的风险，也称筹资风险。企业经营活动的资金有两个来源，一是自有资金，二是借入资金。企业举债经营，会影响企业的盈利能力。由于借入资金需要还本付息，一旦无力偿还到期债务，企业就会陷入财务困境甚至破产。当息税前资金利润率低于借入资金利息率时，借入资金所获得的利润不足以支付利息，需动用自有资金利润来支付利息，从而使自有资金利润率降低。总之，由于诸多因素的影响，使得利息税前资金利润率与借入资金利息率具有不确定性，从而引起自有资金利润率的变化，这种风险即为财务风险。

举债加大了企业的风险，若企业不举债，即都是自有资金，则没有财务风险，而只有经营风险。对财务风险的管理，关键是要保持一个合理的资金结构，维持适当的负债水平，既要充分利用举债经营这一手段获取财务杠杆利益，提高资金盈利能力，又要注意防止过度举债而引起的财务风险加大，避免陷入财务困境。

(三)收益的概念

收益是进行投资后从中获得的利得(或损失，即负利得)。收益包括两部分，一部分为所持投资资产期间获得的现金流量，如利息、现金股利等；另一部分是出售资产结束投资时，收到的超过初始现金流量的差额。如：家家公司 2012 年 1 月 1 日以每股 25 元价格购得 A 公司股票 10 000 股，A 公司在 2012—2013 年期间，每年末每股发放现金股利 0.2 元。家家公司于 2013 年 1 月 1 日将该股票以每股 30 元价格售出，则家家公司此项资产投资收益为 52 000 元(0.2×10 000+(30-25)×10 000)。在财务中，表示资产的收益水平通常用相对数，也就是收益率(return)来衡量，即基于所有权而收到的现金支付加上市价的变化，除以初始投资价格。家家公司持有 A 公司股票的收益率为

$$R=52\ 000/(25\times10\ 000)=20.8\%$$

(四)收益的计算

在财务决策中，往往更重视未来的投资收益率。除无风险证券外，其他证券的预期收益率都可能与实际收益率不同。因此，对于有风险的证券，一般采用预期收益率(expected return)表示，预期收益率是所有可能收益率的加权平均数，权数是可能收益率的发生概率。计算公式为：

$$\overline{R} = \sum_{i=1}^{N} P_i \times R_i \tag{2.19}$$

其中：P_i——第 i 种结果出现的概率；R_i——第 i 种结果出现后的预期报酬率；N——所有可能结果的数目。

【例 2.16】某公司有两个投资机会，A 投资机会是一个高科技游乐园项目，目前该领域竞争少，但不确定因素多，如果经济发展迅速并且该项目搞得好，则取得较大的市场占有率，利润会很大，否则利润很小甚至亏本。B 项目是一个大众旅游产品，销售前景可以准确预测出来。假设未来的旅游市场情况只有 3 种：繁荣、正常、衰退，有关的概率分布和预期报酬率见表 2-2。

表 2-2　公司未来经济情况表

经济情况	发生概率	A 项目预期 报酬率%	B 项目预期 报酬率%
繁荣	0.3	90	20
正常	0.4	15	15
衰退	0.3	−60	10
合计	1.0		

在这里，概率表示每一种经济情况出现的可能性，同时也就是各种不同预期报酬率出现的可能性。例如，未来经济情况出现繁荣的可能性是 0.3。项目可以获得高达 90%的报酬率。也就是说，采纳 A 项目获利 90%的可能性是 0.3。实际上，出现的经济情况远不止 3 种，有无数可能的情况会出现。但如果对每种情况都赋予一个概率，并分别测定其报酬率，则我们仍然可以计算出投资项目的期望报酬率及其方差。但这里为了说明方便，我们只假设了 3 种可能的经济情况。

根据公式得出

$$\overline{R}_A = 0.3 \times 90\% + 0.4 \times 15\% + 0.3 \times (-60\%) = 15\%$$

$$\overline{R}_B = 0.3 \times 20\% + 0.4 \times 15\% + 0.3 \times 10\% = 15\%$$

两者的期望报酬率相同，但从其概率分布我们可以直观地看到，A 项目的报酬率的分散程度大，变动范围在-60%至 90%之间；B 项目的报酬率的分散程度小，变动范围在 10%至 20%之间。这说明两个项目的报酬率相同，但风险不同。因此，为了定量地衡量风险的大小，还要使用统计学中衡量概率分布离散程度的指标。

(五)风险的衡量

根据统计学中表示随机变量离散程度的量主要包括平均差、方差、标准差和全距等，但最常用的是方差和标准差。

方差是用来表示随机变量与期望值之间离散程度的一个量。

表示公式

$$\sigma^2 = \sum_{i=1}^{N}\left(R_i - \overline{R}\right)^2 \times P_i \tag{2.20}$$

标准差也叫均方差，是方差的平方根。

$$\sigma = \sqrt{\sum_{i=1}^{N}\left(R_i - \overline{R}\right)^2 \times P_i} \tag{2.21}$$

A、B 项目的标准差计算见表 2-3，我们看到，A 项目的标准差是 58.09%，B 项目的标准差是 3.87%。由于 A、B 两个项目的期望报酬率相同，所以它们可以定量地说明 A 项目的风险比 B 项目大。

表 2-3　A、B 项目的标准差

项　目	$R_i - \overline{R}$ (%)	$\left(R_i - \overline{R}\right)^2$ (%)	P_i	$\left(R_i - \overline{R}\right)^2 \times P_i$
	90-15	5 625	0.3	1 687.5
	15-15	0	0.4	0
A	-60-15	5 625	0.3	1 687.5
	方差			3 375
	标准差			58.09%
	20-15	25	0.3	7.5
	15-15	0	0.4	0
B	10-15	25	0.3	7.5
	方差			15
	标准差			3.87%

反映收益率分布的标准差，是衡量风险的出色方法，收益率变动的绝对标准，即标准差越大，收益率分散度就越大，实际收益率的不确定性越大，则投资风险也越高。正如我们所看到的，因为标准差和方差都是绝对的数值，而不是相对数，所以只能用来比较期望报酬率相同的各项投资的风险程度，而不能用来比较期望报酬率不同的各项投资的风险程

度。对于期望报酬率不同的投资项目，我们用标准离差率来比较它们的风险程度。标准离差率的计算公式为

$$V = \frac{\sigma}{\overline{R}} \times 100\% \tag{2.22}$$

式中：V——标准离差率；σ——标准差；$\overline{R}$——期望报酬率。

在【例 2.16】中，毫无疑问，项目 A 的标准离差率(58.09%÷15%=387%)比项目 B(3.87%/15%=25.8%)的标准离差率大。一般地，标准离差率大说明投资项目风险大，反之，标准离差率小说明投资项目风险也较小。

二、投资组合中的风险和收益

(一)投资组合的收益

迄今为止，我们讨论的是各个独立的单项投资的风险和收益。在实际中投资者很少把所有的资产投资到一项资产上面，他们往往会构建一个投资组合(portfolio)。因此，我们将讨论投资组合的收益和风险的分析。

资产组合的目的就是通过多样化经营以减少风险。投资组合的预期报酬率是由各个资产预期报酬率加权平均获得的。投资组合的期望收益率就是组成投资组合的各种证券的期望收益率的加权平均数。其权数是各种证券的资金占总投资的比例。公式表示为

$$\overline{R} = \sum_{i=1}^{N} W_i \times \overline{R}_i \tag{2.23}$$

其中：W_i——第 i 种证券结果出现的概率；$\overline{R}_i$——第 i 种证券的预期报酬率；N——所有可能结果的数目。

(二)投资组合的风险

投资组合的风险(σ_p)不是各有价证券标准差的加权平均数，即 $\sigma_p \neq \sum W_i \sigma_i$。如果仅仅将在理论上单个证券的标准差进行加权平均，则会忽略证券收益的相互关系，即协方差(covariance)。然而，协方差不会影响投资组合的期望收益率。

【例 2.17】假设某公司在股票 W 和 M 的投资总额为 1000 万元，且各占一半，其完全负相关和完全正相关的报酬率如表 2.4 和表 2.5 所示。

如果未来相关因素不变，投资者分别持有股票 W 和 M 的风险均为 22.6%，分别按 50%持有股票 W 和 M，则投资组合的风险为 0。这是为什么呢？因为在这一投资组合中，两种股票的报酬率具有互补性。当股票 W 的报酬下降时，股票 M 的报酬会上升，反之亦然，这时股票 W 和 M 完全负相关。若投资组合中两种股票报酬的变动方向正好相同，就具有完全正相关的关系。由完全正相关资产构成的投资组合的风险与单独持有各资产的风险具

有同向变动趋势,表2.4就反映了这种完全正相关的情况。表2.4说明,当股票 W 和 M 为完全正相关时,投资分散并没有降低投资组合的风险。

表2.4　完全负相关的两种股票

年　度	股票 W 的实际报酬率(K_W)	股票 M 的实际报酬率(K_M)	投资组合 W M 的实际报酬率(K_P)
2005	40%	−10%	15%
2006	−10%	40%	15%
2007	35%	−5%	15%
2008	−5%	35%	15%
2009	15%	15%	15%
平均报酬率	15%	15%	15%
标准率	22.6%	22.6%	0.0%

事实上,许多股票之间是正相关的,但并非完全正相关(见表2.5)。一般来说,在西方发达国家中随机选择两种股票,相关系数约为+0.6,大多数成对股票间的相关系数在 0.5～0.7 之间。这样,分散投资可以在一定程度上降低投资风险,但不能完全消除投资风险。

表2.5　完全正相关的两种股票

年　度	股票 W 的实际报酬率(K_W)	股票 M 的实际报酬率(K_M)	投资组合 W M 的实际报酬率(K_P)
2005	−10%	−10%	−10%
2006	40%	40%	40%
2007	−5%	−5%	−5%
2008	35%	35%	35%
2009	15%	15%	15%
平均报酬率	15%	15%	15%
标准率	22.6%	22.6%	22.6%

通过比较研究表2.4～表2.6,可以得出如下结论。

(1) 当各种有价证券的报酬率完全负相关时,投资分散化可以消除投资组合的风险。

(2) 当各种有价证券的报酬率完全正相关时,投资分散化不能消除投资组合的风险。

(3) 在不同有价证券上多元化投资,虽可以在一定程度上降低投资风险,但并不能完全消除投资风险。

表2.6　部分正相关的两种股票

年　度	股票 W 的 实际报酬率(K_W)	股票 M 的 实际报酬率(K_M)	投资组合 W M 的 实际报酬率(K_P)
2005	40%	28%	34%
2006	−10%	20%	5%
2007	35%	41%	38%
2008	−5%	−17%	−11%
2009	15%	3%	9%
平均报酬率	15%	15%	15%
标准率	22.6%	22.6%	20.6%

根据概率统计原理，组合资产标准差的计算公式为

$$\sigma_p = \left(\sum_{i=1}^{n} \sum_{j=1}^{n} W_i \cdot W_j \cdot \sigma_{i,j} \right)^{1/2} \tag{2.24}$$

式中，σ_p——组合资产的标准差；W_i, W_j——分别为组合资产中所含第 i, j 种资产的投资比重；$\sigma_{i,j}$——两种资产的协方差。

协方差的计算公式为

$$\sigma_{i,j} = \rho_{i,j} \cdot \sigma_i \cdot \sigma_j \tag{2.25}$$

式中，$\rho_{i,j}$——两种资产的相关系数；σ_i, σ_j——分别为第 i, j 种资产的标准差。

协方差是表示两种资产的相关程度，若二者是正相关关系，也就是两个变量是朝同一方向变动的，则协方差大于零；若二者是负相关关系，也就是两个变量是朝相反方向变动的，则协方差小于零；若二者不相关，也就是表明两个变量不一起变动，其变动方向既不一致又不相反，则协方差为零。

协方差是表示两种资产相关程度的绝对值，而相关系数是表示两种资产相关程度的相对值，是两个随机变量之间共同变动程度的线性关系的数量表现。相关系数的上限是 1，下限是-1，即$-1 \leqslant P \leqslant 1$。

当我们理解了投资组合中的风险决定因素，就可以得出惊讶的结论：投资组合是否存在风险，更多取决于投资组合中任意两种证券的协方差，而不是组合中单个证券的风险即标准差。这就意味着只要证券的变动方向不一致，协方差越小，则投资组合的风险也将越低。

投资的分散化理念已深入人心，从人们都熟悉的"别把所有的鸡蛋都放到一个篮子里"这句话可见，通过一系列资产或投资可以分散风险。它意味着把 1 万元投资于 10 种不同的

证券比把相同的资金投资于 5 种不同的证券更能分散风险。需要特别指出的是，投资组合中的证券收益间的协方差(相互关系)同样可以决定投资组合的风险水平。这 10 种证券如果来自同一一行业，而这 5 种证券则分别来自 5 个不同的行业，其结果又是怎样？其实，只要证券间不是正相关的关系，其组合将能够得到分散化所带来的降低风险的好处。

三、资本—资产定价模型(CAPM)

当我们假设投资者都是风险厌恶者时，每种证券的风险和期望收益都存在一种均衡关系。当市场均衡时，人们预期一种证券能提供与系统风险(人们无法通过组合投资来避免的风险)相适应的预期收益率。证券的系统风险越高，投资者期望获得的收益率越大。资本—资产定价模型(capital-asset pricing model)描述了期望收益率与相同风险之间的关系。该模型是由威廉·夏普(William Sharpe)在 20 世纪 60 年代提出的，至今对财务界发挥着重大的影响力。

该模型描述了一项资产或投资组合的收益由两部分组成：即货币时间价值和风险价值。其中货币时间价值对于所有的投资者都是相同的，而风险价值则取决于不同投资者投资所承担的风险水平。投资某项资产的预期收益率可表示为

$$R_j = R_f + (R_m - R_f)\beta_j \tag{2.26}$$

式中，R_f——货币时间价值；$(R_m - R_f)\beta_j$——风险价值；R_m——市场组合收益率；β_j——资产相对于市场组合的风险水平；$(R_m - R_f)$——单位风险资产的补偿收益率，即市场组合收益率与无风险收益率之差。

该模型的假定前提：一是假定资本市场是有效率的；二是假定所有的投资者对单个证券的走势看法是相同的，且都持有期均为 1 年之上。资本—资产定价模型主要是考察了风险和资本市场要求的收益率的实际方法，并且该模型还为理解系统风险、分散投资和风险投资与为补偿风险所需的风险溢价间的关系，提供了一般的理论框架。

对于投资者而言，投资者冒风险进行投资，就会要求得到额外的收益，否则就不值得去冒险。投资者由于冒风险进行投资而获得的超过资金时间价值和补偿通货膨胀的额外收益，称为风险价值或风险报酬、风险收益。风险价值的相对数表现形式也称风险收益率，即公式中的$(R_m - R_f)\beta_j$部分。

在前面已经讨论过系统风险是不可避免的风险，是任何投资组合即使在分散化方面做得很好也必须承受的风险。因为没有人能够持有比市场组合更分散的投资组合形式了，因此市场组合是投资者所能达到的分散化最大的组合。所以，与市场组合相关的所有风险都是不可避免风险或系统风险。

β 系数是单个证券超额收益率的变化与市场组合的超额收益率的变化之比。如果$\beta=1$，表明单个证券超额收益率与市场组合超额收益率等比例变化。换句话就是该证券具有与整个市场相同的系统风险。如果$\beta>1$，表明单个证券超额收益率变动大于市场组合超额收益

率变化，这意味着单个证券的不可避免风险要高于整个体市场的不可避免风险，这种投资属于"进攻型"。反之，如果 $\beta<1$，表明单个证券超额收益率变动小于市场组合超额收益率变化，这意味着单个证券的不可避免风险要低于整个体市场的不可避免风险，这种投资则属于"防御型"。式(2.20)中各项目关系如图2.6所示。

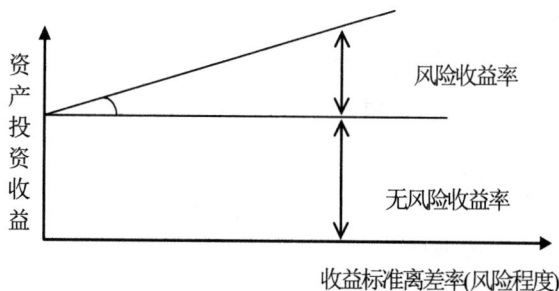

图2.6 投资收益率、无风险收益率、风险收益率的关系图

第三节 价 值 评 估

财务管理的核心是价值管理，财务管理的终极目标是实现企业价值的增长，而价值评估就是对企业全部或部分价值进行估价的过程。价值评估是时间价值在财务管理中的延伸应用，价值评估不但是企业对资本实现增值目标判断的依据，而且在投资决策问题方面起着关键作用。

一、价值内涵

1. 账面价值与市场价值

账面价值(book value)是企业会计账簿上记载的价值。例如，对股份公司而言，公司资产负债表中，资产总额减去负债总额的差额即为公司股票的账面价值。市场价值(market value)则是企业资产在公开市场上交易时的市场价格。当公司的股票在证券市场进行交易时，其买卖价格就是该股票的市场价值。市场价值反映收益信息，而账面价值则反映了历史成本信息。

2. 企业价值与股东价值

企业价值是指企业全部资产的价值。股东价值，又称资本价值，是指企业净资产价值。企业价值评估与股东价值评估相互关联，既可以从企业价值着手评估股东价值，也可以从股东价值着手评估企业价值。

3. 持续经营价值与清算价值

持续经营价值(going-concern value)是指公司最为一个持续运营的组织整体出售所能获得的货币值。并不着眼于资产负债表上各项资产表现的价值，而是侧重于企业未来销售获利的能力。清算价值(liquidation value)是指一项资产或一组资产从正在运营的组织中分离出来单独出售所能获得的货币值。假如公司破产时，公司的证券价值主要由清算价值决定。通常这两个价值是不相等的。对于具体企业而言，可能有的企业清算价值高于持续经营价值，也有可能清算价值低于持续经营价值。

二、价值评估的理论方法

1. 以现金流量为基础的价值评估

以现金流量为基础的价值评估，核心思路是各项资产的价值看作是该资产预期未来现金流量的全部现值之和。对于企业来讲，评估企业价值与股东价值一样有必要，企业价值、债务价值和股东价值三者之间的关系如图 2.7 所示。

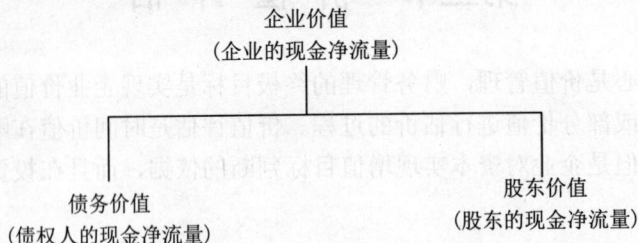

企业价值
(企业的现金净流量)

债务价值
(债权人的现金净流量)

股东价值
(股东的现金净流量)

图 2.7　企业价值、债务价值和股东价值关系及评估

以现金流量为基础的价值评估的基本程序和公式为

企业经营价值＝明确预测期现金净流量现值 ＋ 明确预测期后现金净流量现值　　(2.27)

企业价值＝企业经营价值 ＋ 非经营价值　　(2.28)

股东价值＝企业价值 － 债务价值　　(2.29)

2. 以经济利润为基础的价值评估

在经济学中将企业在未来每年创造的超额收益，即企业未来的非正常收益或超额利润，称为经济利润，在以价值为基础的管理中又将其定义为附加经济价值(或 EVA)。

1) EVA 的概念

EVA(economic value added)，即经济增加值，是息前税后利润减去企业全部资本费用后的经济利润，由于考虑了包括权益资本在内的所有资本的成本，EVA 体现了企业在某个时期企业财富价值的增加量，真正成为股东所定义的利润。

EVA 是在美国 Stern Stewart ＆.Co 公司创导下应运而生的一种评价方法。他们认为，企业的终极目标是为股东创造更大的价值，使公司的各个利益得到保障。在衡量企业为股东所创造的价值时，不应该只关注会计利润，应该在此基础之上考虑产生利润的资金机会成本等因素，即经济增加值(EVA)。EVA 可以解释市场增加值的变动，这种方法已在全球 400 多家公司中运用，其中包括可口可乐、西门子、索尼、新加坡航空公司等。

2) EVA 的计算

$$EVA=Rp-C×K_{WACC} \quad (2.30)$$

其中：Rp 为税后利润调整额；C 为资本投入额；K_{WACC} 为加权平均资本成本。

计算税后利润调整额

$$Rp=R+A-A×T=R+A×(1-T) \quad (2.31)$$

其中：R 为税后净利润；A 为利息费用；T 为所得税率。

计算加权平均资本成本

$$K_{WACC}=\frac{S}{S+L}×K_S+\frac{L}{S+L}×K_L \quad (2.32)$$

其中：S 为权益资本总额；L 为债务资本总额；K_S 为权益资本成本；K_L 为债务资本成本。

EVA 的计算公式

$$EVA=[R+A×(1-T)]-C×(\frac{S}{S+L}×K_S+\frac{L}{S+L}×K_L) \quad (2.33)$$

由公式可以得知，EVA 的大小可以受企业净利润、利息、所得税率、股权资本和债务资本的比例及成本大小影响。

3) EVA 的评价应用

根据 EVA 的数值，当 EVA 大于零时，说明公司创造了超额财富，股东可以在市场上得到回报。当 EVA 小于零时，一般表明业绩不佳，但要区别分析。例如公司处于初创或扩张阶段，EVA 有可能为负值。

在传统财务评价体系中，子公司为争取母公司的投资资金，你争我夺，母公司难以科学决策。使用 EVA 方法后，可以有效地减少此局面的发生。子公司争取到的资金必须创造正的 EVA。如果 EVA 为负，就需要其他业务的 EVA 或利润来补偿，因此，子公司不会取得母公司的过度投资。而母公司可以用 EVA 指标考核评价子公司的业绩。

公司改善 EVA 指标的方法有：一是在现有资本基础上，提高资本报酬率，促进营业利润的增长；二是追加新的投资以获取"额外利润"；三是从 EVA 小于零的投资中撤除资金并对项目进行清算。以四川长虹为实例：长虹公司自上市以来，1997 年长虹净利润 26 亿，1998 年净利润 20 亿，1999 年跌至 5 亿，到 2000 年净利润滑落到 2.7 亿。尽管三年间，净利润大幅滑落，但至少账面利润还能维持。如果采用 EVA 的评价方法，长虹的财务状况就堪忧了。

根据初步测算，1998 年长虹的资本回报率为 9%，EVA 为负值，根据资料表明，长虹在 1999 年和 2000 年，资本投入分别为 165 亿元和 166 亿元，则

$$1999 \text{ 年的 EVA} = 5 - 165 \times 10\% = -11.5(\text{亿元})$$

$$2000 \text{ 年的 EVA} = 2.7 - 166 \times 10\% = -13.8(\text{亿元})$$

实际上意味着大约 25 亿元的股东财富在三年内遭受损失。从 1998 年开始，长虹的经济利润已经开始亮起红灯，变成负数，说明长虹公司业务经营中所产生的利润，已经无法弥补投入资本所要求的预期最低回报。

以经济利润为基础的价值评估方法与现金流量方法的区别在于，折现的是经济利润而不是现金流量。

3. 以价格比为基础的价值评估

价格是价值的货币表现，企业价值或股东价值往往通过企业的股票价格来反映。以价格为基础的对公司估值的方法有多种，比较常用的有以下方法。

(1) 股息基准模式。就是以股息率为标准评估股票价值，这对希望从投资中获得现金流量收益的投资者特别有用。可使用简化后的计算公式

$$\text{股票价格} = \text{预期来年股息} \div \text{投资者要求的回报率} \tag{2.34}$$

(2) 市盈率(PE)。最为投资者广泛应用的盈利标准比率，其公式

$$\text{市盈率} = \text{每股股价} \div \text{每股收益} \tag{2.35}$$

使用市盈率有计算简单、数据采集很容易的好处。每天经济类报纸上均有相关资料，被称为历史市盈率或静态市盈率。但要注意，为更准确地反映股票价格未来的趋势，应使用预期市盈率，即在公式中代入预期收益。

市盈率是一个反映市场对公司收益预期的相对指标，使用市盈率指标要从两个相对角度出发，一是该公司的预期市盈率和历史市盈率的相对变化，二是该公司市盈率和行业平均市盈率相比。如果某公司市盈率高于之前年度市盈率或行业平均市盈率，说明市场预计该公司未来收益会上升；反之，如果市盈率低于行业平均水平，则表示与同业相比，市场预计该公司未来盈利会下降。所以，市盈率高低要相对地看，并非高市盈率不好，低市盈率就好。如果预计某公司未来盈利会上升，而其股票市盈率低于行业平均水平，则未来股票价格有机会上升。

(3) 市价账面值比率(PB)，即市账率，其公式

$$\text{市账率} = \text{每股股价} \div \text{每股资产净值} \tag{2.36}$$

此比率是从公司资产价值的角度估计公司股票价格的基础，对于银行和保险公司这类资产负债多，由货币资产所构成的企业股票的估值，以市账率去分析较适宜。

本 章 小 结

1. 货币时间价值是指资金在周转使用过程中，由于时间因素而形成的差额价值。

2. 货币等值是指在时间因素的作用下，在不同时点上的绝对额不同的货币可能具有相同的价值。

3. 在现实生活中，计算货币时间价值的方法与利息的计算方法相同，可分为单利制和复利制两种。

4. 年金是指在相同的间隔期内(一年、一季、一个月)收到或支出的等额款项，例如定期收到的工资、利息；定期支付的租金、水电费。年金可以分为四种：普通年金、即付年金、递延年金和永续年金。

5. 风险是指在一定条件下和一定时期内可能发生的各种结果的变动程度。财务管理中所说的风险，就是在企业各项财务活动中，由于各种难以预料或无法控制的因素作用，使企业的实际收益与预计收益发生背离，从而蒙受经济损失的可能性。

6. 收益是进行投资后从中获得的利得(或损失，即负利得)。收益包括两部分，一部分为所持投资资产期间获得的现金流量，如利息、现金股利等；另一部分是出售资产结束投资时，收到的超过初始现金流量的差额。

7. 风险与收益的对称性是资本运动的客观规律，财务管理的理性假设之一便是厌恶风险。风险与收益的基本关系是风险越大要求的收益率越高，这是市场竞争的结果。

8. 离散程度是用以衡量风险大小的统计指标，一般来说，离散程度越大，风险越大；离散程度越小，风险越小。反映离散程度大小的指标主要有方差、标准离差(率)、全距等。

9. 在理论上，投资组合的风险要小于单独持有某一证券的风险。

10. 价值评估是时间价值在财务管理中的延伸应用，价值评估的方法：以现金流量为基础的价值评估方法、以经济利润为基础的价值评估方法和以价格比为基础的价值评估方法。

知 识 链 接

中国人民银行关于人民币存贷款计结息问题的通知

一、人民银行对金融机构的存款计、结息规定

(一)金融机构的法定准备金存款和超额准备金存款按日计息，按季结息，计息期间遇利率调整分段计息，每季度末月的 20 日为结息日。

(二)邮政汇兑资金在人民银行贷方余额执行超额准备金利率，按日计息，按季结息，计息期间遇利率调整分段计息，每季度末月的 20 日为结息日。

二、金融机构存款的计、结息规定

个人活期存款按季结息，按结息日挂牌活期利率计息，每季末月的 20 日为结息日。未到结息日清户时，按清户日挂牌公告的活期利率计息到清户前一日止。

单位活期存款按日计息，按季结息，计息期间遇利率调整分段计息，每季度末月的 20 日为结息日。

三、存贷款利率换算和计息公式

(一)人民币业务的利率换算公式为

$$日利率(‰)=年利率(\%)÷360$$

$$月利率(‰)=年利率(\%)÷12$$

(二)银行可采用积数计息法和逐笔计息法计算利息。

(三)积数计息法按实际天数每日累计账户余额，以累计积数乘以日利率计算利息。计息公式为：

利息=累计计息积数×日利率，其中累计计息积数=每日余额合计数。

(四)逐笔计息法按预先确定的计息公式逐笔计算利息。

计息期为整年(月)的，计息公式为：利息=本金×年(月)数×年(月)利率。

计息期有整年(月)又有零头天数的，计息公式为：利息=本金×年(月)数×年(月)利率+本金×零头天数×日利率。

同时，银行可选择将计息期全部化为实际天数计算利息，即每年为 365 天(闰年 366 天)，每月为当月公历实际天数，计息公式为：利息=本金×实际天数×日利率。

案例与点评

24 美元能再次买下曼哈顿岛吗

纽约是美国最大的工商业城市，也是美国的经济中心。在 1626 年 9 月 11 日，荷兰人 Peter Minuit 从印第安人那里花了 24 美元买下了曼哈顿岛。据说这是美国有史以来最合算的投资，而且所有的红利免税。

24 美元真的很便宜吗？如果当年的这 24 美元没有用来购买曼哈顿岛，而是用作其他投资了呢？我们假设每年 8% 的投资收益率，不考虑战争、灾难、经济萧条等社会因素，这 24 美元到公元 2004 年会是多少？4 307 046 634 105.39 美元，即 43 万亿多美元。这仍然能够买下曼哈顿岛，这个数字是美国 2003 年国民生产总值的 2 倍还多。这就是时间价值的魔力所在。

思考与练习

1. 终值和现值的概念是什么?单利计息和复利计息之间有什么不同?

2. 普通年金、永续年金、普通年金、先付年金的概念和计算公式是什么?

3. 什么是收益和风险？如何衡量它们？

4. 风险与收益的关系是什么？

5. 如果年利率为 10%，那么 5 年后 1000 元的终值是多少？5 年后 1000 元的现值又是多少？

6. 如果年利率为 10%，1000 元的 3 年期普通年金的终值是多少？如果是现值为多少？如果是先付年金则终值和现值又是多少？

7. 制定 100 000 元抵押贷款，年利率为 10%，3 年里等额还款，那么借款的年利息支出是多少？

8. 某公司有一项付款业务，有甲、乙两种付款方案可供选择，

甲方案：现在支付 100 000 元，一次性结清。

乙方案：分 3 年付款，1～3 年各年初的付款额分别为 30 000 元、40 000 元、40 000 元，假定年利率为 10%。

要求：按现值计算，从甲、乙两方案中选出较好的一种。

9. 某企业准备拿出 500 万元来进行二期工程建设，根据市场预测，预计每年可获得收益及其概率资料分布如表 2.7 所示。计划年度利率(资金时间价值)为 8%。

表 2.7　收益及概率资料表

市场情况	预计每年收益(X_i)	概率(P_i)
繁荣	120 万元	0.2
一般	100 万元	0.5
较差	60 万元	0.3

要求：

(1) 计算该项投资的收益期望值。

(2) 计算该项投资的标准离差。

(3) 计算该项投资的标准离差率。

(4) 假设本行业风险与收益之间的比例关系为 6%，计算该方案要求的风险报酬。

(5) 计算该方案预测的风险报酬，评价该投资方案是否可行。

第三章

短期资金筹划

本章导读：

每一个企业从创建到发展过程中都需要筹集足够的资本。企业应根据自身筹措资金的不同动机，通过相应的渠道和方式筹集资金；另外，利用商业信用进行筹资也是企业筹资的有效方法之一，且更具有灵活性。然而，任何资金的使用都是有成本的，最常见也是最易理解的资金成本就是贷款利息和贷款利率。

核心概念：

筹资方式(financing)　筹资渠道(financing channels)　商业信用(trade credit)　短期借款(short-term loan)

【专题案例】

中小企业的资金困局

从 2014 年开始，LED 荧光粉商李维就明显地感受到经手的现金越来越少，支票越来越多。2015 年以来，李维经手的基本都是支票，而且拿到的不是原手票，到他手上之前，就已经转了好几手。"目前的这个形势，我只能有选择性地做一些客户。现金比利润更重要，新开发客户必须得谨慎，收不到款的话，做也没有意义。"李维表示。

樊友斌表示，服装行业的中小企业今年贷款比 2008 年难。在他看来，企业倒闭大多是因为资金链断裂，如果有充足的银行信贷，企业是可以熬过来的。"只要是个工厂，基本上都会说需要融资。"网投网总裁助理段炼告诉《每日经济新闻》记者。在段炼看来，银行抽贷是东莞实体经济现状的一个导火索。据他介绍，2012 年东莞市巨千家具有限公司的没落就与银行抽贷有关，当时银行对其有一笔 5000 万元的抽贷，使得巨千家具开始发不出工资，最终没能撑住，最后不得不被重组拍卖。"这是一个恶性循环的过程，银行觉得风险大就会抽贷。一抽贷，行业就会更不好。"网投网 CEO 汪瑶表示。

据了解，银行贷款对象一般是大中型企业，小微企业不容易申请到贷款。部分企业为了补充流动资金，不得不寻求融资成本比银行高得多的民间借贷。"民间借贷的成本是银行的 5～10 倍，中小企业找高成本融资，但实际上只是撑过了这段时间，但最后窟窿还是在。"汪瑶告诉记者。龚佳勇则表示，中小企业融资难一直存在。只是随着劳动力成本提高，企业的利润比较薄，目前很多行业利润率都只有 2%～3%。这样的一个利润水平下，就体现出对现金的需求很大。"中小企业的成长以前是依托政策优势发展起来的，发展并不十分规范，信用体系或者固定资产等关联项很难打动银行放贷"龚佳勇表示。林江也告诉记者，对于珠三角的大部分加工贸易企业而言，因为没有相应的抵押物，所以他们一般很难从银行贷款。

汪瑶表示，大部分小微企业财务管理能力弱，对现金流的控制能力不足。"他们基本没有财务一说，都是老板娘在管账。我也经常提醒他们，如果要融资必须要完善财务管理，但他们往往说要避税。"（2015-11-02 06:43:40 来源：每日经济新闻)

第一节　企业筹资概述

企业筹资是指企业作为筹资主体根据其生产经营、对外投资和调整资本结构等需要，通过筹资渠道和金融市场，运用筹资方式，经济有效地筹措和集中资本的活动。企业筹资活动是企业的一项基本财务活动，企业筹资管理是企业财务管理的一个主要内容。

资本是企业经营活动的一种基本要素，是企业创建和生存发展的一个必要条件。一个企业从创建到生存发展的整个过程都需要筹集资本。企业最初创建就需要筹资，以获得设立一个企业必需的初始资本；在取得会计师事务所验资证明，到工商管理部门办理注册登记后，才能开展正常的生产经营活动。

任何企业在生存发展过程中，都需要始终维持一定的资本规模，由于生产经营活动的发展变化，往往需要追加筹资。例如，有的企业为了增加经营收入，降低成本费用，提高利润水平，需要根据市场需求变化，扩大生产经营规模，调整生产经营结构，研制开发新产品，所有这些经营策略的实施通常都要求有一定的资本条件。企业为了稳定一定的供求关系和获得一定的投资收益，对外开展投资活动，往往也需要筹集资本。例如，有的企业为了保证其产品生产所必需的原材料的供应，向供应厂商投资并获得控制权。企业根据内外部环境的变化，适时采取调整企业资本结构的策略，也需要及时地筹集资本。例如，有的企业由于资本结构不合理，负债比率过大，偿债压力过重，财务风险过高，主动地通过筹资来调整资本结构。企业持续的生产经营活动，不断地产生对资本的需求，这就需要筹措和集中资本；同时，企业因开展对外投资活动和调整资本结构，也需要筹措和集中资本。

一、企业筹资的动机

企业筹资的基本目的是为了自身的生存与发展。企业在持续的生存与发展中，其具体的筹资活动通常受特定的筹资动机所驱使。企业筹资的具体动机是多种多样的，例如，为购置设备，引进新技术，开发新产品而筹资；为对外投资，并购其他企业而筹资；为现金周转与调度而筹资；为偿付债务和调整资本结构而筹资等。在企业筹资的实际中，这些具体的筹资动机,有时是单一的,有时是结合的,归纳起来有 3 种基本类型:即扩张性筹资动机、调整性筹资动机和混合性筹资动机。企业筹资的动机对筹资行为及其结果产生直接的影响。

(一)扩张性筹资动机

扩张性筹资动机是指企业因扩大生产经营规模或增加对外投资而产生的追加筹资的动机。处于成长时期、具有良好发展前景的企业通常会产生这种筹资动机。例如,企业产品供不应求,需要增加市场供应;开发生产适销对路的新产品;追加有利的对外投资规模;开拓有发展前途的对外投资领域等,往往都需要追加筹资。扩张筹资动机所产生的直接结果,是企业资产总额和资本总额的增加。

【例 3.1】XYZ 公司扩张筹资前的资产和筹资规模如表 3.1 的 A 栏所示。该企业根据扩大生产经营和对外投资的需要,现追加筹资 4500 万元,其中,长期借款 2500 万元,企业所有者投入资本 2000 万元,用于追加存货价值 1500 万元,追加设备价值 1500 万元,追加长期投资 1500 万元,假定其他项目没有发生变动。在采取这种扩张筹资后,该公司的资产和筹资总额如表 3.1 的 B 栏所示。

表 3.1 XYZ 公司扩张筹资前后资产和筹资总额变动表 单位:万元

资　产	A	B	筹　资	A	B
	扩张筹资前	扩张筹资后		扩张筹资前	扩张筹资后
现金	500	500	应付账款	1500	1500
应收账款	2500	2500	短期借款	1500	1500
存货	2000	3500	长期借款	1000	3500
长期投资	1000	2500	应付债券	2000	2000
固定资产	4000	5500	股东权益	4000	6000
资产总额	10 000	14500	筹资总额	10 000	14 500

通过对表 3.1 的 A、B 栏的金额进行比较可以看出,该公司采取扩张筹资后,资产总额从 10 000 万元增至 14 500 万元,与此相应地,筹资总额也从 10 000 万元增至 14 500 万元。这是企业扩张筹资所带来的直接结果。

(二)调整性筹资动机

企业的调整性筹资动机是企业因调整现有资本结构的需要而产生的筹资动机。资本结构是指企业各种筹资方式的组合及其比例关系。一个企业在不同时期,由于筹资方式的不同,组合会形成不尽相同的资本结构。随着相关情况的变化,现有的资本结构可能不再合理,需要相应地予以调整,使之趋于合理。

　　企业产生调整性筹资动机的原因有很多。例如，一个企业有些债务到期必须偿付，企业虽然具有足够的偿债能力偿付这些债务，但为了调整现有的资本结构，仍然举债，从而使资本结构更加合理。再如，一个企业由于客观情况的变化，现有的资本结构中债务筹资所占的比例过大，财务风险过高，偿债压力过重，需要降低债权筹资的比例，采取债转股等措施予以调整，使资本结构适应客观情况的变化而趋于合理。

　　【例 3.2】XYZ 公司调整筹资前的资产和筹资情况如表 3.2 的 C 栏所示。该公司经分析认为这种资本结构不再合理，需要采取债转股措施予以调整。调整筹资后的资产和筹资情况见表 3.2 的 D 栏。

表 3.2　XYZ 公司调整筹资前后资产和筹资总额变动表　　　单位：万元

资　产	C	D	筹　资	C	D
	调整筹资前	调整筹资后		调整筹资前	调整筹资后
现金	500	500	应付账款	2000	2000
应收账款	2500	2500	短期借款	1000	1000
存货	2000	2000	长期借款	4000	2000
长期投资	1000	1000	应付债券	1000	1000
固定资产	4000	4000	股东权益	2000	4000
资产总额	10000	10000	筹资总额	10000	10000

　　在上例中，如表 3.2 的 C、D 栏所示，XYZ 公司调整筹资前的资本结构中债权筹资比例占 80%，股权筹资比例占 20%。调整筹资后的资本结构改变为债权筹资降至 60%，股权筹资升至 40%。该公司的资产规模没有发生变化，即纯粹是为调整资本结构而筹资。

(三)混合性筹资动机

　　企业同时既为扩张规模又为调整资本结构而产生的筹资动机，可称为混合性筹资动机。即这种混合性筹资动机中兼容了扩张性筹资和调整性筹资两种筹资动机。在这种混合性筹资动机的驱使下，企业通过筹资，既扩大了资产和筹资的规模，又调整了资本结构。

二、筹资的类型与原则

(一)筹资的类型

　　企业从不同筹资渠道和采用不同筹资方式筹集的资金，由于具体的来源、方式、期限等的不同，形成不同的类型。不同类型资金的结合，构成企业具体的筹资组合。企业的全部资金来源，通常可分为权益筹资与负债筹资、长期筹资与短期筹资、内部筹资与外部筹资、直接筹资与间接筹资等类型。

1. 权益筹资与负债筹资

企业的全部资金来源，可以按资金性质的不同区分为权益筹资与负债筹资。合理安排权益筹资与负债筹资的比例关系，是企业筹资管理的一个核心问题。

1) 权益筹资

权益筹资亦称自有资金筹集或权益资金筹集，是企业依法筹集并长期拥有、自主调配运用的资金来源。根据我国财务制度，企业权益资金包括资本金、资本公积金、盈余公积金和未分配利润。按照国际惯例，一般包括实收资本(或股本)和留存收益两部分。

权益资金的特点是：

① 资金的所有权归属企业的所有者，所有者凭其所有权参与企业经营管理和利润分配，并对企业的经营状况承担有限责任。

② 企业对权益资金依法享有经营权，在企业存续期内，投资者除依法转让外，不得以任何方式抽回其投入的资本，因而权益资金被视为"永久性资本"。

③ 企业权益资金是通过国家财政资金、其他企业资金、民间资金、外商资金等渠道，采用吸收直接投资、发行股票、内部留存利润等方式筹措形成的。

2) 负债筹资

企业的负债筹资，亦称借入资金筹集或债务资金筹集，是企业依法筹措、使用并按期偿还的资金来源。负债资金包括各种借款、应付债券、应付票据、融资租赁、商业信用等。

负债筹资的特点是：

① 负债资金体现企业与债权人的债权债务关系，它属于企业的债务，是债权人的债权。

② 企业的债权人有权按期索取本息，但无权参与企业的经营管理，对企业的经营状况不承担责任。

③ 企业对借入资金在约定的期限内享有使用权，承担按期付息还本的义务。

④ 企业的借入资金是通过银行借款、发行债券、发行融资券、商业信用、融资租赁等方式筹措取得的。

2. 长期筹资与短期筹资

企业的全部资金来源，可以按期限的不同，区分为长期资金和短期资金，企业的资金筹集由此分为长期筹资与短期筹资，二者构成企业全部资金的期限结构。

1) 长期筹资

长期筹资所筹资金是指使用期限在一年以上的资金。企业要长期、持续、稳定地进行生产经营活动，就需要一定数量的长期资金。

广义的长期资金还可具体区分为中期资金和长期资金。一般划分标准是：使用期限在一年以上至五年以内的资金为中期资金；五年以上的资金为长期资金。

企业需要长期资金的原因主要有，购建固定资产、取得无形资产、进行长期投资、垫支于长期性流动资产等。长期资金通常采用吸收直接投资、发行股票、发行债券、长期借款、融资租赁、内部留存积累等方式来筹措。

2)　短期筹资

短期筹资所筹资金是指使用期限在一年以内的资金。企业由于生产经营过程中资金周转的暂时短缺，往往需要一些短期资金。

企业的短期资金，一般是通过短期借款、商业信用、发行融资券等方式。

企业的长期资金和短期资金，有时亦可相互通融。例如，用短期资金来源暂时满足长期资金需要，或者用长期资金来源临时解决短期资金的不足。

3. 内部筹资与外部筹资

企业的全部资金来源，可以分别通过内部筹资和外部筹资来形成。企业应在充分利用内部资金来源的同时，再考虑外部筹资问题。

1)　内部筹资

内部筹资是指在企业内部通过计提折旧而形成现金来源和通过留存利润等而增加资金来源。其中，计提折旧并不增加企业的资金规模，只是资金的形态转化，为企业增加现金来源，其数量的多寡由企业的折旧资产规模和折旧政策决定；留存利润则增加企业的资金总量，其数量由企业可分配利润和利润分配政策(或股利政策)决定。内部筹资是在企业内部"自然地"形成的，因此，一般无须花费筹资费用。

2)　外部筹资

外部筹资是指在企业内部筹资不能满足需要时，向企业外部筹集资金而形成资金来源。初创时期的企业，内部筹资的可能性是很有限的；成长阶段的企业，内部筹资也往往难以满足需要。于是，企业就要广泛开展外部筹资。企业外部筹资的渠道和方式很多，外部筹资通常都需花费筹资费用，如发行股票、债券需支付发行费用，取得借款需支付一定的手续费。

(二)企业筹集资金的基本原则

企业筹集资金的基本原则，是要求资金筹集产生的合理经济效益，充分体现并保护投资者权益。具体原则如下。

1. 合理确定资金的需要量，控制资金投放时间

这一原则要求筹资时应考虑资金的数量和时间两个因素。经营活动的正常进行离不开一定数量的资金，缺少资金不行，资金筹集过多也不利于经营效益的提高，因为前者会造成资金缺乏而影响正常的资金周转，甚至会失去市场；后者会造成资金积压、闲置和浪费，降低资金周转速度，影响资金使用效果。在确定资金需要量的前提下，还要灵活地控制资金的投放时间，在不需要投放的时候进行投放会造成资金闲置和浪费，在需要投放的时候不能保证投放又会影响经营活动的正常进行。因此，筹资时要预测不同季节的资金需要量，

以便合理安排资金的投放数量和投放时间,为加速资金周转,提高资金使用效果奠定基础。

2. 考虑资金成本与资金效益的比例关系

这一原则要求筹资时要将资金成本的高低作为筹资决策的一个主要参考标准。资金的稀缺性决定了筹集资金必须付出代价,这一代价就是资金成本。资金来源的渠道不同,资金成本高低也不等,而资金成本的高低是影响企业盈利水平高低的重要因素。企业筹资的目的是通过运用资金获得经济上的效益。资金成本是对资金的耗费,资金效益是使用资金的所得,所得大于所费,才能有经济上的效益可言,超过的越多,实现的效益越大。因此,企业在筹资时一定要比较各种来源的资金成本,选择最有利的筹资方式组合,争取以最低的资金成本获取最佳的资金效益。

3. 控制负债资金比例,处理好筹资风险

企业资金来源不外乎是自有资金和负债资金两种。在市场经济条件下,利用较多外借资金来经营即负债经营已成为现代企业资金营运的一种普遍形式。企业使用负债资金虽然能带来经营上及财务上的利益,但如果控制不严,规模过大,就可能造成债务危机,严重的会导致破产。因此,企业在筹资时,必须掌握好负债资金的比例,注意筹资风险的防范,提高筹资及投资效益。

三、企业筹资渠道与方式

(一)企业的筹资渠道

企业筹资需要通过一定的筹资渠道,运用一定的筹资方式来进行。不同的筹资渠道和筹资方式各有特点和适用性,为此需要加以分析研究。筹资渠道与筹资方式既有联系,又有区别。同一筹资渠道的资本往往可以采用不同的筹资方式取得,而同一筹资方式又往往可以筹集不同筹资渠道的资本,这也需要分析研究两者之间的有效配合。

企业的筹资渠道是指企业筹集资本来源的方向和通道。体现着资本的源泉和流量。筹资渠道主要是由社会资本的提供者及数量分布所决定的。目前,我国社会资本的提供者众多,数量分布广泛,为企业筹资提供了广泛的资金来源。认识企业筹资渠道的种类及其特点和适用性,有利于企业充分开拓和利用筹资渠道,实现各种筹资渠道的合理组合,有效地筹集资本。

企业的筹资渠道可以归纳为以下 7 种。

1. 政府财政资本

政府财政资本历来是国有企业筹资的主要来源,政策性很强,通常只有国有企业才能利用。现有的国有企业,包括国有独资公司,在过去其筹资来源的大部分是由政府通过中央和地方财政部门以拨款方式投资而形成的。政府财政资本具有广阔的源泉和稳固的基础,

并在国有企业资本金预算中安排，今后仍然是国有企业权益资本筹资的重要渠道。

2. 银行信贷资本

银行信贷资本是各类企业筹资的重要来源。银行一般分为商业性银行和政策性银行。在我国，商业性银行主要有中国工商银行、中国农业银行、中国建设银行、中国银行以及交通银行等；政策性银行有国家开发银行、农业发展银行和中国进出口银行。商业性银行可以为各类企业提供各种商业性贷款；政策性银行主要为特定企业提供一定的政策性贷款。银行信贷资本拥有居民储蓄、单位存款等经常性的资本来源，贷款方式灵活多样，可以适应各类企业债权资本筹集的需要。

3. 非银行金融机构资本

非银行金融机构资本也可以为一些企业提供一定的筹资来源。非银行金融机构是指除了银行以外的各种金融机构及金融中介机构。在我国，非银行金融机构主要有租赁公司、保险公司、企业集团的财务公司以及信托投资公司、证券公司。它们有的集聚社会资本，融资融物；有的承销证券，提供信托服务，为一些企业直接筹集资本或为一些公司发行证券筹资提供承销信托服务。这种筹资渠道的财力虽然比银行要小，但具有广阔的发展前景。

4. 其他法人资本

其他法人资本有时亦可为筹资企业提供一定的筹资来源。在我国，法人可分为企业法人、事业法人和团体法人等。它们在日常的资本运营周转中，有时也可能形成部分暂时闲置的资本，为了让其发挥一定的效益，也需要相互融通，这就为企业筹资提供了一定的筹资来源。

5. 民间资本

民间资本可以为企业直接提供筹资来源。我国企业和事业单位的职工和广大城乡居民持有大笔的货币资本，可以对一些企业直接进行投资，为企业筹资提供资本来源。

6. 企业内部资本

企业内部资本主要是指企业通过提留盈余公积和保留未分配利润而形成的资本。这是企业内部形成的筹资渠道，比较便捷，有盈利的企业通常都可以加以利用。

7. 国外和我国港、澳、台资本

在改革开放的条件下，国外以及我国香港、澳门和台湾地区的投资者持有的资本亦可加以吸收，从而形成所谓外商投资企业的筹资渠道。

在上述各种筹资渠道中，政府财政资本、其他法人资本、民间资本、企业内部资本、国外和我国港、澳、台资本，可以成为特定企业股权资本的筹资渠道；银行信贷资本、非银行金融机构资本、其他法人资本、民间资本、国外和我国港、澳、台资本，可以成为特殊企业债权资本的筹资渠道。

(二)企业的筹资方式

企业筹资方式是指企业筹集资本所采取的具体形式和工具,体现着资本的属性和期限。这里,资本属性是指资本的股权或债权性质。筹资方式取决于企业资本的组织形式和金融工具的开发利用程度。目前,我国企业资本的组织形式多种多样,金融工具得到比较广泛的开发和利用,为企业筹资提供了良好的条件。认识企业筹资方式的种类及其特点和适用性,有利于企业准确地开发和利用各种筹资方式,实现各种筹资方式的合理组合,有效地筹集资本。

一般而言,企业筹资有以下 7 种方式。

1. 投入资本筹资

投入资本筹资是企业以协议形式筹集政府、法人、自然人等直接投入的资本,形成企业投入资本的一种筹资形式。投入资本筹资不是以股票为媒介,适用于非股份制企业,是非股份制企业取得股权资本的基本方式。

2. 发行股票筹资

发行股票筹资是股份公司按照公司章程依法发售股票直接筹资,形成公司股本的一种筹资方式。发行股票筹资要以股票为媒介,仅适用于股份公司,是股份公司取得股权资本的基本方式。

3. 发行债券筹资

发行债券筹资是企业按照债券发行协议通过发售债券直接筹资,形成企业债权资本的一种筹资方式。在我国,股份有限公司、国有独资公司等可以采用发行债券筹资方式,依法发行公司债券,获得大额的长期债权资本。

4. 发行商业本票筹资

发行商业本票筹资是大型工商企业或金融企业获得短期债权资本的一种筹资方式。它是一种新兴的短期筹资方式,目前在我国还不普遍。

5. 银行借款筹资

银行借款筹资是企业按照借款合同从银行等金融机构借入各种款项的筹资方式。它广泛适用于各类企业,是企业获得长期和短期债权资本的主要筹资方式。

6. 商业信用筹资

商业信用筹资是企业通过赊购商品、预收货款等商品交易行为筹集短期债权资本的一种筹资方式。这种筹资方式比较灵活,为各类企业所采用。

7. 租赁筹资

租赁筹资是企业按照租赁合同租入资产从而筹集资本的特殊筹资方式。各类企业都可以采用租赁筹资方式，租入所需资产，并形成企业的债权资本。

在上列各种筹资方式中，投入资本和发行股票筹资方式可为企业取得永久性股权资本；发行债券和租赁筹资方式主要为企业获得长期债权资本；发行商业本票和商业信用筹资方式通常是为企业筹集短期债权资本；银行借款筹资方式既可以用于筹集长期债权资本，也可以用于筹集短期债权资本。

(三)企业的筹资渠道与筹资方式的合理配合

企业的筹资渠道与筹资方式有着密切的联系。一定的筹资方式可能仅适用于某一特定的筹资渠道；但同一筹资渠道的资本往往可以采取不同的筹资方式取得，而同一筹资方式又往往可以适用于不同的筹资渠道。因此，企业在筹资时，应当实现筹资渠道和筹资方式两者之间的合理配合。企业筹资渠道与筹资方式相配合的对应关系如表 3.3 所示。

表 3.3　企业筹资渠道与筹资方式的合理配合

企业筹资渠道 ＼ 筹资方式	投入资本筹资	发行股票筹资	发行债券筹资	发行商业本票筹资	银行借款筹资	商业信用筹资	租赁筹资
政府财政资本	√	√					
银行信贷资本					√		
非银行金融机构资本	√	√	√	√		√	√
其他法人资本	√	√	√	√		√	
民间资本	√	√	√	√			
企业内部资本	√	√					
国外和我国港澳台资本	√	√	√	√	√	√	√

注：√表示筹资渠道可与筹资方式配合的标记。

【案例 3.1】

五种贷款方式解决小企业融资

促进小微企业健康发展是党和国家宏观经济长期的战略任务。但是，一直以来，国内小微企业并没有得到足够重视。近些年来，经过努力，多家银行推出了针对小微企业的特色产品。除了无抵押无担保贷款外，很多有形和无形的资产都可以用于质押、抵押贷款，帮助小微企业有效地解决资金难题。

1. 小微企业特色贷款

目前，绝大多数银行都有自己的特色小微企业贷款产品，包括工商银行"小额便利贷"、建设银行"善融贷"、民生银行"畅易贷"、平安银行"新一贷"、广发银行"生意人"和南京银行"鑫微力"等。这些贷款产品的特点是办理效率更高，满足微型企业"小、频、急"的融资需求。我们以南京银行"鑫微力"为例：微型企业、个体工商户及个人无须房产、无须抵押，仅凭自己的信用即可申请，突破了传统贷款中微型企业对抵押物与担保公司的依赖，符合一定条件的微型客户可直接通过纯信用方式进行融资。在还款方式上，等额本息、按月付息到期一次还本以及随时提前还款无罚息的政策构成了灵活多变的还款结构，只要是平均每月营业收入达到 10 万元(含)以上，有固定住所，本地户籍的须在本地连续经营 1 年(含)以上，外地户籍的须在当地连续经营 2 年(含)以上的个体工商户及个人，都可以向南京银行申请纯信用贷款，贷款最高额度可达 100 万元，贷款期限最长 2 年。在申请材料齐全的情况下，最快 2 天就可放款。而且客户可以根据需要随时提前还款。

2. 联保贷款

所谓"联保贷款"，是指若干小企业自愿组成一个联合担保体，通过自主协商后统一向银行申请贷款授信，一旦其中的成员发生逾期还款时，其他成员就要承担连带还款责任。据介绍，"联保贷款"的最大优势是，贷款审批手续简便，联合担保体成员不需要额外提供资产担保，更不需要引入担保公司。银行信贷人士提醒，别看"联保贷款"对小微企业很合适，但银行在首次审批时比普通抵押贷款还要严格，"包括联合体的每一位成员，我们都要认真摸底。"一旦审批通过，未来放款就很快，资金也优先保证，"第一天走完流程，第二天就放款。"

3. 订单贷款

订单贷款，也称为订单贷，是小企业通过提供具有可靠付款条件的订单，并以合同销售回款为第一还款来源的贷款业务。许多银行，如中信银行、北京银行，将该项贷款限制为专项贷款。规定贷款用于订单项下货物、原材料采购以及提供专业化服务等相关支出。订单贷款能够有效解决企业生产能力跟不上订单规模的问题。同时，订单贷款通常不需要抵押物，循环周期较短，节约贷款成本。

4. 信用卡透支

目前，包括广发、浦发、中信和华夏银行在内的多家银行都推出信用卡大额贷款(预借现金业务)，客户可以把信用卡的透支额度直接转为现金使用，并分期偿还本金及一定数额手续费。针对客户的资信状况和贷款金额，银行给予相应的优惠利率。且申办成功该业务的客户未激活使用不算利息，同时可在审批贷款额度内自由使用，比如授信额度为 10 万元，客户可先借其中的 5 万元，这样只算 5 万元的利息。

5. 通过抵押方式

因为小微企业的规模都不大，所用成本比大企业贷款要高得多，所以最安全的办法，只能是按照个人贷款来解决，通过房产抵押，这种方式更简便也更高效。除此之外，也有不少银行可以允许其他抵押方式，浦发银行杭州分行"融资易"个人股权质押贷款是为持有优质企业股权的个人股东及经营者推出的，以上市公司股票、非上市公司股权等作为质押担保，向借款人发放用于其正常生产经营的个人贷款。建行、工行、中行和农行等银行则针对实物黄金的特点以及市场的需求，推出个人黄金质押贷款，贷款金额最高能达到所质押品牌金评估价值的 80%，客户通过网上银行即可申请。(资料来源：融 360 原创 2013.03.28)

第二节 商业信用

一、商业信用的形式

对于买方来说，商业信用(trade credit)是一种资金来源，因为在提货前并不需要付款。如果企业在发票日后的一定期限内自动付款，则商业信用就成为一种自然性的融资来源。在发达经济体内大部分购买者都不需要在收到货物时就付款。卖方通常给予买方一个较短的延迟付款期限，即给予信用。由于卖方在给予商业信用方面比金融机构慷慨，企业(尤其小企业)对商业信用的依赖很大，从而成为绝大多数企业都很常见的短期融资方式。商业信用是企业利用商业信用融资的具体形式，主要有应付账款、应付费用、预收货款和应付票据等形式。

1. 应付账款

应付账款即赊购商品，是一种最典型、最常见的商业信用形式。应付贷款方式完全建立在买方较高的信用基础之上，它使得买方等于利用卖方的资金购买商品，大大减少了企业的资金占用。依照国际惯例，卖方往往规定一些信用条件，以便促使买方按期付款或提前付款。

应付账款的信用形式，按照信用和折扣取得与否，可分为免费信用，有代价信用和展期信用 3 种，分别如下所述。

(1) 免费信用。这是指买方在规定的折扣期限内享受折扣而获得的信用。例如，格瑞公司以"2/20，n/60"的信用条件从卢恩公司买入货款为 300 000 元的原材料。若格瑞公司在 20 天内付款，则可以获得最长为 20 天的免费信用，其享受的折扣额为：300 000×2%=6000(元)，其免费信用额为：300 000-6000=294 000(元)。

(2) 有代价信用。这是指买方放弃折扣需要付出代价而取得的信用。例如，格瑞公司以"2/20，n/60"的信用条件从卢恩公司买入货款为 300 000 元的原材料。若格瑞公司在 60 天内付款，则意味着商业信用有了机会成本。这种不享受现金折扣的机会成本，也可以看作是企业大致可以承担的年利息成本，公式计算为

$$放弃现金折扣的成本=\frac{现金折扣百分比}{1-现金折扣百分比}\times\frac{360}{信用期限-折扣期限} \tag{3.1}$$

以上例中的信用条件，格瑞公司放弃现金折扣的机会成本为

$$\frac{2\%}{1-2\%} \times \frac{360}{60-20} = 18.37\%$$

通过计算可知，放弃现金折扣的成本是相当高的。以上的计算结果表明，格瑞公司放弃现金折扣，就会产生资本成本率为18.37%的机会成本，这样就使得原本对公司有利的商业信用，成为一种代价很大的短期融资方式。

(3) 展期信用。这是指买方在规定的信用期满后，通过推迟付款而强制取得的信用。在上例中，如果格瑞公司拖欠到90天付款，其展期信用的成本计算如下

$$展期信用成本 = \frac{2\%}{1-2\%} \times \frac{360}{90-20} \times 100\% = 10.5\% \tag{3.2}$$

采用展期信用形式，使成本有较大幅度的降低，下降到10.5%。道理很简单，拖欠别人的货款，当然降低了自己的信用成本。但是作为企业理财者，切记不可违反常规，因小失大，冒企业信用地位和信用等级下降的风险。

至于企业究竟是否享有现金折扣，视其所处具体情况而定。如果企业能以低于放弃折扣的隐含利息成本的利率借入资金，便应在现金折扣期内用借入的资金支付货款，享受现金折扣。如果在折扣期内将应付账款用于短期投资，所得的投资收益率高于放弃折扣的隐含利息成本，则应放弃折扣而去追求更高的收益。

2. 预收货款

预收货款是卖方从买方得到的商业信用，如果买方对预付货款不提出任何额外要求，累计付款额与商品正常售价相等，则卖方等于无偿占用买方资金，不发生任何成本。在卖方提供的商品极度紧俏时，卖方是可以得到这种无偿的商业信用的。但买方对预付货款也可能提出自己的要求，如要求享受一定比例的折扣，特别是卖方因为产品生产周期长、自身资金周转困难而要求买方预付货款时，买方很有可能提出享受折扣的要求。买方一旦提出享受折扣的要求，就会使购买价格低于商品的正常售价，这时卖方企业为得到商业信用就要付出一定成本，其成本计算公式如下

$$资金成本 = \frac{销售折扣率}{1-销售折扣率} \times \frac{产品销售总额}{预付货款额} \times \frac{360}{预付货款期} \tag{3.3}$$

3. 应付票据

应付票据是购销双方按购销合同进行商品交易，为延期付款而签发的、反映债权债务关系的一种信用凭证。根据承兑人的不同，应付票据分为商业承兑汇票和银行承兑汇票两种。商业承兑汇票是由收款人签发，经付款人承兑，或由付款人签发并承兑的票据；银行承兑汇票是由欠款人或承兑申请人签发，由承兑申请人向开户银行申请，经银行审查同意，并由银行承兑的票据。商业汇票承兑后，承兑人(即付款人)负有将来无条件支付票款的责任，经承兑的商业票据允许背书转让。

应付票据的承兑期限由交易双方商定，一般为 6 个月，最长不超过 9 个月。应付票据可以带息，也可以不带息。带息应付票据利息率通常低于其他筹资方式的利率，如低于短期借款利率，且不用保持相应的补偿性余额和支付各种手续费等。

使用应付票据结算方式，收款人需要资金时，可持未到期的商业承兑汇票或银行承兑汇票向其开户银行申请贴现。贴现银行需要资金时，可持未到期的汇票向其他银行转贴现。

贴现和转贴现的期限一律从其贴现之日起到汇票到期日止。实际支付贴现金额按票面金额扣除贴现息后计算。

票据贴现实际上是持票人把未到期的汇票转让给银行，贴付一定利息以取得银行借款的行为。因此，它是商业信用发展的产物，实为一种银行信用。应付票据贴现息及应付贴现票款的计算方法：

$$贴现息 = 票据金额 \times 贴现天数 \times \frac{月贴现率}{30}$$

$$应付贴现票款 = 票据金额 - 贴现息$$

【例 4.2】假设 A 旅游企业向 B 企业购进材料一批，价款 100 000 元，双方商定 6 个月后付款，采用商业承兑汇票结算。B 企业于 3 月 10 日开出汇票，并经 A 旅游企业承兑。汇票到期日为 9 月 10 日。如 B 企业急需资金，于 4 月 10 日办理贴现，其月贴现率为 0.6%，试计算该企业应付贴现款是多少？

根据上述资料可计算：

$$贴现息 = 100\,000 \times 150 \times \frac{0.6\%}{30} = 3\,000(元)$$

$$应付贴现票款 = 100\,000 - 3\,000 = 97\,000(元)$$

在证券市场较为发达的西方国家，许多信誉程度极高的大型企业，往往通过发行商业票据来筹集短期资本。企业利用发行商业票据满足各种不同的筹资需求：

(1) 临时性或季节性资本需求。

(2) 转换信用，以获得连续不断的资本来源。

(3) 当长期资本市场不能提供令人满意的长期筹资条件时，企业发行商业票据可暂缓进行长期筹资的时间。

(4) 补充或替代商业银行贷款。由于发行商业票据不是以现实的商品交易为基础，而是以企业信誉作为担保，因此，只有信誉程度极高的企业才可能利用这种筹资方式。

4. 应付费用筹资

企业在生产经营活动中往往还形成一些应付费用，如应付水电费、应付工资、应付税、应付利息等。这些项目的发生受益在先，支付在后，支付期晚于发生期，因此，应付费用是一种无利息的融资来源。但对企业来讲，这种应付费用是刚性的，其期限通常有强制性的规定，如按月支付工资、按规定期限缴纳税金等。

陷于财务困境的企业可以在较短期限内推迟缴纳税款和延长支付工资。但这样做是有代价的。尽管这种措施是企业最后不得已的招数之一，但很多处于流动资金危机困境中的企业仍不得不推迟支付工资和其他款项。

二、商业信用筹资的优缺点

1. 商业信用融资的优点

(1) 筹资便利。利用商业信用筹措资金非常方便。因为商业信用与商品买卖同时进行，属于一种自然性融资，不用做非常正规的安排。

(2) 筹资成本低。如果没有现金折扣，或企业不放弃现金折扣，则利用商业信用筹资没有实际成本。

(3) 限制条件少。如果企业利用银行借款集资，银行往往对贷款的使用规定一些限制条件，而商业信用则限制较少。

2. 商业信用融资的缺点

(1) 商业信用的期限一般较短，如果企业取得现金折扣，则时间会更短。

(2) 如果放弃现金折扣，则要付出较高的资金成本。

商业信用对于双方来讲，都有一定的风险。对付款方企业而言，如果到期不支付货款，或长期拖欠货款，将会缺乏信誉感，造成今后筹资困难。对收款企业而言，长时间收不回货款，会影响资金周转，造成生产经营陷入僵局。在经济周期下行的情况下，也容易造成企业之间货款的互相拖欠，出现严重的"三角债"现象。此外，我们还要清楚地认识到，通过商业信用在一段时间内利用资金不是免费的，而是有成本的。这一成本可能由供应商承担，也可能由购货方承担，或由双方承担。供应商可以通过抬高商品价格将成本转嫁给购货方。但是供应商销售的商品可能会随着价格的提高而大幅下降，这样的话，这类供应商就要承担商业信用的绝大多数成本了。购货方也应认识到，是谁在承担成本，从而寻求更有利于自己的供应商。有时候商业信用可能会随经济环境而发生变化。比如，在利率上升和通货紧缩时期，供应商持有应收账款的成本会上升，因此，供应商可能会提高商品价格，但不同于上面提到的因产品市场需求关系发生的提价行为。

第三节　短　期　借　款

短期借款主要指短期银行贷款，即企业向银行和其他非银行金融机构借入的期限在一年以内的借款。它是一种仅次于商业信用的短期筹资来源。

一、短期借款的种类

我国目前的短期借款按照目的和用途分为若干种，主要有生产周转借款、临时借款、结算借款等。企业在申请借款时，应根据各种借款的条件和需要加以选择。按照国际通行做法，短期借款还可依偿还方式的不同，分为一次性偿还借款和分期偿还借款；依利息支付方法的不同，分为收款法借款、贴现法借款和加息法借款；依有无担保分为抵押借款和信用借款等。

二、短期借款的信用条件

按照国际通行做法，银行开展短期借款往往带有一些信用条件，主要有：信贷限额、周转信贷协定、补偿性余额、借款抵押、偿还条件和其他承诺。信贷限额、周转信贷协定、补偿性余额在长期借款的信用条件中已经介绍，这里介绍借款抵押、偿还条件和其他承诺。

(一)借款抵押

借款抵押即抵押短期贷款，是申请贷款企业以有价证券或其他财产作抵押品，向银行申请并由银行按抵押品价值的一定比例计算发放的贷款。一般来讲，银行向财务风险较大的企业或对其信誉不甚把握的企业发放贷款，有时需要有抵押品担保，以减少自己蒙受损失的风险。短期借款的抵押品经常是借款企业的应收账款、存货、股票、债券等。银行接收抵押品后，将根据抵押品的面值决定贷款金额，一般为抵押品面值的 30%～90%。这一比例的高低，取决于抵押品的变现能力和银行的风险偏好。

抵押借款的成本通常高于非抵押借款，这是因为银行主要向信誉好的客户提供非抵押贷款，而将抵押贷款看成是一种风险投资，故而收取较高的利率；同时银行管理抵押贷款要比管理非抵押贷款困难，为此往往另收取手续费。企业向贷款人提供抵押品后，会限制自身财产的使用和将来的借款能力。

1. 以应收账款为抵押品的短期借款

应收账款是企业最具流动性的资产之一，因此是短期借款的理想抵押品。在评估企业的贷款申请时，银行或金融公司会分析企业的应收账款质量并决定发放多少贷款。贷款人没有必要接受企业即借款人的所有应收账款。来自信用评级较低的或未被评级的客户的应收账款就经常会被拒绝。根据账龄分析法，过期(如一个月以上)的应收账款就会拒绝。此外，贷款人对政府的应收账款和国外应收账款通常会谨慎考虑。一般根据接受的应收账款质量，贷款人按账面价值的 50%～80%放款。

应收账款抵押贷款可以采用通知和不通知企业客户的方式。在不通知的方式下，企业的客户不会得到其款项已被抵押给银行或其他放款人的通知，会仍然将交易款项交给借款人。这种方式下，贷款人必需留意企业是否截留付款款项。很明显，大部分企业很愿意采用不通知方式借款，但贷款人有权要求采用通知方式发放贷款。

应收账款抵押贷款或多或少是一种"持续性的融资方式"。当企业得到能为银行接受的应收账款时，可以将其再行抵押，加入企业借款的抵押资产中。新的应收账款取代旧的应收账款，相应抵押基础和贷款金额将发生变动。因此，应收账款是一种比较有弹性的抵押融资方式。

2. 存货为抵押品的短期借款

基本原材料和产成品存货具有一定的流动性，因此也适合作为短期贷款的抵押物。贷款人通过考察存货的流动性、易腐烂性、市价稳定性和贷款清偿出售的难度与费用来确定所愿意给予的贷款百分比。对于大多数企业，存货抵押贷款决策主要是根据企业履行债务的现金流转能力做出的。

如果作为抵押品的存货留在借款人手中，则可以有 3 种方式。

(1) 浮动留置权。借款人可以一般性地抵押存货而不用具体指定某种存货，贷款人取得对借款人的所有存货的"浮动留置权"。当贷款违约时，该留置权允许依法没收所抵押的存货。

(2) 动产抵押。在这种发式下，存货以序列编号或其他方式予以确定。尽管借款人对这些货物拥有所有权，贷款人却拥有留置权。除非得到贷款人的同意，否则这些存货不能出售。由于要求进行严格确认，因此那些周转很快或不易具体确认的存货不适宜作动产抵押。这种方式比较适用于某些资本货物类产成品存货，如机械工具。

(3) 信托收据。借款人以替贷款人托管的方式持有存货及存货销售带来的资金。这类借款协议又称场内计划，以被汽车经销商、设备经销商和耐用品经销商广泛采用。汽车制造商将汽车发运给汽车经销商，经销商则通过金融公司为这些车付款融资，金融公司向汽车制造商支付车款，经销商签订一份信托收据抵押贷款，将汽车销售后的款项偿还贷款。很多有实力的厂商设立有自己的金融公司，他们很愿意为分销商或经销商进行存货融资，鼓励分销商或经销商保持适当的存货，因为存货越多，经销商的销售量也越高。因此，他们提供的融资条件通常比外部贷款人的条件更优惠。

如果作为抵押品的存货留在第三方手中，则有两种方式。

(1) 终端仓库收据。借款人将存货存入一家公共的或终端的仓储公司，取得终端仓库收据抵押贷款。该收据由仓储公司签发以作为存入货物的所有权凭证，贷款人可据此给借款人发放贷款。通常，贷款人会要求借款人出具一份保险单，并将在损失赔偿中将贷款人列为受益人。

(2) 存货抵押收据。是将被抵押的存货放在借款人的手里，但由中转仓储公司独立划定区域保管抵押品，并严格控制。由于需要向中转仓储公司支付费用，成本可能较高。但对于需要频繁使用存货的借款人尤为适用。

(二)偿还条件

贷款的偿还有到期一次偿还和在贷款期内定期(每月、季)等额偿还两种方式。一般来讲，企业不希望采用后种偿还方式，因为这会提高贷款的实际利率。而银行不希望采用前种偿还方式，因为这会加重企业的财务负担，增加企业的拒付风险，同时会降低实际贷款利率。

(三)其他承诺

银行有时还要求企业为取得贷款而做出其他承诺，如及时提供财务报表，保持适当的财务水平(如特定的流动比率)等。如企业违背做出的承诺，银行可要求企业立即偿还全部贷款。

企业在选择银行时，重要的是要选用适宜的借款种类、借款成本和借款条件。此外，还应考虑银行对贷款风险的政策、银行对企业的态度、贷款的专业化程度和银行的稳定性等。

三、短期借款利息支付方法

常见的短期借款的利息支付方式主要有三种：收款法、贴现法和加息法。

收款法也叫利随本清法，是指在借款到期时向银行支付利息的方法。

贴现法是指银行向企业发放贷款时，先从本金中扣除利息部分，到期时借款企业则要偿还贷款全部本金的方法。

加息法是指银行根据名义利率计算的利息加到贷款本金上计算出贷款的本息和，要求企业在贷款期内分期等额偿还本息之和的金额。

四、短期借款利率的种类

短期借款的利率多种多样，由银行根据借款企业的情况选用。主要的借款利率有优惠利率、浮动优惠利率和非优惠利率。

优惠利率是银行向财力雄厚、经营状况好的企业贷款时收取的名义利率，为贷款利率的最低限。

这是一种随其他短期利率的变动而浮动的优惠利率，即随市场条件的变化而随时调整变化的优惠利率。

银行贷款给一般企业时收取的高于优惠利率的利率。这种利率经常在优惠利率的基础上加一定的百分比。比如，银行按高于优惠利率1%的利率向某企业贷款，若当时的最优利率为8%，向该企业贷款收取的利率即为9%；若当时最优利率为7.5%，向该企业贷款收取的利率即为8.5%。非优惠利率与优惠利率之间差距的大小，由借款企业的信誉、与银行的往来关系及当时的信贷状况所决定。

五、短期借款利率的计算

短期借款的资金成本体现为使用贷款的实际利率。由于借款期限、付息方式等因素的影响,短期借款的实际利率经常与名义利率存在差别。短期借款利率的计算方法有单利法、贴现法和加息法,下面将分别介绍。

(一)单利法

单利法是指企业在借款合同开始时得到了全部借款,到期日企业以规定的利率计算利息,然后将本息一并支付给银行。借款合同上规定的利率为名义利率。当短期贷款期限等于 1 年时,名义利率与实际利率相等;当短期贷款期限小于 1 年时,实际利率会高于名义利率;而且,期限越短,实际利率与名义利率的差距越大。

例如,格瑞公司从银行获得一笔名义利率为 10%的贷款 200 000 元,若贷款期限为 3个月,则其实际利率为

$$实际利率 = \left(1 + \frac{名义利率}{m}\right)^m - 1 = \left(1 + \frac{10\%}{4}\right)^4 - 1 = 10.38\%$$

式中,m 表示一年内计息的次数。

(二)贴现法

即银行发放贷款时即将利息预先扣收。由于企业实际取得的可用贷款额小于贷款面值,因此实际利率就会高于名义利率;而且,期限越短,实际利率越低,即实际利率与名义利率的差距越小。这与单利法正好相反。

如果将上例改为 1 年期的贴现贷款,该笔贷款实际利率为

$$实际利率 = \frac{利息支出}{借款总额 - 利息支出} \times 100\% = \frac{20\,000}{200\,000 - 20\,000} \times 100\% = 11.11\%$$

如果借款期限在 1 年以下(假设为 1 个季度),则实际利率为

$$实际利率 = \left[\left(1 + \frac{利息支出}{借款总额 - 利息支出}\right)^m - 1\right] \times 100\%$$

$$= \left[\left(1 + \frac{5000}{200\,000 - 5000}\right)^4 - 1\right] \times 100\% = 10.66\%$$

对于贴现借款,借款企业得到的实际借款总额低于名义借款总额,名义借款额与实际借款额之间的关系为

$$名义借款额 = \frac{实际借款额}{1 - 名义年利率 / m} \tag{3.4}$$

根据式(3.4)，如果借款企业希望实际借入 40 万元，期限半年，名义年利率为 10%，那么它的名义借款额应为

$$\frac{400\,000}{1-10\%/2}=421\,052.6(元)$$

(三)加息法

又称分期偿还法，是银行发放分期等额偿还贷款时采用的利息收取方法。在分期等额偿还贷款的情况下，银行要将根据名义利率计算的利息加到贷款本金上计算出贷款的本息和，要求企业在贷款期内分期偿还本息之和的金额。由于贷款分期均衡偿还，借款企业实际上只平均使用了贷款本金的半数，而却支付全额利息。这样，企业所负担的实际利率便高于名义利率的大约 1 倍。如为期 1 年的贷款要求借款人在 12 个月内平均偿还，每月偿还 1/12。在此种情况下，贷款的实际利率将大大高于名义利率。

例如，格瑞公司按照附加利率 5%取得银行借款 600 000 元，期限为 1 年，如果分 12 个月平均偿还，则公司借款的实际利率是

$$实际利率=\frac{利息}{年平均借款额}=\frac{利息}{借款总额\div 2}=\frac{600\,000\times 5\%}{600\,000\div 2}=10\%$$

六、银行借款筹资的优缺点

1. 银行借款筹资的优点

(1) 筹资速度快。发行各种证券筹集长期资金所需时间一般较长。做好证券发行的准备，如印刷证券、申请批准等，以及证券的发行都要一定的时间。而银行信用与发行证券相比，一般所需的时间短，可以迅速地获得资金。

(2) 筹资成本低。就目前我国情况看，利用银行信用所支付的利息比银行债券所支付的利息低，另外，也无须支付大量的发行费用。

(3) 借款弹性好。企业与银行可以直接接触，可通过商谈，来确定借款的时间、数量和利息。在借款期间，如果企业情况发生了变化，也可与银行进行协商，修改借款的数量和条件。借款到期后，如有适当理由，还可延期归还。

2. 银行借款筹资的缺点

(1) 财务风险较大。企业举借银行款项，必须定期还本付息，在经营不利的情况下，可能会产生不能偿付的风险，甚至会导致企业破产。

(2) 限制条款较多。企业与银行签订的借款合同中，一般都有一些限制条款，如定期报送有关报表，不准改变借款用途等。这些条款会限制企业的经营活动。

(3) 筹资数额有限。银行一般不愿出借巨额的借款。因此，利用银行信用筹资都有一定的上限。

本 章 小 结

1. 企业筹资活动是企业的一项基本财务活动，企业筹资管理是企业财务管理的一个主要内容。

2. 在企业筹资实际中，存在3种基本筹资动机：扩张性筹资动机、调整性筹资动机和混合性筹资动机。

3. 企业的筹资渠道包括政府财政资本、银行信贷资本、非银行金融机构资本、其他法人资本、民间资本、企业内部资本、国外和我国港澳台资本。

4. 企业进行筹资具体包括投入资本、发行股票、发行债券、发行商业本票、银行借款、商业信用、租赁方式。

5. 企业利用商业信用融资的具体形式主要有应付账款、预收货款和应付票据。

6. 常见的短期借款的利息支付方式主要有收款法、贴现法和加息法。

7. 短期借款利率的计算方法主要有单利法、贴现法和加息法。

知 识 链 接

商业折扣、现金折扣、销售折让和销售退回有何区别

商业折扣是指对商品价目单中所列的商品价格，根据批发、零售、特约经销等不同销售对象，给予一定的折扣优惠。商业折扣通常用百分数来表示，如5%、10%、15%等。扣减商业折扣后的价格才是商品的实际销售价格。商业折扣通常作为促销的手段，为扩大销路，增加销量。

现金折扣是指企业为了鼓励客户在一定期限内早日偿还货款而给予客户的折扣优惠。现金折扣对于销售企业来说，称为销货折扣；对于购货企业来说，称为购货折扣。现金折扣一般表示为"2/10，1/20，n/30"等。2/10表示如果客户在10天内偿付货款，给予2%的折扣；1/20表示如果客户在20天内偿付货款，给予1%的折扣；n/30表示若客户在30天内付款，则应付全价，无折扣。现金折扣使得企业应收账款的实收数额，随着客户付款的时间不同而有所差异。

销售折让是指企业的商品发运后，由于商品的品种、质量等不符合规定的要求或因其他原因应退货而未退货的商品，对购买方在价格上给予的额外折让。给予销售折让会使企业销售收入相应减少。

销售退回是指企业销售的产品，因品种、规格、质量不符合合同的要求而被购买方退回。退回是销货的全部或部分取消，是产品销售收入的减少。

案例与点评

东方饭店经常性地向友利公司购买原材料，友利公司开出的付款条件为"2/10，*n*/30"。某天，东方饭店的财务经理李森查阅饭店关于此项业务的会计账目，惊讶地发现，会计人员对此项交易的处理方式是，一般在收到货物后 15 天支付款项。当李森询问记账的会计人员为什么不取得现金折扣时，负责该项交易的会计不假思索地回答道，"这一交易的资金成本仅为 2%，而银行贷款成本却为 12%，因此根本没有必要接受现金折扣。"

实际上，会计人员混淆了资金的 5 天使用成本与 1 年的使用成本。必须将时间长度转化一致，这两种成本才具有可比性。其实，在第 10 天付款是最经济的做法。假如饭店被迫必须使用推迟付款方式，则应在购货后 30 天付款，而非 15 天付款，这样年利息成本可下降至 36.73%。(资料来源：秦志敏. 财务管理习题与案例. 大连：东北财经大学出版社，2002)

思考与练习

1. 企业从不同的筹资渠道可以获取哪些方式的筹资？

2. 短期借款的信用条件主要有哪些？

3. 某企业购入 200 万元商品，卖方提供的信用条件为"2/10，*n*/30"。若企业由于资金紧张，延至第 50 天付款，计算放弃现金折扣的成本。

4. ABC 公司以"2/10，*n*/30"的信用条件从 Y 公司买入货款为 100 000 元的原料，Y 公司在第 30 天付款。要求：计算 Y 公司不享受现金折扣的机会成本。

第四章

长期资金筹划

本章导读：

企业对长期资金的需求是源源不断的，随着我国资本市场的不断发展和完善，发行股票和债券、办理长期借款以及租赁经营已成为企业筹集长期资金的重要手段。企业可以针对不同融资方式的特点以及自身实际情况，选择单一的融资方式，也可以采用不同融资方式的组合来筹措资金。

核心概念：

资本市场(capital market) 一级市场(primary market) 认股权(right) 普通股筹资(common share financing) 优先股筹资(preference share financing) 债券筹资(bond financing) 经营租赁(operation lease) 融资租赁(financing lease)

【专题案例】

汤姆·F.赫林的创业筹资

1954 年，赫林作为拉雷多市"猛狮俱乐部"主席，与他的妻子去纽约参加国际"猛狮俱乐部"会。在游览尼亚加拉大瀑布后，惊奇地发现，在这大好美景两岸的美国和加拿大，都没有为流连忘返的游人提供歇宿的住所和其他设施。从此在赫林的心里就孕育了一个在风景区开设旅馆的想法。

要建造旅馆就得找地基，他在格兰德市找到了一所高中，因为校方想出售这座房子。可是当时赫林还只是一家木材公司的小职员，周薪仅有 125 美元，想买这幢房子，却苦于无资金。于是他向其工作的公司股东游说从事旅馆经营，但未成功。他只得独自筹集了 500 美元，请一位建筑师设计了一张旅馆示意图，并对示意图的可行性进行了慎重研究。当他带着示意图向保险公司要求贷款 60 万元时，保险公司非得要他找一个有 100 万资产的人作担保。于是，他向另一家木材公司的总经理求援。总经理看了旅馆示意图后，以本公司独家承包家具制造为条件，同意做他的担保人。赫林再以发行股票的方式筹集资金，他提出两种优先股：一种股份供出卖，取得现金；另一种是以提供物资来代替股金。就这样他筹集到了创业所需的资金，建成了理想中的拉波萨多旅馆。汤姆·F.赫林后来成为全美旅馆协会的主席，是全美旅馆业乃至旅游界的泰斗。

资金乃企业之本，资本筹集方式有很多种，各种筹资方式都有各自的优缺点，没有绝对意义上的最好的筹资模式，只有最适合的筹资模式。(资料来源：www.vcab.org)

第一节　股权资本筹集

一、资本金

资本金是企业投资者创办企业时投入企业的本钱，法律之所以规定办企业必须要投入一定量的资本金，是因为资本金是企业设立和从事经营活动的前提，是国家维护社会经济秩序的手段，是企业对外借债的基础，是投资者权益的保障。

《企业财务通则》规定：资本金按照投资主体分为国家资本金、法人资本金、个人资本金和外商资本金。

(1) 国家资本金是有权代表国家投资的政府部门或者机构以国有资产投入企业形成的资本金。

(2) 法人资本金是其他法人以其依法可以支配的资金投入企业形成的资本金。

(3) 个人资本金是社会个人或者本企业内部职工以个人合法财产投入企业所形成的资本金。

(4) 外商资本金是外国投资者及我国港、澳、台地区投资者投入企业形成的资本金。

(一)资本金制度

资本金制度是指国家围绕资本金的筹集、管理以及投资者责权利等方面所做的法律规范。世界上流行的资本金制度主要有如下 3 种。

1. 实收资本制

实收资本制又称法定资本制，它要求企业设立时，必须确定资本金总额并一次缴足，否则不得设立。企业要增减资本，都必须修改公司章程，并重新办理登记手续。实收资本制主要在属于成文法系的国家使用，如欧洲大陆国家。

2. 授权资本制

授权资本制只要求企业在公司章程中确定资本金总额，但不要求企业在设立时一次缴足全部资本金，只要缴纳了第一期出资额，企业即可成立。剩余未缴资本金，则授权董事会在公司成立后分期到位。授权资本制主要在属于非成文法系的国家使用，如英国、美国等国家。

3. 折中资本制

折中资本制是介于实收资本制和授权资本制之间的一种资本金制度，它要求企业设立时，应确定资本总额，并规定首期出资额或比例，以及未来缴纳的时间。我国对外商投资企业实行的就是折中资本制。

(二)建立资本金制度的原则

1. 关于资本金的相关规定

《公司注册资本登记管理规定》①中规定：有限责任公司的注册资本为在公司登记机关依法登记的全体股东认缴的出资额。股份有限公司采取发起设立方式设立的，注册资本为在公司登记机关依法登记的全体发起人认购的股本总额。股份有限公司采取募集设立方式设立的，注册资本为在公司登记机关依法登记的实收股本总额。

最新修订的《中华人民共和国公司法》②，修改主要涉及 3 个方面：

首先，将注册资本实缴登记制改为认缴登记制。也就是，除法律、行政法规以及国务院决定对公司注册资本实缴有另行规定的以外，取消了关于公司股东(发起人)应自公司成立之日起两年内缴足出资，投资公司在五年内缴足出资的规定；取消了一人有限责任公司股东应一次足额缴纳出资的规定。转而采取公司股东(发起人)自主约定认缴出资额、出资方式、出资期限等，并记载于公司章程的方式。

其次，放宽注册资本登记条件。除对公司注册资本最低限额有另行规定的以外，取消了有限责任公司、一人有限责任公司、股份有限公司最低注册资本分别应达 3 万元、10 万元、500 万元的限制；不再限制公司设立时股东(发起人)的首次出资比例以及货币出资比例。

最后，简化登记事项和登记文件。有限责任公司股东认缴出资额、公司实收资本不再作为登记事项。公司登记时，不需要提交验资报告。据了解，此次修法为推进注册资本登记制度改革提供了法制基础和保障。

2. 使用资本金制度要求将企业所有者投入的资金交付给经营者使用

企业灵活调度和统筹使用资金，有利于提高资金的使用效率，也符合资本金制度的要求，更便于考核企业经营者的经营责任。

3. 资本保全

为了保证企业投资者权益、保全资本，企业筹集到的资本金，在企业生产经营期间内，投资者除依法转让外，一般不得任意抽回或挪用。即使是依法转让，也应有相应的条件和程序。

---

① 《公司注册资本登记管理规定》已经中华人民共和国国家工商行政管理总局局务会审议通过，2014 年 2 月 20 日国家工商行政管理总局令第 64 号公布，自 2014 年 3 月 1 日起施行。

② 2013 年 12 月 28 日，第十二届全国人民代表大会常务委员会第六次会议通过对《中华人民共和国公司法》所作的修改，自 2014 年 3 月 1 日起施行。

(三)所有者资本金的出资方式

企业筹集资本金的方式可以是多方面的，既可以吸收货币资金的投资，也可以吸收实物资产、无形资产等形式的投资。但是，无论企业采用什么方式筹集资本金，都必须符合国家的法律、法规的规定，依法进行。

《公司法》规定，股东可以用货币出资，也可以用实物、知识产权、土地使用权等可以用货币估价并可以依法转让的非货币财产作价出资。对作为出资的非货币财产应当评估作价，核实财产，不得高估或者低估作价。法律、行政法规对评估作价有规定的，从其规定。股东或者发起人不得以劳务、信用、自然人姓名、商誉、特许经营权或者设定担保的财产等作价出资。

《公司法》八十四条规定，以募集设立方式设立的股份有限公司，发起人认购的股份不得少于公司股份总数的35%。

二、资本市场

资本市场(capital market)，亦称"长期金融市场""长期资金市场"，即期限在1年以上各种资金借贷和证券交易的场所。资本市场是政府、企业、个人筹措长期资金的市场，资本市场上的交易对象是1年以上的长期证券。因为在长期金融活动中，涉及资金期限长、风险大，具有长期较稳定收入，类似于资本投入，故称之为资本市场(见图4.1)。

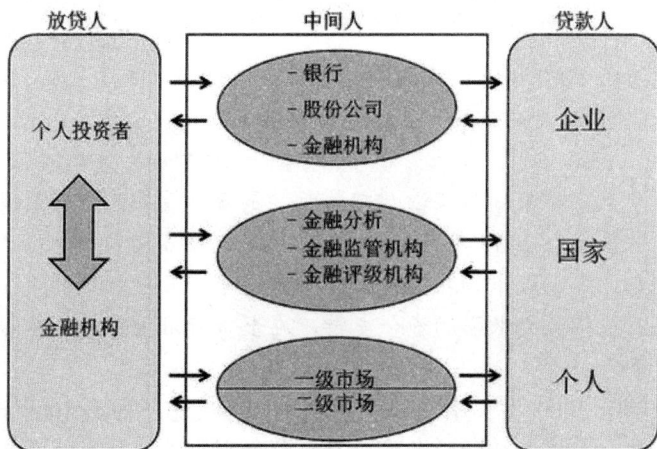

图4.1　资本市场原理示意图

资本的本质就是财富，通常形式是金钱或者实物财产。资本在经济学意义上是指用于生产的基本生产要素，即资金、厂房、设备、材料等物质资源。在金融学和会计领域，资本通常用来代表金融财富，特别是用于经商、兴办企业的金融资产。广义上，资本也可作为人类创造物质和精神财富的各种社会经济资源的总称。

资本市场只是市场形态之一。资本市场上主要有两类人:寻找资本的人,以及提供资本的人。寻找资本的人通常是工商企业和政府;提供资本的人则是希望通过借出或者购买资产进而牟利的人。资本市场由卖方和买方构成。

只要企业通过外部融通资金,就不得不谈资本市场。资本市场是进行债券和股票交易的市场,包括一级市场和二级市场。一级市场(primary market)是发行新证券的市场。在一级市场上,通过发行新证券,资金从证券购买者(储蓄部门)手中流通到证券发行者(投资部门)手中。二级市场(secondary market)是买卖已经发行证券的市场。已经发行证券间的交易并不能为资本投资融资提供额外资金。

我国具有典型代表意义的资本市场包括:

(1) 国债市场。这里所说的国债市场是指期限在 1 年以上、以国家信用为保证的国库券、国家重点建设债券、财政债券、基本建设债券、保值公债、特种国债的发行与交易市场。

(2) 股票市场。包括股票的发行市场和股票交易市场。

(3) 企业中长期债券市场。

(4) 中长期放款市场。

该市场的资金供应者主要是不动产银行、动产银行;其资金投向主要是工商企业固定资产更新、扩建和新建;资金借贷一般需要以固定资产、土地、建筑物等作为担保品。

【专题知识】

我国的资本市场从 1990 年沪、深两市开办至今,已经形成了主板、中小板、创业板、三板(含新三板)市场、产权交易市场、股权交易市场等多种股份交易平台,具备了发展多层次资本市场的雏形。

主板市场存在于上海和深圳两家证券交易所,是开办最早、规模最大、上市标准最高的市场。中小板市场开办于 2004 年 5 月 17 日,由深圳证券交易所承办,是落实多层次资本市场建设的第一步。中小板市场在理论上应当为处于产业化初期的中小型企业提供资金融通,使中小型企业获得做大做强的资金支持,在上市标准上应当比主板市场略低,以适应中小企业的发展条件。

创业板市场启动于 2009 年 3 月 31 日,是深圳证券交易所筹备 10 年的成果,开办目的是为创新型和成长型企业提供金融服务,为自主创新型企业提供融资平台,并为风险投资企业和私募股权投资者建立新的退出机制。三板(含新三板)市场、产权交易市场、股权交易市场是上海、深圳两家证券交易所之外的交易市场,亦即我国的场外交易市场。(资料来源:根据相关信息整理)

三、股票筹资

股票是股份公司发给股东，以证明其进行投资并拥有权益的有价证券。按照公司法的规定，只有股份有限公司才可以发行股票。股票只是代表股份资本所有权的证书，它自身没有任何价值，而是一种独立于实际资本之外的虚拟资本。

(一)股票的类型

股票的种类很多，作为公司的理财者，应该对各类不同股票的特点非常了解，以便于在融资时做出正确的选择。在我国，股票的种类主要有以下几种。

1. 股票按股东权利和义务分为普通股和优先股

普通股股票是最基本、最常见的股票，通常情况下股份有限公司只发行普通股股票。普通股股票代表对公司剩余资产的所有权，普通股股东共同拥有公司，同时承担与公司所有权相联系的风险，当然，每个普通股股东的责任只限于他们自己的投资额大小。普通股股票有一个明显的特征，就是股利不固定。

此外，在公司章程中都会规定普通股的额定数量，即在不变更公司章程的情况下公司所能发行的最高数额。通常公司愿意保留一定数量的额度股票暂不发行，目的是便于以后授予公司高管股票期权、收购目标公司、分割股票等方面的灵活性。当额定普通股发行出去时，即成称其为已发行普通股。流通在外的普通股是指公司已发行的、由社会公众持有的普通股。公司可以购回部分已发行普通股自己持有，这称之为库藏股。

优先股股票是公司发行的优先于普通股股东分取股利和公司剩余财产的股票。多数国家公司法规定，优先股可以在公司设立时发行，也可以在本公司增发新股时发行。但有些国家的法律则规定，优先股只能在特殊情况下，如公司增发新股或清理债务时才准发行。

2. 按票面有无记名分为记名股票和无记名股票

记名股票是在股票票面上记载股东的姓名或名称的股票，股东姓名或名称要记入公司的股东名册。记名股票一律用股东本名，其转让、继承要办理过户手续。无记名股票是在股票票面上不记载股东的姓名或名称的股票。我国法律规定，公司的发起人、国家授权投资的机构、法人发行的股票，应为记名股票，向社会公众发行的股票，可以为记名股票，也可以为无记名股票。

3. 按票面是否标明金额，可分为有面额股票和无面额股票

有面额股票是指票面上载明一定金额的股票。无面额股票是票面上不载明金额，只注明该股票所代表的股份在其所发行的股份总额中所占有的比例，故也称为"分权股份"或"比例股"。这种股票的价值随公司资产的增减而增减。无面额股票最早产生于美国，后传

入其他国家，但在日本无面额股票极少见。面额只是公司章程中的记载数据，没有实际的经济意义。但是，公司不能以低于面值的发行价格发行股票，因为任何低于面值的折价都被认为是公司所有者对债权人的或有负债。在公司清算时，股东应就任何低于面值的折价对债务人负有法定责任。

我国公司法规定，股票应当标明票面金额。

4. 按投资主体的不同，可分为国家股、法人股、个人股和外资股

这种分类方法是考虑到我国国情的一种划分。

国家股是指有权代表国家投资的机构或部门向股份公司出资形成或依法定程序取得的股份。国家股包括以下几项。

(1) 现有全民所有制企业整体改组为股份制试点企业时，其净资产折成的股份。

(2) 现阶段有权代表国家投资的政府部门向新设股份制试点企业投资形成的股份。

(3) 经授权代表国家投资的投资公司、资产经营公司、经济实体性总公司等机构向新设股份制试点企业投资形成的股份。随着产权关系逐步理顺，今后国家股主要是由国有资产管理部门通过其授权机构将国有资产投入股份制试点企业而形成的股份。目前，我国国家持股一般有 4 种方式，国资局持有、财政局持有、委托某企业集团持有、组建国有资产经营公司。目前大部分是通过后两种形式存在。

法人股是指企业法人以其依法可支配的资产投入公司形成的股份，或具有法人资格的事业单位和社会团体以国家允许用于经营的资产向公司投资形成的股份。法人股是非流通股。

个人股是指以个人合法拥有的财产向股份制公司投资形成的股份，一般可以分为企业内部职工股和社会个人股两类。

外资股是指外国和我国香港、澳门、台湾地区投资者以购买人民币特种股票(亦称为 B 股)形式向股份公司投资形成的股份，这是吸引外商投资的一种方式。

5. 按发行时间的先后，可分为始发股和新发股

始发股是公司设立时发行的股票。新发股是公司增资时发行的股票。无论是始发股还是新发股，其发行条件、发行目的、发行价格都不尽相同，但是股东的权利和义务却是一样的。

6. 按股票的上市地点和所面对的投资者的不同，我国上市公司的股票有 A 股、B 股、H 股、N 股和 S 股的区分

A 股的正式名称是人民币普通股票。它是由我国境内的公司发行，供境内机构、组织或个人(不含台、港、澳投资者)以人民币认购和交易的普通股股票，我国 A 股股票市场经过几年快速发展，已经初具规模。

B 股的正式名称是人民币特种股票，它是以人民币标明面值，以外币认购和买卖，在

境内(上海、深圳)证券交易所上市交易的。它的投资人限于：外国的自然人、法人和其他组织，中国香港、澳门、台湾地区的自然人、法人和其他组织，定居在国外的中国公民，中国证监会规定的其他投资人。现阶段B股的投资人主要是上述几类中的机构投资者。B股公司的注册地和上市地都在境内，其投资者主要在境外或在中国香港、澳门及台湾。自2001年2月19日起，B股开始对境内居民开放。

H股，即注册地在中国内地、上市地在中国香港的外资股。香港的英文是HongKong，取其字首，在港上市外资股就叫作H股。依此类推，纽约的第一个英文字母是N，新加坡的第一个英文字母是S，纽约和新加坡上市的股票就分别叫作N股和S股。

(二)普通股股东的权利

1. 收益权

只要公司发放现金股利，普通股股东就有权分享公司的收益。股东也可以从二级市场的享有股票市场价值升值中获利，但这完全取决于董事会是否宣告发放股利。在这点上，债权人与普通股股东在公司地位明显不同。如果公司不能按期向债权人支付利息和本金，债权人能够采取法律行动确保公司支付或使公司破产清算。但是，普通股股东对公司未分配利润没有法定的追索权。

2. 投票取

普通股股东是公司的所有者，有权选择公司董事会。在大公司，股东只能通过自己选出的董事会行使间接的控制权。董事会选聘管理层，管理层实际操控公司的经营权。独资企业、合伙企业或小公司的所有者通常能够直接控制企业的经营活动。但是在大公司，管理层与普通股股东各自追求的目标常常不一致。股东影响管理层的唯一法律途径是通过董事会。由于普通股股东通常分散，缺乏组织，所以管理层只需拥有流通在外普通股的一个很小的比例即可实际操控一家大公司。管理层通过提名符合自身利益的董事候选人即可。

在股东大会，普通股股东可亲自参加投票，也可以让代理人代其投票，只需出具代理委托书。由于大多数股东不出席股东大会，因此代理委托书投票机制已成为大部分公司所采用。投票原则，可以通过多数原则投票制或累积投票制，在多数投票制下，股东对其所拥有的每一股股票享有一个投票权。这种制度对少数股权的股东不利。在累积投票制下，股东可以累积投票权并把其投给代表其利益的候选董事。每个股东拥有的投票权总数等于股东持有的股票数乘以候选董事人数。

(三)股票的发行及上市

股票的发行是指股份有限公司出售股票以筹集资本的过程。股票发行人必须是具有股票发行资格的股份有限公司。我国《公司法》明确规定，只有股份有限公司才能发行股票，而有限责任公司是不能发行股票的。设立股份有限公司，应当有二人以上二百人以下为发起人，其中须有半数以上的发起人在中国境内有住所。

1. 公开发行

大公司一般通过公开发行和私募两种方式募集资金。公开发行是在政府相关机构的管理监督之下根据正式合同，遵照严格一定程序，向成千上万名投资者出售证券。私募是向少数特定的投资者出售证券，有时甚至只有一名投资者，政府的管理也相对宽松。在国外，私募的典型例子是几家保险公司向一家企业贷款。所以，这两者发行方式的主要区别在于投资者数量的多少以及政府管控的严格程度。

目前，世界证券市场股票发行的审批制度主要有二种：注册制和核准制。

注册制也称申报制，它要求申报公司将应公开的各种信息向证券发行监管机构申报注册。申报公司要对所提供信息的真实性、准确性、完整性和及时性承担法律责任。证券监管机构只对申报公司所公开信息的形式要件和真实性进行审查，不做实质条件的限制。

在美国，企业从决定融资到实际发行证券一般需要两个月或以上的时间。根据证券交易委员会(SEC)规定，优质公司可以只填写一份简单注册表格，从而大大缩短注册程序。这就是所谓的暂搁注册(shelf registration)，它允许企业先注册大量的证券发行额，"把它们放到架子上"，然后在两年的时间里陆续发售出去即可。企业通过暂搁注册，节省了时间，且可以根据市场环境变化灵活确定发行时机，而且不必每次都搞大规模发行。

目前，这种发行方式在大公司中占绝对优势。好处在于：这种方式下企业可以要求投资银行之间通过竞争报价来承销，企业可以选择报价最低的投标者，有利于成本控制，或者在所有出价均无法接受时干脆选择拒绝出售证券。

核准制也称实质审查制，它要求证券监管机构依据法定标准对申报公司的营业性质、资本结构、资金投向、收益水平、管理人员素质、公司竞争力、治理结构等进行实质性审查，并据此作出发行公司是否具备发行股票条件的判断。我国大陆和台湾地区具有代表性。

2. 私募

私募(private placement)也称直接募集(direct placement)，是指公司发行证券时可以不向社会公众或现有股东发售新证券，而是将其全部发售给单个投资者(通常是金融机构或富有的个人投资者)或由这些投资者组成的集团。这种方式下，公司直接与投资者协商证券发行的条件，而不需要借助投资银行的承销功能。私募的主要优点在于：筹集资金迅速、发行条件可自行协商确定、不必向证券委员会注册登记，企业由此可以避免公开一些最保密的信息。私募的另外一个优点是所筹款不必一次完成，公司可以和投资人协议，在一定时间内多次募集。

股份公司申请股票上市，一般出于下述目的。

(1) 资本大众化，分散风险。股票上市后，会有更多的投资者认购公司股份，公司则可将部分股份转售给予这些投资者，再将得到的资金用于其他方面，这就分散了公司的风险。

(2) 提高股票的变现力。股票上市后便于投资者购买，自然提高了股票的流动性和变现力。

(3) 转增资本。股份制企业的所有者权益中的资本公积金积累到一定数额，可将其一部分通过发行股票的方式转化为股本。此时的股票发行面向老股东，老股东不需缴纳股金。在证券市场上，为此目的发行的股票被称为转增股。

(4) 便于确定公司价值。股票上市后，公司股价有市价可循，便于确定公司的价值，有利于促进公司财富最大化。

(5) 提高公司知名度，便于筹措资金。一般人认为上市公司实力雄厚，容易吸引更多的投资。

对上市公司而言，股票上市可以大大提高公司的知名度，增强公司股票的吸引力，从而可以在更大的范围内进行融资。

股份有限公司申请股票上市的财务条件如下。

(1) 股票经国务院证券管理机构核准已公开发行。

(2) 公司股本总额不少于人民币 3000 万元。

(3) 当前三个会计年度净利润均为正且累计大于 3000 万元。

(4) 当前三个会计年度现金流量净额累计大于 5000 万；或当前三个会计年度收入累计大于 3 亿。

证券交易所可以规定高于前款规定的上市条件，并报国务院证券管理机构批准。

(四)新股发行的定价机制

世界范围内广泛应用的三种定价机制是固定价格法、拍卖法和累计投标询价法。

固定价格法是由承销商事先根据一定的标准确定发行价格，投资者据此价格进行申购的方法。

拍卖法是由投资者在规定时间内申报申购数量和价格，申购结束后，主承销商对所有有效申购按价格由高到低进行累计，申购数量达到新股发行量的价格就是有效价位，高于此价位的申购有效，并将此价格作为新股的发行价格或最低发行价格。

累计投标询价法是通过三个过程最终确定发行价格和股票份额，首先承销商根据拟上市公司的财务状况，进行估价初步确定新股发行的询价区间；之后再由机构投资者、发行公司和主承销商一同路演，收集需求量和价格信息，修正发行价格区间；最后，承销商通过对路演获得的综合信息进行汇总分析确定最终发行价格。

我国《证券发行与承销管理办法》[1]第四条规定，首次公开发行股票，可以通过向网下

---

[1]《证券发行与承销管理办法》2013 年 10 月 8 日中国证券监督管理委员会第 11 次主席办公会议审议通过，中国证券监督管理委员会令第 98 号，证券发行与承销管理办法(2014 修订)，2014 年 3 月 21 日发布执行。

投资者询价的方式确定股票发行价格，也可以通过发行人与主承销商自主协商直接定价等其他合法可行的方式确定发行价格。

第六条规定　首次公开发行股票采用询价方式定价的，符合条件的网下机构和个人投资者可以自主决定是否报价，主承销商无正当理由不得拒绝。网下投资者报价应当包含每股价格和该价格对应的拟申购股数，且只能有一个报价。首次公开发行股票采用询价方式的，网下投资者报价后，发行人和主承销商应当剔除拟申购总量中报价最高的部分，剔除部分不得低于所有网下投资者拟申购总量的 10%，然后根据剩余报价及拟申购数量协商确定发行价格。公开发行股票数量在 4 亿股(含)以下的，有效报价投资者的数量不少于 10 家；公开发行股票数量在 4 亿股以上的，有效报价投资者的数量不少于 20 家。剔除最高报价部分后有效报价投资者数量不足的，应当中止发行。

第九条规定，首次公开发行股票后总股本 4 亿股(含)以下的，网下初始发行比例不低于本次公开发行股票数量的 60%；发行后总股本超过 4 亿股的，网下初始发行比例不低于本次公开发行股票数量的 70%。其中，应安排不低于本次网下发行股票数量的 40%优先向通过公开募集方式设立的证券投资基金(以下简称公募基金)和由社保基金投资管理人管理的社会保障基金(以下简称社保基金)配售，安排一定比例的股票向根据《企业年金基金管理办法》设立的企业年金基金和符合《保险资金运用管理暂行办法》等相关规定的保险资金(以下简称保险资金)配售。公募基金、社保基金、企业年金基金和保险资金有效申购不足安排数量的，发行人和主承销商可以向其他符合条件的网下投资者配售剩余部分。

(五)股票筹资特点

1. 普通股筹资的优点

(1) 没有固定的费用负担。普通股不像债券要定期付息，公司盈利可支付或少支付，甚至不支付股利，而无盈利则理所当然地不支付股利。

(2) 没有固定的到期日，不用偿还。因为普通股是公司的一项永久性资本，无返还资本的约定。

(3) 筹资风险小，筹资限制较小。由于公司资本没有返还期限，故没有偿还压力，当然不存在还本付息的风险。筹资时不像债券有这样那样的限制条件。

(4) 能增加公司的信誉。利用普通股筹集的资金，形成公司的权益资金，一方面增强公司的实力，另一方面为公司筹措债务资本提供了物资保证和信用基础。公司资本实力是公司筹措债务的信用基础。公司有了较多的股东权益，就能提高公司的信用价值，并为今后公司筹借债务资本提供强有力的物质保证。

2. 普通股筹资的缺点

(1) 资本成本较高。筹集债务资本，按照惯例其利息可在所得税前列支，节省所得税，降低资本成本。而筹集普通股资本，其股利不可减免所得税，再加上普通股投资风险较大，因此，普通股资本成本较债务成本高。一般来说，资本成本最高的是普通股，其次是优先股，再次是公司债券，最低的是长期借款。

(2) 普通股票筹资虽无财务风险，但也享受不到财务杠杆带来的利益。不能像债务资本那样能加速提高现有股权资本的盈利率。

(3) 控制权易分散，会导致股价下跌。公司发行新股票，对原有股东而言是一种消极的信号，因为增加普通股股票发行量，势必增加新股东，这将稀释原有股东对公司的控制权。与此同时，新股东参与公司累积盈余的分配，必将导致普通股的每股净收益降低，有可能引起普通股市价的下跌。

四、优先股筹资

优先股(preferred stock)是介于普通股和债券的一种混合证券，其主要特征是：①优先股的优先权主要表现为，优先股股东领取股息先于普通股股东；对公司剩余财产的索偿权先于普通股股东，但次于债权人。②优先股股息一般在事先确定，这一点与债券相同。优先股股息与普通股股息相同之处是这两者都是在税后支付，即股息支付不能获得税收利益。

(一)优先股的种类

1. 累积优先股和非累积优先股

优先股按股息是否可以累积分为累积优先股和非累积优先股。

"累积"是指以前年度积欠的股利是否可以补派。累积优先股是指企业过去年度未支付的股利可以累积由以后年度的利润弥补；非累积优先股则没有这种补付的权利。

我国法律规定，如果公司连续 3 年不支付优先股股息，优先股股东自动享有普通股股东的权利。

2. 全部参加、部分参加和不参加优先股

优先股按是否参与剩余利润的分派及参与程度分为全部参加优先股、部分参加优先股和不参加优先股。

当企业利润在按规定分配给优先股和普通股后仍有剩余时，能够与普通股一起全额或部分参与分配额外股利的优先股为全部参加优先股和部分参加优先股；否则为非参加优先股。

3. 可转换优先股和不可转换优先股

优先股按是否可以转换普通股或债券分为可转换优先股和不可转换优先股。

可转换优先股是指其持有人可按规定的条件和比例将其转换为企业的普通股或债券；不具有这种转换权利的优先股，则属于不可转换优先股。可转换优先股能增加筹资和投资双方的灵活性，比较受欢迎。

4. 可赎回优先股和不可赎回优先股

优先股按是否可赎回分可赎回优先股和不可赎回优先股。

可赎回优先股是指企业出于减轻优先股股利负担或调整资金结构的目的，可按规定以原价购回的优先股；企业不能购回的优先股，则属于不可赎回优先股。

5. 可调整优先股和不可调整优先股

优先股按股利是否可调整分可调整优先股和不可调整优先股。

可调整优先股是指在约定条件(利率水平上升)出现时，可以调整股利率的优先股；在优先股持有期内不能调整其股利率的优先股为不可调整优先股。可调整优先股股利率的调整与企业经营无关。

(二)发行优先股的动机

股份制企业发行优先股筹集自有资金，扩大资金来源只是其目的之一，企业利用具有特性的优先股筹资往往还有其他的动机。

1. 防止公司控制权分散

由于优先股股东一般没有参与企业经营管理的权利，发行优先股就不会分散企业原有的控制权，企业通过发行优先股既能有增强企业资信和借款能力、降低财务风险的好处，又避免了增发普通股使控制权分散的问题。

2. 增强企业筹资的灵活性

由于优先股种类较多，企业根据自身需要进行选择，增强企业筹资的灵活性。比如，企业在需要现金时发行优先股，在现金充足时将可赎回优先股收回，从而调剂现金余缺；企业在资金结构不合理时，通过优先股的发行与转换进行调整，从而改善企业资金结构。

(三)优先股筹资的优缺点

1. 发行优先股融资的优点

(1) 筹资风险小。优先股一般没有固定的到期日，不用偿还本金，这就减小了企业的筹资风险。发行优先股筹集资金，实际上近乎得到一笔无限期的长期贷款，公司不承担还本义务，也无须再做筹资计划。

(2) 有利于增加公司财务的弹性。对可赎回优先股，公司可在需要时按一定价格收回，这就使得公司利用这部分资金更有弹性。当财务状况较弱时发行优先股，而财务状况转强时收回，这有利于结合资金需求加以调剂，同时也便于掌握公司的资本结构。

(3) 股利的支付既固定又有一定的灵活性。对优先股股息的支付并不构成公司的法定义务，因此，股息的支付可以根据公司的盈利情况进行适当的调整，不用像债务一样到期必须还本付息。在付不出时，可以拖欠，不至于进一步加剧公司资本周转的困难。

(4) 保持普通股股东对公司的控制权。由于优先股股东没有表决权，因此公司原有股东的控制权不会旁落。所以发行优先股不会引起普通股股东的反对，从而采用此种方式筹资可以顺利进行。当使用债务融资风险很大，利率很高，而发行普通股又会产生控制权被稀释的可能性时，采用优先股筹资不失为一种最理想的筹资方式。

(5) 具有财务杠杆作用。优先股的股息率一般为固定比率，当公司运用优先股筹资后，当公司利润发生变化时，股东的每股收益将有一个更大的变化。也就是说，公司增长的利润大于支付给优先股股东的约定股息，则差额为普通股股东分享，因此优先股筹资有助于提高普通股股东的每股收益。

(6) 增强公司的实力，提高公司的信誉。利用优先股筹集的资金，形成公司的权益资金，一方面加强公司权益资本的基础，增强公司的实力；另一方面为公司筹措债务资本提供了物资保证和信用基础，增强公司的借款举债能力。

2. 发行优先股融资的缺点

(1) 资本成本高于债券。优先股的成本虽低于普通股，但一般高于债券。

(2) 对公司的制约因素较多。如公司不能连续 3 年拖欠股息，公司有盈利必须先分给优先股股东，公司举债额度较大时要征求优先股股东的意见等。

(3) 公司财务负担较重。由于优先股在股利分配、资产清算等方面拥有优先权，使得普通股股东在公司经营不稳定时收益受到影响。通常情况下，优先股又要求支付固定股利，而股利又不能税前扣除，当公司盈利下降时，优先股股利就可能成为公司一项沉重的财务负担，尽管优先股股利可以延期支付，但这样会影响公司的形象。

第二节 债权资本筹集

一、长期借款筹资

长期借款是指直接与银行或其他金融机构筹借的，偿还期限在 1 年以上的借款。它是公司长期负债融资的主要方式之一。

(一)长期借款的种类及程序

1. 长期借款的种类

长期借款的种类，按照不同的分类方法，有以下内容。

(1) 按提供贷款的机构不同，长期借款可分为政策性银行贷款、商业性银行贷款和其他金融机构贷款。

政策性银行贷款是执行国家政策性贷款业务的银行提供的贷款。我国目前有 3 个政策性银行，国家开发银行、中国进出口银行和中国农业发展银行。

商业性银行贷款是由商业银行提供的贷款。我国目前主要的商业银行有中国工商银行、中国建设银行、中国农业银行、中国银行、交通银行、招商银行等。

其他金融机构贷款是指除银行之外的金融机构提供的贷款，主要有投资公司、保险公司、证券公司、财务公司等。

(2) 按有无抵押品作担保，长期借款可分为抵押贷款和信用贷款。

信用贷款是指不以抵押品作为担保的贷款，只是依靠贷款企业的信用而取得。

抵押贷款是以特定的抵押品作担保的贷款。抵押品可以是房屋、建筑物等不动产，也可以是机器设备、存货等，还可以是股票、证券等。

(3) 按贷款的用途，长期借款可分为基本建设贷款、更新改造贷款、科技开发和新产品试制贷款。

2. 长期借款的程序

现以长期银行借款为主，分析企业办理长期借款的基本程序。

(1) 企业提出申请。企业申请借款必须符合贷款原则和条件。

我国金融部门对贷款规定的原则是按计划发放，择优扶植，有物资保证，协期归还。企业申请贷款一般应具备的条件是：①借款企业实行独立核算，自负盈亏，具有法人资格。②借款企业的经营方向和业务范围符合国家政策，借款用途属于银行贷款办法规定的范围。③借款企业具有一定的物资和财产保证，担保单位具有相应的经济实力。④借款企业具有偿还贷款本金的能力。⑤借款企业财务管理和经济核算制健全，资金使用效益及企业经济效益良好。⑥借款企业在银行开立有账户，办理结算。

企业提出的借款申请，应陈述借款的原因、借款金额、用款时间与计划、还款期限与计划。

(2) 银行进行审批。银行针对企业的借款申请，按照有关规定和贷款条件，对借款企业进行审查，依据审批权限，核准企业申请的借款金额和用款计划。银行审查的内容包括：①企业的财务状况。②企业的信用情况。③企业的盈利稳定性。④企业的发展前景。⑤借款投资项目的可行性等。

(3) 签订借款合同。银行经审查批准借款合同后，与借款企业可进一步协商贷款的具体条件，签订正式的借款合同，明确规定贷款的数额、利率、期限和一些限制性条款。

(4) 企业取得借款。借款合同生效后，银行可在核定的贷款指标范围内，根据用款计划和实际需要，一次或分次将贷款转入企业的存款结算户，以便企业支用借款。

(5) 企业偿还借款。企业应按借款合同的规定按期付息还本。企业偿还贷款的方式通常有以下 3 种形式：①到期日一次偿还，在这种方式下，还款集中，借款企业需于贷款到期日前做好准备以保证全部清偿到期贷款。②定期偿还相等份额的本金，即在到期日之前定期(如每一年或两年)偿还相同的金额,至贷款到期日还清全部本金。③分批偿还,每批金额不等,便于企业灵活安排。

(二)长期借款的特点

1. 长期借款融资的优点

(1) 筹资速度快。银行借款与发行证券相比,一般借款程序较简单,所需时间较短,可以迅速获得资金。

(2) 筹资成本相对较低。就我国目前的情况看,利用银行借款所支付的利息比发行债券所支付的利息低;另外,也无须支付大量的发行费用。

(3) 借款弹性好。公司与银行可以直接接触,商谈确定借款的时间、数量和利息。借款期间如公司经营情况发生了变化,也可与银行协商,修改借款的数量和条件。借款到期后如有正当理由,还可延期归还。因此,长期借款融资方式相对于发行各种证券方式要灵活得多。

(4) 可发挥财务杠杆作用。公司利用长期借款筹资,银行只收取固定的利息。而对于公司而言,若经营有方,资本的利润率高于贷款利率,则公司可以将差额部分尽收囊中,获得可观的收益。

2. 长期借款融资的缺点

(1) 财务风险较高。公司利用长期借款筹资,必须定期付息,在经营不利的情况下,公司可能会有不能偿付的风险,严重的甚至会导致破产。

(2) 限制条款较多。长期借款融资对银行来讲风险较大,为了能按期收回长期贷款,在银行与公司签订的借款合同中会有较多的限制性条款,如定期报送有关部门报表、不能改变借款用途等。这些限制性条款有可能影响公司其他的投融资活动。

(3) 筹资数量有限。一般来讲,为了避免风险,银行往往不愿借出巨额的长期借款。因此,对公司来说,利用银行借款筹资是有一定上限的。

二、债券筹资

这里所讲的债券(bond)是指期限超过 1 年的公司长期债券。发行长期债券是股份公司筹措长期债务资金的又一重要方式。

(一)债券的种类及发行的程序

公司普通债券可按不同的标准分为很多种类。

1. 债券按是否记名,分为记名债券和无记名债券

记名债券是指在券面上记有持券人的姓名或名称的债券。记名债券的权属性稳定,灭

失或损毁时，可得到挂失、公示催告等法律救济。

无记名债券是指在券面上不记载持券人姓名或名称的债券。无记名债券便于流通，对债权人随时变现省却了烦琐的手续，也节省公司发行债券的费用，但在权属性上风险大于前者，一般不予挂失。

2. 债券按是否具有抵押品，分为担保债券和无担保债券

担保债券是以企业拥有的土地、房屋等有形资产作为抵押来发行的债券，也称抵押债券。按照抵押品的不同，可进一步分为不动产抵押债券、动产抵押债券和信托抵押债券。其中，信托抵押债券是以持有的其他企业发行的有价证券作抵押品而发行的债券。

无担保债券是以公司的资信为后盾来发行的债券，没有任何有形资产作抵押。国外券商通常并没有太多的固定资产，但却拥有良好的信誉，因此国外券商发行的债券通常是信用债券。无担保信用债券主要包括信用债券、次级债券和收益债券。

3. 债券按利率是否固定，可分为固定利率债券与浮动利率债券

固定利率债券是指发行债券的券面上载有确定利率的债券。也就是说，在发行时规定利率在整个偿还期内保持不变。这种债券不考虑市场变化因素，因而其筹资成本和投资收益可以事先预计，不确定性较小，但债券发行人和投资者仍然必须承担市场利率波动的风险。如果未来市场利率下降，投资者则获得了相对现行市场利率更高的报酬，原来发行的债券价格将上升；反之，如果未来市场利率上升，投资者的报酬则低于购买新债券的收益，原来发行的债券价格将下降。

浮动利率债券是指发行时规定债券利率随市场利率定期浮动的债券，也就是说，债券利率在偿还期内可以进行变动和调整。浮动利率债券往往是中长期债券。浮动利率债券的利率通常根据市场基准利率加上一定的利差来确定，如：美国浮动利率债券的利率水平主要参照 3 个月期限的国债利率，欧洲则主要参照伦敦同业拆借利率(指设在伦敦的银行相互之间短期贷款的利率，该利率被认为是伦敦金融市场利率的基准)。如 1984 年 4 月底，苏联设在英国伦敦的莫斯科国民银行发行了 5000 万美元的 7 年期浮动利率债券率为伦敦同业拆借利率加 0.185%。

4. 债券按是否有权参与公司利润分配，分为参与公司债券与非参与公司债券

参与公司债券是指持有人除可获得预先规定的利息外，还享有一定程度参与发行公司利润分配权利的债券。当然参与分配的方式和比例必须事先规定，实际中这种债券一般较少。

非参与公司债券是持有人除可获得预先规定的利息外，无权享受发行公司利润分配的债券。

5. 债券按偿还方式，分为一次到期债券与分次到期债券

一次到期债券是指发行公司于债券到期日一次集中清偿所发行的全部债券本金的债

券。分次到期债券有两种情形，一种是设计分批到期偿还；另一种是对同一债券的本金分次偿付，于债券到期日还清本金。

6. 债券按是否转换为公司股票，分为可转换公司债券和不可转换公司债券

可转换债券(convertible bond)，简称可转债或转债，是一种介于债券和股票之间的可转换融资工具。可转换公司债券是指债券持有人可以根据规定的价格转换为发行公司股票(通常指普通股票)的债券。1843 年，美国的 NEW YORK ERIE 公司发行了世界上第一张可转换公司债券，之后，可转换债券独特的金融性质逐渐为投资者们所熟悉并受到了广泛的欢迎。目前，在美国、欧盟、日本和东南亚等国家和地区，可转换债券市场已经成为金融市场中不可或缺的重要组成部分。

不可转换公司债券是指不能转换为发行公司股票(通常指普通股票)的债券。

7. 债券按是否上市交易，可分为上市债券与非上市债券

上市债券是指经有关机构审批，可以在证券交易所买卖的债券。不能在证券交易所买卖的债券是非上市债券。上市债券信用度高，价值高，且变现速度快，因此比较容易吸引投资者，但上市债券的上市条件严格，并要承担上市费用。

公司发行债券需要经过一定的程序，方可办理有关手续，程序如下。

(1) 做出发行债券决议。公司在实际发行债券之前，必须做出发行债券的决议，具体决定公司债券发行总额、票面金额、发行价格、募集办法、债券利率、偿还日期及方式等内容。我国股份有限公司、有限责任公司发行公司债券，由董事会制定方案，股东会做出决议；国有独资公司发行公司债券，应由国家授权投资的机构或者国家授权的部门做出决定。在国外，公司发行债券一般需经董事会通过决议，由 2/3 以上董事出席，且超过出席董事的半数通过。

(2) 提出发行债券申请。按照国际惯例，公司发行债券须向主管部门提交申请，未经批准，公司不得发行债券。我国规定，公司申请发行债券由国务院证券管理部门批准。公司申请应提交公司登记证明、公司章程、公司债券募集办法、资产评估报告和验资报告。

(3) 公告债券募集办法。发行公司债券的申请经批准后，公开向社会发行债券，应当向社会公告债券募集办法。根据我国《公司法》的规定，公司债券募集办法中应当载明本次发行债券总额和债券面额、债券利率、还本付息的期限与方式、债券发行的起止日期、公司净资产额、已发行而未到期的公司债券总额、债券的承销机构等事项。公司若发行可转换公司债券，还应在债券募集办法中规定具体的转换办法。

(4) 委托证券承销机构发售。公司债券的发行方式一般有私募发行和公募发行两种。私募发行是指由发行公司将债券直接发售给投资者。这种发行方式因受限制，极少采用。公募发行是指发行公司通过承销团向社会发售债券。在这种发行方式下，发行公司要与承销团签订承销协议。承销团由数家证券公司或投资银行组成。承销团的承销方式有代销和包销。代销是指由承销团代为推销债券，在约定期限内未售出的余额将退还发行公司，承

销团不承担发行风险。包销是由承销团先购入发行公司拟发行的全部债券，然后再售给社会上的投资者，如果在约定期限内未能全部售出，余额要由承销团负责认购。

公募发行是世界各国通常采用的公司债券发行方式。美国甚至强制要求某些债券(如电力、制造业公司债券)必须公募发行。我国有关法律、法规亦要求公开发行债券。

(5) 交付债券，收缴债券款，登记债券存根簿。发行公司公开发行公司债券，由证券承销机构发售时，投资者直接向承销机构付款购买，承销机构代理收取债券款，交付债券；然后，发行公司向承销机构收缴债券款并结算预付的债券款。

根据我国《公司法》的规定，公司发行的公司债券，必须在债券上载明公司名称、债券面额、利率、偿还期限等事项，并由董事长签名，公司盖章。

公司发行的债券，还应在公司债券存根簿中登记。对于记名公司债券，应载明的事项：①债券持有人的姓名(或者名称)及住所。②债券持有人取得债券的日期及债券的编号。③债券总额、债券票面金额、债券利率、债券还本付息的期限与方式。④债券的发行日期。对于无记名债券，应在债券存根簿上载明债券总额、利率、偿还期限与方式、发行日期及债券的编号等事项。

【专题知识】

资产证券化(asset securitization)是指将能够产生现金流的同类资产合并，然后基于合并资产发行有价证券，目的是减少财务费用。例如，ABC 公司需要现金，但没有足够高的信用等级来发行低成本的证券。因此它挑选了几种资产合并打包，将其从资产负债表中删除，销售给具有特殊目的、不太可能破产的投资资产管理公司或基金管理公司(简称 SPV)。这样，即使 ABC 公司有一天破产，其债权人也不能获得打包的资产。反过来，接受打包资产的 SPV 通过出售资产支持证券(asset-backed securities, ABS)筹集资金。资产支持证券的利息和本金支付要依靠资产组合产生的现金流。因此，基于资产的有价证券不会受 ABC 公司综合信用等级的影响。这种融资方式给企业带来了新的思路，有很多资产以有价证券的形式出现，例如应收货款、汽车贷款、信用卡应收账款、租赁以及电影和音乐的特许权使用费、电费应收账单、健康会所会员资格、保安警报协议等，这些资产的共同特点是能够产生可预见的现金流。

(二)公开发行公司债券的条件

《证券法》[①]规定，第三十六条公开发行债券，应当符合下列条件：①发行人具有符合法律规定的组织机构；②发行人最近 3 年财务会计报告被出具标准无保留意见；③发行人及其控股股东、实际控制人最近 3 年内没有贪污、贿赂、侵占财产、挪用财产或者破坏社

---

① 《中华人民共和国证券法》由中华人民共和国第十二届全国人民代表大会常务委员会第十次会议于 2014 年 8 月 31 日通过，自公布之日起施行。

会主义市场经济秩序的犯罪记录；④发行人最近 3 年平均可分配利润足以支付债券 1 年的利息；⑤国务院证券监督管理机构或者国务院授权的部门规定的其他条件。

此外，公开发行债券所募集的资金，必须用于核准的用途，不得用于弥补亏损和非生产性支出。

第六十条规定，公司债券上市交易后，公司有下列情形之一的，由证券交易所决定暂停其公司债券上市交易：①公司有重大违法行为；②公司情况发生重大变化不符合公司债券上市条件；③发行公司债券所募集的资金不按照核准的用途使用；④未按照公司债券募集办法履行义务；⑤公司最近 2 年连续亏损。

(三)债券发行价格

债券的发行价格是债券发行单位发行债券时使用的价格，也是债券的原始投资者购买债券时实际支付的价格。债券的发行价格是由债券本金和债券年利息收入按债券期限内的市场利率折现后的现值之和决定的。用公式表示为

$$债券发行价格 = \sum_{t=1}^{n} \frac{票面金额 \times 票面利率}{(1+市场利率)^t} + \frac{票面金额}{(1+市场利率)^n} \tag{4.1}$$

即

$$债券发行价格 = 债券年息 \times 年金现值系数 + 票面金额 \times 复利现值系数 \tag{4.2}$$

债券发行通常有 3 种情况：溢价发行、平价发行和折价发行。溢价发行是指债券以高出面值的价格发行，平价发行是指债券以面值发行，折价发行是指债券以低于面值的价格发行。债券以何种价格发行，取决于债券票面利率与市场利率的关系。如市场利率高于票面利率，则债券需折价发行；如市场利率低于债券票面利率，则债券要溢价发行；如市场利率等于票面利率，则债券平价发行。由于债券票面利率是预先确定的，而市场利率是变动的，所以两者不同的可能性也是存在的。

【例 4.1】四季风旅游公司发行面值 1000 元，票面利率 10%，期限 10 年，每年年末付息的债券，在公司发行时市场利率可能是 A 10%、B 15%、C 5%，分别计算 3 种债券的发行价格。

解：经查表，系数值分别为

	10%,10	15%,10	5%,10
复利现值	0.386	0.247	0.613
年金现值	6.145	5.019	7.721

将有关数据代入公式，得：

A 价格=1000×0.386+100×6.145=1000.5 元

B 价格=1000×0.247+100×5.019=748.9 元

C 价格=1000×0.613+100×7.721=1055.1 元

(四)债券的信用等级

债券评级是由债券信用评级机构根据债券发行者的要求及提供的有关资料(主要是公司的财务报表)通过调查、预测、比较、分析等手段,对拟发行的债券质量、信用、风险进行公正、客观的评价,并赋予其相应的等级标志。债券的信用等级能够表示债券质量的优劣,反映债券还本付息能力的强弱和投资于该债券的安全程度。

债券等级取决于两个方面:一是公司违约的可能性;二是公司违约时,贷款合同所能提供给债权人的保护。债券等级的评定主要依据的是公司提供的信息,如公司的财务报表等。

债券信用评级一般分为九级,由一些专门从事管理咨询的公司评定。目前世界上最著名的两家证券评级公司穆迪公司(Moodys)和标准-普尔公司(Standard & Poor's)均为美国公司。穆迪公司和标准-普尔公司关于债券等级标准的划分及各等级的定义介绍,如表4.1所示。

表4.1　两家公司对债券等级的评定情况

穆迪公司			标准—普尔公司		
级　别	信用程度	说　明	级　别	信用程度	说　明
Aaa	最优等级	极强的财务安全性,情况的变化不会影响其偿债能力	AAA	最高等级	还本付息能力强
Aa	高等级	很强的偿债能力,但长期风险略高于 Aaa 级	AA	中高等级	还本付息能力较强
A	较高等级	较强的偿债能力	A	中等偏上级别	还本付息能力尚可
Baa	中等等级	有一定偿债能力,但某些偿债保障从长远看有些不足或缺乏可靠性	BBB	中等级别	有一定的还本付息能力。但在环境变化时,还本付息能力弱化
Ba	投机等级	财务安全性有疑问。这类债券的偿还能力一般,且未来的安全不足	BB	中等偏下级别	有投机因素,但与其他投机类债券相比,其违约风险较低
B	非理想投资等级	财务安全性较差,长期支付能力弱	B	投机等级	有较高的违约风险,还本付息能力随情况变化而变化
Caa	易失败等级	财务安全性很差。已有违约迹象	CCC	完全投机等级	目前已表现出明显的违约风险迹象
			CC		具有更高优先级别的债券已被评为CCC一级别,该债券偿还顺序在后

续表

穆迪公司			标准—普尔公司		
级　别	信用程度	说　明	级　别	信用程度	说　明
Ca	高度投机等级	财务安全性非常差，已处于违约状态	C	失败等级	具有更高优先级别的债券已被评为CCC级别，该债券偿还顺序在后
C	最差等级	最低级别，通常已违约，且好转的可能性很低	D	失败等级	处于违约状态的债券。如预期到期无法还本付息，或已出现拖欠本息现象的债券

(五)债券筹资的特点

与其他长期负债筹资方式相比，发行债券的突出优点在于筹资对象广、市场大。但是，这种筹资方式成本高、风险大、限制条件多。具体而言，其优缺点如下所述。

1. 债券筹资的优点

(1) 筹资成本较低。相对于发行股票筹资方式来讲，发行公司债券筹资方式的筹资成本比较低。这是因为债券的发行费用比发行股票低，以及债券的利息在所得税前支付，发行公司享受了抵税的优惠。

(2) 与长期借款筹资相比，债券筹资可筹集数额较大的资金。

(3) 可发挥财务杠杆作用。债券利息固定，在公司经营状况良好，赢利较多时，公司利用债券筹资所带来的收益将大大地高于其筹资的成本，也就是说，可以提高公司权益资本收益率，同时也便于调整公司资本结构。

(4) 保障股东控制权。债权人无权参与公司经营与管理，也不享受公司税后净利的分配，这样，发行债券筹资既可以使公司获得生产经营所需要的资金，又不会分散股东对公司的控制权。

2. 债券筹资的缺点

(1) 财务风险较高。公司采用发行债券方式筹资，必须在到期日还本付息。若到期日公司经营欠佳，无法向债权人偿还本息，就会陷入困境，甚至会导致公司破产。

(2) 与长期借款相比，公司采用发行债券方式筹资，手续复杂，筹资费用高。

(3) 与股票筹资相比，限制条件较多。发行公司债券要保护债权人的利益，往往会规定很多的限制条款，这些条款一般比长期借款和融资租赁严格得多，这会使公司的投融资活动受到较大程度的限制。

(4) 筹资数量有限。发行债券筹资，其数额大小有一定的限制，不能无限扩张。我国公司法规定,公司发行的债券累计总额不能超过公司净资产的40%。

三、租赁筹资

(一)租赁筹资的概念

租赁[1]是指在约定的期间内,出租人将资产使用权让与承租人,以获得租金的协议。以下3种情况不适用:①出租人以经营租赁方式租出的土地使用权的建筑物。②电影、录像、剧本、文稿、专利和版权等项目的许可使用协议。③出租人因融资租赁形成的长期债权的减值。

也就是出租人在承租人给予一定报酬的条件下,授予承租人在约定的期限内占有和使用财产权的一种契约性行为。租赁从20世纪50年代初在美国开始兴起。20世纪80年代初期,中国国际信托投资公司(中信公司)首开国际租赁之先例,开始采用融资租赁方式筹集资金。到20世纪80年代末期,租赁尤其是融资租赁已成为一种重要的长期资金筹集方式。

租赁是一种契约协议,规定资产所有者(出租人)在一定时期内,根据一定条件,将资产交给使用者(承租人)使用,承租人在规定的期限内,分摊支付租金并享有对租赁资产的使用权。

(二)租赁的种类

租赁主要分为经营租赁和融资租赁两类。

1. 经营租赁

经营租赁,也称为营业租赁、使用租赁或服务性租赁,它是由出租方将自己的设备或用品反复出租,直到该设备报废为止。对于承租方而言,经营租赁的目的只是取得设备在一段时间内的使用权及出租方的专门技术服务,达不到筹集长期资金的目的,所以经营租赁是一种短期商品信贷形式。

经营租赁有以下一些主要特征:①租赁期一般短于租赁资产的经济寿命期。②出租方需要多次租赁才能收回本金、取得收益。③承租方可以随时解除租赁合同。④经营租赁的设备通常是一些通用设备,设备更新较快,出租人需要承担设备过时的风险。⑤出租方负责租赁资产的维修、保险和管理工作,租赁费中包含维修费。⑥租赁期满或合同终止时,租赁设备由出租方收回。

2. 融资租赁

融资租赁是指实质上转移了与资产所有权有关的全部风险和报酬的租赁,其所有权最

---

[1] 财政部2006年2月颁布《企业会计准则第21号——租赁》。

终可能转移，也可能不转移[①]。也称为资本租赁、财务租赁或金融租赁，它是由租赁公司按照租赁方的要求融资购买设备，并在契约或合同规定的较长期限内提供给承租方使用的信用性业务。对于承租方而言，融资租赁的主要目的是融通资金，即通过融物达到融资的目的。融资租赁有以下一些主要特征：①资本租赁的期限较长，一般为设备的有效使用期。②资本租赁需有正式的租赁合同，该合同一般不能提前解除。③资本租赁存在两个关联的合同，一个是租赁合同，一个是出租方和供应商之间的购销合同。④承租方负有对设备、供应商进行选择的权利。⑤租赁设备的维修、保险、管理由承租方负责，租金中不含有维修费。⑥出租方只需要一次出租，就要收回成本、取得收益。⑦租赁期满，承租方具有对设备处置的选择权，或以一个较低的租金继续租用，或廉价买入，或将设备退还给出租方。

(三)租赁融资的形式

1. 售后租回

根据售后租回(sale and leaseback)协议，企业把资产出售给另一方，另一方再把资产租赁给企业。资产的售价通常大约等于市场价值。企业收到相当于销售价格的一笔现金，并可在基本租赁期内使用该资产。但是，企业必须定期支付租金，并放弃对该资产的所有权。

2. 直接租赁

在直接租赁中企业可以取得自己以前不拥有的资产的使用权。企业可以从制造商那里租赁资产，如 IBM 公司出租计算机。很多资本性商品可以通过直接租赁的形式获得。主要出租人是制造商、财务公司、银行、独立租赁公司等。

3. 杠杆租赁

在租赁大型资产，如飞机、钻井设备、铁路设施等时，可以使用杠杆租赁(leveraged leasing)形式。与售后租赁、直接租赁只涉及两方当事人不同，杠杆租赁涉及三方当事人：承租人、出租人、债权人。

从承租人的角度看，杠杆租赁与其他租赁方式没有区别。承租人承担在租赁期内支付租金的合同义务，同时享有该资产的所有权。但是，出租人的作用发生了改变。出租人取得资产以履行租赁协议，并为资产的取得进行部分权益投资，如 20%，剩余的 80%资金需要向其他债权人筹集，贷款通常以该资产、租赁协议和租金作担保。因此，出租人本身也是借款人。

(四)租赁存在的经济分析

租赁存在的主要原因是出于税收优惠的考虑。公司、财务公司和个人可以从拥有资产

[①] 财政部 2006 年 2 月颁布《企业会计准则第 21 号——租赁》。

中得到不同的税收好处，利润微薄的公司不能得到加速折旧带来的全部好处，而高所得税率的公司和个人则能得到全部好处。税法规定，承租人能够在税前全额扣除租赁费。承租人通过向出租人租入资产而不是购买资产即可获得最大化的税收好处。其次原因是对于破产收益来说，出租人优先于担保债权人。企业融资风险越大，资本提供者选择租赁而不选择贷款的积极性越高。

除上述原因之外，出租人可以在购买资产时享受到规模经济的好处，并且出租人对资产的使用年限、残值或资金的机会成本有不同的预期，同时，出租人可以向其客户提供设备选择和维修等方面的专业服务。

(五)租金的计算及筹资特点

租金的计算方法很多，这里介绍常用的两种方法：平均分摊法和等额年金法。

(1) 平均分摊法。平均分摊法是指不考虑货币的时间价值因素，先以商定的利息率和手续费率计算出租赁期间的利息和手续费，然后连同设备价款一起按支付次数平均的计算方法。

在平均分摊法下，每次应支付租金的计算公式

$$每次支付租金 = \frac{\left(\begin{array}{c}租赁设\\备价款\end{array} - \begin{array}{c}租赁设备的\\预计残值\end{array}\right) + \begin{array}{c}租赁期\\间利息\end{array} + \begin{array}{c}租赁期间\\手续费\end{array}}{租期内的支付次数} \tag{4.3}$$

【例 4.2】格瑞公司采用融资租赁方式于 2010 年 1 月 1 日从租赁公司租入一设备，设备价款为 500 000 元，租期为 5 年，到期后，假设无残值，设备归承租方所有。双方商定的年利率为 10%，租赁手续费为设备价格的 2%，租金每年末支付一次。求每次支付租金数额。

解：由题意得

$$每次支付租金 = \frac{(500\,000 - 0) + \left[500\,000 \times (1+10\%)^5 - 500\,000\right] + 500\,000 \times 2\%}{5}$$
$$= 163\,051(元)$$

(2) 等额年金法。等额年金法是运用年金现值的计算原理计算每期应付租金的方法。若租金在年末支付，每期应付租金称为后付租金；若租金在年初支付，每期应付租金称为先付租金。

在等额年金法下，后付租金和先付租金的计算公式

后付租金： $$A = \frac{P}{PVIFA_{i,n}} \tag{4.4}$$

先付租金： $$A = \frac{P}{PVIFA_{i,n-1} + 1} \tag{4.5}$$

式中，A——每年支付租金；P——等额租金现值，即设备价款；$PVIFA_{i,n}$——等额租金现值系数；n——支付租金期数；i——租费率。

【例 4.3】根据例 4.2 资料，承租方每年年末(后付年金)支付的租金是多少？若在每年年初(先付年金)支付，则租金是多少？

解：由题意知，租费率为年利率与手续费率之和，即租费率为 12%，则每年年末(后付年金)支付的租金为

$$A=\frac{P}{PVIFA_{i,n}}=\frac{500\,000}{PVIFA_{12\%,5}}=\frac{500\,000}{3.6048}\approx138\,704(元)$$

若每年年初(先付年金)支付，则租金为

$$A=\frac{P}{PVIFA_{i,n-1}+1}=\frac{500\,000}{PVIFA_{12\%,4}+1}=\frac{500\,000}{3.0373+1}\approx123\,845(元)$$

格瑞公司可通过编制租金摊销计划表来有计划地安排租金的支付。现根据后付年金情形下的有关资料编制计划表，如表 4.2 所示。

表 4.2　租金摊销计划表　　　　　　　　　　　　　　　单位：元

日　期	支付租金	应计租金	本金减少	应还本金
	(1)	(2)=(4)×12%	(3)=(1)-(2)	(4)
2010.1.1				500 000
2010.12.31	138 704	60 000	78 704	421 296
2011.12.31	138 704	50 556	88 148	333 148
2012.12.31	138 704	39 978	98 726	234 422
2013.12.31	138 704	28 131	110 573	123 849
2014.12.31	138 704	14 855	123 849	0
合　计	693 520	193 520	500 000	—

【案例 4.1】

民营航空打破融资困局，东星 120 亿元巨资租购飞机

东星航空 2005 年 6 月刚获得民航总局批准筹建，成为中南地区第一家民营航空公司。公司注册资金 8000 万元，由国内最大民营旅游集团武汉东星国际旅行社、湖北东盛房地产、湖北美景旅游投资公司共同组建。

据 2005 年 11 月 26 日北京日报报道，东星航空公司与空中客车公司签署意向书，意向购买 10 架空中客车 A320 飞机；并与通用电气金融航空服务公司签署协议，租赁另外 10 架空中客车 A320 飞机。总价值 120 亿元，是迄今为止中国新兴航空公司与空中客车公司和飞机租赁公司签署的最大单笔飞机引进意向。租赁的 A320 飞机计划从 2006 年第二季度

开始交付，采用全新的两级客舱布局，载客128人。

东星依靠的是融资租赁与卖方信贷的新模式。东星租购的这批空客飞机交付时间为2006年至2010年，全为适合低成本运营的A320系列机型，其中10架从世界最大的飞机租赁商美国通用金融租赁公司租用，按融资租赁方式每年支付租金、利率，到期后所有权转移到东星；另外10架直接从空客公司购买，由空客公司提供信贷支持。

虽然一次签下这么多架飞机，但东星当前资金压力并不算大。飞机不是一起到，钱也不是一次付。如果按照平均每架飞机6亿元(假定融资租赁价格与购买相仿)、分10年付款的方法计算，东星只需在第一年掏出1.8亿元，以后每年的支出逐步上升，在第6年至第10年间达到最高的12亿元，然后逐年下降。这种发展模式有别于其他民营航空慢慢赚够钱再添飞机的发展模式，东星以未来的市场预期换来了公司规模的快速扩张，这比熬过最初的亏损经营期显然要容易得多。

(资料来源：www.airnews.cn)

(六)融资租赁筹资的优缺点

1. 融资租赁筹资的主要优点

(1) 具有一定的筹资灵活性。采用融资租赁方式，公司就可获得租赁物的使用权，而不必花大笔资金去购买，这样就不会影响公司正常的资金周转。此外，采用融资租赁方式筹资其限制比银行借款少，且融资租赁使得融资与租入设备同步进行，能很好地满足公司生产经营的需要。

(2) 避免设备陈旧过时的风险。由于科技的进步，设备更新换代的速度加快，由于租赁物的所有权在出租方，对于出租方而言，则需要承担设备陈旧过时的风险，而承租方就避免了这类风险。

(3) 享受税收优惠。在公司理财实务中，租金作为一项费用，在所得税前扣除。融资租赁的租金一般数额较大，这样就可以起到很好的抵税作用。当前，租赁业得以快速发展的一个主要原因就是避税。

(4) 既增强了公司的举债能力，又维持一定的信用能力。对承租方而言，租赁比购买租赁物更有利。因为在承租方的资产负债表中，租赁物并不在表内列示，并不改变公司的资本结构。这样即使公司未来的举债能力得以增强，又保持了公司现有的信用状况。

2. 融资租赁筹资的主要缺点

(1) 租赁筹资的资金成本高。与举债相比，在承租方支付的租金中，不仅包括租赁设备的各项成本，而且包括出租方应获得的利润。通常，融资租赁所支付的租金总额要高于租赁物价款的30%左右；这就使得融资租赁的资金成本高于举债所支付的利息。

(2) 丧失资产的残值。租赁物的所有权在出租方，租赁期满后，除非承租方购买该租赁物，否则租赁物的残值归出租方所有。也就是说，对于承租方而言，融资租赁无法获得租赁物期满后的残值收入。如果该租赁物的残值数额较大的话，承租方的损失就较大。

本 章 小 结

1. 股票的新设发行、改组发行、增资发行和定向募集发行必须符合一定的条件。

2. 普通股筹资和优先股筹资各有优势，企业做筹资决策时应充分考虑它们的特点。

3. 长期借款是公司长期负债融资的主要方式之一，办理长期借款必须经过一定程序。

4. 发行长期债券是股份公司筹措长期债务资金的另一重要方式，公司发行债券需要经过一定程序，办理有关手续。

5. 债券筹资的突出优点在于筹资对象广、市场大，但其筹资成本高、风险大、限制条件多。

6. 租赁包括经营租赁和融资租赁两类。

7. 租金的计算主要可以使用平均分摊法和等额年金法。

知 识 链 接

世界著名的经济评级机构

1. 标准—普尔

标准-普尔评级公司(Standard & Poor's)总部设在美国，是目前国际上公认的最具权威性的信用评级机构之一。标准-普尔指数由美国标准—普尔公司 1923 年开始编制发表，当时主要编制两种指数，一种是包括 90 种股票每日发表一次的指数，另一种是包括 480 种股票每月发表一次的指数。1957 年扩展为现行的、以 500 种采样股票通过加权平均综合计算得出的指数，在开市时间每半小时公布一次。标准-普尔公司的信用等级标准从高到低可划分为：AAA 级、AA 级、A 级、BBB 级、BB 级、B 级、CCC 级、CC 级、C 级和 D 级。

2. 穆迪国际集团

穆迪国际集团(Moodgs)是世界著名的跨国管理及技术服务机构之一，世界三大评级机构之一。1911 年始建于美国，目前总部设在英国伦敦，已在全球 50 多个国家设立了 72 个分支机构。全球性服务网络为客户提供优质的全方位管理体系认证、质量保证、检验和工业项目工程技术咨询服务。目前，穆迪在工程管理、质量检验、技术咨询和质量监督方面的客户遍布电力、石油天然气、化工、采矿、建筑等行业。

穆迪投资服务公司信用等级标准从高到低可划分为：Aaa 级、Aa 级、A 级、Baa 级、Ba 级、B 级、Caa 级、Ca 级和 C 级。

3. 惠誉国际评级有限公司

惠誉国际评级有限公司(Fitch IBCA)成立于 1913 年，是全球三大国际评级公司之一。惠誉本身是由两家小型评级机构——总部在纽约的费奇(Fitch Investors Service)和总部在伦敦的 IBCA——在 1997 年 10 月因合并重组而成为一家。合并之后，成为法国上市公司 FI-MALAC 的子公司，但却仍在伦敦和纽约同时维持两个总部。惠誉国际重视评级质量，根据 Cantwell 公司 1999 年对世界三大评级公司的国际信用评级调查报告，Fitch 评级公司在分析研究报告和评级服务两方面分别被发债主体评为最高质量奖。

4. 瑞士通用公证行

通用公证行(SGSGroup)始创于 1878 年，总部设于瑞士日内瓦，为全球最大的体系认证、测试及验货机构，SGS 在全球 354 间分支机构中设有 1255 个办事处、365 个实验室及 37 000 位全职雇员，网络遍布 140 多个国家。

SGS-ICS 根据国际标准对供方进行第三方审核及认证服务包括：ISO 9000 质量管理体系标准；SO14001 环境管理体系标准；QC-9000 汽车行业质量管理体系标准；OHSAS18001 职业健康及安全管理体系标准；SA8000 社会责任标准；ISM 国际船务安全管理体系标准；CE 标志/欧洲法规(授权机构)。

案例与点评

汇丰投资银行的融资计划

20 世纪 90 年代以来，香港著名华商郑裕彤财团通过旗舰企业新世界发展有限公司开始大举进军内地的中低档房地产市场，并成为北京、武汉、天津和沈阳等城市的房地产战略发展商，为此，需要筹集庞大的资金进行投资。

但是，房地产业在 1993 年的高峰期过后，大量高档楼房空置，使得国际资本市场对我国的房地产市场看法相当消极，在这种情况下，说服他们为新世界发展有限公司拓展内地房地产市场进行投资，非常困难。面对这样的情形，汇丰投资银行通过一项长达四年的融资计划，为新世界集团融资逾 14 亿美元。具体的操作过程如下。

(1) 1995 年 11 月，汇丰为新世界中国房主发展有限公司首次通过私募方式发行了 5 亿美元的股本，私人股本投资者占有了新世界房主 43%的股份，新世界发展则持有 57%的股份。

(2) 第二次为新世界中国金融有限公司发行 3.5 亿美元强制可换股担保债券，在私募成功发行一年后，而且由于新世界中国作为新世界发展的全资子公司，其规模还太小，采用普通债券方式发行成本较高，如果上市又不具备三年业绩的条件。这次发行是除日本外亚洲地区最大的可转债发行之一，汇丰承担了 2.1 亿美元的分销份额，却创造了 8.6 亿美元的总需求，发行后债券交易价格一直高于发行价格。

(3) 在公开流通债发行两年半以后，新世界中国准备在 1999 年上市，发行规模为 5.68 亿美元。由于国际投资者对中国房地产业有很多误解，如何改变投资者的不良印象就成了决定发行成败的关键。汇丰为这次发行上市举行三次全球规模的推介活动，经过这三次声势浩大的活动，完成了对投资者"教育"工作。

点评：

在本案例中汇丰投资银行为新世界筹集用了三种筹资方式：私募发行股本、发行可换股债券和公开发行上市。以上三种融资方式各有优缺点，根据企业的具体情况实施有利于企业的融资方式。

私募发行股本的筹资方式比较灵活，条件比较宽松，当事人之间完全可以通过商谈，个案性地约定融资条件和方式。但是这种融资方式其实际的融资成本较高，投资人承担风险较大，其得到的利益需要分配。

可转换股债券的优点：资金成本低，提供了一种高于目前市价出售普通股票的方法，是一种较为灵活的融资方式。缺点：公司上市后，债券尚未到期就可以转为股票，在换股期间可能会有大量股票突涌入市场，会给当时的股价造成压力，甚至影响初次公开发行的价格。而且其低资金成本是有期限的。

公开发行上市的优点：没有固定的到期日，降低了融资成本，比债券融资更容易。其缺点是：不能享受减免所得税，就投资者而言投资风险较大，稀释公司的控制权。

汇丰投资银行在此次历时四年的融资过程中起到了极其重要的作用，充当了设计者、组织者和实施者的多重角色，他为新世界集团量身打造了一个适合企业的发展情况，能够满足企业融资需要的长期融资计划，为企业的发展提供了强大的推动力量。

思考与练习

1. 如何理解股票的投资性与投机性的？

2. 作为一家大公司的总裁，会在什么情况下做出优先股的融资决策？

3. 试比较经营租赁与融资租赁的异同？

4. 某公司 2001 年 1 月 1 日从租赁公司租入一套设备，价值 150 万元，租期 5 年，预计期满时残值 2 万元，归承租企业所有，租赁费率 11%，租金每年支付一次。

要求：用等额年金法分别计算每年末支付的租金额和每年初支付的租金额。

5. 讨论题：

公司 IPO，是西方投资者非常青睐的一种投资方式，比如大家熟知的微软公司。微软公司是世界 PC 机软件开发的先导，由比尔·盖茨与保罗·艾伦创始于 1975 年，总部设在华盛顿州的雷德蒙市(Redmond，邻近西雅图)。目前是全球最大的电脑软件提供商。微软公司现有雇员 6.4 万人，2005 年营业额 368 亿美元。其主要产品为 Windows 操作系统、Internet Explorer 网页浏览器及 Microsoft Office 办公软件套件。1999 年推出了 MSNMessenger 网络即时信息客户程序，2001 年推出 Xbox 游戏机，参与游戏终端机市场竞争。它在 1986 年首次公开发行股票，每股售价 21 美元，截至 2012 年，经过 8 次拆分，当初 1 股已经变成 144 股。

在过去几个季度，尽管微软营收和运营利润都有不同程度的增长，但其微软股价表现得却不尽人意，截至 2011 年 12 月 12 日，微软股价今年已累计下跌 7%，最低曾跌至 23.5 美元。而在近十年中，微软股价表现的也是"不温不火"，股价基本维持在 25 美元水平上下波动。哥伦比亚的股利收益基金(Columbia Dividend Income Fund)基金经理斯科特•戴维斯说："自 2003 年开始分红以来，微软分红次数累计达到 6 次，增长 900%，但其股息支付率(股息/利润)保持在 25%水平左右。"

在微软公布的最新 2012 财年第一财季(截至 9 月 30 日)财报显示，当季总营收 173.4 亿美元，同比增长 7%，净利 57.4 亿美元，同比增长 6%，其中 Office 商务业务部仍为微软的"摇钱树"，营收 56 亿美元，同比增长 8%，运营利润率达到 65%。Windows 业务表现低迷，其销量仅比上年同期增长 2%，Windows 和 Windows Live 部门营收为 48.68 亿美元，同比增长仅 1.7%，但其运营利润率最高达 67%。长期亏损的在线部门(包括 MSN 和必应搜索引擎)情况也开始好转，运营亏损同比减少 10%。总体而言，微软第一财季业绩符合分析师预期。

微软 2012 财年第一季度营收构成(xueqiu.com)

亿美元	营收	营收占比	同比增长	运营利润	网比增长	运营利润率
office 商务部门	56.06	32.30%	8%	36.48	6.11%	65.07%
Windows 和 Windows Live 部门	48.32	27.80%	2.90%	32.19	0.28%	66.62%
服务器和工具部门	42.51	24.50%	10%	16.05	3.48%	37.76%
在线服务业务部门	6.42	3.70%	18%	-4.94	-10.02%	-76.95%
娱乐和设备部门	18.55	10.70%	4.90%	2.48	-33.87%	13.37%
其他	1.86	1.00%	56.30%	-10.23	12.54%	-550.00%
合计	173.72			72.03		

微软拥有 9 倍多的市盈率，而与其保持相似增长速度的其他大市值公司，如麦当劳，其市盈率却达到 16 倍，如何解释这一现象呢？(资料来源：根据雪球财经整理 2011-12-13)

第五章

资本结构决策

本章导读:

    企业在筹集和使用资金时都要付出一定的代价,即资本成本。成本和收益实际上是同一个问题的两个方面,有时候,我们将依靠收益计算来确定成本数值。而一个投资项目只有预期收益高于该项目的资本成本才是可行的。因此,企业应在可承受的财务风险范围内,通过不同筹资方式的组合,实现最佳的资本结构,将资本成本控制在合理范围之内。

核心概念:

    资本成本(capital cost) 本量利分析(cost-volume-profit analysis) 经营杠杆(operating leverage) 盈亏平衡点(break-even point) 财务杠杆(financial leverage) 资本结构(capital structure) 经营风险(business risk) 财务风险(financial risk)

【专题案例】

选择哪种筹资方式最划算

    2006 年初,华海公司总经理正在研究公司资金筹措方式问题。为扩大生产规模,公司需要当年筹措 1150 万元,其中,350 万元可以通过公司内部留存收益解决,其余部分 800 万元需要从外部筹措。公司管理部门最初倾向于以发行股票的方式筹资 800 万元。在证券市场上,该公司普通股每股高达 33 元,扣除发行费用,每股净价为 31 元。但是,投资银行却建议通过借款的方式(年利率 7%,期限 10 年)筹措资金,他们认为举债筹资可以降低资本成本。

    那么,如何进行这种筹资决策呢?

第一节 资 本 成 本

一、资本成本的概念与意义

    资本成本是指企业为筹集和使用资金而付出的代价,体现为融资来源所要求的报酬率。

广义地讲，企业筹集和使用任何资金，不论短期的还是长期的，都要付出代价。狭义的资本成本仅指筹集和使用长期资金(包括自有资本和借入长期资金)的成本。由于长期资金也被称为资本，所以长期资金的成本也称为资本成本。

资本成本可有多种计量形式。在比较各种筹资方式中，使用个别资本成本，包括普通股成本、留存收益成本、长期借款成本、债券成本；在进行资本结构决策时，使用加权平均资本成本；在进行追加筹资决策时，则使用边际资本成本。

资本成本是企业筹资管理的一个重要概念，国际上将其视为一项"财务标准"。资本成本实质上是指在一个方案中能刚好满足所有资本供给者的企业预期收益率。资本成本对于企业筹资管理、投资管理，乃至整个财务管理和经营管理都有着重要的作用。

1. 资本成本是选择筹资方式，进行资本结构决策和选择追加筹资方案的依据

(1) 个别资本成本率是企业选择筹资方式的依据。一个企业长期资本的筹集往往有多种筹资方式可供选择，包括长期借款、发行债券、发行股票等。这些长期筹资方式的个别资本成本率的高低不同，可作为比较选择各种筹资方式的一个依据。

(2) 综合资本成本率是企业进行资本结构决策的依据。企业的全部长期资本通常是由多种长期资本筹资类型的组合而构成的。企业长期资本的筹资可有多个组合方案供于选择。不同筹资组合的综合资本成本率的高低，可以用作比较各个筹资组合方案，作出资本结构决策的一个依据。

(3) 边际资本成本率是比较选择追加筹资方案的依据。企业为了扩大生产经营规模，往往需要追加筹资。不同追加筹资方案的边际资本成本率的高低，可以作为比较选择追加筹资方案的一个依据。

2. 资本成本是评价投资项目，比较投资方案和进行投资决策的经济标准

一般而言，一个投资项目，只有当其投资收益率高于其资本成本率，在经济上才是合理的；否则，该项目将无利可图，甚至会发生亏损。因此，国际上通常将资本成本率视为一个投资项目必须赚得的"最低报酬率"或"必要报酬率"，视为是否采纳一个投资项目的"取舍率"，作为比较选择投资方案的一个经济标准。在企业投资评价分析中，可以将资本成本率作为折现率，用于测算各个投资方案的净现值和现值指数，以比较选择投资方案，进行投资决策。

3. 资本成本可以作为评价企业整个经营业绩的基准

企业的整个经营业绩可以用企业全部投资的利润率来衡量，并可与企业全部资本的成本率相比较，如果利润率高于成本率，可以认为企业经营有利；反之，如果利润率低于成本率，则可认为企业经营不利，业绩不佳，需要改善经营管理，提高企业全部资本的利润率和降低成本率。

二、资本成本的计算

(一)个别资本成本

个别资本成本是指使用各种资金的成本，包括长期借款资本成本、长期债券资本成本、优先股成本、普通股成本、留存收益成本。前两种为债务资本成本，后三种为权益资本成本。

个别资本成本是企业用资费用和有效筹资额的比率，其基本公式为

$$K = \frac{D}{P - F} \tag{5.1}$$

或

$$K = \frac{D}{P(1 - f)} \tag{5.2}$$

式中，K——资本成本，以百分率表示；D——用资费用额；P——**筹资额**；F——筹资费用额；f——筹资费用率，即筹资费用额与筹资额的比率。

由此可见，个别资本成本的高低取决于 3 个因素，即用资费用、筹资费用和筹资额。

用资费用是决定个别资本成本高低的一个主要因素。在其他两个因素不变的情况下，某种资本的用资费用大，其成本就高；反之，用资费用小，其成本就低。

筹资费用也是影响个别资本成本高低的一个因素。一般而言，发行债券和股票的筹资费用较大，故其资本成本相对较高；而其他筹资方式的筹资费用较小，故其资本成本较低。

筹资额是决定个别资本成本高低的另一个主要因素。在其他两个因素不变的情况下，某种资本的筹资额越大，其成本越低；反之，筹资额越小，其成本越高。

1. 长期借款资本成本

长期借款资本成本是指借款利息和筹资费用。借款利息可以在税前扣除，可以抵税。因此，一次还本、分期还息借款的成本为

$$K_L = \frac{I_L(1 - T)}{L(1 - F_L)} \tag{5.3}$$

式中，K_L——长期借款资本成本；I_L——长期借款年利息；T——所得税率；L——长期借款筹资额(借款本金)；F_L——长期借款筹资费用率。

式(5.3)也可以改为以下形式

$$K_L = \frac{R_L(1 - T)}{1 - F_L} \tag{5.4}$$

式中，R_L——长期借款的利率。　当长期借款的筹资费(主要是借款的手续费)很小时，也可以忽略不计。

【例 5.1】某公司取得 5 年期长期借款 200 万元，年利率为 10%，每年付息一次，到期一次还本，筹资费用率为 0.5%，企业所得税率为 40%。

解：该项长期借款的资本成本为

$$K_L = \frac{200 \times 10\% \times (1-40\%)}{200 \times (1-0.5\%)} = 6.03\%$$

或

$$K_L = \frac{10\% \times (1-40\%)}{1-0.5\%} = 6.03\%$$

上述计算长期借款资本成本的方法比较简单，但缺点在于没有考虑货币的时间价值，因而这种方法的计算结果不是十分精确。如果对资本成本计算结果的精确度要求较高，可先采用计算现金流量的办法确定长期借款的税前成本，然后再计算其税后成本，公式为

$$L(1-F_L) = \sum_{t=1}^{n} \frac{I_L}{(1+K)^t} + \frac{P}{(1+K)^n} \tag{5.5}$$

$$K_L = K(1-T) \tag{5.6}$$

式中，P——第 n 年末应偿还的本金；K——所得税前的长期借款资本成本；K_L——所得税后的长期借款资本成本。

式(5.5)的等号左边是借款的实际现金流，等号右边为借款引起的未来现金流出的现值总额，由各年利息支出的年金现值之和加上到期本金的复利现值而得。

2. 长期债券资本成本

发行债券的成本主要是指债券利息和筹资费用。债券利息的处理与长期借款利息的处理相同，应以税后的债务成本为计算依据。债券的筹资费用一般比较高，不可在计算资本成本时省略。按照一次还本、分期付息的方式，长期债券资本成本的计算公式为

$$K_b = \frac{I_b(1-T)}{B(1-F_b)} \tag{5.7}$$

式中，K_b——债券资本成本；I_b——债券年利息；T——所得税率；B——债券筹资额；F_b——债券筹资费用率。

或者

$$K_b = \frac{R_b(1-T)}{1-F_b} \tag{5.8}$$

式中，R_b——债券利率。

【例 5.2】某公司发行总面额为 100 万元的 10 年期债券，票面利率为 12%，发行费用率为 3%，公司所得税率为 40%。

解：该债券的成本为

$$K_b = \frac{100 \times 12\% \times (1-40\%)}{100 \times (1-3\%)} = 7.42\%$$

或者
$$K_b = \frac{12\% \times (1 - 40\%)}{1 - 3\%} = 7.42\%$$

若债券溢价或折价发行，为更精确地计算资本成本，应以实际发行价格作为债券筹资额。

【例5.3】假定上述公司发行面额为 100 万元的 10 年期债券，票面利率为 10%，发行费用率为 3%，发行价格为 120 万元，公司所得税率为 40%。

解： 该债券成本为
$$K_b = \frac{100 \times 10\% \times (1 - 40\%)}{120 \times (1 - 3\%)} = 5.15\%$$

【例5.4】假定上述公司发行面额为 100 万元的 10 年期债券，票面利率为 10%，发行费用率为 3%，发行价格为 80 万元，公司所得税率为 40%。

解： 该债券的成本为
$$K_b = \frac{100 \times 10\% \times (1 - 40\%)}{80 \times (1 - 3\%)} = 7.73\%$$

3. 优先股成本

优先股的成本取决于投资者对优先股收益率的要求，优先股每期都有固定的股利支付率，所以优先股实际上是一种永续年金，其成本为
$$K_p = D / P_0 \tag{5.9}$$
式中，D——固定股利；P_0——是优先股的当前价格。

4. 普通股成本

按照资本成本率实质上是投资必要报酬率的思路，普通股的资本成本率就是普通股投资的必要报酬率，其测算方法一般有股利折现模型、资本资产定价模型和债券投资报酬率加股票投资风险报酬率。

(1) 股利折现模型。股利折现模型的基本形式是
$$P_O = \sum_{t=1}^{\infty} \frac{D_t}{(1 + K_c)^t} \tag{5.10}$$
式中，P_O——普通股融资净额，即发行价格扣除发行费用；D_t——普通股第 t 年的股利；K_c——普通股投资必要报酬率，即普通股资本成本率。

运用上列模型测算普通股资本成本率，因具体的股利政策而有所不同。

如果公司采用固定股利政策，即每年分派现金股利 D 元，则资本成本率可按式(5.11)测算：
$$K_c = \frac{D}{P_O} \tag{5.11}$$

【例 5.5】ABC 公司拟发行一批普通股，发行价格 12 元，每股发行费用 2 元，预定每年分派现金股利每股 1.2 元。

解：资本成本率测算为

$$K_c = \frac{1.2}{12-2} \times 100\% = 12\%$$

如果公司采用固定增长股利的政策，股利固定增长率为 G，则资本成本率需按下式测算

$$K_c = \frac{D}{P_O} + G \tag{5.12}$$

【例 5.6】XYZ 公司准备增发普通股，每股发行价为 15 元，发行费用 3 元，预定第一年分派现金股利每股 1.5 元，以后每年股利增长 5%。

解：资本成本率测算为

$$K_c = \frac{1.5}{15-3} + 5\% = 17.5\%$$

(2) 资本资产定价模型(CAPM 模型)。普通股定价的方法之一是使用 CAPM 模型，资本资产定价模型一般分为：①估计无风险利率 R_f，无风险利率可以是国库券票面利率。②估计该股票的 β 系数 β_i，用它来估计该公司的风险。③估计该股票的预期市场收益率 R_m。④用 CAPM 模型计算出该普通股的必要收益率 K_c。

$$K_c = R_f + \beta_i(R_m - R_f) \tag{5.13}$$

(3) 债券投资报酬率加股票投资风险报酬率。一般而言，从投资者的角度，股票投资的风险高于债券，因此，股票投资的必要报酬率可以在债券利率的基础上再加上股票投资高于债券投资的风险报酬率。这种测算方法比较简单，但主观判断色彩浓厚。

【例 5.7】XYZ 公司已发行债券的投资报酬率为 8%。现准备发行一批股票，经分析该股票高于债券的投资风险报酬率为 4%。

解：该股票的必要报酬率即资本成本率为

$$8\% + 4\% = 12\%$$

5. 留存收益成本

公司的留存收益成本(或留用利润)是由公司税后利润形成的，属于股权资本。从表面上看，公司留用利润并不花费什么资本成本。实际上，股东愿意将其留用于公司而不作为股利取出投资于别处，总是要求获得与普通股等价的报酬。因此，留用利润也有资本成本，不过是一种机会资本成本。留用利润资本成本率的测算方法与普通股基本相同，只是不考虑筹资费用。

(二)加权平均资本成本

企业往往不止一种资本来源，因此，在资本预算中或者在评估企业和项目的价值时，

需要计算企业的加权平均资本成本。加权平均资本成本一般是以各种资本占全部资本的比重为权数，对个别资本成本进行加权平均确定的。加权平均资本成本一般按照其市场价值加权平均，其计算公式为

$$K_w = \sum_{j=1}^{n} K_j W_j \tag{5.14}$$

式中，K_w——加权平均资本成本；K_j——第 j 种个别资本成本；W_j——第 j 种个别资本占全部资本的比重(权数)。

【例 5.8】某企业共有资金 100 万元，其中债券 30 万元，优先股 10 万元，普通股 40 万元，留存收益 20 万元，各种资金的成本分别为 6%、12%、15.5% 和 15%，计算该旅游企业综合资金成本。

计算各种资金所占的比重：

债券占资金总额的比重=30/100×100%=30%

优先股占资金总额的比重=10/100×100%=10%

普通股占资金总额的比重=40/100×100%=40%

留存收益占资金总额的比重=20/100×100%=20%

计算综合平均资金成本

综合资金成本=30%×6%+10%×12%+40%×15.5%+20%×15%=12.2%

影响加权平均资本成本的因素很多，包括两类，一类是公司不能控制的因素，如利率、税率；另一类是公司可以控制的因素，如资本结构政策、股利政策、投资政策。

(三)边际资本成本

企业无法以某一固定的资本成本来筹措无限的资金，当其筹集的资金超过一定限度时，原来的资本成本就会增加。在企业追加筹资时，需要知道筹资额在什么数额上便会引起资本成本怎样的变化。这就要用到边际资本成本的概念。

边际资本成本是指资金每增加一个单位而增加的成本，它是财务管理中的重要概念，也是企业投资、筹资过程中必须加以考虑的问题。

【例 5.9】某公司 2013 年末长期资本中负债比例为 55%，公司管理层认为负债比例过高，经董事会决定拟向现有普通股东实施配股，方案为 10 配 2 股，配股价每股 5 元，假设经测算筹资股本额在 900 万元以内，边际资本成本为 10%，即每追加一单位资金所需追加的成本为 10%，当筹资股本额超过 900 万元，每追加一单位资金所需追加的成本为 11%。

企业追加筹资也可在不改变现有资本结构情况下，采用多种筹资方式组合来实现。假设按现有资本结构即负债比例为 55%、普通股资金 45%，筹措新资金，假设经测算随筹资额的增加，各单项资金成本变化，如表 5.1。

表 5.1　资金成本变化

资金种类	新筹资额	资金成本
债务资金	550 万元以内	7%
	550~1650 万元	8%
	1650 万元以上	9%
普通股资金	900 万元以内	10%
	900~1800 万元	11%

当企业筹资总额为 1600 万元时，这时债务资金为 $1600 \times 55\% = 880$ 万元，普通股资金为 $1600 \times 45\% = 720$ 万元。综合边际资金成本为：$55\% \times 8\% + 45\% \times 10\% = 8.9\%$，即每追加一单位资金(债务资金为 0.55，普通股资金为 0.45 元)所需追加的成本为 8.9%，那么按 8.9%资金成本，保持现有资本结构，筹集总资金额度是多少？

财务界引进筹资突破点的概念，它是为保持资本结构不变条件下，按某一特定资金成本可以筹集到的筹资总额。

筹资突破点=可用某一特定成本筹集到的某种资金额/该种资金在资本结构中所占的比重。

本题的筹资突破点为

$$\frac{550}{55\%} = 1000 （万元） \qquad \frac{1650}{55\%} = 3000(万元)$$

$$\frac{900}{45\%} = 2000(万元) \qquad \frac{1800}{45\%} = 4000(万元)$$

筹资总额 1000 万元以内，综合边际资金成本为

$55\% \times 7\% + 45\% \times 10\% = 8.35\%$

筹资总额 1000-2000 万元，综合边际资金成本为

$55\% \times 8\% + 45\% \times 10\% = 8.9\%$

筹资总额 2000-3000 万元，综合边际资金成本为

$55\% \times 8\% + 45\% \times 11\% = 9.35\%$

筹资总额 3000 万元以上，综合边际资本成本为

$55\% \times 9\% + 45\% \times 11\% = 9.9\%$

第二节　杠杆效应

一、本量利分析

本量利分析法(cost-volume-profit analysis)全称为"成本—业务量—利润分析法"，也称

损益平衡分析法，它主要根据成本、业务量和利润三者之间的变化关系，分析某一因素的变化对其他因素的影响。本量利分析法既可用于利润预测，也可用于成本和业务量的预测。

本量利分析法是以成本性态研究为基础的。所谓成本性态是指成本总额对业务量的依存关系。成本按其成本性态可以划分为变动成本、固定成本和混合成本。变动成本是指随业务量增长而成正比例增长的成本；固定成本是指在一定的业务量范围内，不受业务量影响的成本；混合成本介于变动成本和固定成本之间，是指随业务量的增长而增长，但不成正比例增长的成本，可以将其分解成变动成本和固定成本两部分。

本量利的数学模型，主要有以下表达方式。

1. 损益方程式

本量利分析所涉及的相关因素主要包括固定成本、单位变动成本、销售量、单价和利润。这些变量之间的关系可用下列方程式表示

$$\begin{aligned}
利润 &= 销售收入 - 总成本 \\
&= 销售收入 - 变动成本 - 固定成本 \\
&= 单价 \times 销售量 - 单位变动成本 \times 销售量 - 固定成本 \\
&= (单价 - 单位变动成本) \times 销售量 - 固定成本
\end{aligned} \tag{5.15}$$

这个方程式一般称为基本损益方程式，它明确地表达了本量利之间的数量关系。但是，应当注意，公式(5.15)中的利润一般是指未扣除利息和所得税以前的利润，即息税前利润(EBIT)。

在相关的 5 个变量中，给定其中的 4 个，便可求出另一个变量的值。因此，上述公式可以变换成如下形式。

(1) 计算销售量的方程式

$$销售量 = (固定成本 + 利润) / (单价 - 单位变动成本)$$

(2) 计算单价的方程式

$$单价 = [(固定成本 + 利润) / 销售量] + 单位变动成本$$

(3) 计算单位变动成本的方程式

$$单位变动成本 = 单价 - (固定成本 + 利润) / 销售量$$

(4) 计算固定成本的方程式

$$固定成本 = 单价 \times 销售量 - 单位变动成本 \times 销售量 - 利润$$

2. 边际贡献方程式

在本量利分析中，边际贡献是一个非常重要的概念。所谓边际贡献是指销售收入与相应变动成本之间的差额，也称贡献边际、贡献毛益或创利额。

边际贡献可用下列公式表示

$$边际贡献 = 销售收入 - 变动成本 \tag{5.16}$$

产品的边际贡献可以理解为产品的销售收入扣除自身的变动成本后给企业所做的贡献，它首先用于弥补企业的固定成本，弥补固定成本后如果还有剩余即为企业的利润，如果不足以弥补企业的固定成本则会发生亏损。

单位产品的销售价格减去产品的单位变动成本就是单位边际贡献。单位边际贡献的性质是反映某种产品的盈利能力，即每增加一个单位产品销售可提供的贡献毛益，其计算公式为

$$单位边际贡献=销售单价-单位变动成本 \tag{5.17}$$

也可以用边际贡献率来反映某种产品的边际贡献。边际贡献率是边际贡献在销售收入中所占的百分率，它反映每 1 元的销售收入所提供的边际贡献，其计算公式为

$$边际贡献率=边际贡献÷销售收入×100\%$$
$$=单位边际贡献÷单价×100\% \tag{5.18}$$

与边际贡献率相对应的概念是变动成本率。变动成本率是指变动成本在销售收入中所占的百分比，其计算公式为

$$变动成本率=变动成本÷销售收入×100\%$$
$$=(单位变动成本×销售量)÷(单价×销售量)×100\%$$
$$=单位变动成本÷单价×100\% \tag{5.19}$$

由于销售收入是由边际贡献和变动成本两部分组成的，所以边际贡献率与变动成本率之和应当等于 1。

根据边际贡献的概念，本量利的基本损益方程式可以变换成边际贡献方程式，其计算公式为

$$利润=销售收入-变动成本-固定成本$$
$$=边际贡献-固定成本 \tag{5.20}$$

也可以用下列公式表示

$$利润=销售量×单位边际贡献-固定成本 \tag{5.21}$$

上述边际贡献方程式也可以用边际贡献率来表示

因为

$$边际贡献=销售收入×边际贡献率 \tag{5.22}$$

所以

$$利润=销售收入×边际贡献率-固定成本 \tag{5.23}$$

根据以上本量利的基本原理，可以进行保本点预测和目标利润预测。下面举例说明这两种预测方法。

【例 5.10】某企业生产 A 产品，根据成本分解，A 产品的单位变动成本为 10 元，固定成本总额为 30 000 元，市场上 A 产品每件的销售价格为 12 元。要求预测该产品的保本销售量和保本销售额。

解：此例题是预测 A 产品的保本点，保本点一般有两种表示方法，即保本销售量和保

本销售额。保本点的利润应为 0，则根据本量利的基本公式，计算保本销售量和保本销售额为

$$保本销售量=固定成本总额÷(销售单价-单位变动成本)$$
$$=30000÷(12-10)=15\ 000(件)$$
$$保本销售额=保本销售量×销售单价$$
$$=15\ 000×12=180\ 000(元)$$

也可以用边际贡献公式来预测 A 产品的保本销售量和保本销售额，其计算方法如下。

首先，计算出 A 产品的单位边际贡献和边际贡献率

$$单位边际贡献=销售单价-单位变动成本$$
$$=12-10=2(元)$$
$$边际贡献率=单位边际贡献÷销售单价×100\%$$
$$=2/12×100\%=16.67\%$$

其次，计算 A 产品的保本销售量和保本销售额

$$保本销售量=固定成本总额÷单位边际贡献$$
$$=30\ 000÷2=15\ 000(件)$$
$$保本销售额=固定成本总额÷边际贡献率$$
$$=30\ 000÷16.67\%=180\ 000(元)$$

从预测的结果可知：当 A 产品的销售量达到 15 000 件时，就可以保本；销售量大于 15 000 件时，就可以盈利；销售量小于 15 000 件时，则会发生亏损。

本量利分析法不仅可以预测保本点，而且可以进行目标利润的预测。企业通过本量利分析法，可以预测出在既定销售水平下的目标利润，也可以预测出为了达到一定的目标利润所需要实现的目标销售额或目标销售量。通过这种分析，企业就可以比较分析现有的销售水平与实现目标利润的销售水平的差距以研究提高利润的各种方案，如降低售价、薄利多销；改进产品设计，降低成本；压缩固定成本等。下面举例说明目标利润的预测方法。

【例 5.11】 某企业根据市场调查分析，预测出计划期间甲产品的销售量为 100 000 件，该产品销售单价为 10 元，单位变动成本为 5 元，固定成本总额为 15 000 元。要求预测出计划期间甲产品预计可实现的目标利润。

解：根据本量力分析的基本公式，甲产品的预计目标利润为

$$预计目标利润=销售单价×预计销售量-(单位变动成本×预计销售量+固定成本总额)$$
$$=10×100\ 000-(5×100\ 000+150\ 00)$$
$$=485\ 000(元)$$

企业可以根据计划期的生产能力、技术条件、市场环境等因素确定企业的目标利润。然后根据目标利润，用本量利分析法预测出实现目标利润的销售量——目标销售量。其计算公式为

目标销售量=(固定成本总额+目标利润)÷(销售单价-单位变动成本)
$\qquad$ (5.24)

$\qquad$ =(固定成本总额+目标利润)÷单位边际贡献

目标销售额=(固定成本总额+目标利润)÷边际贡献率 $\qquad$ (5.25)

二、杠杆利益与风险

(一)经营杠杆利益与风险

1. 经营杠杆原理

(1) 经营杠杆的概念。经营杠杆，亦称营业杠杆或营运杠杆，是指企业在经营活动中对营业成本中固定成本的利用。企业可以通过扩大营业总额而降低单位营业额的固定成本，从而增加企业的利润，如此就形成了企业的经营杠杆。企业利用经营杠杆，有时可以获得一定的经营杠杆收益，但有时也要承受相应的经营风险。

(2) 经营杠杆利益分析。经营杠杆利益是指企业在扩大营业总额的条件下，单位营业额的固定成本下降而给企业增加的息税前利润(常称作营业利润)。在企业一定的营业规模内，变动成本随着营业总额的增加而增加，固定成本则保持不变。随着营业额的增加，单位营业额所负担的固定成本会相对减少，从而给企业带来额外的利润。

(3) 经营杠杆风险分析。经营风险，亦称营业风险，是指与企业经营有关的风险，尤其是指企业在经营活动中利用经营杠杆而导致息税前利润下降的风险。由于经营杠杆的作用，当营业总额下降时，息税前利润下降更快，从而给企业带来经营风险。

2. 经营杠杆系数的测算

经营杠杆的大小一般用经营杠杆系数表示，经营杠杆系数是指企业息税前利润的变动率相当于营业额变动率的倍数，它反映了经营杠杆的作用程度，其测算公式为

$$DOL = \frac{\dfrac{\Delta EBIT}{EBIT}}{\dfrac{\Delta S}{S}}$$
$\qquad$ (5.26)

式中，DOL——经营杠杆系数；$\Delta EBIT$——息前税前利润变动额；$EBIT$——变动前息前税前利润；ΔS——销售变动量；S——变动前销售量。

假定企业的成本—销量—利润保持线性关系，变动成本在销售收入中所占的比例不变，固定成本也保持稳定，经营杠杆系数便可通过销售额和成本来表示，有以下两种公式。

$$DOL_q = \frac{Q(P-V)}{Q(P-V)-F}$$
$\qquad$ (5.27)

式中，DOL_q——销售量为 Q 时的经营杠杆系数；P——产品单位销售价格；V——产品单位销售成本；F——总固定成本。

$$DOL_s = \frac{S - VC}{S - VC - F} \tag{5.28}$$

式中，DOL_s——营业额为 S 时的经营杠杆系数；S——营业额；VC——变动成本总额。

在实际工作中，式(5.27)可用于计算单一产品的经营杠杆系数；式(5.28)除了用于单一产品外，还可用于计算多种产品的经营杠杆系数。

【例 5.12】某企业生产 A 产品，固定成本为 60 万元，变动成本率为 40%，当企业的销售额分别为 400 万元、200 万元、100 万元时，经营杠杆系数分别为多少？

解：

$$DOL_{(1)} = \frac{400 - 400 \times 40\%}{400 - 400 \times 40\% - 60} = 1.33$$

$$DOL_{(2)} = \frac{200 - 200 \times 40\%}{200 - 200 \times 40\% - 60} = 2$$

$$DOL_{(3)} = \frac{100 - 100 \times 40\%}{100 - 100 \times 40\% - 60} \to \infty$$

以上计算结果说明这样一些问题：

第一，在固定成本不变的情况下，经营杠杆系数说明了销售额增长(减少)所引起利润增长(减少)的幅度。比如，$DOL_{(1)}$说明在销售额 400 万元时，销售额的增长(减少)会引起利润 1.33 倍的增长(减少)；$DOL_{(2)}$说明在销售额 200 万元时，销售额的增长(减少)将引起利润 2 倍的增长(减少)。

第二，在固定成本不变的情况下，销售额越大，经营杠杆系数越小，经营风险也就越小；反之，销售额越小，经营杠杆系数越大，经营风险也就越大。比如，当销售额为 400 万元时，$DOL_{(1)}$为 1.33；当销售额为 200 万元时，$DOL_{(2)}$为 2。显然后者利润的不稳定性大于前者，故而后者的经营风险大于前者。

3. 影响经营杠杆利益与风险的其他因素

影响企业经营杠杆利益与风险的因素，除了固定成本以外，还有许多其他因素，主要包括：

(1) 产品需求。市场对企业产品的需求越稳定，经营风险就越小；反之，经营风险则越大。

(2) 产品售价。产品售价变动不大，经营风险则小；否则经营风险便大。

(3) 单位变动成本。单位变动成本不稳定，会导致利润不稳定，因此单位变动成本变动大的，经营风险就大；反之，经营风险就小。

(4) 调整价格的能力。当产品成本变动时，若企业具有较强的调整价格的能力，经营风险就小；反之，经营风险则大。

(5) 固定成本的比重。在企业全部成本中，固定成本所占比重较大时，单位产品分摊的固定成本额就多，若产品量发生变动，单位产品分摊的固定成本会随之变动，最后导致利润更大幅度地变动，经营风险就大；反之，经营风险就小。

在上述影响企业经营风险的诸因素中，固定成本比重的影响很重要。在某一固定成本比重的作用下，销售量变动对利润产生的作用被称为经营杠杆。由于经营杠杆对经营风险的影响最为综合，因此常常被用来衡量经营风险的大小。

(二)财务杠杆利益与风险

1. 财务杠杆原理

(1) 财务杠杆的概念。财务杠杆，亦称融资杠杆、资本杠杆或筹资杠杆，是指企业在筹资活动中对资本成本中固定的债权资本的利用。企业的长期资本包括股权资本和债权资本。股权资本成本是变动的，在企业所得税后利润中支付；而债权资本成本在一定时期内是固定的，在企业所得税前扣除。无论企业的息税前利润是多少，首先要扣除利息等债权资本成本，然后才能归属于股权资本。因此利用财务杠杆会对股权资本的收益产生一定的影响，有时可能给股权所有者带来额外的收益即财务杠杆收益，有时可能造成财务风险。

(2) 财务杠杆利益分析。财务杠杆利益是指企业利用债务筹资这个杠杆而给股权资本带来的额外收益。在企业资本规模和资本结构一定的条件下，企业从息税前利润中支付的债务利息是相对固定的，当息税前利润增多时，每 1 元息税前利润所负担的债务利息就会相应地降低，扣除企业所得税后可分配给股权所有者的利润就会增加，从而给企业所有者带来额外的收益。

(3) 财务风险分析。财务风险是指企业在经营活动中与融资有关的风险，尤其是在筹资活动中利用财务杠杆可能导致企业股权所有者收益下降的风险，甚至可能导致企业破产的风险。由于财务杠杆的作用，当息税前利润下降时，税后利润下降更快，从而给企业股权所有者造成财务风险。

2. 财务杠杆系数的测算

财务杠杆系数是指企业税后利润的变动率相当于息税前利润变动率的倍数。财务杠杆系数越大，表明财务杠杆作用越大，财务风险也就越大；财务杠杆系数越小，表明财务杠杆作用越小，财务风险也就越小。财务杠杆系数的计算公式为

$$DFL = \frac{\dfrac{\Delta EPS}{EPS}}{\dfrac{\Delta EBIT}{EBIT}} \tag{5.29}$$

式中，DFL——财务杠杆系数；ΔEPS——普通股每股收益变动额；EPS——变动前的普通股每股收益；$\Delta EBIT$——息前税前利润变动额；$EBIT$——变动前的息前税前利润。

式(5.29)还可以推导为

$$DFL = \frac{EBIT}{EBIT - I} \tag{5.30}$$

式中，I——债务利息。

【例5.13】A、B、C为三家经营业务相同的公司，它们的有关情况如表5.2所示。

表5.2 A、B、C公司相关资料表

公司 项目	A	B	C
普通股本	2 000 000	1 500 000	1 000 000
发行股数	20 000	15 000	10 000
债务(利率%)	0	500 000	1 000 000
资本总额	2 000 000	2 000 000	2 000 000
息前税前利润	200 000	200 000	200 000
债务利息	0	40 000	80 000
税前盈余	200 000	160 000	120 000
所得税(税率33%)	66 000	52 800	39 600
税后盈余	134 000	107 200	80 400
财务杠杆系数	1	1.25	1.67
每股普通股收益	6.7	7.15	8.04
息前税前利润增加	200 000	200000	200000
债务利息	0	40000	80000
税前盈余	400 000	360000	320000
所得税(税率33%)	132 000	118800	105600
税后盈余	268 000	241200	214400
每股普通股收益	13.4	16.08	21.44

表5.2说明了以下几个问题。

第一，财务杠杆系数表明的是息前税前利润增长所引起的每股收益的增长幅度。比如，A公司的息前税前利润增长1倍时，其每股收益也增长1倍(13.4÷6.7-1)；B公司的息前税前利润增长1倍时，其每股收益增长1.25倍(16.08÷7.15-1)；C公司的息前税前利润增长1倍时，其每股收益增长1.67倍 (21.44÷8.04-1)。

第二，在资本总额、息前税前利润相同的情况下，负债比率越高，财务杠杆系数越高，财务风险越大，但预期每股收益(投资者收益)也越高。比如，B公司比起A公司来，负债比率高(B公司资本负债率为500 000÷2 000 000×100%＝25%，A公司资本负债率为0)，财务杠杆系数高(B 公司为 1.25，A 公司为 1)，财务风险大，但每股收益也高(B 公司为 7.15 元，A 公司为 6.7 元)；C 公司比起 B 公司来，负债比率高(C 公司资本负债率为 1 000 000÷2 000 000×100%＝50%)，财务杠杆系数高(C 公司为 1.67)，财务风险大，但每股收益也高(C 公司为 8.04 元)。由此可见，负债比率是可以控制的。企业可以通过合理安排资本结构，适度负债，使财务杠杆利益抵消风险增大所带来的不利影响。

从上例可以看出，影响企业经营杠杆利益与风险的因素，除了固定的债权资本利息以外，资本规模、资本结构、债务利率等因素都会影响财务杠杆系数。

(三)总杠杆利益与风险

1. 总杠杆原理

总杠杆，亦称联合杠杆，是指经营杠杆和财务杠杆的综合。经营杠杆通过扩大销售影响息税前利润，而财务杠杆通过扩大息税前利润影响税后利润。如果两种杠杆共同起作用，那么销售稍有变动就会使税后利润产生更大的变动。通常把这两种杠杆的连锁作用称为总杠杆作用。

2. 总杠杆系数的测算

总杠杆作用的程度，可用总杠杆系数(DTL)表示，它是经营杠杆系数(DOL)和财务杠杆系数(DEL)的乘积，其计算公式为

$$DTL = DOL \times DFL = \frac{Q(P-V)}{Q(P-V) - F - I} \qquad (5.31)$$

或

$$DTL = DOL \times DFL = \frac{S-VC}{S-VC-F-I} \qquad (5.32)$$

例如，甲公司的经营杠杆系数为 2，财务杠杆系数为 1.5，总杠杆系数即为

$$2 \times 1.5 = 3$$

总杠杆系数的意义：首先，在于能够估计出销售变动对每股收益造成的影响；比如，上例中销售每增长(减少)1 倍，就会造成每股收益增长(减少)3 倍；其次，它使大家看到了经营杠杆与财务杠杆之间的相互关系，即为了达到某一总杠杆系数，经营杠杆和财务杠杆可以有很多不同的组合；比如，经营杠杆度较高的公司可以在较低的程度上使用财务杠杆；经营杠杆度较低的公司可以在较高的程度上使用财务杠杆等。这有待公司在考虑了各有关的具体因素之后作出选择。

第三节 资 本 结 构

一、最佳资本结构及资本结构理论简介

(一)最佳资本结构

公司的最佳资本结构是可使公司的总价值最高,而不一定是每股收益最大的资本结构。同时,在公司价值最大的资本结构下,公司的资本成本也是最低的。

公司的市场总价值 V 应该等于股票的总价值 S 加上债券的价值 B,即

$$V = S + B \tag{5.33}$$

为简化起见,假设债券的市场价值等于它的价值。股票的市场价值则可通过下式计算

$$S = \frac{(EBIT - I)(1 - T)}{K_s} \tag{5.34}$$

式中,$EBIT$——息前税前利润;I——年利息额;T——公司所得税税率;K_s——权益资本成本。

采用资本资产定价模型计算股票的资本成本 K_s

$$K_s = R_s = R_F + \beta(R_m - R_F) \tag{5.35}$$

式中,R_F——无风险报酬率;β——股票的贝他系数;R_m——平均风险股票必要报酬率。

而公司的资本成本,则应用加权平均资本成本(K_w)来表示,其公式为

加权平均资本成本=税前债务资本成本×债务额占总资本比重×(1-所得税税率)

$$\qquad\qquad + 权益资本成本×股票额占总资本比重 \tag{5.36}$$

$$K_w = K_b \left(\frac{B}{V}\right)(1 - T) + K_s \left(\frac{S}{V}\right) \tag{5.37}$$

式中,K_b——税前的债务资本成本。

(二)早期资本结构理论

早期资本结构理论主要有以下 3 种观点。

1. 净收益观点

这种观点认为,在公司的资本结构中,债权资本的比例越大,公司的净收益或税后利润就越多,从而公司的价值就越高。按照这种观点,公司获取资本的来源和数量不受限制,并且债权资本成本率和股权资本成本率都是固定不变的,不受财务杠杆的影响。由于债权的投资报酬率固定,债权人有优先求偿权,所以债权投资风险低于股权投资风险,债权资本成本率一般低于股权资本成本率。因此,公司的债权资本越多,债权资本比例越高,综合资本成本率就越低,从而公司的价值就越大。

这是一种极端的资本结构理论观点。这种观点虽然考虑到财务杠杆利益，但忽略了财务风险。很明显，如果公司的债权资本过多，债权资本比例过高，财务风险就会很高，公司的综合资本成本率就会上升，公司的价值反而下降。

2. 净营业收益观点

这种观点认为，在公司的资本结构中，债权资本的多寡，比例的高低，与公司的价值没有关系。按照这种观点，公司的债权资本成本率是固定的，但股权资本成本率是变动的，公司的债权资本越多，公司的财务风险就越大，股权资本成本率就越高；反之，公司的债权资本越少，公司的财务风险就越小，股权资本成本率就越低。经加权平均计算后，公司的综合资本成本率不变，是一个常数。因此，资本结构与公司价值无关。从而，决定公司价值的真正因素应该是公司的净营业收益。

这是另一种极端的资本结构理论观点。这种观点虽然认识到债权资本比例的变动会产生公司的财务风险，也可能影响公司的股权资本成本率，但实际上公司的综合资本成本率不可能是一个常数。公司净营业收益的确会影响公司价值，但公司价值也不仅仅取决于公司净营业收益的多少。

3. 传统观点

关于早期资本结构理论观点，除了上述两种极端的观点以外，还有一种介于这两种极端观点之间的折中观点，称之为传统观点。按照这种观点，增加债权资本对提高公司价值是有利的，但债权资本规模必须适度。如果公司负债过度，综合资本成本率只会升高，并使公司价值下降。

上述早期资本结构理论是对资本结构理论的一些初级认识，有其片面性和缺陷，还没有形成系统的资本结构理论。

(三)MM 资本结构理论

1. MM 资本结构理论的基本观点

MM 资本结构理论是莫迪格莱尼和米勒两位财务学者所开创的资本结构理论的简称。1958 年，美国的莫迪格莱尼和米勒两位教授合作发表了《资本成本、公司价值与投资理论》一文，该文深入探讨了公司资本结构与公司价值的关系，创立了 MM 资本结构理论。MM 资本结构理论的基本结论可以简要地归纳为：在符合该理论的假设之下，公司的价值与其资本结构无关。

MM 资本结构理论在其假定之下得出以下两个重要命题。

命题 I：无论公司有无债权资本，其价值(普通股资本与长期债权资本的市场价值之和)等于公司所有资产的预期收益额按适合该公司风险等级的必要报酬率予以折现。

命题 II：利用财务杠杆的公司，其股权资本成本率随筹资额的增加而提高。因此，公司的市场价值不会随债权资本比例的上升而增加，因为便宜的债务给公司带来的财务杠杆利益会被股权资本成本率的上升而抵消，最后使有债务公司的综合资本成本率等于无债务公司的综合资本成本率，所以公司的价值与其资本结构无关。

2. MM 资本结构理论的修正观点

莫迪格莱尼和米勒于 1963 年合作发表了另一篇论文——《公司所得税与资本成本：一项修正》，该文取消了公司无所得税的假设，认为若考虑公司所得税的因素，公司的价值会随财务杠杆系数的提高而增加，从而得出公司资本结构与公司价值相关的结论。修正的 MM 资本结构理论同样提出两个命题。

命题 I：MM 资本结构理论的公司所得税观点，有债务公司的价值等于有相同风险但无债务公司的价值加上债务中税上利益。

命题 II：MM 资本结构理论的权衡理论观点，随着公司债权比例的提高，公司的风险也会上升，因而公司陷入财务危机甚至破产的可能性也就越大，由此会增加公司的额外成本，降低公司的价值。因此，公司最佳的资本结构应当是节税利益和债权资本比例上升而带来的财务危机成本与破产成本之间的平衡点。

(四)新的资本结构理论

19 世纪 70～80 年代后又出现一些新的资本结构理论，主要有代理成本理论、信号传递理论和啄序理论等。

1. 代理成本理论

代理成本理论是经过研究代理成本与资本结构的关系而形成的。这种理论通过分析指出，公司债务的违约风险是财务杠杆系数的增函数；随着公司债权资本的增加，债权人的监督成本随之提升，债权人会要求更高的利率。这种代理成本最终要由股东承担，公司资本结构中债权比率过高会导致股东价值的减低。根据代理成本理论，债权资本适度的资本结构会增加股东的价值。

2. 信号传递理论

信号传递理论认为，公司可以通过调整资本结构来传递有关获利能力和风险方面的信息，以及公司如何看待股票市价的信息。

按照资本结构的信号传递理论，公司价值被低估时会增加债权资本；反之，公司价值被高估时会增加股权资本。当然，公司的筹资选择并非完全如此。例如，公司有时可能并不希望通过筹资行为告知公众公司的价值被高估的信息，而是模仿被低估价值的公司去增加债权资本。

3. 啄序理论

资本结构的啄序理论认为，公司倾向于首先采用内部筹资，比如留存收益，因之不会传导任何可能对股价不利的信息;如果需要外部筹资,公司将先选择债权筹资,再选择其他外部股权筹资,这种筹资顺序的选择也不会传递对公司股价产生不利影响的信息。

二、决策方法

企业资本结构决策就是要确定最佳资本结构。所谓最佳资本结构是指企业在适度财务风险的条件下,使其预期的综合资本成本率最低,同时使企业价值最大的资本结构。它应作为企业的目标资本结构。根据前述资本结构原理,确定企业最佳资本结构,可以采用资本成本比较法、每股利润分析法和公司价值比较法。

1. 资本成本比较法

资本成本比较法是指在适度财务风险的条件下,测算可供选择的不同资本结构或筹资组合方案的综合资本成本率,并以此为标准相互比较确定最佳资本结构的方法。

企业筹资可分为创立初期的初始筹资和发展过程中的追加筹资两种情况。与此相应地,企业的资本结构决策可分为初始筹资的资本结构决策和追加筹资的资本结构决策。下面分别说明资本成本比较法在这两种情况下的运用。

(1) 初始筹资的资本结构决策。在企业筹资实务中,企业对拟定的筹资总额可以采用多种筹资方式来筹资,每种筹资方式的筹资额亦可有不同安排,由此会形成若干预选资本结构或筹资组合方案。在资本成本比较法下,可以通过综合资本成本率的测算及比较来作出选择。

【例 5.14】XYZ 公司在初创时需资本总额 5000 万元,有如下 3 个筹资组合方案可供选择,有关资料经测算汇入表 5.3。

表 5.3　XYZ 公司初始筹资组合方案资料测算表　　　　　　　　　单位:万元

筹资方式	筹资方案 I		筹资方案 II		筹资方案 III	
	初始筹资额	资本成本率	初始筹资额	资本成本率	初始筹资额	资本成本率
长期借款	400	6%	500	6.5%	800	7%
长期债券	1 000	7%	1 500	8%	1 200	7.5%
优先股	600	12%	1 000	12%	500	12%
普通股	3 000	15%	2 000	15%	2 500	15%
合　计	5 000	—	5 000	—	5 000	—

假定 XYZ 公司的第 I、II、III 个筹资组合方案的财务风险相当,都是可以承受的。下

面分两步分别测算这 3 个筹资组合方案的综合资本成本率并比较其高低，从而确定最佳筹资组合方案即最佳资本结构。

第一步，测算各方案各种筹资方式的筹资额占筹资总额的比例及综合资本成本率。

方案Ⅰ　各种筹资方式的筹资额比例。

长期借款：400/5000=0.08

长期债券：1000/5000=0.20

优先股：600/5000=0.12

普通股：3000/5000=0.60

综合资本成本率

$$6\%×0.08+7\%×0.20+12\%×0.12+15\%×0.60=12.32\%$$

方案Ⅱ　各种筹资方式的筹资额比例。

长期借款：500/5000=0.1

长期债券：1500/5000=0.3

优先股：1000/5000=0.2

普通股：2000/5000=0.4

综合资本成本率

$$6.5\%×0.1+8\%×0.3+12\%×0.2+15\%×0.4=11.45\%$$

方案Ⅲ　各种筹资方式的筹资额比例。

长期借款：800/5000=0.16

长期债券：1200/5000=0.24

优先股：500/5000=0.10

普通股：2500/5000=0.50

综合资本成本率

$$7\%×0.16+7.5\%×0.24+12\%×0.10+15\%×0.50=11.62\%$$

第二步，比较各个筹资组合方案的综合资本成本率并作出选择，筹资组合方案Ⅰ、Ⅱ、Ⅲ的综合资本成本率分别为 12.32%、11.45%、11.62%。经比较，方案Ⅱ的综合资本成本率最低，在适度财务风险的条件下，应选择筹资组合方案Ⅱ作为最佳筹资组合方案，由此形成的资本结构可确定为最佳资本结构。

(2) 追加筹资的资本结构决策。企业在持续的生产经营活动过程中，由于经营业务或对外投资的需要，有时会追加筹资。因追加筹资以及筹资环境的变化，企业原定的最佳资本结构未必仍是最优的，需要进行调整。因此，企业应在有关情况的不断变化中寻求最佳资本结构，实现资本结构的最优化。

企业追加筹资可有多个筹资组合方案供选择。一种方法是按照最佳资本结构的要求，在适度财务风险的前提下企业选择追加筹资组合方案，可用两种方法追加筹资方案的边际资本成本率,从中比较选择最佳筹资组合方案;另一种方法是分别将各备选追加筹资方案与原有最佳资本结构汇总,测算比较各个追加筹资方案下汇总资本结构的综合资本成本率,从中比较选择最佳筹资方案。下面将举例说明。

【例 5.15】XYZ 公司拟追加筹资 1000 万元,现有两个追加筹资方案可供选择,有关资料经测算整理后列入表 5.4。

表 5.4 XYZ 公司追加筹资方案资料测算表   单位:万元

筹资方式	筹资方案 Ⅰ		筹资方案 Ⅱ	
	追加筹资额	资本成本率	追加筹资额	资本成本率
长期借款	500	7%	600	7.5%
优先股	200	13%	200	13%
普通股	300	16%	200	16%
合　计	1 000	—	1 000	—

下面分别按上述两种方法测算比较追加筹资方案。

(1) 追加筹资方案的边际资本成本率比较法。

首先,测算追加筹资方案 Ⅰ 的边际资本成本率

$$7\%\times500/1000+13\%\times200/1000+16\%\times300/1000=10.9\%$$

然后,测算追加筹资方案 Ⅱ 的边际资本成本率

$$75\%\times600/1000+13\%\times200/1000+16\%\times200/1000=10.3\%$$

最后,比较两个追加筹资方案,方案 Ⅱ 的边际资本成本率为 10.3%,低于方案 Ⅰ 的边际资本成本率。因此,在适度财务风险的情况下,方案 Ⅱ 优于方案 Ⅰ,应选追加筹资方案 Ⅱ。从而,追加筹资方案 Ⅱ 为最佳筹资方案,由此形成的新的资本结构为 XYZ 公司的最佳资本结构。

若 XYZ 公司原有资本总额为 5000 万元,资本结构是:长期借款 500 万元、长期债券 1500 万元、优先股 1000 万元、普通股 2000 万元。追加筹资后的资本总额为 6000 万元,资本结构是:长期借款 1000 万元、长期债券 1500 万元、优先股 1200 万元、普通股 2300 万元。

(2) 备选追加筹资方案与原有资本结构综合资本成本率比较法。

首先,汇总追加筹资方案和原资本结构,形成备选追加筹资后资本结构,如表 5.5 所示。

然后,测算汇总资本结构下的综合资本成本率。

追加筹资方案 Ⅰ 与原资本结构汇总后的综合资本成本率

$$(6.5\%\times500/6000)+(7\%\times500/6000)+8\%\times1500/6000+[13\%\times$$
$$(1000+200)/6000]+[16\%\times(2000+300)/6000]=11.86\%$$

追加筹资方案Ⅱ与原资本结构汇总后的综合资本成本率

$$(6.5\%\times500/6000)+(7.5\%\times600/6000)+8\%\times1500/6000+13\%\times$$
$$(1000+200)/6000+16\%\times(2000+200)/6000=11.76\%$$

在上列计算中，根据股票的同股同利原则，原有股票应按新发行股票的资本成本率计算，即全部股票按新发行股票的资本成本率计算其总的资本成本率。

表5.5　追加筹资方案和原资本结构资料汇总表　　　　　　　单位：万元

筹资方式	原资本结构	资本成本率	筹资方案Ⅰ		筹资方案Ⅱ	
			追加筹资额	资本成本率	追加筹资额	资本成本率
长期借款	500	6.5%	500	7%	600	7.5%
长期债券	1500	8%				
优先股	1000	13%	200	13%	200	13%
普通股	2000	16%	300	16%	200	16%
合　计	5000	—	1000		1000	—

最后，比较两个追加筹资方案与原资本结构汇总后的综合资本成本率，方案Ⅱ与原资本结构汇总后的综合资本成本率为11.76%，低于方案Ⅰ与原资本结构汇总后的综合资本成本率。因此，在适度财务风险的前提下，追加筹资方案Ⅱ优于方案Ⅰ，由此形成的新的资本结构为 XYZ 公司的最佳资本结构。

由此可见，XYZ 公司追加筹资后，虽然改变了资本结构，但经过分析测算，作出正确的筹资决策，公司仍可保持资本结构的最优化。

资本成本比较法的测算原理容易理解，测算过程简单，但仅以资本成本率最低为决策标准，没有具体测算财务风险因素，其决策目标实质上是利润最大化而不是公司价值最大化，此方案一般适用于资本规模较小，资本结构较为简单的非股份制企业。

2. 每股利润分析法

每股利润分析法是利用每股利润无差别点来进行资本结构决策的方法。所谓每股利润无差别点是指两种或两种以上筹资方案下普通股每股利润相等时的息税前利润点，亦称息税前利润平衡点，有时亦称筹资无差别点。运用这种方法，根据每股利润无差别点，可以分析判断在什么情况下可利用债权筹资来安排及调整资本结构，进行资本结构决策。

现举例说明这种方法的应用。

【例5.16】ABC 公司目前拥有长期资本 8500 万元，其资本结构为：长期债务 1000 万元，普通股 7500 万元。现准备追加筹资 1500 万元，有三种筹资方式可供选择：发普通股、增加债务、发行优先股。有关资料详见表5.6。

表 5.6　ABC 公司目前和追加筹资后的资本结构资料表　　　　　单位：万元

资本种类	目前资本结构		追加筹资后的资本结构					
			增发普通股		增加长期债务		发行优先股	
	金额	比例	金额	比例	金额	比例	金额	比例
长期债务	1000	0.12	1000	0.10	2500	0.25	1000	0.10
优先股							1500	0.15
普通股	7500	0.88	9000	0.90	7500	0.75	7500	0.75
资本总额	8500	1.00	10 000	1.00	10 000	1.00	10 000	1.00
其他资料：								
年债务利息额	90		90		270		90	
年优先股股利额							150	
普通股股数(万股)	1000		1300		1000		1000	

当息税前利润为 1600 万元时，为便于计算假定公司所得税率为 40%，下面测算这三种筹资方式追加筹资后的普通股每股利润，如表 5.7 所示。

表 5.7　筹资方式追加筹资后的普通股每股利润　　　　　单位：万元

项　目	增发普通股	增加长期债务	发行优先股
息税前利润	1600	1600	1600
减：长期债务利息	90	270	90
所得税前利润	1510	1330	1510
减：公司所得税(40%)	604	532	604
所得税后利润			
减：优先股股利	906	798	906
普通股可分配利润			150
普通股股数(万股)	906	798	7756
普通股每股利润(元)	1300	1000	1000
	0.70	0.80	0.76

由表 5.7 的测算结果可见，采用不同筹资方式追加筹资后，普通股每股利润是不相等的。在息税前利润为 1600 万元的条件下，普通股每股利润当增发普通股时最低，为每股 0.70 元；当增加长期债务时最高，为每股 0.80 元；当发行优先股时居中，为每股 0.76 元。这反映了在息税前利润一定的条件下不同资本结构对普通股每股利润的影响。

表 5.7 所测算的结果是在息税前利润预计为 1600 万元的情况。那么，息税前利润究竟

为多少时，采用哪种筹资方式更为有利呢?这需要通过测算息税前利润平衡点来判断。其测算公式

$$\frac{(\overline{EBIT} - I_1) \times (1-T) - D_{P1}}{N_1} = \frac{(\overline{EBIT} - I_2) \times (1-T) - D_{P2}}{N_2} \qquad (5.38)$$

式中，$\overline{EBIT}$——息税前利润平衡点，即每股利润无差别点；I_1，I_2——两种增资方式下的长期债务年利息；D_{P1}，D_{P2}——两种增资方式下的优先股年股利；N_1，N_2——两种增资方式下的普通股股数。

现将表 5.6 的有关资料代入式(5.38)，进行测算。

(1) 增发普通股与增加长期债务两种增资方式下的每股利润无差别点为

$$\frac{(\overline{EBIT} - 90) \times (1-40\%)}{1300} = \frac{(\overline{EBIT} - 270) \times (1-40\%)}{1000}$$

$$\overline{EBIT} = 870(万元)$$

(2) 增发普通股与发行优先股两种增资方式下的每股利润无差别点为

$$\frac{(\overline{EBIT} - 90) \times (1-40\%)}{1300} = \frac{(\overline{EBIT} - 90) \times (1-40\%) - 150}{1000}$$

$$\overline{EBIT} = 1173(万元)$$

上列测算结果是：当息税前利润为 870 万元时，增发普通股和增加长期债务的每股利润相等；同样道理，当息税前利润为 1 173 万元时，增发普通股和发行优先股的每股利润相等。为验证，还可列表测算，如表 5.8 所示。

表 5.8　ABC 公司每股利润无差别点测算表　　　　　　　　单位：万元

项　　目	增发普通股	增加长期债务	增发普通股	发行优先股
息税前利润	870	870	1173	1173
减：长期债务利息	90	270	90	90
所得税前利润	780	600	1083	1083
减：公司所得税(40%)	312	240	433.2	433.2
所得税后利润				
减：优先股股利	468	360	649.8	649.8
普通股可分配利润				150
普通股股数(万股)	468	360	649.8	499.8
普通股每股利润(元)	1300	1000	1300	1000
	0.36	0.36	0.5	0.5

每股利润无差别点的息税前利润为 870 万元的意义在于：当息税前利润大于 870 万元时，增加长期债务要比增发普通股有利；而当息税前利润小于 870 万元时，增加长期债务

则不利。同样道理，每股利润无差别点的息税前利润为 1173 万元的意义在于：当息税前利润大于 1173 万元时，发行优先股要比增发普通股有利；而当息税前利润小于 1173 万元时，发行优先股则不利。

每股利润分析法的测算原理比较容易理解，测算过程较为简单。它以普通股每股利润最高为决策标准，也没有具体测算财务风险因素，其决策目标实际上是股票价值最大化而不是公司价值最大化，可用于资本规模不大、资本结构不太复杂的股份有限公司。

3. 公司价值比较法

公司价值比较法是在充分反映公司财务风险的前提下，以公司价值的大小为标准，经过测算确定公司最佳资本结构的方法。与资本成本比较法和每股利润分析法相比，公司价值比较法充分考虑了公司的财务风险和资本成本等因素的影响，进行资本结构的决策以公司价值最大为标准，更符合公司价值最大化的财务目标；但其测算原理及测算过程较为复杂，通常用于资本规模较大的上市公司。

(1) 公司价值的测算。关于公司价值的内容和测算基础与方法，目前主要有 3 种认识，如下所述。

① 公司价值等于其未来净收益(或现金流量，下同)按照一定折现率折现的价值，即公司未来净收益的折现值，用公式简要表示如下

$$V = \frac{EAT}{K} \tag{5.39}$$

式中，V——公司的价值，即公司未来净收益的折现值；EAT——公司未来的年净收益，即公司未来的年税后收益；K——公司未来净收益的折现率。

这种测算方法的原理有其合理性，但不易确定的因素很多，主要有两个：一是公司未来的净收益不易确定，在式(5.39)中还有一个假定即公司未来每年的净收益为年金，事实上也未必都是如此；二是公司未来净收益的折现率不易确定。因此，这种测算方法尚难以在实践中加以应用。

② 公司价值是其股票的现行市场价值。根据这种认识，公司股票的现行市场价值可按其现行市场价格来计算，故有其客观合理性，但还存在两个问题：一是公司股票受各种因素的影响，其市场价格处于经常的波动之中，每个交易日都有不同的价格，在这种现实条件下，公司的股票究竟按哪个交易日的市场价格来计算，这个问题尚未得到解决；二是公司价值的内容是否只包括股票的价值，是否还应包括长期债务的价值，而这两者之间又是相互影响的。如果公司的价值只包括股票的价值，那么就无须进行资本结构的决策，这种测算方法也就不能用于资本结构决策。

③ 公司价值等于其长期债务和股票的折现价值之和。与上述两种测算方法相比，这种测算方法比较合理，也比较现实。它至少有两个优点：一是从公司价值的内容来看，它不仅包括了公司股票的价值，而且还包括公司长期债务的价值；二是从公司净收益的归属

来看，它属于公司的所有者即属于股东。因此，在测算公司价值时，这种测算方法用公式表示为

$$V=B+S \tag{5.40}$$

式中，V——公司的总价值，即公司总的折现价值；B——公司长期债务的折现价值；S——公司股票的折现价值。

其中，为简化测算起见，设长期债务(含长期借款和长期债券)的现值等于其面值(或本金)；股票的现值按公司未来净收益的折现价值测算，测算公式是

$$S = \frac{(EBIT - I)(1 - T)}{K} \tag{5.41}$$

式中，S——公司股票的折现价值；$EBIT$——公司未来的年息税前利润；I——公司长期债务年利息；T——公司所得税率；K——公司股票资本成本率。

在上列测算公式(5.41)中，假定公司的长期资本系由长期债务和普通股组成。如果公司的股票有普通股和优先股之分，则式(5.41)可写成下列形式

$$S = \frac{(EBIT - I)(1 - T) - D_P}{K_s} \tag{5.42}$$

式中：D_P——公司优先股年股利；K_s——公司普通股资本成本率。

(2) 公司资本成本率的测算。在公司价值测算的基础上，如果公司的全部长期资本由长期债务和普通股组成，则公司的全部资本成本率，即综合资本成本率可按下列公式测算

$$K_w = K_b(B/V)(1-T) + K_s(S/V) \tag{5.43}$$

式中，K_w——公司资本成本率；K_b——公司长期债务税前资本成本率，可按公司长期债务年利率计算；K_s——公司普通股资本成本率。

在上列测算公式(5.43)中，为了考虑公司筹资风险的影响，普通股资本成本率可运用资本资产定价模型来测算，即

$$K_s = R_F + \beta(R_M - R_F) \tag{5.44}$$

式中，K_s——公司普通股投资的必要报酬率，即公司普通股的资本成本率；R_F——无风险报酬率；R_M——所有股票的市场报酬率；β——公司股票的贝他系数。

(3) 公司最佳资本结构的确定。运用上述原理测算公司的总价值和综合资本成本率，并以公司价值最大化为标准比较确定公司的最佳资本结构。下面举例说明公司价值比较法的应用。

【例 5.17】 ABC 公司现有的全部长期资本均为普通股资本，无长期债权资本和优先股资本，账面价值 20 000 万元。公司认为这种资本结构不合理，没有发挥财务杠杆的作用，准备举借长期债务，购回部分普通股予以调整。公司预计息税前利润为 5000 万元，公司所得税率 33%。经测算，目前的长期债务年利率和普通股资本成本率，如表 5.9 所示。

表 5.9　ABC 公司在不同长期债务规模下的债务年利率和普通股资本成本率测算表

B(万元)	K_b(%)	β	R_F (%)	R_M (%)	K_S(%)
0	—	1.20	10	14	14.8
2 000	10	1.25	10	14	15.0
4 000	10	1.30	10	14	15.2
6 000	12	1.40	10	14	15.6
8 000	14	1.55	10	14	16.2
10 000	16	2.10	10	14	18.4

在 表 5.9 中，当 B=2000 万元，β=1.25，R_F=10%，R_M=14% 时，K_s=10%+1.25×(14%-10%)=15.0%；其余同理计算。

根据表 5.9 的资料，运用前述公司价值和公司资本成本率的测算方法，可以测算在不同长期债务规模下的公司价值和公司资本成本率，列入表 5.10，据此可以比较确定公司最佳资本结构。

表 5.10　ABC 公司在不同长期债务规模下的公司价值和公司资本成本率测算表

B(万元)	S(万元)	V(万元)	K_b (%)	K_S (%)	K_W (%)
0	22 640	22 640	—	14.8	14.80
2 000	21 440	23 440	10	15.0	14.29
4 000	20 280	24 280	10	15.2	13.79
6 000	18 380	24 380	12	15.6	13.74
8 000	16 050	24 050	14	16.2	13.93
10 000	12 380	22 380	16	18.4	15.69

在表 5.10 中，当 B=2000 万元，K_b=10%，K_S=15.0%以及 $EBIT$=5000 万元时，

S=(5000-2000×10%)(1-33%)/15%=21 440(万元)

V=2000+21440=23 440(万元)

K_w=15%×(21 440/23 440)×(1-33%)+10%×(2000/23 440)=14.20%

其余同理计算。

从表 5.10 可以看到，在没有长期债权资本的情况下，ABC 公司的价值就是其原有普通股资本的价值，此时 V=S=22 640 万元。当 ABC 公司开始利用长期债权资本部分地替换普通股资本时，公司的价值开始上升，同时公司资本成本率开始下降；直到长期债权资本达到 6000 万元时，公司的价值最大(24 380 万元)，同时公司的资本成本率最低(13.74%)；而当公司的长期债权资本超过 6000 万元后，公司的价值又开始下降，公司的资本成本率同时上升。因此，可以确定，ABC 公司的长期债权资本为 6000 万元时的资本结构为最佳资本

结构。此时，ABC 公司的长期资本价值总额为 24 380 万元，其中普通股资本价值 18 380 万元，占公司总资本价值的比例为 75%(即 18 380/24 380)；长期债权资本价值 6000 万元，占公司总资本价值的比例为 25%(即 6000/24 380)。

本 章 小 结

1. 资本成本是指企业为筹集和使用资金而付出的代价，资本成本可有多种计量形式。在比较各种筹资方式中，使用个别资本成本；在进行资本结构决策时，使用加权平均资本成本；在进行追加筹资决策时，则使用边际资本成本。

2. 本量利分析法是根据成本、业务量和利润三者之间的变化关系，分析某一因素的变化对其他因素的影响。本量利分析法既可用于利润预测，也可用于成本和业务量的预测。

3. 经营风险指企业因经营上的原因而导致利润变动的风险，经营风险一般用经营杠杆来衡量；财务风险是指全部资本中债务资本比率的变化带来的风险，一般用财务杠杆衡量这种风险。

4. 资本结构决策方法主要包括资本成本比较法、每股利润分析法和公司价值比较法。

知 识 链 接

什么是杠杆收购

对于一些很大的收购交易，收购需要通过大量的举债(gearing)才能完成，这就是所谓的杠杆收购(leveraged buy-out，LBO)。杠杆收购的主体一般是专业的金融投资公司，投资公司收购目标企业的目的是以合适的价钱买下公司，再通过经营使公司增值，并通过财务杠杆增加投资收益。通常投资公司只出小部分的资金，资金大部分来自银行抵押借款、机构借款和发行垃圾债券(高利率高风险债券)，由被收购公司的资产和未来现金流量及收益作担保并用来还本付息。杠杆收购在国外往往是由被收购企业发行大量的垃圾债券，成立一个股权高度集中、财务结构高杠杆性的新公司。

杠杆收购必须考虑债务的偿还能力，采用这种大量举债的收购方式，必须有足够的信心偿还债务和利息。因为利息支出可在税前所得扣除，因此可减少税负，所以企业的实际价值比账面价值要高很多。杠杆收购的目标企业大都具有较高而且稳定的现金流产生能力，或者是通过出售或关停目标公司部分不盈利业务和经过整顿后可以大大降低成本、提高利润空间的企业。因为杠杆收购需要通过借债完成，因此目标企业本身的负债比率必须较低。

案例与点评

厦门国贸减资及变更股本结构议案

一、案例资料

1. 股本的形成

1993 年 2 月 19 日，厦门国贸集团股份有限公司成立，公司发行股份 17 000 万股，每股面值 1 元。经厦门市财政局及厦门市体改委确认，其中国家股 7000 万股，由原厦门经济特区国际贸易信托公司以经评估确认后可实际投入股份公司的净资产存量 141 584 402.98 元折成(另有 7000 万元作为公司资本公积金，1 584 402.98 元作为专项基金上缴市财政列入产权基金户)；内部职工股 10 000 万股(发行价格 2 元，超过面值部分作为股份公司的资本公积)。1996 年 4 月提出的关于减资及变更股本结构的议案，根据该方案，为了使公司现有股本结构符合《公司法》规定的发行与上市要求，公司以每股 2 元的价格购回每个股东持有本公司股份数的 60%部分，并予以注销。减资后，公司总股本为 6800 万股，其构成如表 5.11 所示。经中国证监会批准，公司于 1996 年 9 月 18 日在上海证券交易所以网上定价方式，向社会公众发行每股面值为 1 元人民币普通股 1000 万股，每股发行价 10.68 元，共募集股款人民币 10 680 万元，扣除发行费用 450 万元后，净额为人民币 10 230 万元。上述款项已于 1996 年 9 月 23 日由本次股票发行的主承销商转入公司开立的银行账户，其中，1000 万元记入"股本"账户，其余 9230 万元记入"资本公积"账户。

2. 新股上市前后公司股本结构

表 5.11　新股上市前后股本结构对比表　　　　　　　单位：万股

	新股发行前		新股发行上市后	
	股　数	比　例	股　数	比　例
国家持股	2800	41.18%	2800	35.90%
内部职工持股	4000	58.82%	3000	38.46%(预计 3 年后上市)
社会公众持股			2000	25.64%(含原定向募集内部职工股 1000 万股)
总股本	6800	100.00%	7800	100.00%

3. 公司各年股利发放情况

1993 年每股派发现金 0.20 元，1994 年每股派发现金 0.30 元，1995 年每股派发现金 0.30 元，1996 年 10 送 4 股，1997 年 10 送 2 股转增 4 股，1998 年不分配不转增。

二、案例点评

1. 现金股利与权益资本成本

在现行财务会计实务中，仅确认债务资本成本，没有确认权益资本成本。公司使用权益资本而支付给股东的股利在现行财务会计中，是通过利润分配的方式进行账户处理，并没有在当期利润及利润分配表中以费用的形式加以处理，从而给人一种免费使用的感觉。那么，财务会计的这种处理方式是否确实意味着权益资本是"免费午餐"？

从理财的角度看，上述问题的答案是否定的。公司对股东发放股利与公司向债权人支付利息没有本质上的差异，都是实实在在的现金流出，所差异的仅仅是会计的账户处理不同而已。现以厦门国贸集团股份有限公司为例分析说明如下：

厦门国贸集团股份有限公司 1993、1994、1995 三年分别向股东支付 3400 万、5100 万、5100 万元的现金股利，其实与公司向债权人支付贷款利息没有任何本质区别，都是实实在在的现金流出。如此规模的现金流出量，就是对有盈利能力的公司来说也是一个不小的压力。按每股 2 元的发行价格计算，内部职工股股东得到的报酬率高达 15%，而且这 15% 是税后利润支付的。如果按 15% 的所得税率计算，相当于按税前 17.65% 的利率向公司股东筹资，远远高于当时银行贷款利率水平。从理性的理财角度讲，与其按如此高的利率向股东筹资，还不如向银行贷款。更何况贷款利息作为财务费用还可以抵税。根据财务杠杆原理，如果公司总资产利润率高于贷款利率，则举债还可以为公司带来积极的财务杠杆作用，从而给股东带来更多的财富。

2. 股本扩容与权益资本成本

公司以送股或转增方式进行股利分配，表面上看，公司并没有支付任何现金，从而可以不必承担任何负担。但送股和转增的结果都将使公司的股本随之扩容。在未来的任何时候，只要公司发放现金股利，其现金股利的计算基数也将随股本的扩容而增大。其实质仅仅是打一个"时间差"，即将现金股利的支付时间往未来推移。但这并不意味着公司就此可以永久性地免费使用权益资本。(资料来源：万得资讯系统)

思考与练习

1. "资本成本只需依据所评估的投资方案的风险而定，所以我们不用考虑公司整体的资本成本"，如何理解这句话。

2. 某企业拟筹资 2500 万元，其中，发行长期债券 1000 万元，筹资费率 2%，年利率 10%；优先股 500 万元，年股息率 7%，筹资费率 3%；普通股 1000 万元，筹资费率 4%，第一年预期股利率 10%，每年增长 4%。要求：计算综合资本成本率。

3. 某公司本年度只经营一种产品，息税前利润总额 90 万元，变动成本率 40%，债务筹资利息总额 40 万元，单位变动成本 100 元，销售数量 10 000 台，试求 DOL、DFL、DTL，并说明其经济含义。

4. 某公司日前发行在外的普通股 100 万股(每股 1 元),已发行 10%利率的债券 400 万元。该公司打算为一个新的投资项目融资 500 万元,新项目投产后公司每年息税前盈余增加到 200 万元。现有两个方案可供选择:按 12%的利率发行债券(方案 1);按每股 20 元发行新股(方案 2)。公司适用所得税率 40%。

要求:

(1) 计算两个方案的每股收益;

(2) 计算两个方案的每股收益无差别点息前税前利润;

(3) 计算两个方案的财务杠杆系数;

(4) 判断哪个方案更好。

第六章

项目投资决策

本章导读：

投资决定着企业的发展，企业项目投资决策在财务活动中处于重要的地位，投资不但影响着企业利润的分配，同时又是筹资活动的前提和依据，是财务管理的重要内容。科学的投资决策方法有助于企业在风险和利益面前，明智决断。

核心概念：

现金流量(cash flow)　回收期(payback period)　净现值(net present value)　内含报酬率(internal rate of return)

【专题案例】

企业的未来由投资决定

曾经生产出中国第一根火腿肠的"春都第一楼"，如今是人去楼空，落寞无声；而在几百里开外的双汇，厂内机器开足马力，厂外排着等货的长长车队。

春都与双汇，双双抓住了上市融资的艰难机遇，却催生出两种截然不同的结果，谜底何在？双汇和春都，几乎是前后脚迈入资本市场。1998年底双汇发展上市，1999年初春都A上市，分别募集到人民币3亿多元和4亿多元。然而，从上市之初，春都和双汇的目的就大不相同：一个是为了圈钱还债，一个意图扩大主业。

春都A新任董事长贾洪雷说，春都在上市之前，由于贪大求全，四处出击，已经背上了不少的债务，上市免不了圈钱还债。春都集团作为独立发起人匆匆地把春都A推上市，然后迫不及待地把募集资金抽走。春都A上市仅3个月，春都集团就提走募股资金1.8亿元左右，以后又陆续占用数笔资金。春都集团及其关联企业先后占用的募集资金相当一部分用来还债、补过去的资金窟窿，其余的则盲目投入到茶饮料等非主业项目中。春都A被大量"抽血"，至2000年年底终于力不能支，跌入亏损行业。

与春都不同，双汇希望凭借股市资金快速壮大主业。双汇发展董事长万隆说过，不该赚的钱坚决不赚。他们信守承诺，把募集资金全部投资到上市公司肉制品及其相关项目上。上市3年间，双汇发展先后兼并收购了华北双汇食品有限公司，完成了3万吨"王中王"火腿肠技术改造，建设了双汇食品城肉制品系列工程，产业链条不断完善，产品得到更新，企业实力显著增大。双汇集团和双汇发展的销售收入分别增加了 30 亿元和 10 亿元。投资者也得到了丰厚的回报。(资料来源：作者根据相关信息整理，2015)

该案例说明了投资决策的重要性，不当的投资活动可能毁掉一个企业；科学的投资决策是企业能够高速增长的前提条件。

第一节　企业项目投资概述

投资是指企业投入财力，以期望在未来获取收益的一种行为。企业项目投资管理的最终目标就是要把资本投放到收益高、风险小的项目上，以求取得最大的经济效益。因此，企业项目投资管理是企业财务管理的重要内容之一。

一、企业投资的动机与种类

1. 投资的动机

企业投资的行为动机包括以下几点。

(1) 提高盈利能力。企业财务管理的目标是不断提高企业价值，为此，就要采取各种措施增加利润，企业要想获得利润，就必须进行投资，在投资中获得效益。

(2) 降低经营风险。企业把资金投向生产经营的关键环节或薄弱环节，可以使企业各种生产经营能力配套、平衡，形成更大的综合生产能力。企业如把资金投向多个行业，实行多角化经营，则更能增加企业销售和盈余的稳定性。这些都是降低企业经营风险的重要方法。

(3) 扩大经营规模。即通过增加旅游企业固定资产和流动资产及其他开展旅游业务的必备条件，增加职工人数，提高人员素质等，使旅游企业的业务经营规模达到规模经济所要求的适宜规模。

(4) 增强发展能力。即通过对原有房屋、设备等固定资产的更新改造，或开发新的旅游产品，提高企业提供旅游产品的能力。

2. 企业投资的种类

(1) 对内投资和对外投资。按投资的方向，可把投资分为对内投资和对外投资。对内投资是指把资金投放在企业内部，购置各种生产经营用资产的投资。对外投资是指企业以现金、实物、无形资产或者购买股票、债券等有价证券的形式向其他单位投资。

(2) 直接投资与间接投资。按投资与生产经营的关系，可把投资分为直接投资和间接投资。直接投资是指把资金投放于生产经营性资产，以便获取利润的投资。在非金融性企业中，直接投资占的比重较大。间接投资是指把资金投放于证券等金融资产，以便获取股利或利息收入的投资。对内投资都是直接投资，对外投资主要是间接投资，也可以是直接投资。

（3）对内投资按照投资对象可以分为固定资产投资、无形资产投资和其他资产投资。

（4）短期投资和长期投资。按投资回收期限的长短，可把对外投资分为短期投资和长期投资。

短期投资又称流动资产投资，是指能够随时变现并且持有时间不准备超过一年的投资。这种投资主要是为了暂时存放剩余资金，并通过这种投资取得高于银行存款利率的利息收入，或价差收入，待需要使用现金时即可兑换成现金，如企业购买的可上市交易的股票和债券。

长期投资是指短期投资以外的投资，即向其他单位投入的限在一年以上的投资，包括直接向其他单位投入的现金、实物和无形资产，以及购入的不准备在一年内变现的债券和股票。这种投资主要是为了积累整笔资金，以及供特定用途之需，或为了达到控制其他单位，或对其他单位实施重大影响，或出于其他长期性质的目的而进行的投资。

二、企业项目投资的程序

1. 提出投资项目

企业在投资之前，必须认真进行市场调查和市场分析，寻找最佳的投资项目。旅游企业进行大规模的战略性投资时，需要由高层管理人员提出投资项目，并进行充分的讨论才可以立项。战术性投资者可以由中层或基层管理人员提出，经主管高层管理人员批准。

2. 评价投资项目

评价投资项目的方法就是建立科学的投资决策程序，认真进行投资项目的可行性分析。在市场经济条件下，企业的投资决策都会面临一定的风险。为了保证投资决策的正确有效，必须按科学的投资决策程序，认真进行投资项目的可行性分析。投资项目的可行性分析的主要任务是对投资项目技术上的可行性和经济上的有效性进行论证，运用各种方法计算出有关指标，以便合理确定不同项目的优劣。财务部门是对企业的资金进行规划和控制的部门，财务人员必须参与投资项目的可行性分析。

3. 抉择投资项目

决策者要根据评价报告和自我判断分析对投资项目进行抉择，最后的决定可以是以下情况之一：①接受投资项目，同意投资。②拒绝投资项目，不同意投资。③发还投资项目，进一步分析可行性。

4. 筹集项目资金

企业的投资项目，特别是大型投资项目，建设周期长，所需资金多，一旦开工，就必须有足够的资金供应。否则，就会使工程建设中途下马，出现"半截子工程"，造成很大的损失。因此，在投资项目上马之前，必须科学预测投资所需资金的数量和时间，及时足额地筹集资金，保证投资项目的资金供应。

5. 落实项目方案

企业筹集到足够的项目资金后，就应按照企业选定的投资方案进行具体实施，安排和控制项目投资的进度、质量和成本。同时，要根据实施过程中新的变化及时重新评价投资项目、改进投资方案，以避免投资风险和损失。

第二节 现金流量与投资决策

一、现金流量与利润

利润是按照权责发生制确定的，而现金净流量是根据收付实现制确定的，两者既有联系又有区别。在投资决策中，研究的重点是现金流量，而把利润的研究放在次要地位，其原因有如下几点。

(1) 整个投资有效年限内，利润总计与现金净流量总计是相等的。所以，现金净流量可以取代利润作为评价净收益的指标。

【例 6.1】某个项目投资总额 1000 万元，分 5 年在年初支付工程款，2 年后开始投产，有效期限为 5 年。投产开始时垫付流动资金 200 万元，结束时收回。每年销售收入 1000 万元，付现成本 700 万元。该项目的现金流量如表 6.1 所示。

表6.1 ××项目现金流量表　　　　　　　　单位：万元

时间(年末)	0	1	2	3	4	5	6	7	合计
投资	(200)	(200)	(200)	(200)	(200)				(1000)
销售收入				1000	1000	1000	1000	1000	5000
直线法折旧时									
付现成本				700	700	700	700	700	3500
折旧				200	200	200	200	200	1000
利润				100	100	100	100	100	500
加速法折旧时									
付现成本				700	700	700	700	700	3500
折旧				300	250	200	150	100	1000
利润				0	50	100	150	200	500
营业现金流量				300	300	300	300	300	1500
流动资金			(200)					200	0
现金净流量	(200)	(200)	(400)	100	100	300	300	500	500

假设现金流出在年初支付，现金流入在年末取得。通过表 6.1 可以看出，整个投资年限内利润合计与现金净流量合计均为 500 万元。

(2) 利润在各年的分布受折旧方法等人为因素的影响，而现金流量的分布不受这些人为因素的影响，可以保证评价的客观性。例如，在表 6.1 中，采用直线法折旧时的利润分布与采用加速法折旧时不同，但它们的营业现金流量却是相同的。影响利润分布的人为因素不仅限于折旧方法的选择，还有存货计价方法、间接费用分配方法、成本计算方法等。在考虑时间价值的情况下，早期的收益与晚期的收益有明显区别。收益的分布应当具有客观性，不受人为选择的影响，现金流量分布可以满足这种要求。

(3) 在投资分析中，现金流动状况比盈亏状况更重要。有利润的年份不一定能产生多余的现金用于进行其他项目的再投资。一个项目能否维持下去，不取决于一定期间是否盈利，而取决于有没有现金用于各种支付。现金一旦支出，不管是否消耗都不能用于别的目的，只有将现金收回后才能用来进行再投资。因此，在投资决策中要重视现金流量的分析。

二、投资项目现金流量的估算

投资项目现金流量，按其发生的时间阶段来划分，一般包括初始阶段现金流量、经营阶段现金流量和终结阶段现金流量三部分，而不同阶段现金流量的估算方法也有所不同。

(一)初始阶段现金流量的估算

初始阶段现金流量是指在投资开始时，即项目建设过程中发生的现金流量，主要包括以下几部分内容。

1. 固定资产投资支出

固定资产投资一般分为扩充型和重置型两种形式，前者是指新建、扩建项目的投资，后者是指更新改造项目的投资。固定资产投资支出是指用于新建、扩建或更新改造项目所发生投资支出。

2. 垫支营运资金支出

垫支营运资金支出是指项目投产前后分次或一次投放，用于投资项目生产经营活动的资金。

3. 其他投资费用支出

其他投资费用支出是指固定资产投资支出和垫支营运资金支出以外的投资费用支出，如投资项目的筹建费和职工培训费支出等。

4. 原有固定资产变价收入

原有固定资产变价收入是指在固定资产重置时，对原有固定资产清理或出售时产生的各项收入。

5. 增加或抵减所得税支出

其指原有固定资产变价收入增加或抵减的所得税支出。此时存在这种可能,如果出售固定资产(如旧设备)时,出售价高于该项固定资产的净值,应缴纳所得税,而这部分所得税支出就构成了投资项目的现金流出量;如果出售固定资产时发生损失,即出售价低于该项固定资产净值的部分,可以抵减当年企业所得税支出,而抵减的所得税支出就构成了投资项目的现金流入量。

初始阶段现金流量的计算公式为

$$\text{初始阶段现金净流量}=\text{固定资产支出}+\text{垫支营运资金支出}+\text{其他投资费用支出}-$$
$$\text{原有固定资产变价收入}\pm\text{增加或抵减所得税支出} \qquad (6.1)$$

【例 6.2】某企业 2003 年对原有的一条生产线进行更新改造,投资 100 万元新购入了一条生产线,并在项目投产前一次性投入了 20 万元的资金用于启动生产,在筹建期间发生了 10 万元的筹建费以及职工培训费。另外,企业对旧生产线进行清理并对外出售,企业旧生产线当前账面净值为 50 万元,企业以 40 万元的价格将其出售给另一家企业。该企业所得税税率为 30%。现对该投资项目初始阶段的现金流量的估算。

解:

该企业固定资产投资支出——新购生产线支出 100 万元。

垫支营运资金支出——投入启动资金 20 万元。

其他投资费用支出——筹建费以及职工培训费 10 万元。

原有固定资产变价收入——旧生产线出售所得 40 万元。

抵减所得税支出——该企业以 40 万元出售旧生产线,固定资产清理净损失为 10 万元(50 万元-40 万元),抵减所得税支出 3 万元(10 万元×30%)。

根据以上分析计算该企业初始阶段现金净流量为 87 万元(100 万+20 万+10 万-40 万-3 万)。

(二)经营阶段现金流量的估算

经营阶段现金流量是指项目建成后,生产经营过程中发生的现金流入及流出量。一般按年计算,主要包括以下几部分内容。

1. 收现经营收入

收现经营收入指项目投产后实际收到的全部经营收入或业务收入。收现经营收入是经营阶段主要的现金流入项目。

2. 付现经营成本

付现经营成本指总成本减去固定资产折旧费、无形资产摊销费等不支付现金的费用后的余额。付现经营成本是经营阶段主要的现金流出项目。

3. 所得税支出

所得税支出指根据企业当年利润额而计算缴纳的企业所得税。经营阶段现金流量的基本计算公式为

$$经营阶段净现金流量=收现经营收入-付现经营成本-所得税 \qquad (6.2)$$

由于付现经营成本等于当年的经营总成本扣除该年折旧额、无形资产摊销额等非现金流出项目后的差额，因此，经营阶段现金流量的简化计算公式为

$$经营阶段净现金流量=税后利润+折旧+摊销额 \qquad (6.3)$$

【例 6.3】假设某项目投资后第一年的相关资料如表 6.2 所示。

表 6.2 ××项目第一年相关资料表   单位：元

项　　目	金　　额
收现经营收入	100 000
付现经营成本	50 000
折旧费	20 000
摊销额	10 000
所得税(30%)	6 000
税后利润	14 000

根据表 6.2 的资料，可分别按基本公式和简化公式计算所得

经营净现金流量=收现经营收入-付现经营成本-所得税

$$=100\ 000-50\ 000-6000=44\ 000(元)$$

经营净现金流量=税后利润+折旧+摊销额=14 000+20 000+10 000=44 000(元)

通过本例可以看出，计算经营阶段现金流量的基本公式和简化公式虽然不同，但计算结果是相同的。

(三)终结阶段现金流量的估算

终结阶段现金流量是指投资项目生命周期终了时发生的现金流量。主要包括以下几部分内容。

1. 现有固定资产变价收入

现有固定资产变价收入指投资项目终了时，对现有固定资产清理或出售时产生的各项收入。

2. 抵减或增加所得税支出

抵减或增加所得税支出指由于存在现有固定资产的变价收入抵减或增加的所得税支

出。该项支出的确定方法与初始阶段出售原有固定资产发生的增加或抵减所得税支出相同。如果固定资产变价收入大于固定资产账面净值，就应上缴所得税，形成一项现金流出量，反之则可抵减所得税，形成现金流入量。

3. 垫支营运资金的收回

垫支营运资金的收回指投资项目终了时，收回营运资金。

终结阶段现金流量的计算公式为

终结阶段现金流量＝现有固定资产变价收入±抵减或增加所得税支出

$$+\text{垫支营运资金的收回} \tag{6.4}$$

【例 6.4】某企业原投资的一条生产线于 2003 年底报废，对该生产线进行清理并对外出售，出售收入为 30 万元，该生产线账面净值为 20 万元，另外，企业原垫支的 20 万元营运资金于 2003 年底一次全部收回，该企业所得税税率为 30%。现对该投资项目终结阶段的现金流量的估算。

解：

现有固定资产变价收入——现有生产线出售收入 30 万元；

增加所得税支出——该企业以 30 万元出售现有生产线，固定资产清理净收益为 10 万元(30 万元-20 万元)，增加所得税支出 3 万元(10 万元×30%)；

垫支营运资金的收回——收回营运资金 20 万元。

根据以上分析计算该企业终结阶段现金净流量为 47 万元(30 万-3 万+20 万)。

第三节 长期投资决策分析

项目投资决策的主要方法是对旅游企业项目投资评价指标的计算和分析。对投资项目评价时使用的指标分为两类：一类是贴现指标，即考虑了货币时间价值因素的指标，主要包括净现值、内含报酬率等；另一类是非贴现指标，即没有考虑货币时间价值因素的指标，主要包括回收期、会计收益率等。

一、贴现指标

(一)净现值法

1. 净现值的计算方法

净现值(NPV)是指投资项目投入使用以后的现金净流量，按照资金成本或企业要求达到的报酬率贴现计算的现值，减去初始投资以后的余额，也就是未来报酬的总现值减去初始投资额，其计算公式为

$$NPV = \sum_{k=0}^{n} \frac{I_K}{(1+i)^K} - \sum_{k=0}^{n} \frac{O_K}{(1+i)^K} \qquad (6.5)$$

式中，n——投资涉及的年限；I_K——第 K 年的现金流入量；O_K——第 K 年的现金流出量；i——预定的贴现率。

净现值为零的投资项目说明项目的现金流量刚好能弥补投资成本，并赚取必要的投资报酬；而净现值大于零的投资项目，表明该项目带来的现金流量在弥补全部投资成本，并赚取必要的投资报酬后还有一定盈余；如果净现值小于零，则只能说明项目的效益不佳，其现金流量无法弥补投资成本，也无法为企业赚取必要的报酬。因此，企业应该选择净现值大于零的投资项目。

i 为预定的贴现率，怎么理解呢？在进行投资决策时，我们通常假设一个接受标准，这个标准为预期报酬率，或称之为底线或最低报酬率(hurdle rate)，在这里我们也可以认为是投资的机会成本。贴现率与净现值之间的关系，如图 6.1 所示。

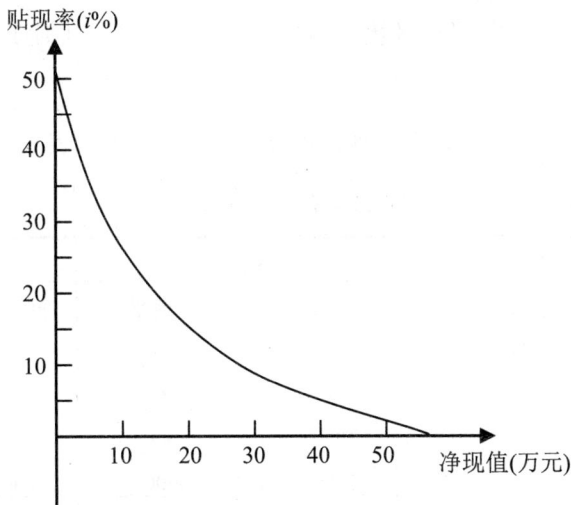

图 6.1　贴现率与净现值关系

2. 净现值法的操作步骤

(1) 计算各年现金净流量。

(2) 计算未来报酬的总现值。未来报酬的总现值，由现金净流量的总现值和固定资产期末(变现)残值的折现值两部分组成。

具体计算时又分为以下两种情况：①每年现金净流量相等按照年金现值计算；②每年现金净流量不相等，需按复利现值计算。

(3) 计算投资额折成的总现值。当投资额为一次性投资时，投资额就是现值；当投资额为分批投资时，按复利(如果每次投资额相等为年金)折成现值。

3. 净现值法的优缺点

净现值法的优点如下。

(1) 考虑了货币的时间价值，能反映投资方案的净收益额。

(2) 净现值考虑了风险，因为贴现率由企业根据一定风险确定的期望报酬率或资金成本率制定。

净现值法的缺点如下。

(1) 净现值法说明了未来的盈亏数，但不能揭示各个投资方案本身可能达到的实际报酬率，这样，容易出现决策趋向于投资大、收益大的方案，而忽视了投资小、收益总额小，但投资效益更好的方案。

(2) 计算的净现值只能说明投资效益的绝对水平，不能说明预期报酬率的高低，因此难以进行不同投资项目之间的对比。

(3) 由于净现值表现的绝对数水平，也难以对同一投资项目出现不同投资额的各种方案进行对比，这需要进一步改进。

(4) 因为实际投资活动涉及的环境相当复杂，贴现率也难以制订。

4. 净现值法的案例

【例 6.5】设贴现率为 10%，有三项投资方案，有关数据如表 6.3 所示。

表 6.3 投资方案对比表 单位：元

期 间	A 方案		B 方案		C 方案	
	净收益	现金净流量	净收益	现金净流量	净收益	现金净流量
2000		-20 000		-9 000		-12 000
2001	1800	11 800	-1800	1200	600	4600
2002	3240	13 240	3000	6000	600	4600
2003			3000	6000	600	4600
合计	5 040	5040	4200	4200	1800	1800

A 方案：

(1) 计算各年现金净流量

从表 6.3 中可以看出，该方案 2000 年至 2002 年现金净流量分别为-20 000 元、11 800 元、13 240 元。

(2) 计算未来报酬的总现值

未来报酬的总现值，每年现金净流量不相等，需按普通复利折成现值，故以贴现率 10%查"复利现值系数"得出：$(P/F,10\%,1)=0.909\ 1$ 以及 $(P/F,10\%,2)=0.8264$。

未来报酬总现值=2001 年净现金流量×复利现值系数+2002 年净现金流量

×复利现值系数

=11 800×0.9091+13 240×0.8264=21 669(元)

(3) 计算投资额折成的总现值

当投资额为一次性投资时，投资额就是现值，本例中为 20 000 元。

(4) 计算 A 方案的净现值

A 方案的净现值=未来报酬的总现值-投资额折成的总现值

=21 669-20 000=1669(元)

B 方案：

(1) 计算各年现金净流量

从表 6.3 中可以看出，该方案 2000 年至 2003 年现金净流量分别为-9000 元、1200 元、6000 元、6000 元。

(2) 计算未来报酬的总现值

未来报酬的总现值，每年现金净流量不相等，需按普通复利折成现值，故以贴现率 10% 查"复利现值系数"得出：$(P/F,10\%,1)=0.9091$，$(P/F,10\%,2)=0.8264$，$(P/F,10\%,3)=0.7513$。

未来报酬总现值=2001 年净现金流量×复利现值系数+2002 年净现金流量×

复利现值系数+2003 年净现金流量×复利现值系数

=1200×0.9091+6000×0.8264+6000×0.7513=10 557(元)

(3) 计算投资额折成的总现值

当投资额为一次性投资时，投资额就是现值，本例中为 9000 元。

(4) 计算 B 方案的净现值

B 方案的净现值=未来报酬的总现值-投资额折成的总现值

=10 557-9000=1557(元)

C 方案：

(1) 计算各年现金净流量

从上表 6.3 中可以看出，该方案 2000 年至 2003 年现金净流量分别为-12 000 元、4600 元、4600 元、4600 元。

(2) 计算未来报酬的总现值

每年现金净流量相等，均为 4600 元，属于年金问题。故以贴现率 10%，查找 $(P/A,10\%,3)=2.487$，则

未来报酬的总现值=年金×年金现值系数=4 600×2.487=11 440(元)

(3) 计算投资额折成的总现值

当投资额为一次性投资时，投资额就是现值，本例中为 12 000 元。

(4) 计算 C 方案的净现值

C 方案的净现值=未来报酬的总现值-投资额折成的总现值

=11 440-12 000=-560(元)

A、B 两项方案投资的净现值为正数，说明该方案的报酬率超过 10%。如果企业的资

金成本率或要求的投资报酬率是 10%，这两个方案是有利，因而可以接受。C 方案净现值为负数，说明该方案的报酬率达不到 10%，因而应予以放弃。A 和 B 相比，A 方案更好些。

(二)内含报酬率法

所谓内含报酬率(IRR)，是指能够使未来现金流入量现值等于未来现金流出量现值的贴现率，或者说是使投资方案净现值为零的贴现率。从其本质上讲，内含报酬率就是投资项目的预期报酬率，目前越来越多的企业使用该项指标评价企业的投资项目。

内含报酬率的计算公式为

$$IRR = \sum_{k=0}^{n} \frac{I_K}{(1+i)^K} - C = 0 \tag{6.6}$$

式中，n——投资涉及的年限；I_K——第 K 年的现金流入量；C——初始投资额；i——预定的贴现率。

在对投资方案进行决策时，若某方案内含报酬率大于企业预定的投资报酬率，则该方案可行；反之，若某方案内含报酬率小于企业预定的投资报酬率，则该方案不可行。

根据内含报酬率的计算公式，如何确定投资方案的内含报酬率是项目投资决策的关键，而内含报酬率的确定方法，因每期现金净流量是否相等而不同。

1. 每期现金流入量不相等情况下，内含报酬率的确定方法

在这种情况下，通常需要采用"逐步测试法"来确定投资项目的内含报酬率。

(1) 首先估计一个贴现率，用它来计算方案的净现值；如果净现值为正数，说明方案本身的报酬率超过估计的贴现率，应提高贴现率后进一步测试；如果净现值为负数，说明方案本身的报酬率低于估计的贴现率，应降低贴现率后进一步测试。经过多次测试，寻找出使净现值接近于零的贴现率，即为方案本身的内含报酬率。

(2) 当找到净现值由负到正接近零的两个贴现率后，可用插值法计算出投资项目的实际内部报酬率。插值法的计算公式是

$$IRR = r_L + \frac{PV_{CF} - CF_0}{\Delta PV_{CF}} \times \Delta r \tag{6.7}$$

式中，IRR——内部报酬率；r_L——净现值大于零时的贴现率；r_H——净现值小于零时的贴现率；PV_{CF}——未来各年现金流量现值之和；CF_0——初始现金流量；ΔPV_{CF}——不同贴现率下计算的未来各年现金流量现值和之差；Δr——贴现率之差，即 r_L 与 r_H。

2. 每期现金流入量相等情况下，内含报酬率的确定方法

这种情况下，项目投产后的净现金流量表现为普通年金的形式，可以直接利用年金现值系数计算内含报酬率。

(1) 根据年金现值的计算公式，计算年金现值系数，其计算公式为

$$[P/A,i,n] = \frac{P}{A} \tag{6.8}$$

式中，$[P/A,i,n]$——年金现值系数；P_A——年金现值，即原始投资额；A——年金。

（2）根据以上计算得出的年金现值系数$[P/A,i,n]$和已知期数n，在年金现值系数表中找出相邻的两个折现率i。

（3）依据以上相邻的折现率i和年金现值系数$[P/A,i,n]$，采用插值法确定投资方案的内含报酬率。

3. 内含报酬率法的优缺点

内含报酬率法的优点：考虑了货币的时间价值；从相对指标方面反映了投资项目的收益率。

内含报酬率法的缺点：内含报酬率中包含有一个不现实的假设，即假定投资每期收回的款项都可以再投资，且再投资收到的利率与内含报酬率一致。因为企业的最大目的是利润最大化，而不一定是利率最大化，所以一个收益有限、内含报酬率高的项目，在实际工作中并不一定是最佳选择。因为风险高的项目利润也高，内含报酬法容易造成高风险投资项目被选取。实际工作中，往往一个投资方案的净现金流量是交错型的，这样就可能出现几个内含报酬率，很难选择哪一个内含报酬率为评价对象。

4. 内含报酬率法的案例

【例6.6】某企业拟订方案一和方案二两个投资方案，预定投资报酬率为10%，有关投资方案资料，如表6.4所示。

表6.4　投资方案资料表　　　　　　　　　　　　　　　　单位：元

项　目	方　案　一	方　案　二
投资额	150 000	200 000
使用年限/年	5	5
现金净流量		
第一年	30 000	65 000
第二年	40 000	65 000
第三年	50 000	65 000
第四年	60 000	65 000
第五年	70 000	65 000

首先，确定方案一是否可行。因投资方案一每年的现金净流量不相等，所以采用"逐步测试法"计算该方案的内含报酬率。

第一步：采用"逐步测试法"，找出净现值由负到正接近零的两个贴现率，如表6.5所示。

表 6.5　贴现率计算表　　　　　　　　　　　　　　单位：元

年　份	各年现金净流量	贴现率为 16%		贴现率为 18%	
		复利现值系数	现　值	复利现值系数	现　值
1	30 000	0.862	25 860	0.847	25 410
2	40 000	0.743	29 720	0.718	28 720
3	50 000	0.641	32 050	0.609	30 450
4	60 000	0.552	33 120	0.516	30 960
5	70 000	0.476	33 320	0.437	30 590
合计		—	154 070	—	146 130
投资额现值			150 000		150 000
净现值			4 070		−3 870

第二步：用插值法确定内含报酬率。

折现率　　　　　　　　　净现值

$$16\% \brace x \brace 18\%$$ 　　　　$$4070 \brace 0 \brace -3\ 870$$

$$IRR = r_L + \frac{PV_{CF} - CF_0}{\Delta PV_{CF}} \times \Delta r = 16\% + \frac{4070}{4070 + 3870} \times 2\% = 17.03\%$$

因此，方案一的内含报酬率为 17.03%，大于其预定投资报酬率 10%，该方案可行。

对于投资方案二，因其每年的现金净流量相等，所以可直接利用年金现值系数计算内含报酬率。

第一步：根据年金现值的计算公式，计算年金现值系数。

$$[P/A, i, n] = \frac{P}{A} = \frac{200\,000}{65\,000} = 3.077$$

第二步：查年金现值系数表可知，3.077 位于 i 为 18% 对应的年金系数 3.127 与 i 为 20% 对应的年金系数 2.991 之间。

第三步：采用插值法确定投资方案的内含报酬率。

折现率　　　　　　　　　年金现值系数

$$18\% \brace x \brace 20\%$$ 　　　　$$3.127 \brace 3.077 \brace 2.991$$

$$IRR = r_L + \frac{C - C_0}{\Delta C} \times \Delta r = 18\% + \frac{3.077 - 3.127}{2.991 - 3.127} \times 2\% = 18.74\%$$

因此，方案二的内含报酬率为 18.74%，大于其预定投资报酬率 10%，且高于方案一的内含报酬率 17.03%，所以该企业应选用投资方案二。

二、非贴现指标

(一)回收期法

1. 回收期的计算

回收期是指投资引起的现金流入累计到与投资额相等所需要的时间。回收期的计算公式如下。

在原始投资一次支出，每年现金净流入量相等时

$$回收期 = \frac{原始投资额}{每年现金净流入量} \tag{6.9}$$

如果现金流入量每年不等，或原始投资是分几年投入的，则可使式(6.10)成立的 n 为回收期

$$\sum_{K=0}^{n} I_K = \sum_{K=0}^{n} O_K \tag{6.10}$$

式中，I_K——第 K 年的现金流入量；O_K——第 K 年的现金流出量。

回收期法是通过计算一个项目所产生的未折现现金流量足以抵消初始投资额所需要的年限，即用项目回收的速度来衡量投资方案的一种方法。用回收期法评估投资项目时，企业必须先确定一个标准年限或最低年限，然后将项目的回收期与标准年限进行对比。如果回收期少于标准年限，即该投资项目可行；否则，该项目不可行。

2. 回收期法的优缺点

投资回收期法的优点：①回收期法计算简便，并且容易为决策人所正确理解。②能显示出各方案的相对风险，企业受政治、经济等多方面因素影响，对未来事件的预测存在较大风险，时期越长，风险越高。③能衡量出投入资本的回收速度，即变现力，对资金短缺企业而言非常实用。

投资回收期法的缺点：①忽略现金流量发生的时间，未考虑货币的时间价值；回收期法将各期现金流量等同看待，只考虑数额大小，却不考虑其现值的大小，因此很容易导致判断错误。②忽略了回收期后的现金流量，注重短期行为，忽视长期效益；而事实上，有战略意义的长期投资往往前期收益较低，而中后期收益才较高。

3. 回收期法的案例

【例 6.7】A、B 两个投资方案的相关数据如表 6.6 所示。

表6.6　A方案和B方案现金流量表　　　　　　　　　单位：元

方　案	2000年投资额	2001年净流量	2002年净流量	2003年净流量
A方案	−5 000	2 000	2 000	2 000
B方案	−8 500	4 000	3 000	2 000

A方案未来各年的现金净流量完全相同，因此

A方案的回收期=初始投资额÷每年净现金流量=5000÷2000=2.5(年)

B方案的初始投资额为8500元，两年后可回收7000元，到第3年还剩1500元，因此

B方案的回收期=$2+\dfrac{1500}{2000}=2.75$(年)

从以上两方案来看，A方案的回收期比B方案的回收期要短。因此，相对于B方案来讲，A方案更优。

(二)平均报酬率法

1. 平均报酬率的计算

平均报酬率是投资项目寿命周期内平均的年投资报酬率其计算公式

$$平均报酬率 = \frac{年税后平均利润}{年平均投资额} \times 100\% \tag{6.11}$$

或

$$平均报酬率 = \frac{年平均净现金流量}{年平均投资额} \times 100\% \tag{6.12}$$

式中，平均投资额=$\dfrac{初始投资额}{2}$。

通常将所计算出来的平均报酬率与预定要达到的平均报酬率进行比较，如大于后者，说明项目可以考虑接受；如小于后者，则不宜接受。当有两个以上方案进行比较时，宜选用平均报酬率较大的方案。

2. 平均报酬率法的优缺点

平均报酬率法的优点：简单易懂，容易计算，它所需的资料只是未折现净现金流量或年平均税后利润以及初始投资额。

平均报酬率法的缺点：未考虑货币的时间价值，把第一年的现金流量看作与其他年份的现金流量一样，具有相同的价值，容易导致错误的决策。

3. 平均报酬率法的案例

【例6.8】以上面回收期法中的案例为例，说明平均报酬率的计算及分析方法。

A 方案

A 方案的年平均投资额=初始投资额/2=5000/2=2500(元)

$$A 方案平均报酬率 = \frac{年平均净现金流量}{年平均投资额} \times 100\% = \frac{2000}{2500} \times 100\% = 80\%$$

A 方案的平均报酬率为 80%。

B 方案

B 方案的年平均净现金流量=(2001 年净流量+2002 年净流量+2003 年净流量)÷3

$$=(4000+3000+200)÷3=3000(元)$$

B 方案的年平均投资额=初始投资额/2=8500/2=4250(元)

$$B 方案平均报酬率 = \frac{年平均净现金流量}{年平均投资额} \times 100\% = \frac{3000}{4250} \times 100\% = 71\%$$

B 方案的平均报酬率为 71%。

从以上两个方案来看，A 方案的平均报酬率比 B 方案的平均报酬率高。因此，相对于 B 方案来讲，A 方案更优。

三、投资决策指标的比较

(一)非贴现现金流量指标与贴现现金流量指标的比较

非贴现现金流量指标方法简便、直观、容易掌握应用，它能较迅速地为决策者提供对投资的简单评价指标和意见。如回收期法可直观地指出投资方案的变现能力，对资金不够宽裕的公司这是至关重要的；同时，资金回收的快慢，也在一定的程度上反映了投资项目的风险。因而，一些高科技企业在开发高科技产品时偏好使用该法来进行项目的评估。

但是，这些方法都没有考虑资金时间价值，没有考虑投资项目整个寿命周期的总收益及资金回收后投资项目继续发挥效益的时间长短和效益大小。因此，非贴现现金流量指标分析法对投资经济效益的评价是比较粗略、不精确、不全面的，有其局限性。鉴于此，在实际工作中用非贴现现金流量指标静态分析法时，要求各个投资方案需具备以下条件才比较合适：①每个方案在项目寿命周期内各年所获得的收益大致是相等的。②各个投资方案的投资时间比较短，而已投资以后紧接着连续发生收益。③各个投资方案的项目寿命周期大致相同。

(二)净现值和内部报酬率的比较

1. 都能比较客观、准确地反映投资项目的经济效益

净现值法与内含报酬率法都是较好的投资评估方法，它们都考虑到了货币的时间价值，都能比较客观、准确地反映投资项目的经济效益。

2. 在评估现金流量规则变动①的独立项目时，会得出一致的结论

如果投资项目是相互独立且现金流量规则变动，则运用净现值和内部报酬率这两种方法总能得出一致结论，而现金流量如果呈现不规则②变动，用这两种方法评价的结果则不一致。对于好的投资项目，不论用净现值法或内部报酬率法均会得出该项目可行的结论；反之，两种方法均会得出该项目不可行的结论。因为，净现值为正的项目同样有着高于资本成本的内部报酬率，而内部报酬率低于资本成本时，净现值一定为负。

3. 在评估替代项目时，会得出相反的结论

在多数情况下，运用净现值和内部报酬率这两种方法得出的结论是相同的，但在如下3种情况下，有时会产生差异。

(1) 初始投资不一致，一个项目的初始投资大于另一个项目的初始投资。

(2) 现金流入的时间不一致，一个在最初几年流入的较多，另一个在最后几年流入的较多。

(3) 项目寿命期不同。

【**例 6.9**】假设企业有 A、B 两个互斥投资项目，它们的初始投资不同，如表 6.7 所示。

表 6.7　A、B 项目 NPV、IRR 对比表

指　标	年　度	A 项目	B 项目
初始投资	0	110 000	3000
经营期净现金流量	1	5000	1500
	2	5000	1500
	3	5000	1500
NPV		1435	730
IRR		17%	23.4%
资金成本		10%	10%

在资金成本为 10%的情况下，按照净现值方法评价，应选择 A 项目，而按内含报酬率来看，应选 B 项目。

【**例 6.10**】假设企业有 C、D 两个互斥投资项目，各期现金流量时间不同，如表 6.8 所示。

在例题中，C、D 项目的初始投资相同，但现金流量发生时间不均匀，D 项目集中产生现金在后期；按照净现值方法评价，两个项目几乎相等，无优劣可分；而按内含报酬率来

---

① 投资项目只在前期出现负的现金流量，以后各期现金流量都是正值，即现金流量只发生一次变号。

② 投资项目现金流量正负交错发生，如现金流量为－－＋＋－＋＋，现金流量在整个项目期内多次变号。

看应选 C 项目。

表6.8　C、D 项目 NPV、IRR 对比表

指　　标	年　度	C 项目	D 项目
初始投资	0	1550	1550
经营期净现金流量	1	1000	0
	2	0	0
	3	1000	2210
NPV		110	109.71
IRR		14%	12.5%
资金成本		10%	10%

4. 在评估替代项目时，净现值法优于内含报酬率法

净现值法和内含报酬率法在评估替代项目时产生的差异来自于不同的再投资假设。净现值法假定，项目前几年所产生的现金流量可进行再投资，并赚取相当于资本成本的报酬率。而内含报酬率法假定，项目前几年产生的现金流量进行再投资，再投资率等于项目的内含报酬率。也就是说，内含报酬率高的项目，再投资率也高；而内含报酬率低的项目，再投资率也低。现实生活中，对于大多数企业而言，更有可能按照投资方案的资金成本作再投资的思考假设，所以净现值法所暗含的假设更接近于现实，是优于内含报酬率的评估方法。因此，在评估替代项目时，特别是初始现金流量不一致或现金流量时间不同的项目时，应采用净现值法而不是内含报酬率法。

第四节　长期投资风险投资决策分析

长期投资的时间较长，未来收益和成本的不确定性较大，因而具有一定的风险。这里把投资项目的风险定义为投资项目的现金流量与其预期值之间的差异。前面所述的投资决策的方法均避开了风险的问题，这里专门讨论风险投资决策的分析，主要从调整贴现率和调整现金流量这两方面入手，将风险因素引入投资决策之中，从而进行风险决策。

一、按风险调整贴现率法

1. 用 CAPM 调整贴现率引入企业总风险模型

总资产风险=不可分散风险+可分散风险　　　　　　　　(6.13)

不可分散风险可通过 β 来衡量，因而特定投资项目按风险调整的贴现率可按式(6.14)

计算

$$K_j = R_f + \beta_j(K_m - R_f) \qquad (6.14)$$

式中，K_j——项目 j 按风险调整的贴现率或项目的必要报酬率；R_f——无风险利息率；β_j——项目 j 的不可分散风险的 β 系数；K_m——所有项目平均的贴现率或必要报酬率。

2. 按投资项目的风险等级来调整贴现率

通过对影响投资项目风险的各因素进行评分，从而确定风险等级，并根据风险等级来调整贴现率的一种方法。

3. 用风险报酬率模型来调整贴现率

一项投资的总报酬可分为两部分：无风险报酬率和风险报酬率，用公式表示为

$$K = R_f + bV \qquad (6.15)$$

所以特定项目 j 的风险调整贴现率为

$$K_j = R_f + b_j V_j \qquad (6.16)$$

式中，K_j——项目 j 按风险调整的贴现率；R_f——无风险利息率；b_j——项目 j 的风险报酬系数；V_j——项目 j 的标准离差率。

按风险调整的贴现率确定出来后，则可用于替代净现值法中的贴现率，计算出项目的净现值，从而进行投资决策。

【**例 6.11**】某项目初始投资额 2 万元，项目年限为 4 年，每年净现金流量的期望值为 8000 元，假定该项目无风险利率为 6%，风险溢价为 12%，则该项目是否可行？

解：按照贴现率风险调整法计算如下。

(1) 确定无风险利率。本例中该项目的无风险利率为 6%。

(2) 确定风险溢价。根据本项目的风险程度，该项目投资方确定的风险溢价为 12%。因此，调整后的贴现率为 18%，具体计算公式是

调整后的贴现率=无风险利率+风险溢价=6%+12%=18%

(3) 计算项目的净现值。以调整后的贴现率 18%，查找 $(P/A, 18\%, 4) = 2.69$，则

该项目的净现值=每年净现金流量期望值×年金现值系数-初始投资额

=8000×2.69-10 000=1520(元)

从以上可以看出，该项目用调整后的贴现率计算的净现值为 1520 元(大于零)，因此该项目从风险投资的角度来看是可行的。

贴现率风险调整法最大的优点是容易理解，易于计算，企业可根据自身对风险的偏好来确定贴现率，因此被广泛采用。但是，此方法在折现过程中把风险因素和时间因素混为一谈，人为地假定风险随时间的延长而增大，这并不一定符合实际。

二、按风险调整现金流量法

由于风险的存在，项目所估算的现金流量有时是不确定的，要按风险的情况进行调整，然后根据调整后的现金流量对项目进行评价，这种方法称为按风险调整现金流量法，最常用的方法是确定当量法。

所谓确定当量法就是把不确定的各年现金流量，按照一定的系数(通常称为肯定当量系数，或约当系数)折算为大约相当于确定的现金流量的数量，然后利用无风险贴现率来评价风险投资项目的决策分析方法。即

$$NPV = \sum_{t=1}^{n} \frac{a_t NCF_t}{(1+k)^t} - C \tag{6.17}$$

式中，a_i——第 t 年现金流量的肯定当量系数，$0 \leqslant a_t \leqslant 1$；$k$ ——无风险的贴现率；NCF_t——为税后现金流量。

肯定当量系数 a_t 是肯定的现金流量对与之相当的不肯定的期望现金流量的比值。在进行评价时，可根据各年现金流量风险的大小，选取不同的约当系数。如果以变化系数表示现金流量的不确定性程度，变化系数与肯定当量系数的经验关系如下：

V	a_t
0～0.07	1.0
0.08～0.15	0.9
0.16～0.23	0.8
0.24～0.32	0.7
0.33～0.42	0.6
0.43～0.54	0.5
0.55～0.70	0.4

肯定当量法的主要困难是确定合理的当量系数。肯定当量系数可以由经验丰富的分析人员凭主观判断确定，也可以通过为每一档变化系数规定相应的肯定当量系数。变化系数与肯定当量系数之间的对照关系，并没有一致公认的客观标准，而与公司管理当局对风险的好恶程度有关。

【例 6.12】某项目初始投资额为 10 万元，项目年限为 3 年，各年净现金流量分别为 5 万、6 万和 4 万元。企业管理人员经过分析，确定 1～3 年现金流量的约当系数分别为 0.9、0.7 和 0.8，无风险贴现率为 6%。用确定当量法对该项目进行决策评价。

分析：

(1) 确定未来现金流量的约当系数

本例中 1～3 年现金流量的约当系数分别为 0.9、0.7 和 0.8。

(2) 确定未来无风险现金流量

第 1 年无风险现金流量=第 1 年净现金流量×第 1 年的约当系数=50 000×0.9=45 000(元)

第 2 年无风险现金流量=第 2 年净现金流量×第 2 年的约当系数=60 000×0.7=42 000(元)

第 3 年无风险现金流量=第 3 年净现金流量×第 3 年的约当系数=40 000×0.8=32 000(元)

(3) 用无风险贴现率计算项目的净现值

$$NPV = \sum_{t=1}^{n} \frac{a_t NCF_t}{(1+i)^t} - C$$

$$= 45\,000 \times \frac{1}{1+6\%} + 42\,000 \times \frac{1}{(1+6\%)^2} + 32\,000 \times \frac{1}{(1+6\%)^3} - 100\,000 = 6700(元)$$

从以上内容可以看出，该项目净现值为正数，因此该项目可行。

与按风险调整贴现率法相比，肯定当量法是用调整净现值公式中的分子的办法来考虑风险，而风险调整贴现率法是用调整净现值公式分母的办法来考虑风险，这是两者的重要区别。肯定当量法克服了风险调整贴现率法夸大远期风险的缺点，但如何确定当量系数是个困难的问题。

本 章 小 结

1. 企业项目投资决策主要考虑的因素是项目预期，现金流量、投资项目必要的投资报酬率或资本成本。

2. 利润是按照权责发生制确定的，而现金净流量是根据收付实现制确定的，在投资决策中，研究的重点是现金流量。

3. 项目现金流量，一般包括初始阶段现金流量、经营阶段现金流量和终结阶段现金流量三部分。

4. 投资项目评价时使用的指标分为两类：一类是贴现指标，即考虑了货币时间价值因素的指标，主要包括净现值、内含报酬率等；另一类是非贴现指标，即没有考虑货币时间价值因素的指标，主要包括回收期、会计收益率等。

5. 净现值(NPV)是指投资项目投入使用以后的现金净流量，按照资金成本或企业要求达到的报酬率贴现计算的现值，减去初始投资以后的余额，也就是未来报酬的总现值减去初始投资额。

6. 所谓内含报酬率(IRR)，是指能够使未来现金流入量现值等于未来现金流出量现值的贴现率，或者说是使投资方案净现值为零的贴现率。

7. 回收期是指投资引起的现金流入累计到与投资额相等所需要的时间。

8. 净现值和内部报酬率都能比较客观、准确地反映投资项目的经济效益，在评估独立项目时，一般会得出一致的结论。

9. 在评估替代项目时，可能会得出相反的结论，产生的差异来自于不同的再投资假设。净现值法假定，再投资的利率是项目的资本成本，而内含报酬率法假定的再投资利率是项目的内含报酬率。

10. 在评估替代项目时，净现值法所暗含的假设更接近于现实，优于内含报酬率的评估方法。

11. 长期投资中风险投资决策的分析方法有风险调整贴现率法和风险调整现金流量法。

知 识 链 接

当今投资决策方法的发展趋势

20 世纪 50 年代以前，各国企业在进行投资决策时，一般都是以非贴现的现金流量方法进行评价。50 年代后，考虑时间价值的贴现评价方法受到重视，到 70 年代以后，在投资决策中，几乎所有的大企业都使用贴现的现金流量评价方法。表 6.9 是 1992 年对《财富》杂志 500 家大公司其中的 100 家公司所作的投资决策方法运用状况的调查。结果表明，内含报酬率法和净现值法最受欢迎。

表6.9　《财富》杂志500家大公司中100家公司投资决策方法运用调查结果

投资决策方法	采用相应方法的公司百分比		
	首选方法	次选方法	合　计
净现值法	63	22	85
内含报酬率法	88	11	99
回收期法	24	59	83
获利指数法	15	18	33

(资料来源: Harold Bierman,Jr,"Capital Budgeting in 1992:A Survey", Financial Management, Autumn,1993,p.24)

案例与点评

现金流量预测案例分析

甲公司是一个办公用品的生产厂家，主要生产各种办公桌椅等。目前，公司研究开发出一种保健式学生用椅子，其销售市场前景看好。为了解学生用椅的潜在市场，公司支付了 60 000 元，聘请咨询机构进行市场调查，调查结果表明学生用椅市场大约有 10% ~ 15% 的市场份额有待开发，公司决定对学生用椅投资进行成本效益分析。其有关预测资料如下：

(1) 市场调研费 60 000 元属于沉没成本，即与是否进行学生用椅投资无关成本。

(2) 学生用椅生产车间可利用公司一处厂房，如果出售，该厂房当前市场价格为 50 000 元。

(3) 学生用椅生产设备购置费(原始价值加运费、安装费等)为 110 000 元，使用年限 5 年，税法规定设备残值 10 000 元，按直线法计提折旧，每年折旧费 20 000 元；预计 5 年后不再生产学生用椅后可将设备出售，其售价为 30 000 元。

(4) 预计学生用椅各年的销售量(把)依次为：500、800、1200、1000、600；学生用椅市场销售价格，第一年为每把 200 元，由于通胀和竞争因素，售价每年将以 2%的幅度增长；学生用椅单位付现成本第一年 100 元，以后随着原材料价格的大幅度上升，单位成本每年将以 10%的比率增长。

(5) 生产学生用椅需垫支的营运资本，第一年初投资 10 000 元，以后随着生产经营需要不断进行调整，假设按销售收入 10%估计营运资本需要量。

(6) 公司所得税率为 34%。

根据以上资料可编制表 6.10、表 6.11。

表 6.10 经营收入与成本预测 单位：元

年　份	销售量	单　价	销售收入	单位成本	成本总额
1	500	200.00	100 000	100.00	50 000
2	800	204.00	163 200	110.00	88 000
3	1200	208.08	249 696	121.00	145 200
4	1000	212.24	212 240	133.10	133 100
5	600	216.49	129 894	146.41	87 846

表 6.11 投资现金流量预测 单位：元

项　目	0	1	2	3	4	5
投资						
1. 学生用椅设备投资	−110 000					23 200*
2. 累计折旧		20 000	40 000	60 000	80 000	100 000
3. 年末设备折余价值		90 000	70 000	50 000	30 000	10 000
4. 机会成本(厂房)	−50 000					
5. 年末垫支营运资本	10 000	10 000	16 320	24 970	21 220	0
6. 垫支营运资本额	−10 000		−6320	−8650	3750	21 220
7. 投资现金流量合计	−170 000		−6320	−8650	3750	44 420
[1+4+6]						

续表

项 目	0	1	2	3	4	5
损益表						
8. 销售收入		100 000	163 200	249 696	212 240	129 894
9. 付现成本		50 000	88 000	145 200	133 100	87 846
10. 折旧		20 000	20 000	20 000	20 000	20 000
11. 税前利润		30 000	55 200	84 496	59 140	22 048
12. 所得税(34%)		10 200	18 770	28 729	20 108	7496
13. 税后利润		19 800	36 430	55 767	39 032	14 552
14. 净现金流量 [7+10+13]	−170 000	39 800	50 110	67 117	62 782	78 972

*学生用椅设备投资中第 5 年为设备残值出售时的资本利得，根据预测设备 5 年后的出售价为 30 000 元，而账面价值仅为 10 000 元，出售价超过账面价值的差额应缴纳所得税 6800 元[(30 000−10 000)×0.34]，出售设备税后净收入为 23 200 元(30 000−6800)。

东华电子公司合资项目评价案例

北京东方电子与上海浦华电子公司拟合资组建一新企业——东华电子公司。东华电子公司准备生产新型电子计算机，项目分析评价小组已收集到如下材料：

(1) 为组建该项合资企业，共需固定资产投资 12 000 万元，另需垫支营运资金 3000 万元，采用直线法计提折旧，比方商定合资期限为 5 年，5 年后固定资产残值为 2000 万元。5 年中每年销售收入为 8000 万元，付现成本第 1 年为 3000 万元，以后随设备陈旧，逐年将增加修理费 400 万元。

(2) 完成该项目所需的 12 000 万元固定资产投资由双方共同出资，每家出资比例为50%，垫支的营运资金 3000 万元拟通过银行借款解决。根据分析小组测算，东华公司的加权平均资本成本为 10%，东方电子公司的加权资本成本为 10%，东方电子公司的加权平均资本成本为 8%，浦华电子公司加权平均的资本成本为 12%。

(3) 预计东华公司实现的利润有 20%以公积金、公益金的方式留归东华公司使用，其余全部进行分配，东方公司和浦华公司各得 50%。但提取出的折旧不能分配，只能留在东华公司以补充资金需求。

(4) 东方公司每年可以从东华公司获得 800 万元的技术转让收入，但要为此支付 200 万元的有关费用。浦华公司每年可向东华公司销售 1000 万元的零配件，其销售利润预计为300 万元；浦华公司每年可从东华公司获得 300 万元；另外，浦华公司每年还可从东华公司获得 300 万元的技术转让收入，但要为此支付 100 万元的有关费用。

(5) 设东方公司、浦华公司和东华公司的所得税税率均为 30%，假设从子公司分得的股利不再交纳所得税，但其他有关收益要按 30%的所得税税率依法纳税。

(6) 投资项目在第 5 年底出售给当地投资经营，设备残值、累计折旧及提取的公积金等估计售价为 10 000 万元，扣除税金和有关费用后预计净现金流量为 6000 万元。该笔现金东方公司和浦华公司各分 50%，假设分回母公司后不再纳税。

张玉强是一家投资咨询公司的项目经理，他从东华公司的角度对项目进行了评价，评价结果如下：

(1) 计算该投资项目的营业现金流量，如表 6.12 所示。

表6.12　投资项目的营业现金流量计算表　　　　　　　单位：万元

项　　目	第1年	第2年	第3年	第4年	第5年
销售收入(1)	8000	8000	8000	8000	8000
付现成本(2)	3000	3400	3800	4200	4600
折旧(3)	2000	2000	2000	2000	2000
税前净利(4)=(1)-(2)+(3)	3000	2600	660	1800	1400
所得税(5)=(4)×30%	900	780	1540	540	420
税后净利(6)=(4)-(5)	2100	1820	1260	1260	980
现金流量(7)=(1)+(2)-(5)=(3)+(6)	4100	3820	3260	3260	2980

(2) 计算该项目的全部现金流量，如表 6.13 所示。

表6.13　投资项目现金流量　　　　　　　单位：万元

项　　目	第0年	第1年	第2年	第3年	第4年	第5年
固定资产投资	-12 000					
营运资金垫支	-3000					
营业现金流量		4100	3820	3540	3260	2980
终结现金流量						6000
现金流量合计	-15000	4100	3820	3540	3260	8980

(3) 计算该项目的净现值，如表 6.14 所示。

表6.14　投资项目净现值计算表　　　　　　　单位：万元

年	现金流量	$PVIF_{10\%,n}$	现　值
0	-15 000	1.000	-15 000
1	4100	0.909	3727
2	3820	0.826	3155
3	3540	0.751	2659
4	3260	0.683	2227
5	8980	0.621	5577
净现值=2345			

(4) 以东华公司为主体作出评价。该投资项目有净现值 2345 万元，说明是一个比较好的投资项目，可以进行投资。（资料来源：http://www.scutde.net/t2courses/0205-cjheekindd/case.html；http://www.lgwed.com/zh/article.asp?id=7）

思考与练习

1. 现金流量的概念是什么？投资决策中现金流量由哪些内容构成？

2. 净现值法和内含报酬率法各自的优缺点是什么？两种方法相比有何特点？

3. 非贴现现金流量指标与贴现现金流量指标在应用中的特点是什么？

4. 有人说净现值大于零的项目内含报酬率也一定大于零，这种观点对吗？

5. 净现值法的基本原理是什么？试举例说明。

6. 某企业有甲、乙、丙 3 个投资方案，投资总额均为 100 000 元，全部用来购置生产设备。该设备甲、丙方案预计使用年限为 5 年，乙方案预计使用年限 4 年，采用平均年限法计提折旧，无残值。有关资料如表 6.15 所示。

表 6.15　甲、乙方案现金净流量资料表　　　　　　　　　　单位：元

年　份	甲 方 案			乙 方 案		
	年利润	现金净流量	累计现金净流量	年利润	现金净流量	累计现金净流量
1	0	20 000	20 000	5000	30 000	30 000
2	10 000	30 000	50 000	15 000	40 000	70 000
3	10 000	30 000	80 000	25 000	50 000	120 000
4	20 000	40 000	120 000	5000	30 000	150 000
5	30 000	50 000	170 000			

要求：

(1) 计算各方案的投资回收期，比较哪个方案更优；

(2) 计算各方案的投资利润率，比较哪个方案更优。

7. 计算下列投资的净现值和内含报酬率，资本成本为 8%。

表 6.16　现金流量表　　　　　　　　　　单位：元

投资方案	时　间		
	0	第一年末	第二年末
A	−10 000	3 000	12 000
B	−10 000	5 000	7 000
C	−10 000	12 500	

请计算：(1) 各项目净现值。(2) 各项目含报酬率。

第七章

证券市场投资决策

本章导读：

投资既包括现实投资，也包括虚拟投资，即证券市场投资。投资者将资金投向于股票、债券等各种有价证券，目的是要通过买卖来获取相应的收益。然而，正如其他投资一样，证券投资也具有很高的风险，投资者通过证券投资分析，力求在风险和投资收益之间达到均衡。

核心概念：

证券投资(securities investment)　债券(bond)　股票(stock)　基金(fund)　期货(futures)　期权(option)

【专题案例】

"股神"巴菲特

如果你在 1956 年将 1 万美元交给沃伦·巴菲特，它今天就大约变成了 2.7 亿美元，而这仅仅只是税后收入。沃伦·巴菲特是一名极具传奇色彩的股市投资奇才，从十一岁那年，把父亲给他买糖果的钱投进了股票市场。六十多年来他干得不赖，现在已拥有 440 多亿美金的资产，创造了 39 年投资盈利 2595 倍，100 美元起家到获利 429 亿美元财富的投资神话，被誉为"当代最成功的投资者。"巴菲特不同于其他商人，他是一个纯粹的投资者，仅仅从事股票和企业投资，成为 20 世纪世界第二富豪，因此他有了一个著名的绰号——"股神"。

对巴菲特来说，花钱似乎比挣钱更具难度。1986 年，《财富》发表了巴菲特的《你应该把所有财富都留给孩子吗》的文章，文章深入思考了财富创造与社会改良等一系列问题。这篇文章也极大地震撼了时年 30 岁的商界才俊比尔·盖茨，他说，"我开始意识到，把所有东西都抓在手里也许是个错误。"2006 年 6 月 26 日，76 岁的巴菲特将总额 370 亿美元——这个数额相当于他所有财富的 85%，捐赠给一家以改善全球健康和教育状况为宗旨的人类改良组织——比尔与梅琳达·盖茨基金会，一个拥有 280 亿美元资金的全球最大慈善组织。

财富人生，人生财富，你怎样看待金钱呢？什么才是人生真正的财富呢？

第一节　证券投资概念

一、证券投资概述

证券投资即有价证券投资，指投资者将资金投向于股票、债券等各种有价证券，通过买卖来获取相应收益的一种投资行为。

(一)证券投资的构成要素

一般来讲，证券投资主要由三个要素构成：收益、风险和时间。

1. 收益

收益，即证券投资的全部收入或报酬，主要包括当前收入(股息、利息)和资本收益(证券买卖差价收益)两部分。

2. 风险

风险，即证券投资风险，指影响证券投资收益的各种不确定性。一般分为系统风险和非系统风险，两者之和称为总风险。

3. 时间

时间，即证券投资的时间长短。

证券投资的三要素是密切联系、相互作用的。一般来说，收益和风险成正比例关系，风险和时间也成正比例关系；当收益一定时，时间越长，收益率越低；收益率为正时，时间越长，收益越高。

(二)证券投资的经济效用

在我国国民经济建设中，证券和证券市场发挥着越来越重要的作用。

1. 发行证券是企业筹措资金的重要手段

随着市场经济的发展和生产规模的扩大，创办新企业和维持现有企业都需要巨额资金。巨额的资金需求仅靠企业自身的积累和内部的集资远远不能得到满足，必须从企业外部开辟资金来源渠道。我国企业资金普遍偏紧，银行贷款压力很大，信贷资金来源与运用的矛盾十分突出，因此，发行有价证券(主要是股票和债券)有利于满足企业投资于机器、设备及厂房等固定资产上的长期资金需求。

2. 证券和证券市场的发展有利于促进资金的合理流动，优化资源配置

证券和证券市场的这种作用是通过投资者和证券发行者两方面的行为发挥出来的。从

投资者的角度看，投资者的目的在于从企业获得投资报酬，这种行为客观上有利于社会资金流向高效率的产业和企业。

从证券发行者的角度看，在满足投资者利益的压力下，企业只能加强管理，提高资金的使用效率。从整个社会的角度看，起到了社会资源的优化配置。

3. 证券和证券市场的发展有助于促进信用体系的发展与完善

企业运用证券市场直接融资，能满足企业日益增长的资金需要，缓解间接融资的资金压力，有助于我国信用体系的发展与完善。

4. 证券和证券市场是国家实现产业政策，实行宏观调控的重要工具

产业政策是国家制定的，利用多种手段、通过规划产业结构的目标，干预产业结构的形成，最终实现国民经济各产业部门均衡发展的产业指导原则。投资者按照国家产业政策的要求进行投资，就能在国家实行的各种优惠政策的作用下取得较好的投资效益。

5. 证券和证券市场还能发挥调控货币流通量的作用

货币流通量取决于货币供给量，决定货币供应量的因素有多种，这些因素都直接或间接地受市场上有价证券的数量及其流通状况的影响。如果发行的有价证券数量多，流通状况好，则意味着大量的手持现金转化成了证券，从而可以减少流通中的现金量，降低现金漏报率和资金闲置系数。此外，有价证券还能影响流通中的货币结构。这主要是指中央银行运用货币政策，来改变货币在证券市场与商品市场的流通比例以及在不同地区的流通比例，进而改变货币的流通量。

二、证券投资交易程序

(一)开立证券账户

开户手续一般在各地证券登记清算机构办理，投资者应首先备好基本资料；个人投资者需持本人身份证(代办时，则应同时出示代办人居民身份证)。机构法人开户所需的资料包括：有效法人证明文件(营业执照)复印件，并加盖公章；法人代表授权委托书(加盖法人代表姓名和公章)；受托人(经办人)居民身份证。

(二)委托

投资者办好证券账户后，再去证券公司或证券营业部开立资金账户，并指定委托交易，这样委托交易就可以进行了。委托交易的具体方式有下面几种。

1. 填单委托方式

填单委托是指投资者通过填写委托单将本人的证券买卖指令下达给受托券商，委托其

代为交易。在此种委托方式下，客户填写的委托买卖证券的委托单是客户与证券商之间确定代理关系的文件，具有法律效力，同时也是评价委托完成情况、区分投资者和证券经营机构不同权利、义务的直接凭证。填单委托买卖在证券商处办理。

2. 磁卡委托方式

自助委托查询系统为在证券营业部内进行委托的投资者提供了非常方便的手段，这种委托方式一般适用于磁卡，投资者只要记住密码即可进行操作，不需要股东卡和身份证。

3. 触摸屏委托方式

触摸屏委托方式与磁卡委托方式相比，在使用方法和操作步骤上几乎完全相同。它们之间的不同在于，在触摸屏委托方式下，投资者只要用手触摸相关的屏幕信息即可进行操作。

4. 电话委托查询系统

电话委托查询系统是指投资者通过电话按键表达委托意向，提出委托要求。此处所讲的电话委托是指投资者通过证券营业部的电话委托查询系统将自己的委托单输入营业部的计算机主机，再由营业部的计算机将委托单传输到相应交易所计算机的整个过程。

(三)交易规则

投资者买卖证券时，通过选定的委托方式向证券交易所申报。具体的处理方法是：证券买卖双方分别将买价和卖价通过计算机终端输入所在证券营业部的计算机系统，该系统先根据申报的价格和时间进行排队，由卫星传送到各交易所计算机主机，计算机再根据申报者的申报价格和申报时间对申报单进行排队，然后自动将其配对撮合。

买卖撮合的原则是，"价格优先，时间优先"；成交的原则是，所有的买单均应以等于或低于申报买价的价格成交，而所有的卖单均应以等于或高于申报卖价的价格成交。

交易品种：A股、B股、国债现货、企业债券、国债回购、基金。

报价单位：A股、B股以股东为报价单位，基金以基金单位为报价单位，债券以"100元面额"为报价单位；国债回购以"资金年收益率"为报价单位。

价格变化档位：A股、债券、基金为0.01元；深市B股为0.01港元，国债回购为0.01%；沪市A股、债券、基金为0.01元；B股为0.001美元。

委托买卖单位与零股交易：A股、B股、基金的委托买卖的单位为"股"(基金按"基金单位")，但为了提高交易系统的效率，必以100股或其整数倍进行委托买卖。如有低于100股的零股需要交易，必须一次性委托卖出。同时，也不能委托买进零股，债券、可转换债券的委托单位为1 000元面值(手)。

交易时间：每周一至周五，每天上午 9:30～11:30，下午 1:00～3:00；法定公众假期除外。

集合竞价：上午 9:15～9:25。

连续竞价：上午 9:30～11:30，下午 1:00～3:00。

涨跌幅限制：涨跌停板制度源于国外早期证券市场，是证券市场中为了防止交易价格的暴涨暴跌，抑制过度投机现象，对每只证券当天价格的涨跌幅度予以适当限制的一种交易制度，即规定交易价格在一个交易日中的最大波动幅度为前一交易日收盘价上下百分之几，超过后停止交易。计算公式为：$(1\pm10\%)\times$(上一交易日收盘价)，超过涨跌幅度的委托为无效委托。

我国证券市场现行的涨跌停板制度是 1996 年 12 月 13 日发布，1996 年 12 月 16 日开始实施的，旨在保护广大投资者利益，保持市场稳定，进一步推进市场的规范化。制度规定，除上市首日之外，股票(含 A、B 股)、基金类证券在一个交易日内的交易价格相对上一交易日收市价格的涨跌幅度不得超过 10%，实施特别处理的股票(ST 股票)涨跌幅度限制为 5%，根据最新规定，实行 PT 的股票涨幅不得超过 5%，跌幅不受限制。超过涨跌限价的委托为无效委托。

我国的涨跌停板制度与国外制度的主要区别在于股价达到涨跌停板后，不是完全停止交易，在涨跌停价位或之内价格的交易仍可继续进行，直到当日收市为止。

(四)结算、清算交割和过户

结算、清算交割和过户是证券买卖的最后一道手续。由于在交易所上市的所有证券均采用无纸化的记名方式，当证券买卖时，即表明证券所有权的转让。

由于证券结算、清算交割和整个过户工作由交易所通过计算机系统统一办理，在证券清算交割时，即已办妥过户手续。因此，投资者无论买卖哪个交易所的证券，都可以在买卖的次日到各受托券商办理成交过户交割手续。

【专题案例】

中国股市 2016 年拟推指数熔断机制

2015 年 9 月 7 日上海证券交易所、深圳证券交易所和中国金融期货交易所晚间联合发布《关于就指数熔断相关规定公开征求意见的通知》(下称《通知》)称，经中国证监会同意，拟在保留现有个股涨跌幅制度前提下，引入指数熔断机制。

根据《通知》，新规的总体安排是：当沪深 300 指数日内涨跌幅达到一定阈值时，沪、深交易所上市的全部股票、可转债、可分离债、股票期权等股票相关品种暂停交易。为何选择沪深 300 指数作为基准指数？上述负责人表示，主要考虑：跨市场指数代表性更强，更能全面反映 A 股市场总体波动情况；且在跨市场指数中，沪深 300 指数的市值覆盖率、跟踪指数产品的数量和规模都优于其他同类型指数。

设置 5%、7%两档熔断点，涨、跌都熔断。根据公告，新规设置 5%、7%两档指数熔断阈值、日内各档熔断最多仅触发 1 次。其中，触发 5%熔断阈值时，暂停交易 30 分钟，熔断结束时进行集合竞价，之后继续当日交易。14 时 30 分及之后触发 5%熔断阈值，以及全天任何时段触发 7%熔断阈值的，暂停交易至收市。新规设定 5%、7%的熔点是合适也是有必要的，即当沪深 300 出现前述的涨跌幅时，暂停交易一段时间，给市场一个冷静期，防止市场非理性的大幅波动。在这个意义上，新规有利于进一步维护市场秩序。

值得注意的是，自 2016 年 5 月底以来，A 股经历了较大震荡。其中，沪深 300 指数 9 次跌幅超过 5%；4 次跌幅超过 7%，最大跌幅达 8.75%。(资料来源：上海证券交易所网站)

第二节 证券投资分类

一、债券投资

(一)债券的主要种类

债券根据发行主体不同，可以划分为国家公债(国债)、地方政府公债、金融债券、公司债券和企业债券、国际债券等几大类。这是最主要的一种分类方式。

1. 国债

国债是指中央政府为筹措财政资金，凭其信誉按照一定程序向投资者出具的，承诺在一定时期支付利息和到期偿还本金的一种格式化的债权债务凭证。狭义的国债概念指的是期限在一年以上的中央政府债券；广义的国债则包括期限一年以上的国债和期限一年以下的国库券。

2. 地方政府债券

除中央政府发行债券之外，不少国家中有财政收入的地方政府及地方公共机构也发行债券，它们发行的债券称为地方政府债券。发行地方政府债券的目的是为当地开发公共建设项目融资，一般用于交通、通信、住宅、教育、医院和污水处理系统等地方性公共设施的建设。同中央政府发行的国债一样，地方政府债券一般也是以当地政府的税收能力作为还本付息的担保。

地方政府债券的安全性较高，被认为是安全性仅次于国债的一种债券，而且投资者购买地方政府债券所获得的利息收入一般都免交所得税，这对投资者有很强的吸引力。目前我国地方政府尚不能发行债券。

3. 金融债券

金融债券是由银行等金融机构发行的债券。金融债券能够较有效地解决银行等金融机构的资金来源不足和期限不匹配的矛盾。金融债券的资信通常高于其他非金融机构债券，违约风险相对较小，具有较高的安全性。所以，金融债券的利率通常低于一般的企业债券，但高于风险更小的国债和银行储蓄存款利率。

4. 企业债券

企业债券是由企业付息的长期债券，期限大多为 10～30 年。在我国，企业发行债券是为筹措长期资金而发行的一种债务契约，承诺在未来的特定日期，偿还本金并按照事先规定的利率支付利息。例如：目前在沪深交易所上市的三峡债券、铁路债券、吉化债券、梅山债券都是记账式债券，并且信用等级都为 AAA 级，但其流通量小适合中小投资者购买。与政府公债相比，企业债券的风险相对较大，利率也较高。

5. 国际债券

国际债券是在国际金融市场上发行和交易的债券。发行国际债券筹措资金的主要目的有：弥补发行国政府的国际收支逆差、弥补发行国政府的国内预算赤字、筹集大型工程项目资金、增加大型跨国公司资本等。按照发行地及债券币种的不同，国际债券分为外国债券和欧洲债券两类。

外国债券是指由国外筹资人发行的，以发行地所在国货币标值并还本付息的债券，外国债券通常要在发行地国家的一个市场注册，由该市场内的公司负责包销。发行地在美国的外国债券被称为"扬基债券"，发行地在日本的外国债券被称为"武士债券"。欧洲债券是指在国际金融市场上发行的，不以发行地所在国货币标值、而以另一种可自由兑换的货币标值并还本付息的债券。欧洲债券除可以用单独货币(美元、英镑、德国马克)发行外，还可以用综合性的货币单位发行，如特别提款权、欧洲货币单位等。欧洲债券无须像外国债券那样受发行所在国有关法规的限制。

(二)债券交易实务

1. 债券的交易方式

债券的交易方式主要有三种：现货交易、期货交易和回购交易。

(1) 现货交易。债券的现货交易指债券的买卖双方同意于成交时即进行清算交割的交易方式(证券交易所内进行)。

(2) 期货交易。债券的期货交易指在债券成交后，买卖双方按契约中规定的价格在将来的一定日期(如 3 个月或半年)后进行交割清算的交易。期货交易都在期货交易所中进行。在期货交易中，实行保证金制度，当保证金随着债券的价格变动而相对减少时，要追加保证金。

利用债券的期货市场，投资者可达到三个目的：套期保值、投机、价格发现。套期保值是指投资者在现货市场与期货市场上做两笔金额大致相等、方向相反的交易。由于现货市场价格与期货市场的联动性，现货市场的价格风险被抵消了。若投资者预期债券的行情变化，则可在期货市场上做投机，即买进期货合约做"多头"，或卖出期货合约做"空头"。但做投机时，投资者须承担较大的价格变动的风险。由于套期保值和投机的作用，期货市场的价格往往能准确地反映现货市场的价格走向，这就是价格发现功能。

（3）回购交易。回购交易是指债券的买卖双方按预先签订的协议约定在卖出一笔债券后，在一段时间后，再以约定的价格买回这笔债券，并按商定的利率付息的交易。这种有条件的债券交易实际上是一种短期的资金借贷。回购协议的利率是由协议双方根据回购期限、货币市场行情以及回购债券的质量等因素议定的，与债券本身的利率没有直接关系。

2. 债券投资收益率的计算

人们投资债券时，最关心的就是债券收益有多少。为了精确衡量债券收益，一般使用债券收益率这个指标。债券收益率是债券收益与其投入本金的比率，通常用年率表示。债券收益不同于债券利息，债券利息仅指债券票面利率与债券面值的乘积。但由于人们在债券持有期内还可以在债券市场进行买卖，赚取价差，因此，债券收益除利息收入外，还包括买卖盈亏差价。

决定债券收益率的主要因素有：债券的票面利率、期限、面值和购买价格。最基本的债券收益率计算公式为

$$债券收益率 = (到期本息和 - 发行价格)/(发行价格 \times 偿还期限) \times 100\% \qquad (7.1)$$

由于债券持有人可能在债券偿还期内转让债券，因此债券的收益率还可以分为债券出售者的收益率、债券购买者的收益率和债券持有期间的收益率。各自的计算公式

$$债券出售者的收益率 = (卖出价格 - 发行价格 + 持有期间的利息)/$$
$$(发行价格 \times 持有年限) \times 100\% \qquad (7.2)$$

$$债券购买者的收益率 = (到期本息和 - 买入价格)/(买入价格 \times 剩余期限) \times 100\% \qquad (7.3)$$

$$债券持有期间的收益率 = (卖出价格 - 买入价格 + 持有期间的利息)/$$
$$(买入价格 \times 持有年限) \times 100\% \qquad (7.4)$$

【例 7.1】如某人于 1995 年 1 月 1 日以 102 元的价格购买了一张面值为 100 元、利率为 10%、每年 1 月 1 日支付一次利息的 1991 年发行的 5 年期国库券，并持有到 1996 年 1 月 1 日到期，则该债券购买者和出售者的收益率分别是多少？

解：

债券购买者的收益率 = (100+100×10%-102)/(102×1)×100% = 7.8%

债券出售者的收益率 = (102-100+100×10%×4)/(100×4)×100% = 10.5%

【例 7.2】再如某人于 1993 年 1 月 1 日以 120 元的价格购买了面值为 100 元、利率为 10%、每年 1 月 1 日支付一次利息的 1992 年发行的 10 年期国库券，并持有到 1998 年 1 月 1 日以 140 元的价格卖出，则该债券出售者的收益率为多少？

解：

债券持有期间的收益率 = (140-120+100×10%×5)/(120×5)×100% = 11.7%

以上计算公式没有考虑把获得的利息进行再投资的复利因素。所谓复利就是每年把投资本金所得到的利息收入加进投资本金内，构成新的投资本金，进行再投资所得到的收益的比率。在欧美债券市场，通常都使用复利。目前，我国债券基本上不计算复利，但随着债券交易的活跃，也会出现计算复利的债券。由于复利的计算方法比较复杂，这里暂不介绍。

二、股票投资

(一)股票的价格及收益

股票作为一种资本证券，通过有偿转让，能给持有者带来收益，这就产生了股票的价格。在一级市场和二级市场上，股票有各自不同的价格即发行价格和交易价格。

1. 发行价格

发行价格是股票在一级市场上发行时的价格。股票的发行价格不可随意制定，要考虑以下因素：市盈率，即市场价格与每股税后利润的比值；每股税后利润；类似上市公司的股价；每股净资产；预计的股利。

2. 交易价格

交易价格是指在证券市场上买卖股票时，由买卖双方所决定的价格。股票的交易价格包括开盘价、收盘价、最高价、最低价、买入价、卖出价和成交价等多种。

(1) 开盘价，又称开市价，是指某种证券在证券交易所每个交易日开市后的第一笔买卖成交价格。

(2) 收盘价，又称收市价，通常指某种证券在证券交易所每个交易日的最后一笔买卖成交价格。

(3) 最高价指某种证券在每个交易日从开市到收市的交易过程中所产生的最高价格。

(4) 最低价指某种证券在每个交易日从开市到收市的交易过程中所产生的最低价格。

(5) 买入价指该股票即时的最高申报买入价。

(6) 卖出价指该股票即时的最低申报卖出价。

(7) 成交价指该股票的当笔买卖撮合成交价。

股票的交易价格与发行价格不同，发行价格只有一种，一经确定就固定不变；而股票的交易价格是永远处于变动之中，随着股市中供求关系的变化而上下波动。

3. 股票的收益

股票的收益是指投资者通过买卖股票而获得的全部投资报酬，包括股利收益和资本收益。

(1) 股利收益是指投资者从股份公司那里得到的投资报酬，实质上就是股份公司支付给股东的那部分税后利润。股利分为优先股股利和普通股股利，优先股股利先于普通股股利分发，其股利是固定的；普通股股利不固定，随公司的业绩变动而增减。

(2) 资本收益是指投资者通过市场交易得到的股票买卖差价收益，即投资者以较低的价格买进股票，以后以较高的价格卖出股票，获得这部分差价。在我国证券市场中由于股利收益比较低，大部分投资者期望得到的是资本收益。

(二)股票市场发展概况

旧中国的证券交易所始建于 1918 年，1921 年 5 月成立了上海华商证券交易所，1947 年国民政府批准为上海证券交易所，1949 年上海证券交易所关闭。

1984 年 12 月，上海飞乐股票成为新中国第一只公开发行的股票。我国建有上海和深圳两个社会公众股证券交易所。

深圳证券交易所于 1989 年 11 月 15 日筹建，1990 年 12 月 1 日开始集中交易，1991 年 4 月 11 日由中国人民银行总行正式批准成立。表 7.1 为 2015 年深圳证券市场概况。

表 7.1　2015 年深圳证券市场概况

指标名称	数　值	比上年+-	增减/%
上市公司数	1746	128	7.91
上市证券数	3440	917	36.35
总股本(亿股)	12779.28	3069.35	31.61
流通股本(亿股)	9625.60	2250.94	30.52
总市值(亿元)	236110.00	107537.06	83.64
流通市值(亿元)	163797.56	68669.12	72.19
总市值占 GDP 比重	37.12	15.25	69.73
深证成分指数	12664.89	1650.27	14.98
深证综合指数	2308.91	893.72	63.15
深证 B 股指数	1309.36	280.55	27.27
加权平均股价(元/股)	18.48	5.24	39.58
平均市盈率	52.75	18.70	54.92
投资者开户总数(万)	16877.44	4848.24	40.30
其中：机构开户总数	49.49	7.64	18.39

(资料来源：www.sse.org.cn. 深圳证券交易所，截止 2015.12.31)

【案例7.1】

上海证券交易所

上海证券交易所成立于 1990 年 11 月 26 日，同年 12 月 19 日开业，是不以营利为目的的会员制事业法人，归属中国证监会直接管理。上海证券交易所坐落在上海浦东南路 528 号证券大厦，其规模宏大，采用无形席位为主，有形席位为辅的交易模式，拥有亚太地区最大的交易大厅，设有 1608 个交易席位，交易网络连接交易终端 5700 个。覆盖全国、连通海外的卫星通信网每天为 3000 个卫星接收站传送即时行情和相关信息。截至 2007 年 1 月，现有上市公司 843 家，上市证券 1128 只，上市股票 887 只。去年股票累计成交金额达到 5.3 万亿元，在全球交易所中排名第 15 位，同比增长 173%，位居全球第一，上海证券市场在国民经济中已经占有重要地位。

纽约证券交易所(NYSE)

纽约证券交易所(new york stock exchange ,NYSE) 是世界上第二大证券交易所。它曾是最大的交易所，直到 1996 年它的交易量被纳斯达克超过。纽约证券交易所的总部位于美国纽约州纽约市百老汇大街 18 号，在华尔街的拐角南侧。纽约证券交易所有大约 2800 家公司在此上市，全球市值 15 万亿美元。至 2004 年 7 月，30 家处于道琼斯工业平均指数中的公司除了英特尔和微软之外都在 NYSE 上市。纽约证券交易所的起源可以追溯到 1792 年 5 月 17 日，当时 24 个证券经纪人在纽约华尔街 68 号外一棵梧桐树下签署了梧桐树协议。1817 年 3 月 8 日这个组织起草了一项章程，并把名字更改为"纽约证券交易委员会"，1863 年改为现名。

NASDAQ

纳斯达克证券市场分为全国性市场及小资本市场，在 2000 年初已经成为全世界最大的电子股票交易市场。目前有 5500 多家上市公司，每天的成交股数超过 20 亿股，全市场的总市值已经超过了 5 万亿美元，监督 5600 家证券公司、63 000 家分公司和 550 000 名以上登录的证券专家。10 年来不仅因为成为微软、英特尔、亚马逊和雅虎的资金摇篮而名噪一时，高科技类股公司也因为"她"不限国别、不限行业、不限成立年限、不限获利、不限所有制的宽松门槛，在他们有更大规模资金需求的时候，往往第一个想到的就是纳斯达克，而纳斯达克又经常对高成长性的中小企业给予最热情的拥抱。与纽约证券交易所和美国证券交易所不同的是，该市场不是一个有形交易市场，没有一个公开的交易大厅，全部的买卖都是通过计算机自动报价交易系统进行。

英国伦敦证券交易所(LSE)简介

作为世界第三大证券交易中心，伦敦证券交易所是世界上历史最悠久的证券交易所，有大约 300 年的历史。它的前身为 17 世纪末伦敦交易街的露天市场，是当时买卖政府债券的"皇家交易所"，1773 年由露天市场迁入司咸丁街的室内，并正式改名为"伦敦证券交易所"。1802 年，交易所获得英国政府正式批准。1995 年 12 月，该交易所分为两个独立的部分，一部分归属爱尔兰共和国，另一部分归属英国，即现在的伦敦证券交易所。与世界上其他金融中心相比，伦敦证券交易所具有三大特点：①上市证券种类最多，除股票外，有政府债券、国有化工业债券、英联邦及其他外国政府债券，地方政府、公共机构、工商企业发行的债券，其中外国证券占 50%左右；②拥有数量庞大的投资于国际证券的基金，对于公司而言，在伦敦上市就意味着自身开始同国际金融界建立起重要联系；③它运作着四个独立的交易市场。

东京证券交易所

东京证券交易所于 1878 年 5 月成立，第二次世界大战后，日本在 1965 年、1990 年和 1997 年先后爆发了三次较大的"证券危机"。在经历了一次又一次的"证券危机"后，东京证券交易所日趋成熟，特别在组织管理上，既吸取英国自主管理的"自律"原则，又摒弃其管理较松的做法，参照美国管理模式建立了严格的管理制度。目前，东京证券交易所的上市公司数近 2000 家，其中外国公司近 100 家。

(三)股票交易常识

在屏幕显示器上，一般包括：股票名称、昨收盘、今开盘、最高价、最低价、买入价、卖出价、成交价、涨跌幅、当笔成交量、总成交量等。

分时走势图是把股票市场的交易信息实时地用曲线在坐标图上加以显示的技术图形。坐标的横轴是开市的时间，纵轴的上半部分是股价或指数，下半部分显示的是成交量。分时走势图是股市现场交易的即时资料。分时走势图分为指数分时走势图和个股分时走势图。

1. 指数分时走势图

以上证指数为例，如图 7.1 上海股票价格指数分时走势图所示(见插页)，图中白色曲线表示上证交易所对外公布的通常意义下的大盘指数，也就是加权数。

黄色曲线是不考虑上市股票发行数量的多少，将所有股票对上证指数的影响等同对待的不含加权数的大盘指数。

参考白色、黄色曲线的相对位置关系，可以得到以下信息：当指数上涨，黄色曲线在白色曲线走势之上时，表示发行数量少(盘小)的股票涨幅较大；而当黄色曲线在白色曲线走势之下，则表示发行数量多(盘大)的股票涨幅较大。当指数下跌时，如果黄色曲线仍然在白色曲线之上，表示小盘股的跌幅小于大盘股的跌幅；如果白色曲线反居黄色曲线之上，则说明小盘股的跌幅大于大盘股的跌幅。

红色、绿色的柱线反映当前大盘所有股票的买盘与卖盘的数量对比情况。红柱增长，表示买盘大于卖盘，指数将逐渐上涨；红柱缩短，表示卖盘大于买盘，指数将逐渐下跌。

绿柱增长，指数下跌量增加；绿柱缩短，指数下跌量减小。

黄色柱线表示每分钟的成交量，单位为手(100 股/手)。

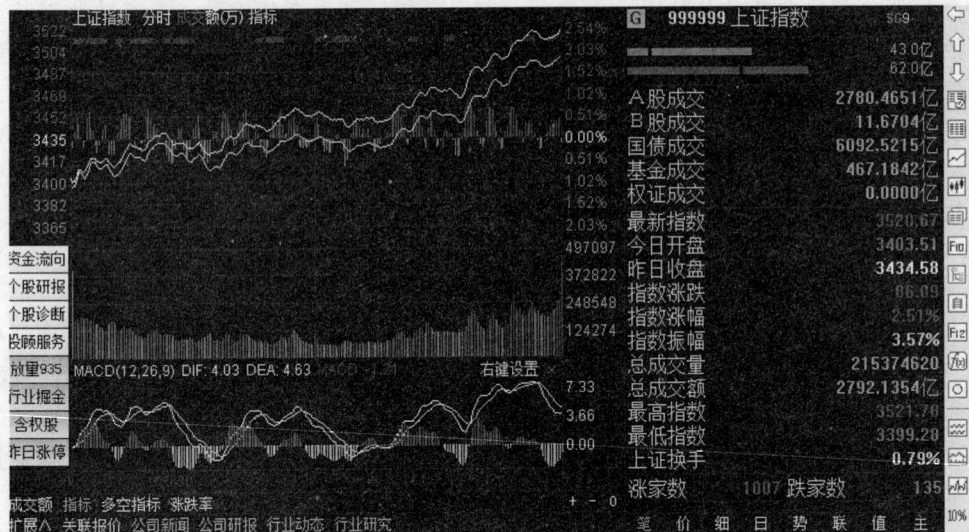

图 7.1　上海股票价格指数分时走势图

2. 个股分时走势图

个股分时走势图如图 7.2 格力电器分时走势图所示(见插页)。

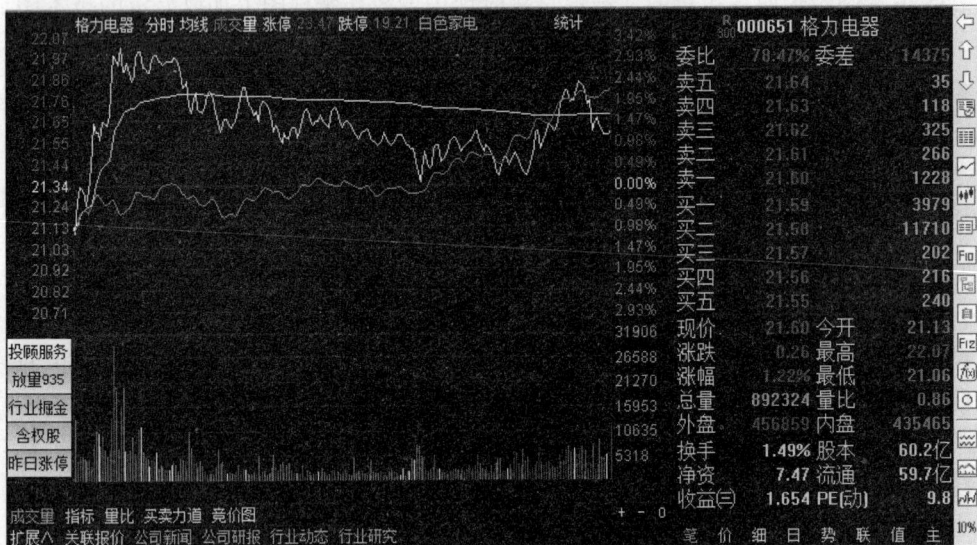

图 7.2　格力电器分时走势图

白色曲线表示该种股票的分时成交价；黄色曲线表示该种股票的平均价格。

黄色柱线表示每分钟的成交量，单位为手(100 股/手)。

3. 分时走势图中经常出现的名词及含义

成交价是卖出价时成交的手数总和称为外盘。

成交价是买入价时成交的手数总和称为内盘。

当外盘累计数量比内盘累计数量大很多而股价也在上涨时，表明很多人在抢盘买入股票。

当内盘累计数量比外盘累计数量大很多而股价下跌时，表示很多人在抛售股票。

买一、买二、买三、买四、买五为五种委托买入价格，其中买一为最高申买价格。

卖一、卖二、卖三、卖四、卖五为五种委托卖出价格，其中卖一为最低申卖价格。

三、证券投资基金

(一)证券投资基金的定义

证券投资基金是一种利益共享、风险共担的集合证券投资方式，即通过发行基金单位，集中投资者的资金，由基金托管人托管，由基金管理人管理和运用资金、从事股票、债券、外汇、货币等金融工具投资，以获得投资收益和资本增值。在我国，基金托管人必须由合格的商业银行担任，基金管理人必须由专业的基金管理公司担任。基金投资人享受证券投资基金的收益，也承担亏损的风险。

证券投资基金在不同国家或地区称谓有所不同，美国称为"共同基金"，英国和香港称为"单位信托基金"，日本和我国台湾地区称为"证券投资信托基金"。

(二)证券投资基金的种类

根据不同标准可将证券投资基金划分为不同的种类。

1. 根据基金单位是否可申购或赎回，投资基金可分为开放式基金和封闭式基金

开放式基金是指基金设立后，投资者可以随时申购或赎回基金单位，基金规模不固定的投资基金；封闭式基金是指基金规模在发行前已确定，在发行完毕后的规定期限内，基金规模固定不变的投资基金。

2. 根据组织形态的不同，投资基金可分为公司型投资基金和契约型投资基金

公司型投资基金是具有共同投资目标的投资者组成以营利为目的的股份制投资公司，并将资产投资于特定对象的投资基金；契约型投资基金也称信托型投资基金，是指基金发起人依据其与基金管理人、基金托管人订立的基金契约，与发行基金单位组建的投资基金。

3. **根据投资风险与收益的不同，投资基金可分为成长型投资基金、收入型投资基金和平衡型投资基金**

成长型投资基金是指把追求资本的长期成长作为其投资目的的投资基金；收入型投资基金是指以能为投资者带来高水平的当期收入为目的的投资基金；平衡型投资基金是指以支付当期收入和追求资本的长期成长为目的的投资基金。

4. **根据投资对象的不同，投资基金可分为股票基金、债券基金、货币市场基金、期货基金、期权基金、指数基金和认股权证基金等**

股票基金是指以股票为投资对象的投资基金；债券基金是指以债券为投资对象的投资基金；货币市场基金是指以国库券、大额银行可转让存单、商业票据、公司债券等货币市场短期有价证券为投资对象的投资基金；期货基金是指以各类期货品种为主要投资对象的投资基金；期权基金是指以能分配股利的股票期权为投资对象的投资基金；指数基金是指以某种证券市场的价格指数为投资对象的投资基金；认股权证基金是指以认股权证为投资对象的投资基金。

5. **根据投资货币种类，投资基金可分为美元基金、日元基金和欧元基金等**

美元基金是指投资于美元市场的投资基金；日元基金是指投资于日元市场的投资基金；欧元基金是指投资于欧元市场的投资基金。表 7.2 为富国天益价值证券投资基金产品概况。

表 7.2　富国天益价值证券投资基金产品概况

基金名称	富国天益价值证券投资基金
基金代码	前端申购方式　100020
	后端申购方式　100021
基金类型	契约型开放式证券投资基金
基金管理人	富国基金管理有限公司
基金托管人	交通银行
基金合同生效日	2013 年 6 月 15 日
最低申购金额	1000 元
基金管理费	1.5%/年
基金托管费	0.25%/年

(三)证券投资基金的主要特点

1. 证券投资基金是由专家运作、管理并专门投资于证券市场的基金

我国《证券投资基金管理暂行办法》规定，证券投资基金投资于股票、债券的比例，

不得低于该基金资产总值的 80%。基金资产由专业的基金管理公司负责管理。基金管理公司配备了大量的投资专家，他们不仅掌握了广博的投资分析和投资组合理论知识，而且在投资领域也积累了相当丰富的经验。

2. 证券投资基金是一种间接的证券投资方式

投资者是通过购买基金而间接投资于证券市场的。与直接购买股票相比，投资者与上市公司没有任何直接关系，不参与公司决策和管理，只享有公司利润的分配权。投资者若直接投资股票、债券，就成了股票、债券的所有者，要直接承担投资风险。而投资者若购买证券投资基金，则是由基金管理人来具体管理和运作基金资产，进行证券的买卖活动。因此，对投资者来说，证券投资基金是一种间接证券投资方式。

3. 证券投资基金具有投资小、费用低的优点

在我国，每份基金单位面值为人民币 1 元。证券投资基金最低投资额一般较低，投资者可以根据自己的财力，多买或少买基金单位，从而解决了中小投资者"钱不多、入市难"的问题。

基金的费用通常较低。根据国际市场上的一般惯例，基金管理公司就提供基金管理服务，基金收取的管理费一般为基金资产净值的 1%～2.5%，而投资者购买基金需缴纳的费用通常为认购总额的 0.25%，低于购买股票的费用。

4. 证券投资基金具有组合投资、分散风险的好处

根据投资专家的经验，要在投资中做到起码的分散风险，通常要持有 10 个左右的股票。投资学有一句谚语："不要把你的鸡蛋放在同一个篮子里。"如我国最近颁布的《证券投资基金管理暂行办法》规定，1 个基金持有 1 家上市公司的股票，不得超过该基金资产净值的 10%。换言之，如果某基金将其 80%的资产净值投资于股票的话，它至少应购买 8 家公司的股票。

5. 证券投资基金流动性强

基金的买卖程序非常简便，对开放式基金而言，投资者既可以向基金管理公司直接购买或赎回基金，也可以通过证券公司等代理销售机构购买或赎回，或委托投资顾问机构代为买入。国外的基金大多是开放式基金，每天都会进行公开报价，投资者可随时据以购买或赎回。我国试点的封闭式基金都在证券交易所上市交易、买卖程序与股票相似。

【案例 7.2】

毁掉的巴林银行

巴林银行是由英国巴林家族 1762 年创立，到 1995 年时，业务遍布 25 个国家 55 个分支机构，巴林银行最著名的客户是当今英国女王。然而，谁曾想到，这个具有 233 年历史，

在全球掌控 270 多亿英镑资产的老牌银行，竟毁于一个年龄只有 28 岁的小伙子尼克·里森 (Nick Lesson)之手。

里森在 1992 年任职巴林银行新加坡期货交易部兼清算部经理，买卖一种简单的衍生金融工具——日经指数 225 的期货指数；同时，利用新加坡与日本市场极短时间内的价格差异，进行套利。一般银行会通过授予交易员持有一定风险的资金额度，避免风险过大，同时银行内部的清算部门通过每天的结算工作，对交易员及其风险部位进行有效掌握。但不幸的是，里森一人身兼二职。

任何交易出错都在所难免，比如买进误操作为卖出等。出现错误后必须积极处理，无法挽回的，要将错误转入银行系统中一个称为"错误账户"的账户中，同时向总部报告。里森被授权在新加坡建立一个登记较小错误的账户"88888"，可以自行处理。就是这个看似非常吉利的账户，毁掉了巴林银行。

里森手下的一名曾经很棒的交易员乔治，误将 100 分 9 月合约卖出操作为买进，价值高达 800 万英镑。为替好友掩盖失误，隐瞒损失，里森将其记入"88888"账户。为了掩盖错误，里森铤而走险，不断加大赌注。1994 年底，里森预计日本经济复苏，买进日经 225 股指期货指数，同时卖出日本政府公债期货，交易总市值约 270 亿美元，远超过巴林银行集团的资产总和。不幸的是， 1995 年 1 月 17 日，日本神户发生 7.2 级大地震，到 2 月 23 日，市场的走势和里森的操作完全相反，由此给巴林银行带来 8.6 亿英镑的损失，这是巴林银行全部资本和储备金的 1.2 倍。最后，巴林银行被荷兰某集团以 1 英镑的价格象征性地收购了。(资料来源：改编自《资本战争》，德国，彼得·马丁/布鲁若·霍尔纳格著)

(四)证券投资基金与股票、债券的区别

1. 反映的关系不同

股票反映的是所有权关系，债券反映的是债权债务关系，而基金反映的是基金投资者和基金管理人之间的一种委托代理关系。

2. 筹集资金的投向不同

股票和债券是融资工具，筹集的资金主要是投向实业，而基金主要是投向其他有价证券等金融工具。

3. 风险水平不同

股票的直接收益取决于发行公司的经营效益，不确定性强，投资于股票有较大风险。债券的直接收益取决于债券利率，而债券利率一般是事先确定的，投资风险小。基金主要投资于有价证券，而且其投资选择相当灵活多样，从而使基金的收益有可能高于债券，投资风险又可能小于股票。因此，基金能满足那些不能或不宜于直接参与股票、债券投资的个人或机构的需要。

四、期权投资

(一)期权的定义

期权又称选择权(option)，是指一种能在未来某特定时间以特定价格买入或卖出一定数量的某种特定商品的权利。期权实际上是一种权利，是一种选择权，期权的持有者可以在该项期权规定的时间内选择买或不买、卖或不卖的权利，他可以实施该权利，也可以放弃该权利，而期权的出卖者则只负有期权合约规定的义务。

期权的买方向卖方支付一定数额的权利金后，就获得这种权利，即拥有在一定时间内以一定的价格(执行价格)出售或购买一定数量的标的物(实物商品、证券或期货合约)的权利。期权的买方行使权利时，卖方必须按期权合约规定的内容履行义务。相反，买方可以放弃行使权利，此时买方只是损失权利金，同时，卖方则赚取权利金。总之，期权的买方拥有执行期权的权利，无执行的义务；而期权的卖方只是履行期权的义务。

(二)期权的分类

期权按不同的标准可以分为下述几类。

1. 按期权所赋予的权利分为买入期权和卖出期权

买入期权(call option)又称看涨期权，是指在期权合约有效期内按执行价格买进一定数量标的物的权利。卖出期权(put option)又称看跌期权，是指卖出标的物的权利。当期权买方预期标的物价格超出执行价格时，就会买进看涨期权，相反就会买进看跌期权。

【例7.3】看涨期权：1月1日，标的物是铜期货，它的期权执行价格为1850美元/吨。A买入这个权利，付出5美元；B卖出这个权利，收入5美元。2月1日，铜期货价上涨至1905美元/吨，看涨期权的价格涨至55美元。A可采取两个策略。

(1) 行使权利。A有权按1850美元/吨的价格从B手中买入铜期货；B在A提出这个行使期权的要求后，必须予以满足，即便B手中没有铜，也只能以1905美元/吨的市价在期货市场上买入而以1850美元/吨的执行价卖给A，而A可以1905美元/吨的市价在期货市场上抛出，获利50美元，B则损失50美元。

(2) 售出权利。A可以55美元的价格售出看涨期权，A获利50美元(55-5)。如果铜价下跌，即铜期货市价低于敲定价格1850美元/吨，A就会放弃这个权利，只损失5美元权利金，B则净赚5美元。

【例7.4】看跌期权：1月1日，铜期货的执行价格为1750美元/吨，A买入这个权利，付出5美元；B卖出这个权利，收入5美元。2月1日，铜价跌至1695美元/吨，看跌期权的价格涨至55美元。此时，A可采取两个策略。

(1) 行使权利：A可以按1695美元/吨的市价从市场上买入铜，而以1750美元/吨的价格卖给 B，B 必须接受，A 从中获利 50 美元，B 损失 50 美元。

(2) 售出权利：A 可以 55 美元的价格售出看跌期权，A 获利 50 美元。

如果铜期货价格上涨，则 A 就会放弃这个权利而损失 5 美元，B 则净得 5 美元。

2. 按期权交易的标的物分为股票期权、外汇期权和利率期权

股票期权(stock option)是指买方在交付了期权费后，即取得在合约规定的到期日或到期日以前按协议价买入或卖出一定数量相关股票的权利。

外汇期权(foreign option)是指期权买方在支付一定数额的期权费后，有权在约定的到期日按照双方事先约定的协定汇率和金额同期权卖方买卖约定的货币，同时权利的买方也有权不执行上述买卖合约。

外汇期权分为买权和卖权两种。为了取得上述买或卖的权利，期权(权利)的买方必须向期权(权利)的卖方支付一定的费用，称作期权费(premium)。因为期权(权利)的买方获得了今后是否执行买卖的决定权，期权(权利)的卖方则承担了今后汇率波动可能带来的风险，而期权费就是为了补偿汇率风险可能造成的损失。这笔期权费实际上就是期权(权利)的价格。

【例 7.5】某人以 1000 美元的权利金买入了一张价值 100 000 美元的欧元/美元的欧式看涨合约，合约规定期限为 3 个月，执行价格为 1.1500。3 个月后的合约到期日，欧元/美元汇率为 1.1800，则此人可以要求合约卖方以 1.1500 卖给自己价值 100 000 美元的欧元，然后他可以再到外汇市场上以 1.1800 抛出，所得盈利减去最初支付的 1000 美元即是其最后的盈利。如果买入期权合约 3 个月后，欧元/美元汇率为 1.1200，此时执行合约还不如直接在外汇市场上买合算，此人于是可以放弃执行合约的权利，损失最多 1000 美金。

利率期权(interest option)是指买方在支付了期权费后，即取得在合约有效期内或到期时以一定的利率(价格)买入或卖出一定面额的利率工具的权利。利率期权合约通常以政府短期、中期、长期债券，欧洲美元债券，大面额可转让存单等利率工具为标的物。

3. 按执行时间的不同，期权可分为欧式期权和美式期权

欧式期权(European option)是指只有在合约到期日才被允许执行的期权，它在大部分场外交易中被采用。美式期权(American option)是指可以在成立后有效期内任何一天被执行的期权，多为场内交易所采用。

通过以上几个例子，可以得出以下结论：一是作为期权的买方(无论是看涨期权还是看跌期权)只有权利而无义务，其风险是有限的(亏损最大值为权利金)，但在理论上获利是无限的；二是作为期权的卖方(无论是看涨期权还是看跌期权)只有义务而无权利，在理论上风险是无限的，但收益是有限的(收益最大值为权利金)；三是期权的买方无须付出保证金，卖方则必须支付保证金以作为必须履行义务的财务担保。

期权是适应国际上金融机构和企业等控制风险、锁定成本的需要而出现的一种重要的避险衍生工具。1997 年诺贝尔经济学奖授给了期权定价公式(布莱克－斯科尔斯公式)的发

明人，这也说明国际经济学界对于期权研究的重视。

【案例7.3】

衍生金融工具定义

衍生金融是指具有下列特征的金融工具或其他合同。

(1) 其价值随特定利率、金融工具价格、商品价格、汇率、价格指数、费率指数、信用等级、信用指数或其他类似变量而变动，变量为非金融变量，该变量与合同的任一方不存在特定关系。

(2) 不要求初始净投资，或与对市场情况变化有类似反应的其他类型合同相比，要求很少的初始净投资。

(3) 在未来某一日期结算。

衍生工具包括远期合同、期货合同、互换和期权，以及具有远期合同、期货合同、互换和期权中一种或一种以上特征的工具。(资料来源：财政部. 企业会计准则第22号——金融工具确认和计量，2006.2)

五、期货投资

(一)期货的定义

期货合约(futures contract)简称期货，是由合约双方订立的、约定在未来某个时间按成交约定的价格交割一定数量的某种商品的标准化合约。合约的内容是统一的、标准化的，唯有合约的价格，会因各种市场因素的变化而发生大小不同的波动。合约对应的"货物"称为标的物，通俗地讲，期货要炒的那个"货物"就是标的物，它是以合约符号来体现的。例如：CU0602是一个期货合约符号，表示2006年2月交割的合约，标的物是电解铜。

期货交易买卖的是"合约符号"，并不是在买卖实际的货物，所以，交易者在买进或卖出期货时，就不用考虑是否需要或者拥有期货相应的货物，而只考虑怎样买卖才能赚取差价，其买与卖的结果只体现在自己的"账户"上，代价就是万分之几的手续费和占用5%左右的保证金，这一点可简单地用通常所说的"买空卖空"来理解。期货交易可进行双向交易，即根据自己对将来行情涨跌的分析，可先买进开仓，也可先卖出开仓，等价差出现后，再进行反向的卖出平仓或买进平仓，以抵消掉自己开仓的合约。这样自己的"账单"上就只留下开仓和平仓之间的价差，同时，开仓占用的保证金自动退回，从而完成了一次完整的交易。

当然，期货这种合约也可实际交割。一个开仓的买入合约，一直不平仓，到期限后(一般几个月)，交易者就必须付足相应货物的货款，得到相应的货物。如果是卖出合约，就应交出相应货物，从而得到全额货款。作为投机者就应在合约到期前平掉合约。

【例7.6】假设一客户认为，大豆价格将要下跌，于是以3000元/吨卖出一手期货合约(每手大豆是10吨，保证金比例约9%)，而后，价格果然跌到2900元/吨，该客户买进一手平仓了结，完成一次交易。

毛利润为

$$(3000-2900)×10=1000(元)$$

以上交易全部体现在账单上，资金大约投入：3000×10×9%=2700元，还应扣除交易费用大约10多元。

(二)期货交易的种类

期货的种类相当丰富，一般分为商品期货和金融期货两大类。

1. 商品期货

(1) 农产品期货(commodity futures)，包括玉米、小麦、大豆等粮食类期货和活牛、鸡等畜产品期货。

(2) 软性商品期货(soft commodity futures)，包括咖啡、可可等特殊经济作物。

(3) 金属期货(metal futures)，包括黄金、白金、白银等的贵金属期货和铜、锡等工业金属期货。

(4) 能源期货(energy futures)，包括石油及石油附属商品期货。

2. 金融期货

(1) 外汇期货(foreign currency futures)，又称货币期货，是以外汇为标的的期货合约，是最早的金融期货产品。

(2) 利率期货(interest rate futures)，是以各种固定利率的有价证券为标的的期货合约。

(3) 股票指数期货(stock index futures)，是以股票价格指数为标的物的期货交易，是20世纪80年代金融创新中出现的最重要、最成功的金融工具之一。

(三)参与期货交易的基本程序

1. 开户

仔细阅读并理解《期货交易风险说明书》，对期货交易的风险做到心里有数。签署《期货经纪合同》以及《期货市场投资者开户登记表》，确立客户与期货公司的经纪关系。期货经纪公司即向各交易所申请客户交易编码(类似于股票交易中股东代码)和统一分配客户资金账号。《期货经纪合同》中最重要的两点是，明确了交易指定人(居间人)，约定出金时的印鉴和出金方式。

2. 入金、出金

客户向期货公司保证金封闭运行账户缴纳期货交易保证金方法：到期货公司或其营业

部现场办理；从银行汇兑到期货公司指定账户(须备注资金汇入的客户姓名及客户资金账号)；通过银期转账或银证转账系统自助办理。

客户出金时，须提供《期货经纪合同》中约定的印鉴和身份证才能办理，并以合同中约定的方式出金给客户。远程客户可用约定方式将出金汇兑到指定账户。

3. 交易方式

国内期货交易委托方式有：书面委托下单(书面委托居间人)、电话委托。

期货交易竞价方式为计算机撮合成交的竞价方式，这与股票是一样的，并遵循价格优先，时间优先的原则，在出现涨跌停板的情况时，则要遵循平仓优先的原则。

4. 结算

每天交易结束后，期货公司对客户期货账户进行无负债结算，即根据当日交易结果对交易保证金、盈亏、手续费、出入金、交割货款和其他相关款项进行主计算、划拨。

5. 账单确认

客户对当日交易账户中记载事项有异议的(远程客户可通过电话或网上查询)，应当在下一交易日开市前向期货经纪公司提出书面异议；客户对交易账户记载无异议的，视为对交易结算的自动确认。

6. 销户

客户不需要保留其资金账户时，在对其资金账户所有交易和资金进出确认无误，且资金账户中无资金和持仓，填写《销户申请表》，即可办理销户。远程客户可以用约定方式异地办理。

我国主要的期货交易所有：上海交易所，以贵重黄色金属为主，主要品种有：铜、铝、天然橡胶、燃油；大连交易所，以农产品为主，主要品种有：大豆、豆粕、玉米、豆油；郑州交易所，以农产品为主，主要品种有：硬冬麦、强筋麦、棉花。

第三节　证券投资策略

一、证券投资分析

证券投资分析是通过各种专业性的分析方法和分析手段对来自于各个渠道的、能够对证券价格产生影响的各种信息进行综合分析，并判断其对证券价格发生作用的方向和力度。证券投资分析作为证券投资过程不可或缺的一个组成部分，是进行投资决策的依据，在投资过程中占有相当重要的地位。

理性的证券投资过程通常包括以下几个基本步骤：确定证券投资政策、进行证券投资分析、组建证券投资组合、投资组合的修正、投资组合业绩评估。

(一)证券投资分析的信息来源

信息在证券投资分析中起着十分重要的作用,是进行证券投资分析的基础。来自各个渠道的信息最终都将通过各种方式对证券的价格发生作用,导致证券价格的上升或下降,从而影响证券的收益率。因此,信息的多寡、信息质量的高低将直接影响证券投资分析的效果,影响分析报告的最终结论。一般来说,进行证券投资分析的信息主要来自于以下三个渠道。

1. 历史资料

历史资料是指过去通过各种渠道发布或获得的影响证券市场或对证券投资分析有借鉴意义的信息资料。它包括有关世界政治经济、某个国家的政治经济以及某个地区经济政策方面的信息,还包括某个行业的发展状况,某个公司生产、销售、管理、财务、股票状况的信息以及某项产品生产与销售状况的信息。

2. 媒体信息

媒体信息主要是指通过各种书籍、报纸、杂志、其他公开出版物以及电视、广播、互联网等媒体获得公开发布的信息。它包括国家的法律法规、政府部门发布的政策信息、上市公司的年度报告和中期报告等。

3. 实地访查

实地访查是指证券投资分析人员直接到有关的上市公司、交易所、政府部门等机构去实地了解进行证券分析所需的信息资料。

(二)证券投资分析的主要方法

证券投资分析有三个基本要素:信息、步骤和方法,其中,证券投资分析的方法直接决定了证券投资分析的质量。目前,进行证券投资分析所采用的分析方法主要有两大类:第一类是基本分析,第二类是技术分析。前者主要是根据经济学、金融学、投资学等基本原理推导出结论的分析方法,后者则是主要根据证券市场本身的变化规律得出结果的分析方法。

1. 基本分析法

基本分析又称基本面分析,是指证券投资分析人员根据经济学、金融学、财务管理学及投资学等基本原理,对决定证券价值及价格的基本要素,如宏观经济指标、经济政策走势、行业发展状况、产品市场状况、公司销售和财务状况等进行分析,评估证券的投资价值,判断证券的合理价位,提出相应的投资建议的一种分析方法。

基本分析的理论基础建立在下一个前提条件之上，即任何金融资产的"真实"(或"内在")价值等于这项资产所有者的所有预期收益流量的现值。

基本分析法内容：

(1) 宏观经济分析。宏观经济分析主要探讨各经济指标和经济政策对证券价格的影响。经济指标又分为三类：先行性指标，这类指标可以对将来的经济状况提供预示性的信息；同步性指标，这类指标的变化基本上与总体经济活动的转变同步；滞后性指标，这类指标的变化一般滞后于国民经济的变化。除了经济指标之外，主要的经济政策有：货币政策、财政政策、信贷政策、债务政策、税收政策、利率与汇率政策、产业政策、收入分配政策，等等。

(2) 行业分析与区域分析。行业分析和区域分析是介于经济分析与公司分析之间的中观层次的分析。前者主要分析产业所属的不同市场类型、所处的不同生命周期以及产业的业绩对于证券价格的影响；后者主要分析区域经济因素对证券价格的影响。一方面，产业的发展状况对该产业上市公司的影响是巨大的，从某种意义上说，投资于某个上市公司，实际上就是以某个产业为投资对象；另一方面，上市公司在一定程度上又受到区域经济的影响，尤其在我国，各地区的经济发展极不平衡，从而造成了我国证券市场所特有的"板块效应"。

(3) 公司分析。公司分析是基本分析的重点，无论什么样的分析报告，最终都要落实在某个公司证券价格的走势上。如果没有对发行证券的公司状况进行全面的分析，就不可能准确地预测其证券的价格走势。公司分析侧重对公司的竞争能力、盈利能力、经营管理能力、发展潜力、财务状况、经营业绩以及潜在风险等进行分析，借此评估和预测证券的投资价值、价格及其未来变化的趋势。

(4) 优缺点。基本分析的优点主要是能够比较全面地把握证券价格的基本走势，应用起来也相对简单。基本分析的缺点主要是预测的时间跨度相对较长，对短线投资者的指导作用比较弱，同时预测的精确度相对较低。

(5) 适用范围。基本分析主要适用于周期相对比较长的证券价格预测、相对成熟的证券市场以及预测精确度要求不高的领域。

2. 技术分析法

技术分析是仅从证券的市场行为来分析证券价格未来变化趋势的方法。证券的市场行为可以有多种表现形式，其中证券的市场价格，成交量、价和量的变化，以及完成这些变化所经历的时间是市场行为最基本的表现形式。

技术分析的理论基础是建立在以下三个假设之上的。这三个假设是：市场的行为包含一切信息；价格沿趋势移动；历史会重复。

技术分析理论的内容就是市场行为的内容。粗略地进行划分，可以将技术分析理论分为以下几类：K线理论、切线理论、形态理论、技术指标理论、波浪理论和循环周期理论。

技术分析的优点是同市场接近，考虑问题比较直观。与基本分析相比，利用技术分析进行证券买卖见效快，获得收益的周期短。此外，技术分析对市场的反应比较直接，分析的结果也更接近市场的局部现象。

技术分析的缺点是考虑问题的范围相对较窄，对市场长远的趋势不能进行有益的判断。鉴于此，技术分析在给出结论时，只能给出相对短期的结论。因此，在中国证券市场，要得到较准确的长期预测结论，仅仅依靠技术分析是不够的。

理论上讲，技术分析既可以用于长期的行情预测，也可以用于短期的行情预测。就我国国内现实市场条件来说，技术分析更适用于短期的行情预测，要进行周期较长的分析必须结合其他的分析方法，这是应用技术分析最应该注意的问题。技术分析所得到的结论仅仅具有一种建议的性质，并且是以概率的形式出现的。

3. K线图分析

K 线是将股市中每日开盘价、收盘价、最高价及最低价，用粗线及细线的方法记录下来，画成蜡烛样的图形，用其阳或阴来表示开盘价与收盘价之间的关系。K 线图可以使投资者非常明确地看到当日的股价走势，并且将多个 K 线连接之后可以形成一个趋势线，进而可以预测未来的股价走势。

K 线图最早是日本德川幕府时代大阪的米商用来记录一天、一周或一月中米价涨跌行情的图示法，后因其细腻独到的画图方式而被引入到股市及期货市场。目前，这种图表分析法在我国乃至整个东南亚地区都非常流行。由于用这种方法绘制出来的图表形状颇似一根根蜡烛，加上这些蜡烛有黑白之分，因而也叫阴阳线图表。

K 线图的种类及其研判。通过 K 线图，能够把每日或某一周期的市况表现完全记录下来。K 线图有直观、立体感强、携带信息量大的特点，蕴涵着丰富的东方哲学思想，能充分显示股价趋势的强弱、买卖双方力量平衡的变化，预测后市走向较准确，K 线图是各类传播媒介、计算机实时分析系统应用较多的技术分析手段。其记录方法如图 7.3 所示。

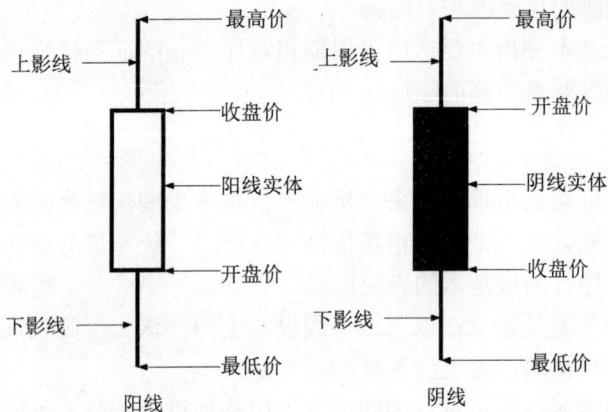

图 7.3　K 线图

日 K 线是根据股价(指数)一天走势中形成的 4 个价位：开盘价、收盘价、最高价、最低价绘制而成的。

二、证券投资灵活操作方法

1. 顺势投资法

对于那些小额股票投资者而言，谈不上能够操纵股市，要想在变幻不定的股市战场上获得收益，只能跟随股价走势，采用顺势投资法。当整个股市大势向上时，以做多头或买进股票持有为宜；而股市不好或股价趋势向下时，则以卖出手中持股而拥有现金以待时而动较佳。这种跟着大势走的投资作法，似乎已成为小额投资者公认的"法则"。凡是顺势的投资者，不仅可以达到事半功倍的效果，而且获利的概率也比较高；反之，如果逆势操作，即使财力极其庞大，也可能会得不偿失。

采用顺势投资法必须确保两个前提：一是涨跌趋势必须明确；二是必须能够及早确认趋势。这就需要投资者根据股市的某些征兆进行科学准确的判断。

2. "拔档子"操作法

所谓"拔档子"是指投资者先卖出自己所持有的股票，待其价位下降之后，再买入补回的一种以多头降低成本，保存实力的方法。投资者"拔档子"并不是对后市看坏，也不是真正有意获利了结，只是希望趁价位高时，先行卖出，以便自己赚自己一段差价。通常"拔档子"卖出与买回之间相隔不会太久，短则相隔一天即于回补，长则可能达一两个月之久。

"拔档子"的动机有两种，第一种为行情上涨一段后卖出，回降后补进的"挺升行进间拔档"；第二种为行情挫落时，趁价位仍高时卖出，等价位跌低时再予回补的"滑降间拔档"。前者系多头推动行情上升之际，见价位已上升不少，或者遇到沉重的压力区，干脆自行卖出，希望股价回落，以化解涨升阻力，待方便行情时再度冲刺；后者则为套牢多头，或多头自知实力弱于卖方，于是，在股价尚未跌低之前，先行卖出，等价位跌落后，再买回。

"拔档子"作对了，可降低成本，增加利润，万一做错了则吃力不讨好。

3. 保本投资法

保本投资法是一种避免血本耗尽的操作方法。保本投资的"本"和一般生意场上的"本"的概念不一样，并不代表投资人用于购买股票的总金额，而是指不容许亏蚀净尽的数额。因为用于购买股票的总金额人人各不相同，即使购买同等数量的同一种股票，不同的投资者所用的资金也大不一样。通过银行融资买进的投资者所使用的金额，只有一般投资者所用金额的一半(如美国联邦储备银行规定从事卖空者在进行交易是需支付当时股票市场价格 50%的保证金)；以垫款买进(当然是非法的)的投资者所用的金额，更是远低于一般投资者所用的金额。所以"本"并不是指买进股票的总金额。"不容许亏蚀净尽的数额"则是指投资者心中主观认为在最坏的情况下不愿被损失的那一部分,即所谓损失点的基本金额。

这种方法比较适用于经济景气明朗时,股价走势与实质因素显著脱节时,以及行情变化怪异难以估量时,用此法进行投资的人,切忌贪得无厌。

4. 守株待兔法

守株待兔是一句家喻户晓的成语,将这一成语运用到股票投资中,并非要求投资者将自己的希望吊在一棵"树"上,而是为了获利,要求广泛撒网,守住很多树,既买进交易所挂牌且每天均有交易的多数股票。对于普遍的投资者来讲,选择合适的投资对象非常关键,而且不易把握,如果缺乏正确可靠的消息来源和行家的指导,自己无法确定投资对象时,则不妨采用此法。

具体的做法是,投资者可以将每天挂牌上市的股票购进一股或几股。这样一来,股票涨跌都有可能获得收益,而不至于全亏(当然,由于系统性风险而引起的整个股市是一种例外情况)。

用这种方法的人应该自己首先订立一个原则,如涨跌幅度超过二成则可售出或买进。甲股票涨了二成卖掉它;下轮到乙股票涨了二成也卖掉它;丙股票跌了二成买进,丁股票跌了二成也补进。这样做就不必为股票的选择而大动脑筋,省去很多麻烦,也降低了投资对象选择中的风险,收益可观。

5. 摊平操作法

俗话说:智者千虑,必有一失。任何精明的投资人,都不可避免地有时会作出错误的决策,如买进的时机不对,或者买进价格高了等。因此,有经验的股票投资者都必定会摒弃赌徒心理,讲求逐步操作,即任何买卖进出都不用尽全部财力,以便下档摊平,或上档加码。

下档摊平的操作方法是指投资人在买进股票后,由于股价下跌,使得手中持股形成亏本状态,当股价跌落一段时间后,投资人以低价再买进一些以便匀低成本的操作方式。下档摊平的操作方法大体上可以分为3种。

(1) 逐次平均买进摊平法。即将要投入股票的资金分成三部分,第一次买进全部资产的 1/3;第二次再买进 1/3,剩余的 1/3 最后买进;这种方法不论行情上下,都不冒太大的风险。

(2) 加倍买进摊平法。加倍买进摊平法有二段式和三段式两种。二段式为将总投资资金分成 3 份:第一次买进 1/3,如果行情下跌,则利用另外的 2/3。三段式是将总投资资金分成 7 份:第一次买进 1/7;如行情下跌,则第二次买进 2/7;如行情再下跌,则第三次买进 4/7,此法类似于"倒金字塔买进法",适用于中、大户的操作。

(3) 加倍卖出摊平法。加倍卖出摊平法是将资金分成 3 份。第一次买进 1/3,如发现市场状况逆转，行情确已下跌，则第二次卖出 2/3，即要多卖出一倍的股票。这样可以尽快摊平，增加获利机会。

上档加码就是买进股票之后，股价上升了，再加码买进一些，以使持股数量增多，扩大获利的比率。

6. 分散投资组合法

这种投资组合的主要含义有如下几点。

(1) 购买股票的企业种类要分散，不要集中购买同一行业企业的股票，否则，若碰上行业性不景气，由于本行业股价受不景气的影响会全部大幅下跌，会使投资者蒙受极大损失。

(2) 购买股票的企业单位要分散，不要把全部资金投资于一个企业的股票，既是该企业目前经营业绩很好也要避免这种情况。

(3) 投资时间要分散。购买股票前应当先了解一下各种股票的派息时间，一般公司是每年 3 月份召开股东代表大会，四月派息，也有半年派一次息的。购买股票时可按派息时间岔开选择购买。因为按以往情况分析，派息前股价都会升高，即使投资者购买的某种股票因利率、物价等变动而在这一时间蒙受公共风险，投资者还可以期待到另一时间派息的股票上获利。

(4) 投资区域也要分散。由于各地的企业会受当地市场、税赋、法律政策等多方面因素的影响而产生不同的效果，分开投资，便可收东方不亮西方亮之效。

本 章 小 结

1. 证券投资即有价证券投资，指投资者将资金投向于股票、债券等各种有价证券，通过买卖来获取相应收益的一种投资行为。证券投资主要由三个要素构成：收益、风险和时间。

2. 证券投资交易程序为：开立证券账户、委托、申报、结算、清算交割和过户。

3. 债券根据发行主体不同，可以划分为国家公债(国债)、地方政府公债、金融债券、公司债券和企业债券、国际债券等几大类。债券的交易方式主要有三种：现货交易、期货交易和回购交易。

4. 债券收益率是债券收益与其投入本金的比率，通常用年率表示。决定债券收益率的主要因素有债券的票面利率、期限、面值和购买价格。

5. 股票价格有发行价格和交易价格。发行价格是股票在一级市场上发行时的价格，交易价格是指在证券市场上买卖股票时，由买卖双方所决定的价格。

6. 分时走势图是把股票市场的交易信息实时地用曲线在坐标图上加以显示的技术图形，一般包括：股票名称、昨收盘、今开盘、最高价、最低价、买入价、卖出价、成交价、涨跌幅、当笔成交量、总成交量等信息。

7. 证券投资基金是一种利益共享、风险共担的集合证券投资方式，即通过发行基金单位，集中投资者的资金，由基金托管人托管，由基金管理人管理和运用资金、从事股票、债券、外汇、货币等金融工具投资，以获得投资收益和资本增值。

8. 投资基金按照是否可增加或赎回，分为开放式基金和封闭式基金。开放式基金是指基金设立后，投资者可以随时申购或赎回基金单位，基金规模不固定的投资基金。封闭式基金是指基金规模在发行前已确定，在发行完毕后的规定期限内，基金规模固定不变的投资基金。

9. 期权又称选择权，是一种能在未来某特定时间以特定价格买入或卖出一定数量的某种特定商品的权利。期权实际上是一种选择权，期权的持有者可以在该项期权规定的时间内选择买或不买、卖或不卖的权利，他可以实施该权利，也可以放弃该权利，而期权的出卖者则只负有期权合约规定的义务。

10. 期货合约简称期货，是由合约双方订立的、约定在未来某个时间按成交约定的价格交割一定数量的某种商品的标准化合约。期货的种类相当丰富，一般分为商品期货和金融期货两大类。

11. 证券投资分析所采用的分析方法主要有两大类：基本分析和技术分析。基本分析能够比较全面地把握证券价格的基本走势，技术分析更适用于短期的行情预测，两种方法相辅相成。

知 识 链 接

证券投资常用术语

(1) 多头市场。多头，原称"牛"，是指投资者对股市前景看好，预计股价就会上涨而逢低买进证券，等股价上涨至一定价位再卖出证券，以获取差价收益的投资行为。多头市场是指证券价格呈上涨趋势时的市场氛围。

(2) 空头市场。空头，原称"熊"，是指投资者对股市前景看坏，预计股价就会下跌，而逢高卖出证券，等股价下跌至一定价位再买回证券，以获取差价收益的投资行为。空头市场是指证券价格呈长期下跌趋势时的市场氛围。

(3) 利多是指能够刺激股价上涨的消息，如减息、经济形势好转等。

(4) 利空是指能够促使股价下跌的消息，如加息、股市扩容等。

(5) 整理是指证券市场价格经过一段时间的上涨或下跌后，股价开始出现小幅度上下跳动的现象，并保持一段时间。幅度变化一般在10%～15%之间。

(6) 缺口又称跳空，是指在某一市场价格水平买卖双方没有交易达成而形成的价格空档。

(7) 底是指股价下跌至某一价位时，支撑力量使股价止跌回升。按出现次数和时间可分为短期底部、中期底部和长期底部。

(8) 顶又称头，是指股价上涨至某一价位时，股价停止上升并急速回跌。

(9) 手是国际上通用的计算成交股数的单位，必须是手的整数倍才能办理交易。

(10) 换手率是指在一定时间内市场中证券转手买卖的频率，是反映证券流通性的指标之一。计算公式为：换手率=(某一段时间内的成交量/流通股数)×100%。一般来说，当股价处于低位时，当日换手率达到 4%左右时应引起投资者的关注，而上升途中换手率达到 20%左右时则应引起警惕。新股首日上市尤其应该注意这个指标。

案例与点评

股票投资分析案例

一、投资目标

公司名称/代码 G 华邦(002004)

二、行业背景

(1) 医药和人类的生活密切相关，是市场永恒的热点之一，想象空间较大，并有不断的新的题材涌现。

(2) 从"非典"到"禽流感"，人类与各种病毒的斗争从来就没有停止过，各种新药层出不穷。不管是传统的西药、中药，还是新的生物制药均取得了许多的进展。特别是被称为"21 世纪朝阳产业"的生物医药产业目前已经进入既有业绩支撑又有概念的快速发展阶段，其投资价值日益彰显。

(3) 我国加入 WTO 后对医药板块产生深远影响。从近期看，对医药行业的直接影响主要表现有关税的降低，药品知识产权保护，开放药品批发、零售服务。虽然面临一定的挑战，但是同时可以看到，在直接面对外资介入以前，相关企业利用过渡期充分壮大自己以迎接外资挑战，本身也存在着不小的市场机会。

(4) 2005 年前三季度，23 户医药行业国有重点企业利润实现稳步增长。前三季度，23户医药行业国有重点企业完成工业生产总值(现值)422.1 亿元，同比增长 12.5%；实现主营业务利润收入 898.2 亿元，同比增长 13.7%。产、销增速分别比上半年加快 0.2 和 2.3 个百分点。这 23 户企业主营业务成本 718.9 亿元，同比增长 15.8%，高于主营业务收入增速 2.1个百分点，比上半年加快 2.6 个百分点；实现利润 33.5 亿元，同比增长 7.4%。

三、企业现状

(1) 技术状况。

G 华邦(002004)2005 年 11 月 5 日收盘情况。从周线图表上可以清楚地看到目前的股价处于历史的低价格区域，价值已经被低估(需要特别说明的是对于本周的低开主要是由于除权所带来的)。对照华邦制药(002004)和上证指数(000001)的走势得出这样的结论：与同期大盘相比华邦制药明显的强于大盘。

2005 年 5 月 10 日华邦制药最低价格是 5.59 元，到 2005 年 9 月 23 日最高价格是 9.23元，最大涨幅 65.11%；而同期上证指数在 2005 年 6 月 6 日见最低点位 998.23 后，到 2005年 9 月 20 日见到阶段性的顶部 1219.45 点，累计最大涨幅是 22.16%。由此可以看出，华邦制药强于同期大盘，并且相对于大盘而言取得了 42.95%的超额报酬率。

(2) 华邦制药是化学制剂类上市公司中少有的研发型企业。

该公司从小领域做起，已在皮肤科用药和结核科用药市场站稳脚跟，特别是在维甲酸类药物和抗耐药性结核病药物的细分市场居绝对优势地位。华邦制药的主要产品销往医院，公司对重点医院皮肤科和结核科的掌控能力较强。除产品市场规模相对较小外，华邦制药在研发和营销上同恒瑞医药极其相似。

(3) 公司将通过增加新产品和开拓 OTC 市场进一步提升业绩，公司正沿着"以新替旧""开发普药"和"进入新领域"三个方向开发新药。日前公司收购了陕西汉江药业 45%的股权，标志着原料药正在成为其新的利润增长点。另外，目前公司在 OTC 市场的投入较小，还有较大发展潜力。

(4) 公司估值较有吸引力。

预测华邦制药 2005、2006 和 2007 年每股收益分别为 0.4 元、0.49 元和 0.58 元，对应的市盈率为 22.7、18.5 和 15.6 倍。通过现金流折现估值，我们认为其合理价格范围在 8 元左右。由于公司将实施 10 送 3.3 的对价方案，经测算复牌后尚有接近 20%的空间。

四、近期公告

华邦制药于 2004 年 6 月 7 日上市，实际募集资金净额为 20 192.94 万元。其中拟分别投入 4954.01 万元和 2986.56 万元，用于原料药基地技术改造项目和抗肿瘤生化调节剂左亚叶酸钙粉针剂生产线技术改造项目。根据华邦制药股东大会决议，由子公司重庆胜凯科技有限公司实施原料药技术改造项目，再由胜凯科技与华邦制药共同在江苏南通市经济技术开发区设立 API 原料药出口基地。目前该项目已投入 3240 万元。但华邦制药申报的美国 FDA 和欧洲 COS 认证目前尚未得到许可，该项目至今也还未能取得相关土地使用许可。因此，华邦制药拟用自有资金 3240 万元替换出募集资金投入，将原料药项目募集资金投资用于收购汉江药业部分股权。抗肿瘤生化调节剂左亚叶酸钙项目目前实际尚未投入，推迟的主要原因是公司至今未取得生产批件。

五、具体操作

鉴于上证指数目前还在下跌过程当中，为了回避大盘下跌所带来的系统风险，建议选择分批买入的操作策略，以等待大盘来带动这只股票的上涨。(资料来源：http://djrj.blog.hexun.com)

思考与练习

1. 证券投资的特征。
2. 证券投资构成的三个主要要素。
3. 证券投资基本面分析。
4. 一级市场与二级市场的区别和联系。
5. 涨跌停幅制度。
6. 封闭式基金与开放式基金的区别。

第八章

流动资产管理

本章导读：

流动资产是维持企业日常生产经营活动的重要资产，流动资产的主要项目是现金、应收账款和存货。流动资产存在一个不断投入和收回的循环过程，流动资产管理的好与坏的评价标准，是以最低的管理成本来满足企业生产经营周转的需要。

核心概念：

流动资产(current assets)　现金流量(cash flow)　货币资金(monetary fund)　最佳现金持有量(cash amount)　应收账款(accounts due)　信用政策(credit policy)

【专题案例】

史玉柱：4000万楼花引爆巨人破产危机

史玉柱靠4000元借款创办了巨人集团，依靠自主研发的电脑系列软件，巨人走上了快速发展的道路，通过电脑、健康和医药的多元化经营，巨人高速扩张并达到巅峰。当时的史玉柱风光无限。1994年，在多元化经营的庞大摊子下，史玉柱依然投入上亿元建设巨人大厦，后来还加高至70层。1996年，史玉柱把保健品方面全部资金都调往巨人大厦，而保健品业务则"失血"过多几乎被拖垮。直到1997年，巨人大厦还是没能按期完工，已购楼花者天天上门催要退款。建大厦时售出的这4000万元的楼花就成了导致巨人集团破产危机的导火索。史玉柱骤然跌入深渊，背上2.5亿元巨债。

从巨人集团的破产，引发了人们对流动资产管理的高度重视和深入思考。

第一节　流动资产概述

一、营运资本与流动资产概念及意义

(一)营运资本的概念

营运资本有两个主要概念：净营运资本和总营运资本。当会计人员提及营运资本时，通常指净营运资本(net working capital)，即流动资产与流动负债的差额。用它衡量可避免企业出现流动性的程度。在实际应用中，这个指标对管理层没有任何意义，因为无从管理流动资产与流动负债的差额，尤其这个差额处于不断地变化中。

站在财务人员的角度谈论营运资本，是指总营运资本(gross working capital)，意味着实质是流动资产。对财务经理来说，在任何时候为企业提供适量的流动资产至关重要。因此，在以后的论述中，我们就将总营运资本管理表述为流动资产的管理。至于为维持这些流动资产而进行的融资活动，可参考在前面章节中出现的短期筹资部分。

企业流动资产是指可以在一年内或者超过一年的一个营业周期内变现或运用的资产，它包括现金、短期有价证券、应收及预付款项、存货等。

(二)营运资本的意义

流动资产对企业财务管理的意义是重大的，一是因为流动资产一般在制造业企业中占总资产的一半以上，而对销售类型的企业，这一比例会更高。过高的流动资产很容易导致企业的投资报酬率降低，反过来，过低的流动资产又会造成营运资本短缺，企业无法稳定经营。

对小企业来说，流动负债是外部融资的主要来源，这些企业除了以建筑物作为抵押获得长期贷款外，基本已无法再利用其他的长期资本融资渠道了。处于快速增长阶段的企业获得有效资金的渠道也依赖于短期融资。基于以上现实条件，财务经理和财务工作人员在营运资本上花费了大部分工作时间和精力，并且要求财务人员及时处理。从深层次上讲，财务人员对营运资本的决策关系到企业风险、收益和股价，因此，营运资本决策非常重要。

良好的营运资本管理建立在企业的流动资产保持在一个适当的数量和水平上。建立一个流动资产的合理水平，需要同时考虑企业获利能力和承受风险能力。在其他条件都相同的情况下，企业的流动资产水平越高，其清偿能力就越强，较强的负债清偿能力，同时也意味着企业较低的获利能力。反之，企业的流动资产水平越低，企业的获利能力投入越大，但其清偿能力就越差，这会给企业带来较大的财务风险。在流动资产管理中，获利能力与清偿能力呈反方向变化。流动性的提高往往以获利能力的降低为代价。

二、企业流动资产的构成

企业流动资产按占用形态可分为以下 3 类。

(一)现金型流动资产

现金型流动资产包括库存现金、银行存款、其他货币资金。这部分资产国内称之为货币资金，国外则称为"现金"，所以，将其称为现金型流动资产。

(二)债权型流动资产

债权型流动资产包括短期有价证券及应收、预付款项。短期有价证券是指可随时变现的短期投资，也称为现金等价物。应收及预付款项包括应收票据、应收账款、其他应收款、预付货款等。它们都是企业在结算业务中形成的债权，因此称为债权型流动资产。

(三)物资型流动资产

物资型流动资产是指企业中形成的各种存货，包括各种原材料、燃料、低值易耗品、物料用品、半成品、产成品、外购商品等，将这些存货称为物资型流动资产。

无论是现金型、债权型还是物资型流动资产，在财务管理中，都以货币计量为主。因此，也将以上流动资产称为流动资金。

三、企业流动资产的特点

(一)流动性

企业流动资产的具体形态处于不断的变化中，这就是通常所讲的流动性。具体的流动或变化过程是：流动资产先从货币形态转化为储备形态(原材料、低值易耗品等)，继而转化为生产形态、商品形态，并最终再恢复为货币形态，此过程不断地循环往复、流动不息。

相对于其他行业企业来讲，企业流动资产的周转速度更快，往往只需经过一个经营周期即可完成循环和周转过程，因此具有很强的流动性。

(二)增值性

企业流动资产在循环周转过程中，不是流动资产简单重复运动，而是每经过一次周转，可以带来比原来价值更多的资金，这部分增值的资金是企业在经营服务过程中新创造的价值。企业的增值性相对其他行业来讲要大得多。

(三)波动性

在企业的整个经营过程中，流动资产的占用时高时低，起伏很大，表现出强烈的波动性。因此根据企业生产经营的短期需要和长期需要的不同，可以将企业的流动资产具体分为固定性流动资产和波动性流动资产。固定性流动资产是维持企业长期经营活动所需的流动资产；波动性流动资产是企业由于季节性需求而形成的流动资产。

第二节　现　金　管　理

一、现金管理的目标及要求

现金是指企业各种占用在货币形态上的资产，包括库存现金、银行存款及其他货币资金。现金是流动性最强的资产，可以随时投入流通领域进行交换，购买所需要的物资，支付有关费用，偿还债务或进行投资。

　　现金是企业的一项重要的流动资产，如果缺少现金，日常的交易活动就会发生困难，但是，现金这种资产的获利能力很差，如果持有过量的现金，虽然可以降低风险，但也会降低企业的收益。所以，企业现金管理的目标就是在保证生产经营活动所需现金的同时，尽可能节约现金，减少持有现金的数量。现金管理主要包括有效的收款、付款和短期性的现金投资等内容。

二、企业最佳现金持有量确定

　　约翰·梅纳德·凯恩斯(John Maynard Keynes)认为，持有现金的动机出于以下3种：交易性动机、投机性动机和谨慎性动机。

　　(1) 交易性动机：为了应付日常经营产生的现金支付，如采购、工资、税款和现金股利等。

　　(2) 投机性动机：利用市场价格的波动，产生价差，获取利润，如原材料的价格的突然波动。

　　(3) 谨慎性动机：为防止意外的事件发生，产生的现金需求。

　　一般来讲，绝大多数企业并没有为了投机性动机持有现金。因此企业预留现金的原因有两点：一是交易性的需求，二是谨慎性动机的需求。

　　但预留的现金额度并不是越多越好，因为现金基本上是一种非营利资产，过多持有势必造成浪费。这就是企业要确定最佳现金持有量的原因。最佳现金持有量是指企业预留现金的最佳额度。确定最佳现金持有量，较为常用的方法有以下几种。

(一)现金周转模式法

　　现金周转模式法是指根据现金的周转速度和一定时期(如一年)的预计现金需求量计算最佳现金持有量的一种方法。

1. 现金周转模式法的计算过程

第一步：计算现金循环天数

　　现金循环天数亦称现金运行周期，是指企业由于购置存货、偿付欠款等原因支付现金到存货售出，收回应收款而收回现金的时间。在存货购销采用信用方式(赊购赊销)时，其计算公式如下

$$现金循环天数 = 平均储备期 + 平均收账期 - 平均付账期 \tag{8.1}$$

第二步：计算现金周转次数

　　现金周转次数是指现金在一年内周转了几次，其计算公式如下

$$现金周转次数 = \frac{360天}{现金循环天数} \tag{8.2}$$

第三步：计算预计现金年总需求量

企业预计现金年总需求量一般采用编制现金预算的方法来确定。

第四步：计算现金最佳持有量

现金周转速度越快，平日持有的现金就越少，其计算公式如下

$$现金最佳持有量 = \frac{预计现金年总需求量}{现金周转次数} \qquad (8.3)$$

2. 现金周转模式法的适用范围和前提条件

该方法适用于生产经营活动持续稳定，现金支出以购货和偿还应付账款为主，且不存在不确定性因素的旅游企业。

首先，必须能够根据往年的历史资料准确地测算出现金周转次数，并且假定未来年度与历史年度周转效率基本一致或可以准确预测；其次，未来年度的现金总需求应该根据产销计划比较准确地预计。

【例8.1】某饭店的原材料采购和产成品销售都采用赊销方式，其应收账款的周转期为50天，应付账款的周转期为40天，存货的周转期为50天。预计该企业2004年的现金需求总量为1 080万元。要求采用现金周转模式法确定该企业2003年的最佳现金持有量。

解：

第一步：计算现金循环天数

现金循环天数=平均储备期+平均收账期-平均付账期=50+50-40=60(天)

第二步：计算现金周转次数

$$现金周转次数 = \frac{360天}{现金循环天数} = \frac{360}{60} = 6(次)$$

第三步：计算预计现金年总需求量

该例中，2004年现金需求总量为1080万元。

第四步：计算现金最佳持有量

$$现金最佳持有量 = \frac{预计现金年总需求量}{现金周转次数} = \frac{1080}{6} = 180(万元)$$

(二)因素分析模式法

利用因素分析模式计算最佳现金持有量，是根据上年现金实际占用额以及本年有关因素的变动情况，并对不合理的现金占用进行调整，来确定最佳现金持有量的方法。这种方法在实际工作中具有较强的实用性，同时也比较简便易行。因素分析模式的计算公式

$$最佳现金持有量=(上年现金平均占用额-不合理占用额)\times \qquad (8.4)$$
$$(1\pm预计销售收入变动的\%)$$

【例8.2】某旅行社2002年度现金平均占用额为100万元，企业管理人员通过对该年

度现金使用情况的分析，从中发现有 40 万元属于不必要的占用额；2003 年度营业收入比 2002 年度营业收入预计将增长 20%，用因素分析模式法计算该企业 2003 年度的最佳现金持有量。

解：

最佳现金持有量=(上年现金平均占用额-不合理占用额)×(1±预计营业收入变动的%)

$$=(100-40)×(1+20\%)=72(万元)$$

企业 2003 年度最佳现金持有量为 72 万元。

(三)成本分析法

成本分析法是指通过对旅游企业持有现金的成本的分解来确定最佳现金持有量的方法。在诸多方案中，持有现金成本总和最低者为最佳现金持有量。持有现金成本总和的计算公式为

持有现金成本总和=现金的资金成本+现金的管理成本+现金的短缺成本　　(8.5)

1. 现金的资金成本

现金的资金成本是指旅游企业持有现金的代价，可以用同期利率表示。资金成本的大小与旅游企业现金持有量的多少成正比。

2. 现金的管理成本

现金的管理成本是指旅游企业持有现金所发生的管理费用。如管理人员的工资、安全措施费用等。现金的管理成本是一项固定成本，与企业现金持有量的多少无直接关系。

3. 现金的短缺成本

现金的短缺成本是指因短缺必要数量的现金，不能应付所需，而使旅游企业蒙受的损失或为此付出的代价。现金的短缺成本的大小与企业现金持有量的多少成反比。

【例 8.3】某企业提出以下四种现金持有方案。经分析，其各自的成本资料如表 8.1 所示。

表8.1　成本资料表　　　　　　　　　　　　　　　　单位：元

项　目　＼　方　案	甲方案	乙方案	丙方案	丁方案
现金持有量	20 000	40 000	80 000	120 000
现金的资金成本	2000	4000	8000	12 000
现金的管理成本	10 000	10 000	10 000	10 000
现金的短缺成本	10 500	8 800	3000	0
总成本	22 500	22 800	21 000	22 000

从表 8.1 可知, 丙方案的总成本最低。因此, 丙方案对应的现金持有量即为该宾馆的最佳现金持有量。

(四)鲍曼(Banmol)模型

美国财务学家 W.J. Banmol 最早注意到在许多方面现金余额与存货有相似之处, 并于 1952 年提出了管理现金的数学模型, 也称存货模型。

Banmol 模型假设企业现金的收入每隔一段时间发生一次, 而支出是在一个时期内均匀发生。

我们用图 8.1 表示如下。

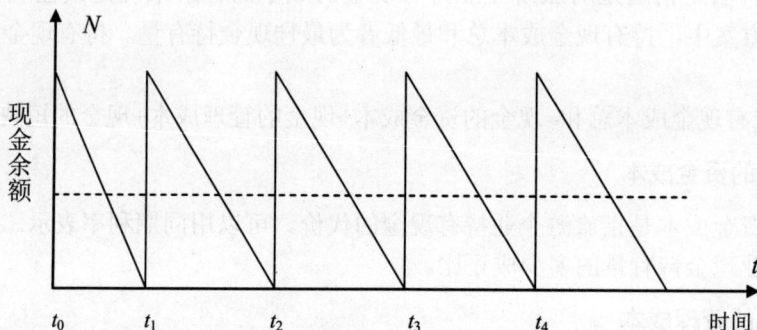

图 8.1 鲍曼模型图

在图 8.1 中, 企业原有现金额为 N, 在 t_0 到 t_1 这段时间中, 支出是均匀发生的。到 t_1 时, 余额为 0, 需要出售有价证券或贷款补充现金, 使得余额恢复到 N, 如此反复循环。这一模型中包括的成本主要是两个方面: 一是因为持有现金, 从而失去短期投资的机会所形成的机会成本, 通常为短期有价证券的利率, 这种成本与现金余额成正比。二是现金与有价证券间相互转换(即买卖有价证券)的成本。这种成本一般只与交易次数有关, 而与每次交易量无关。

显然, 现金余额越大, 需要买卖有价证券的次数就越少, 交易成本就越低, 但机会成本就越大。反之, 则交易成本大而机会成本小。我们的目的是确定一个最佳余额, 使总成本(机会成本与交易成本之和)为最低, 如图 8.2 所示。

为了确定出使总成本最低的现金余额, 我们假设:

Y——总成本;

F——现金与有价证券每次转换成本;

T——给定时间内的现金总需要量;

N——现金余额;

i——短期有价证券利率。

则 $Y = \dfrac{N}{2}i + \dfrac{T}{N}F$

为使 Y 最小，令 $\dfrac{dY}{dN} = 0$，即

$$\frac{dY}{dN} = \frac{i}{2} - \frac{TF}{N^2} = 0$$

即目标现金余额为 $N = \sqrt{\dfrac{2TF}{i}}$

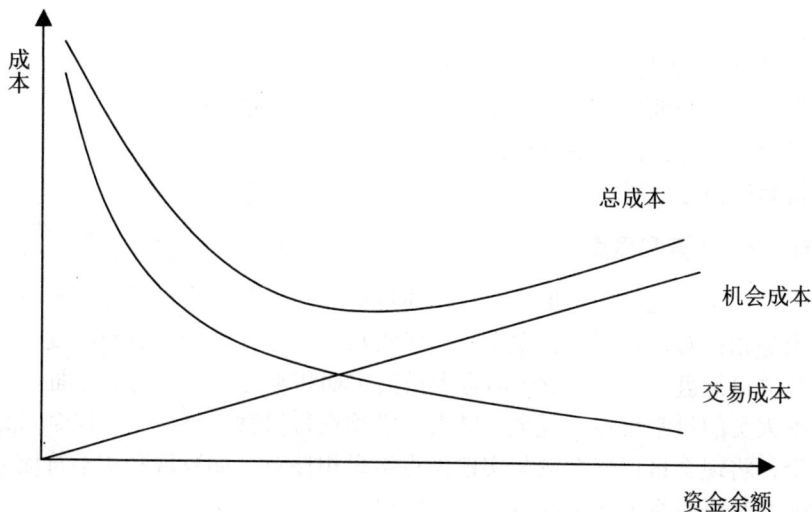

图 8.2　总成本复合图

【例 8.4】某酒店预计全年现金支出量为 5 000 000 元，每次买卖证券的费用为 180 元。证券年利率为 10%，则

$$N = \sqrt{\frac{2TF}{i}} = \sqrt{\frac{2 \times 5000000 \times 180}{0.1}} = 134164.08(元)$$

三、现金日常管理

(一)库存现金的管理

1. 库存现金的使用范围

现行财经法规对企业库存现金的使用范围进行严格的规定，对于规定范围以外的开支项目不得使用库存现金，而应使用银行转账方式支付款项，这样有利于对现金支付情况的清查和监督。

允许使用库存现金的开支项目：①职工工资、津贴、资金。②个人劳务报酬。③各种劳保、福利费用以及按规定支付给个人的其他支出。④差旅费。⑤向个人收购农副产品和其他物资的价款。⑥结算起点(1000 元)以下的零星支出等。

2. 库存现金的其他规定

(1) 规定了企业库存现金的限额。一般以企业 3～5 天的零星开支额为限。

(2) 不得坐支现金。所谓坐支现金就是指从企业当天收到的现金直接用于对外支付。正确的做法是出纳人员应先将收到的现金存入企业的开户银行，支付款项时再从银行提取现金进行支付。

(3) 现金及时存入银行。

(4) 不得以白条冲抵旅游企业库存现金，不准假造用途套取现金。

(5) 不得保存账外公款，不得将公款以个人名义存入银行。

(6) 不得套用银行信用。

3. 库存现金的清查和盘点

库存现金的清查就是采用实地盘点法，通过对库存现金的实地盘点，并将盘点结果与现金日记账余额相核对，查明库存现金是否账实相符。库存现金的盘点制度包括出纳人员自身随时进行的日常盘点和专门财产清查人员的定期和不定期盘点两个方面。

(1) 出纳人员的日常盘点。现金出纳人员必须在每日营业终了结出现金日记账余额并实地盘点现金，将现金日记账余额与实地盘点结果相核对。如发现账实不符应立即报告主管人员，以便及时查明原因并采取措施妥善处理。

(2) 专门财产清查人员的定期和不定期盘点。在现金出纳人员日常盘点的基础上，还应由专门财产清查人员进行定期与不定期相结合的复核、检查性盘点。

(二)结算现金的管理

结算是银行交换票据，并就付款净差额进行结算的过程。企业的结算包括对外收款结算和对外付款结算。结算现金是指企业用于企业结算的现金。企业加强对结算现金的管理是保证企业现金安全的重要措施。

1. 企业常用的结算工具

1) 银行汇票

银行汇票是出票银行签发的，由其在见票时按照实际结算金额无条件支付给收款人或者持票人的票据。银行汇票的提示付款期限为 1 个月。

2) 商业汇票

商业汇票是出票人签发的，委托付款人在指定日期无条件支付确定的金额给收款人或者持票人的票据。商业汇票按其承兑人的不同，分为商业承兑汇票和银行承兑汇票；商业承兑汇票由银行以外的付款人承兑，银行承兑汇票由银行承兑。商业汇票的付款人为承兑人。在银行开立存款账户的法人以及其他组织之间，必须具有真实的交易关系或债权债务关系才能使用商业汇票。

定日付款或者出票后定期付款的商业汇票，持票人应当在汇票到期日前向付款人提示承兑；见票后定期付款的汇票，持票人应当自出票日起1个月内向付款人提示承兑；经承兑的商业汇票，其付款期限最长不能超过6个月。持票人应在提示付款期(自汇票到期日起10日)内通过开户银行委托收款或直接向付款人提示付款。商业承兑汇票的付款人应在汇票到期日通过开户银行付款；银行承兑汇票的出票人(即付款人)应于汇票到期前将票款足额交存其开户银行，承兑银行应在汇票到期日或到期日后的见票当日支付票款。

符合条件的商业汇票的持票人可持未到期的商业汇票连同贴现凭证向银行申请贴现，实际贴现金额按票面金额扣除贴现日至汇票到期前1日的利息计算。

3)　银行本票

银行本票是银行签发的，承诺自己在见票时无条件支付确定的金额给收款人或者持票人的票据。单位和个人在同一票据交换区域需要支付各种款项均可采用这种结算方式。银行本票的提示付款期限为出票日起最长不得超过两个月。

4)　支票

支票是出票人签发的，委托办理支票存款业务的银行在见票时无条件支付确定的金额给收款人或者持票人的票据。支票是同城结算中应用很广泛的一种结算方式。支票的提示付款期限为出票日起10天内。

5)　委托收款

委托收款是收款人委托银行向付款人收取款项的结算方式。委托收款便于收款人主动收款，该结算方式适用范围十分广泛。该结算方式无论是同城还是异地都可使用，既适用在银行开立账户的单位和个体经营户各种款项的结算，也适用于水电费、邮电费、电话费等款项的结算。单位和个人凭已承兑的商业汇票、债券、存单等付款人债务证明办理款项的结算，均可使用委托收款结算方式。

6)　汇兑

汇兑是汇款人委托银行将其款项支付给收款人的一种结算方式。按凭证传送方法不同分为信汇和电汇两种。其中信汇的时间较长，而电汇采用的是电报划款的方式，速度很快，基本可实现实时到达。单位和个人的各种款项的结算均可使用这种结算方式。

7)　信用卡(电子付款)

信用卡结算使用的是电子资金划转系统，一个极可能成为支票替代物的借记划转系统。客户可以用借记卡购物，收账员把客户的各种金融卡如工商银行的牡丹灵通卡、建设银行的龙卡等放入电子网络连线磁性阅读机后，付款清单由零售商结账柜台处的终端传送到客户的银行。资金就以电子方式从持卡人账户转入卖方账户，这一划转过程可以在瞬间完成。

信用卡系统的付款方式避免了接受现金或个人支票的许多缺点，同时价值转移的实际时间与现金相近，没有票据交换浮存。信用卡结算方式已越来被广泛应用。

2. 支票结算的控制方法

不同的结算方式，其控制重点及控制方法也不尽相同，现以支票结算为例，介绍企业对支票结算的控制方法，主要分为签发支票和收受支票的控制方法。

1) 签发支票的控制方法

(1) 对有权签发支票的职员在使用支票时加以限制。

(2) 所有的支付都必须经一指定的经理授权，且必须以发票或订单为依据。

(3) 只有原始的材料才可以作为付款的凭据。(以复印件为凭很可能导致重复付款)

(4) 付款后应在凭证上加盖"已付款"印记(防止重复付款)。

(5) 负责对付款进行授权的经理不能同时负责支票的签字。

(6) 负责签发支票的职员不应该有撤销支票的权力。

(7) 负责签发支票的职员不应该有权核对公司在银行的账户余额。

(8) 当接到银行的对账单后应及时与公司记载的账户余额进行核对。

(9) 遵守银行的结算纪律，不得签发空头支票、空白支票、远期支票，不得出借支票，也不得将支票交收款人代签。

(10) 企业应指定专人签发支票等支付工具，并妥善保管，严格按票据顺序号签发。

2) 收受支票的控制方法

(1) 注意发票人有无权限签发支票。

(2) 非该商号或本人签发的支票，应要求交付支票人背书。

(3) 注意查明支票有效的必要记载事项，如文字、金额、到期日，以及发票人盖章等是否齐全。

(4) 注意所收支票账号号码愈少表示与该银行往来期愈长，信用较为可靠(可直接向银行查明或请财务部协办)。

(5) 注意所收支票账户与银行往来的期间、金额，以及退票记录情形(可直接向付款银行查明或请财务部协办)。

(6) 支票上文字有无涂改、涂销、更改或字迹不清。

(7) 注意支票记载何处不能修改(如大写金额)，可更改处如有修改是否有更改处加盖原印鉴，如有背书人时应同时盖章。

(8) 注意支票上的文字记载(如禁止背书转让字样)。

(9) 注意支票期限，如已愈到期日一年的支票属失效支票。如有背书人，应注意支票提示日期是否超过规定。

(三)银行存款的管理

银行存款是指旅游企业存放在银行的货币资金。企业大部分现金是以银行存款的形态存在的，因此银行存款的管理也就是企业货币资金管理的核心和重点。

1. 银行存款管理的有关规定

(1) 按照国家规定开立和使用银行账户。不得出租、出借银行账户。

(2) 钱账分离。钱账分离是指由财会部门指定专职出纳人员负责办理银行存款的收付业务。出纳人员不能同时负责总分类账的登记和保管，以及非现金账户的记账工作。

(3) 印章分离。预留银行印鉴是企业在开户银行提供的印鉴式样，银行据此办理银行结算业务，不得交给出纳人员自行使用，也不得放在一起保管，以防盗窃。如果签发支票的印章，即大小印，由一人保管的话，保管人可能会将其从其他渠道取得空白支票私自加盖印章，加盖印章后的支票就会被其用作他用或据为己有。如果将印章分开保管，此现象就不会发生。

(4) 出纳人员应与现金的稽核人员、会计档案保管人员相分离。如果出纳人员既负责现金收付业务，又负责对现金业务进行稽核，相当于自己监督自己，使现金的稽核工作形同虚设。出纳人员出现违规行为将得不到及时的发现和制止。如果出纳人员既负责现金收付业务，又负责保管会计档案，可能存在的情况是，出纳人员出现违规行为后，可以通过涂改会计档案消除违规证据，掩盖违规事实。

(5) 出纳人员应与负责银行对账的人员相分离。如果出纳人员既负责签发支票又负责调整公司在银行的存款余额，可能存在的情况是，出纳人员签发一张支票给一个虚构的收款人(即出纳人员自己)，并在银行寄来对账单和已付款的支票时将这张支票藏起来。

2. 银行存款的清查和对账

企业现金收支的绝大部分都是通过银行进行转账结算的。为了保证银行存款的真实、准确，保证银行存款的安全，企业必须与银行进行银行存款的清查核对。这是因为：①银行存款是企业最重要的流动资产之一，它由银行负责保管。②企业与银行之间的账项往来频繁，双方都容易出现差错。③由于银行结算凭证传递的时间关系导致企业与银行的入账时间不同，使企业无法准确掌握银行存款的实际数额。

银行存款的清查核对是根据银行发出的"银行存款对账单"进行的。企业出纳员应随时根据银行的对账单及时与银行对账。如果企业银行存款的收付业务较少，银行提供对账单较迟的，企业至少应每月与银行对一次账。

为加强对银行存款的监控，除了由出纳人员随时与银行进行对账外，还必须建立由专门清查人员负责的定期与不定期相结合的银行存款复核、检查性核对制度。

(四)现金的预算控制

现金预算是现金审批、报销及收取程序中所有相关人员，包括经办人、业务部门、财务部门、公司经理办理现金业务的重要依据，将企业所有的现金收支业务都纳入现金预算中予以执行，可以很容易发现现金收支中存在的问题，促使相关部门积极采取措施解决现金收支中存在的问题。

1. 现金预算控制的流程和方法

现金预算控制流程是先制定现金收支计划，即现金预算，并以此控制日常的现金收支业务，包括两方面内容：一是控制现金支出，二是控制现金收入，如图8.3所示。

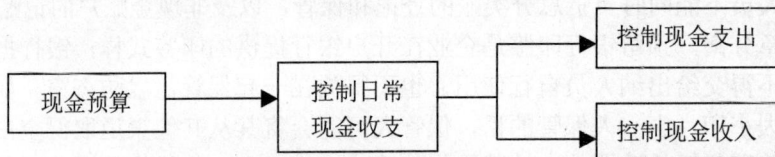

图8.3　现金预算控制流程图

现金预算控制方法有三种：一是金额管理，即从预算的金额方面进行管理；二是项目管理，即以预算的项目进行管理；三是数量管理，即对一些预算项目除进行金额管理外，从预算的数量方面进行管理。

2. 现金余缺调整

现金余缺是指预算期现金期末实际余额与最佳现金持有量之间的差额。

若企业实际现金余额大于最佳现金持有量，表明企业现金有余，应设法进行投资或偿还债务；反之，若企业实际现金余额小于最佳现金持有量，则表明企业现金短缺，需要进行筹资予以补足。

$$企业期末现金余缺额=期末现金余额-本期最佳现金持有量 \qquad (8.6)$$

(五)现金回收控制

为提高现金的使用效率，加速资金周转，企业应尽量加速收款。在不影响未来销售的情况下，尽可能地加速现金的收回。企业不仅要使顾客早付款，而且要尽快地使这些付款转化为现金。因此，加速收款的基本要求是：①减少顾客付款的邮寄时间；②减少企业收到顾客开来支票与支票兑现之间的时间；③加速资金存入自己银行账户的过程。为达到上述要求，一般采取的措施如下。

(1) 设立收款中心。企业的客户散居在各地，企业可根据其地理分布情况及收款数量，在各主要地区设立收款中心，以代替通常只在企业总部设立的单一收款中心。顾客在收到企业账单后，可将款项直接汇入最近的收款中心。收款中心收款后，立即存入当地的银行，然后再转给企业总部所在地银行(称为集中银行)。设立收款中心的优点是，账单和货款邮寄时间可大大地缩短(账单可由收款中心寄给该地区的顾客)，支票兑现的时间也可缩短。但是，设立收款中心所需的费用也是要考虑的。因此，企业是否采取这一方法，还应权衡其得失。

(2) 设立锁箱系统。锁箱系统是在各主要城市租用专门的邮政信箱，并开设银行账户。

通知顾客把款项邮寄到指定的信箱，在取得客户汇款后立即存入银行账户，然后再转给企业总部的开户银行。该方法通常授权企业邮政信箱所在地的开户银行每天开启信箱，这样可大大地缩短企业办理收款存储手续的时间。这种方法的主要缺点是需要支付额外的费用，是否采用该方法，也要看加速收款带来的收益与额外支出的费用孰大孰小。

(3) 其他方法。除上述两种方法外，还有其他一些加速收款的方法。如对金额较大的货款可采用派人前往收款并立即送存银行。另外，企业内部各单位之间的现金往来也要来回控制，以防有过多的现金闲置在各部门之间。

在银行间调度资金的最快方式是电汇(wire transfer)。

(六)现金支付控制

企业在收款时应最大限度地加快收款速度，而在管理支出时，应尽可能延缓现金的支出。两者结合才能使企业的现金得到最大限度的利用。在延缓现金的支出方面，一般可采取下列方法。

(1) "浮游量"运用法。有些支票虽已开出，在企业账簿上银行存款余额已经为零，但顾客还未到银行兑现，银行账簿上该企业的存款还有不少。企业账与银行账之间的差额就是"浮游量(float)"。因此，企业如能正确地预测浮游量，就可以减少银行存款的余额，把多余的现金先用来进行有利可图的投资。当一个企业有多个银行账户时，可选用一个能使支票流通在外的时间最长的银行来支付货款，以扩大其浮游量。

使用这种方法，可以提高企业的现金利用率，但是，肯定对收款方不利。因此，企业在运用这一方法时应考虑是否会损害双方的关系。

(2) 控制支出时间。对于企业的各项债务，应该在恰好到期的时间支付，一般不要提前或推迟，这样一方面可以尽可能地利用现金，另一方面也维护了企业的信誉。例如：在采购材料时，对方给出的付款条件是"2/10，n/30"，就应该在第十天付款，若资金确实紧张，也应在第三十天付款。

(3) 尽可能使用汇票付款。使用支票付款时，收款方只要将支票交进银行，银行就无条件地将款项划给收款方。而汇票则不是这样，当收款方将汇票交进银行时，银行要将汇票送给付款方承兑，并将相应资金存入银行，银行才会划拨资金给收款方，这是一种合法的延迟付款的方式。

(4) 工资支付模式。企业可以在银行设立一个专门用于支付工资的账户。财务人员可以预测所开出支付工资的支票到银行兑现的具体时间。例如，企业每月1日发放工资，但根据历史资料，1日、2日、3日、4日、5日及5日后到银行兑现的比率为20%、30%、25%、15%、10%。这样，企业就不必在1日将所有应付工资的款项都存入银行，可以分批存入，腾出部分资金用于其他短期投资。

(5) 透支体系。企业和银行事先协商好一个最大的透支额度。当企业的存款不足以满足其支出时，银行应自动借款给企业以弥补其不足。这样做，可以大大地减少企业的闲置资金。当然，企业要为其透支部分支付利息。

第三节　应收账款管理

一般来说，企业愿意采用现销方式销售产品和提供劳务，这样可以立刻收回现金，提高资金的周转速度。但是，在激烈的市场竞争中，企业为了扩大营业额，占领市场，往往要采用信用销售方式，即将产品或劳务赊销给客户。这时，就产生了应收账款。应收账款(accounts payable)是指企业对外销售产品、提供劳务等所形成的尚未收回的经营款项，是企业流动资产中的一个重要项目。

一、应收账款的功能和成本分析

(一)应收账款的功能

应收账款的功能是指应收账款在企业的生产经营活动中的作用，主要表现在以下两个方面。

1. 促进销售的功能

在激烈竞争的市场经济中，采用赊销方式，为客户提供商业信用，可以扩大产品销售，提高产品的市场占有率。通常为客户提供的商业信用是不收利息的，所以对于接受商业信用的企业来说，实际上等于得到一笔无息贷款，这对客户具有极大的吸引力。与现销方式相比，客户更愿意购买采用赊销方式的企业的产品。因此，应收账款具有促进销售的功能。

2. 减少存货的功能

赊销促进了产品销售，自然就减少了企业库存产品的数量，加快了企业存货的周转速度。一般来说，企业的应收账款所发生的管理费用是比较少的，而存货则需要仓储、保管，所发生的管理费用要远远高于应收账款。因此，企业通过赊销的方式，将产品销售出去，资产由存货形态转化为应收账款形态，这样可以节约企业的费用支出。

(二)应收账款的成本

上面介绍了应收账款具有促进销售和减少存货的功能，这都是应收账款的积极作用。但是，应收账款并不是免费的午餐，企业在享受到赊销所带来的种种好处的同时，也是要付出代价的，这种代价就是应收账款的成本。一般情况下企业应收账款的成本具体包括以下 3 部分的成本。

1. 应收账款的机会成本

这是指企业的资金因占用在应收账款上而丧失的其他投资收益，如投资于有价证券的利息收益等。机会成本的大小与企业应收账款占用资金的数量密切相关，占用的资金数量越大，机会成本就越高。

2. 应收账款的管理成本

这是指企业对应收账款进行管理所发生的费用支出，主要包括：对客户的资信调查费用；收集各种信息的费用；应收账款账簿记录费用；催收账款发生的费用；其他用于应收账款的管理费用。

3. 应收账款的坏账成本

这是指由于应收账款无法收回而给企业造成的经济损失。应收账款是商业信用产生的结果，由于客户财务状况恶化等原因，无法收回应收账款，由此而产生坏账会给企业带来经济上的损失。这种成本一般与企业的信用政策有关，并且与应收账款的数量成正比。一般来说，严格的信用政策产生坏账的概率比较小，过于宽松的信用政策比较容易产生坏账。

二、企业赊销行为与信用政策

在允许赊销的企业，建立企业信用政策是控制和规范企业赊销行为，规避企业坏账损失的关键。企业信用政策主要包括信用标准和信用条件两部分内容。

企业信用政策的制定应结合企业的实际情况，信用政策过严，无益于销售量的扩大，而信用政策过松又会增加发生坏账损失的可能性。因此，企业应综合平衡扩大销售量和产生坏账损失这两者的关系，制定科学有效的信用政策。

(一)制定信用标准

信用标准是指企业对向客户提供商业信用而提出的最低要求。信用标准的制定主要是根据企业的实际经营情况、资金周转情况、市场竞争的激烈程度和客户的信誉情况等综合因素来制定的。

如果一个企业的信用标准定得较严，即信用条件比较苛刻，则会减少现金被占用的风险，但会将大量信用条件一般的客户拒之门外，从而影响企业的销售业绩和获利能力。特别是在竞争对手信用标准较为宽松的情况下，如果企业仍坚持过于严格的信用标准，对企业的销售增长是极为不利的，长此以往有可能会使企业丧失已有的市场份额。

相反，如果企业将信用标准放宽，则会使一些信用品质较差的客户享受到企业的信用优惠，从而会使坏账或超信用期情况增加，这样在销售增加的同时，发生坏账损失的风险也会加大。另外信用标准过宽，会使企业过多的销售款不能及时收回，影响企业的资金周转，甚至造成企业的支付危机。

实际操作过程中，大多数企业是从客户信用品质的 5 个方面来确定具体的信用标准，包括：客户的品质、能力、资本、抵押和条件，这就是通常所说的"5C"系统。

(1) 品质是指顾客的信誉，即其履行偿债义务的可能性。

(2) 能力是指顾客的偿债能力。

(3) 资本是指顾客的债务实力和财务状况。

(4) 抵押是指顾客拒绝或无力支付款项时能用于抵押的资产。

(5) 条件是指可能影响顾客付款能力的经济环境。

(二)确定信用条件

信用条件是指企业要求客户支付赊销款项的条件，主要包括信用期限、折扣期限和现金折扣。

(1) 信用期限是企业为客户规定的最长付款时间。

(2) 折扣期限是为客户规定的可享受现金折扣的付款时间。

(3) 现金折扣是在客户提前付款时给予的优惠。

例如：账单中的"2/10，n/30"就是一项信用条件，它规定如果在发票开出 10 天内客户付款，可享受 2%的折扣；如果不想取得折扣，这笔货款必须在 30 天内付清。在这时，30 天为信用期限；10 天为折扣期限；2%为现金折扣。

三、应收账款的日常管理

应收账款的日常管理，就是在应收账款发生后，通过一系列管理措施监控账款，保障账款按时回收，具体包括以下几方面。

(一)应收账款的核算

应收账款的核算是企业加强应收账款管理和提高回收控制力度的基础，应收账款核算的具体规定如下。

(1) 应收账款的记录必须以营业部门核准的发票为依据。

(2) 根据应收账款的明细账户余额定期编制应收账款余额核对表，并将该表寄给客户核实，编制该表的人员不能同时担任记录和调整应收账款的工作。

(3) 应收账款的总账和明细账户的登记，应根据不同人员汇总的记账凭证和各种原始凭证、记账凭证分别登记，并由独立于记录应收账款的其他人员定期检查，以核对总账和明细账户的余额。

(4) 由信用管理部门定期编制应收账款分析表，从中分析出是否存在虚列或不能收回的应收账款。

(5) 应收账款的各种项目调整(包括坏账冲销、销售折让的给予等)必须经企业财务负责人批准才能进行。

(二)应收账款的对账

会计部门应建立定期或不定期的与客户的对账制度，及时了解客户的财务状况，并将对账结果和对客户财务状况的了解通报给营业部门、信用管理部门，以便及时采取有效措施，减少坏账损失。企业在建立应收账款对账制度时要注意以下几点。

(1) 对账工作应由独立于营业部门的会计部门操作。

(2) 在对账时间上应有规范的定期日，对特殊情况，如营业人员的变动、客户交易的变更、发现客户有异常现象等，应随时与客户对账。

(3) 与客户对账应设计符合要求的标准对账单，送达或邮寄给客户，并要求客户经手人签字、客户盖章，以保证其法律效力。

(三)坏账损失的管理

坏账，是指企业无法收回的应收款项。由于发生坏账而产生的损失，称为坏账损失。

1. 坏账损失的确认

确认坏账损失应符合下列条件。

(1) 因债务人破产或者死亡，以其破产财产或者遗产清偿后，仍然不能收回的应收款项。

(2) 债务人逾期未履行偿债义务超过3年仍然不能收回的应收账款。

2. 坏账准备的提取

企业发生坏账损失属正常情况，对于坏账损失，企业应有充分的准备，这就是坏账准备。坏账准备的提取方法有两种。

(1) 直接转销法。就是在实际发生坏账时，作为损失直接计入期间费用，同时冲销应收账款；采用此方法，账务处理比较简单，可以简化财务管理工作，并能体现当期损益。

(2) 备抵法。就是按期估计坏账损失，计入期间费用，形成坏账准备，当某一应收账款全部或部分被确认为坏账时，根据其金额冲销坏账准备，同时转销相应的应收账款金额。采用备抵法估计坏账损失的方法有以下三种：①销货百分比法。以本期销货总额或赊销总额的一定百分比估计坏账。②账龄分析法。根据各应收账款账龄的长短来估计坏账。③余额百分比法。按应收账款的余额来估计可能发生的坏账。

3. 坏账损失的责任追究

企业应详细规定责任分工、责任部门、责任条款和不同责任的处罚标准。在此基础上，如果企业发生坏账损失，企业应查明发生坏账损失的原因以及相关部门或个人应承担的责任，并根据责任部门或责任人的责任范围、失职程度以及损失大小给予适当的经济处罚，以提高企业内部防范信用风险的责任心和积极性。

(四)应收账款的账龄分析

企业已发生的应收账款时间有长有短,有的尚在收款期内,有的则超过了收款期。一般来讲,拖欠时间越长,款项收回的可能性越小,形成坏账的可能性越大。因此,企业可以通过应收账款的账龄来判断发生坏账可能性的大小。

企业对应收账款账龄的分析是通过编制账龄分析表来进行的。账龄分析表是一张能显示应收账款在外天数(账龄)长短的报告,其格式如表 8.2 所示。

表 8.2　账龄分析表

××年××月××日　　金额单位:万元

应收账款账龄	客户数量	金　额	百 分 比
信用期内		500	54%
超过信用期 1～20 天		200	22%
超过信用期 21～40 天		100	11%
超过信用期 41～60 天		60	6.5%
超过信用期 61～80 天		30	3.3%
超过信用期 81～100 天		20	2.2%
超过信用期 100 天以上		10	1.0%
合　计		920	100%

利用账龄分析表,企业可以了解到以下情况。

(1) 有多少欠款尚在信用期内。这些款项未到偿付期,欠款是正常的;但到期后能否收回,还要待时再定。对这部分款项实施一定的监督仍是必要的。

(2) 有多少欠款超过了信用期,欠款逾期的长短及其比例,有多少欠款会因拖欠时间太久而可能成为坏账。欠款期越长,发生的坏账的可能性就越大。因此,通过账龄分析表对于及时预见坏账的发生是非常有效。

(3) 对不同拖欠时间的欠款,企业应采取不同的收账方法,制定出经济、可行的收账政策;对可能发生的坏账损失,应提前做出准备,充分估计这一因素对利润的影响。

(五)应收账款的收账政策

企业的收账政策是指企业对其不同账龄应收账款的催收方式,以及所发生的催收成本。账款的催收方式是多种多样的,根据不同情况采取不同的方式。

(1) 对超过信用期限较短的客户,不过多地催收,以免损失客户。

(2) 对超过信用期限较长的客户,可采取较为温和的催款方式,如电话催收、信函催收等方式。

(3) 对超过信用期限很长的客户，应采取严厉、激烈的催款方式，如上门催收、中断供货等，必要时也可采用法律渠道解决欠款问题。

催收成本是企业在催收账款过程中所发生的费用，具体包括企业在催收过程中发生的差旅费、交通费、招待费以及诉讼费等。其中，诉讼费是最大的催收成本，这也是企业一般不愿意采用诉讼的方式解决欠款的原因。

一般说来，收账的花费越大，收账措施越有力，收回账款的可能性越大，坏账损失也就越小。因此，企业在制定收账政策时，既要考虑收账的力度又要考虑收账所发生的成本。

第四节 存货管理

一、存货的概念及内容

存货是指企业在日常生产经营过程中持有以备出售，或者仍然处在生产过程，或者在生产或提供劳务过程中将消耗的材料或物料等，包括库存的、加工中的、在途的各类材料、商品、在产品、半成品、产成品、包装物、低值易耗品等。

在不同行业的企业中，存货的范围有所不同。企业的存货主要包括以下内容。

1. 原材料

原材料是指企业为制造产品而购进、最终形成产品实体或有助于产品形成的各种劳动对象。具体是指企业的食品原材料及饮料，以及月末盘存未售出的半成品、成品等。

2. 燃料

燃料是指企业在经营过程中耗用的，通过燃料为企业提供热能或产生动力的各种材料。具体是指企业储备的各种固体、液体、气体燃料等。

3. 低值易耗品

低值易耗品是指单位价值在规定限额以下，使用年限在 1 年以内的各种次要劳动资料。具体是指旅游企业不作为固定资产核算的各种用具和家具，以及经营过程中周转使用的包装容器等。

4. 物料用品

物料用品指除原材料、低值易耗品以外的经营管理用品，其主要包括日常用品、办公用品、针棉织品、包装容器等物品。

5. 库存商品

库存商品主要是指旅游企业商品、餐饮部门对外直接转手出售的各种商品。

二、存货管理的意义及成本分析

(一)存货管理的意义

存货管理是企业流动资产的重要组成部分。与工业企业以及商品流通企业相比，企业的存货具有单位价值小、品种多、周转快的特点，如对存货控制不当，会给企业带来较大的经济损失。

企业存货管理的意义包括以下内容。

1. 保证企业正常经营的需要

存货是企业生产经营过程中必不可少的物资资源，企业通过对存货的管理，就是要使企业持有充足的存货，保证正常经营的需要，从而为企业的经营活动提供较大的机动性，避免因存货不足带来的机会损失。

2. 节约企业的采购成本

零购存货的价格往往较高，而整批购买在价格上可以享受一定程度的优惠，企业通过对存货的管理，选择最佳的采购批量，从而为企业节约采购成本，从而促进企业经济效益的提高。

3. 合理使用存货资金

存货的增加必然要占用更多的资金，将使企业付出更大的持有成本(即存货的机会成本)，而且存货的储存与管理费用也会增加，影响企业获利能力的提高。企业通过对存货的管理，在存货的功能(收益)与成本之间进行利弊权衡，在充分发挥存货功能的同时降低成本、增加收益、实现它们的最佳组合。

(二)存货的成本分析

为了维持企业的正常生产经营活动，企业必须储备一定数量的存货，但是，存货过多也会影响企业的经济效益，因为采购、储存存货要发生各种费用支出，这些费用支出就构成了企业存货的成本。一般来说，存货成本主要包括以下几方面。

1. 采购成本

采购成本是存货成本的主要组成部分，它是指构成存货本身价值的进价成本，主要包括买价、运杂费等。采购成本一般与采购数量成正比变化，它等于采购数量与单位采购成本的乘积。采购成本受存货市场价格影响较大，因此，在采购存货时，应当尽可能以较低的市价采购到符合要求的存货，以降低存货的成本。在存货的市价稳定的情况下，如果一定时期的存货总需求量是固定的，则存货的总采购成本也是固定的，与采购批数及每批的采购量无关。

2. 订货成本

订货成本是指企业为组织订购存货而发生各种费用支出，如为订货而发生的差旅费、邮资、通信费、专设采购机构的经费等。订货成本分为变动性订货成本和固定性订货成本。变动性订货成本与订货次数成正比，而与每次订货数量关系不大，订货次数越多，变动性订货成本越高，如采购人员的差旅费、通信费等。固定性订货成本与订货次数无关，如专设采购机构的经费支出等。

3. 储存成本

储存成本是指企业为储存存货而发生的各种费用支出，如仓储费、保管费、搬运费、保险费、存货占用资金支付的利息费、存货残损和变质损失等。存货的储存成本也分为变动性储存成本和固定性储存成本。变动性储存成本与储存存货的数量成正比，储存的存货数量越多，变动性储存成本就越高，如存货占用资金的利息费、存货的保险费、存货残损和变质损失等；固定性储存成本与存货的储存数量无关，如仓库折旧费、仓库保管人员的固定月工资等。

4. 短缺成本

短缺成本是指由于存货储备不足而给企业造成的经济损失，如由于原材料储备不足造成的停工损失、由于商品储备不足造成销售中断的损失等。存货的短缺成本与存货的储备数量呈反向变化，储存存货的数量越多，发生缺货的可能性就越小，短缺成本当然就越小。

三、存货控制的方法

(一)经济批量法

经济订购批量是指使存货订货成本与储存成本之和最低的采购批量。

在一般情况下(即不考虑享有价格折扣和缺货成本)，与经济订购批量相关联的存货总成本是由订货成本和储存成本两部分组成的。

经济订购批量的总成本、储存成本、订货成本之间的关系可以由图 8.4 表示。

存货的经济订购批量也可以用数学模型来表示。通过数学模型可以计算存货的总成本、经济订购批量和经济订购批次，计算公式如下所示。

经济订购批量

$$Q = \sqrt{\frac{2AF}{C}} \tag{8.7}$$

经济订购批次

$$\frac{A}{Q} = \sqrt{\frac{AC}{2F}} \tag{8.8}$$

式中，A——全年存货总需求量；Q——每批订购批量；F——每次订货的订货成本；C——单位存货年储存成本。

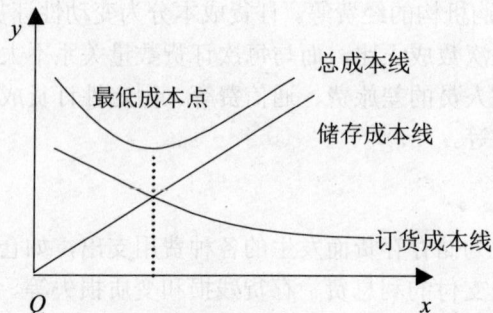

图 8.4　经济订购批量图

【例 8.5】某旅行社全年需要矿泉水 800 瓶，采购价格为每件 1 元，每次订货成本为 40 元，每件年储存成本为 0.4 元。要求确定该企业采购矿泉水的经济订购批量。

解：

首先，计算无价格折扣情况下的经济订购批量和存货总成本。

经济订购批量为

$$Q = \sqrt{\frac{2 \times 800 \times 40}{0.4}} = 400(瓶)$$

所以，每次订购 400 瓶时，存货的总成本可以降低，因此经济订购批量是 400 瓶。

(二)存货订货点法

存货订货点是指订购下一批存货时存货的库存储备量。

通常情况下，企业提出订货时尚有一部分存货未用，以便在发出订货单至物资抵达这段时间内继续使用，这部分未用存货数量的多少取决于每日耗用量的大小及订货时间的长短。每当存货降至这一点时，就需要重新订货。然而企业经营的波动性会造成旺季对库存物资消耗量大增，如果没有一定的保险储备量，则势必造成旺季脱销的局面。因此在确定订货点时，要加上一定的保险储备量，以防存货供应的中断。

存货订货点可以用下列公式表示

$$存货订货点=平均每日存货的正常耗用量×订货时间+保险储备量 \qquad (8.9)$$

【例 8.6】某企业餐厅的食用油，全年耗用量为 30 万公斤，订货时间为 5 天，最低存货量(保险储备量)为 1000 公斤，则订货点是多少？

解：

$$存货订货点=300\ 000÷365×5+1000=5\ 110(公斤)$$

(三)ABC 分类管理

所谓 ABC 分类管理就是按照一定的标准，将企业的存货划分为 A、B、C 三类，以区分主次，对不同类别的存货，采用不同的方法进行管理。

存货 ABC 的分类标准：A 类存货的特点是金额巨大，但品种数量较少。B 类存货的金额一般，品种数量相对较多。C 类存货的品种数量相对较多，但金额却很小。

一般而言，三类存货的金额比重大致为 A：B：C = 0.7：0.2：0.1，而品种数量比重大致为 A：B：C = 0.1：0.2：0.7。

为了对上述三类存货进行有效控制，必须根据它们的具体情况分清主次，抓好了 A 类存货的控制，就等于控制了存货的大部分成本。

对于 A 类存货，首先计算出它的经济订货量和订货点，千方百计地减少每次的订货量，适当增加全年的订货次数，使日常存货量达到最优水平。其次，要应用永续盘存卡片，及时登记每次订购、收入、发出和结余的数据。当实际库存达到订货点时，需立即发出请购信号，通知有关部门订购。同时，还要经常对存货的动态进行严格监督，以便及时发现问题。

对于 B 类存货的控制，也要事先为每个项目计算经济订货量和订货点，平时也要登记永续盘存记录，与 A 类不同的就是无须经常逐项进行对比分析，严格监督，只要定期进行检查即可。

对于 C 类存货的控制，由于他们为数众多，而单位价值低，因此不必像 A、B 类那样逐项计算经济订货量与订货点，可以酌量增大每项订货量，减少全年订货次数。因此，这类存货即使存货量较大，但存货对于存货成本的影响不大，至于对 C 类的日常控制方法，可以采用定期盘存的方法。

四、存货的日常管理

(一)企业存货的收发核算制度

由于企业在存货上占用的资金较大，因此，加强存货的日常管理与控制，首先要从建立健全存货的收发核算制度开始；具体内容如下。

(1) 对存货进行正确的核算和计算。存货的计价是以存货的实际成本为依据的，对于不同来源的存货，由于其实际成本不同，因而存货的计价也有所不同。

(2) 从先进先出法、后进先出法、加权平均法、移动平均法等方法中根据旅游企业具体情况选择适当的存货发出方式，确定存货实际成本。

近些年来，由于通货膨胀率越来越高，不少企业采用后进先出法。因为它符合成本与收入相匹配的原则，比较稳健，可以减少虚增利润，减少所得税的上缴数额。但无论选择哪一种方式计价，一经确定，不得随意变动。

(二)企业存货的定期盘点制度

企业存货品种较多，有些还是易腐变质产品，为保证存货核算的准确性，减少存货霉烂变质、过期失效的现象发生，加速资金周转，对存货要建立定期盘点制度。盘点方法既可以以账面数字核对实物，也可以以实盘数核对账目，前者对账内品种不易漏掉，但对账外品种容易漏盘；后者虽盘点比较全面彻底，但在与账面核对时较为麻烦。通过盘点将结果反映在存货盘点表上，如表8.3所示。

表8.3 存货盘点表　　　　　　　　××年××月××日

品种规格	计量单位	单 价	账面数		实际盘点数		盘 盈		盘 亏	
			数量	金额	数量	金额	数量	金额	数量	金额

在存货盘点中，对盘盈、盘亏和毁损变质的存货要及时查实原因，填写盘盈、盘亏报告单，说明原因，提出处理意见，报请主管审批后，转给财务部办理转账。对盘盈的存货可冲减管理费用；对盘亏和毁损的破除存货在扣除过失人及保险公司赔款和残料价值后，可计入管理费用；对由于非常原因造成的毁损部分，在扣除保险公司赔款和残料价值之后，可计入营业外支出。

企业通过定期盘点，应保证账卡、账物相符。要将定期盘点制度纳入到岗位责任制中，与对各岗位的业绩考核和物质利益挂钩，以促使保管人员加强管理，减少损耗，提高存货管理效益。

本 章 小 结

1. 现金就是指货币资金，包括银行活期存款、纸币、硬币、各种支票和汇票等。所谓现金流量是指投资项目在未来一定时期内，现金流入和现金流出的数量。

2. 所谓最佳现金持有量是指饭店持有某一数额现金对企业最为有利，且能处理好各种利害关系。

3. 确定最佳现金持有量的方法主要有因素分析模式、现金周转模式和存货模式。

4. 应收账款是由于商业信用而产生的，即企业在正常的经营活动中，因赊销商品、产品等业务而形成的债权，是企业应向购货或接受劳务单位收取的款项及代垫的运杂费等。

5. 应收账款的功能：促进销售；扩大市场；减少存货。

6. 信用政策即应收账款的管理政策，是指企业为对应收账款投资进行规划与控制而确立的基本原则，包括信用标准、信用条件和收账政策等。

7. 收账政策是指信用条件被违反时企业采取的收账策略，也就是企业催收到期或过期应收账款所遵循的程序。

8. 存货是指企业在正常生产经营过程中持有的以备出售的产成品或商品，或者为了出售仍然处在生产过程之中的在产品，或者将在生产过程或提供劳务过程中耗用的材料、物料等，包括各类材料、在产品、半成品、产成品、商品、包装物、低值易耗品、委托代销商品等。

9. ABC 分类管理就是按照一定的标准，将企业的存货划分为 A、B、C 三类，以区分主次，对不同类别的存货，采用不同的方法进行管理。

知 识 链 接

现金管理的最佳境界

一个公司在任何时候都要保留一定的现金结存额，这是保证公司在任何需要的时候有随时可动用的现金资产。传统的解决办法是公司在账上随时保留足够的现金结存。

另一种解决办法是不结存现金，借用银行的钱。世界上有许多知名公司已经达到了这种现金结存的最佳境界，它们或者保持零现金结存额，或者甚至为负现金结存额。在美国，越来越多公司的执行财务总裁(CFO)反对高的现金结存。贝尔公司的执行财务总裁 fred salerno 就表示："合适的现金结存水平就是零，公司不能靠存储现金结存来赚钱。"

美国亚特兰大市的一个家具零售商 haverty 公司的执行财务总裁 dennis fink 表示：他宁愿给股东以公司负债经营的印象，也不想使公司储存过多的现金。在这项调查中还发现，保持低现金结存额的公司往往能保持高的收益回报率。以 wickes 公司(木制品专业零售商)为例，它的现金缺额为-98%，即平均现金结存额只拥有其必需总额的 2%。在 1999 年，wickes 公司的投资回报率为 14.5%，而其竞争者 wolohan lumber 公司的投资回报率仅 9%。

但保持低的现金结存额的前提条件是要有银行的支持。由此可见，与银行保持很好的信贷关系显得尤其重要。wickes 公司的财务长 jim hopwood 认为：零现金结存和负现金缺额反映了他的信条，那就是公司尽最大努力来提高信用等级，同银行建立非常良好的借贷关系，由于极高的还款率、良好的还贷续借协议和及时有效的归还贷款计划，以后银行还会再继续贷款支持他们。

由于与银行建立贷款协议，公司的执行财务总裁就不必为短期现金流转的波动而操心，银行将会弥补高峰期的现金短缺，从而使执行财务总裁有更多的时间来考虑诸如：存货标准、资金支出以及其他具有战略意义的事情。

虽然要接近零现金结存是一个非常艰难的目标，但是许多公司都在向此目标努力。(资料来源：http://www.ecfo.com.cn)

案例与点评

如何管好你的最大资产——应收账款

A君早年移居香港，在香港建立起时装出口公司；而其朋友B君，家有恒产。在A君的游说下，B君建立了一家服装厂，专门为A君生产时装，供其出口。在双方的通力合作下，他们的贸易额越做越大。但B君感觉，虽然A君给他的生意越来越多，但他的流动资金却越来越紧张。与A君合作5年多，平均每年A君给他的订单约有2000万元，但目前A君累计拖欠了约700万元的货款。数次追讨无果，B君在无计可施之下，聘请了一家账务顾问公司协助处理。该账务顾问发现B君公司的账目记录非常简单、原始及混乱。经过多次商讨后，A君同意对账了，但正如账务顾问公司所料，有凭证及能得到双方证实的货款只有160多万元，而其他的款项，变为B君片面之词，在A君的账簿上根本得不到证实。B君在无可奈何之下，只能与A君签订合约，以160多万元了结此欠债。

上述案例经常发生，大部分企业都是为了销售而销售，而忽略了应收账款及时回收。在整整的5年中，B君与A君并没有签订像样的合约。在开始时，有零星地签合约的，但已因日久而散失了；有些订单是以传真传来的，因为使用旧式传真机的关系，热感纸于一两年后大都模糊了，不辨内容，亦不能使用；有些订单，更是以电话下单的，当收到对方电话后，在没有对方的确认下，因急于出货，造成文件上的一大漏洞。同时，会计账目简单原始，仅以"流水账"的形式记录，缺乏法律上的可信度。

因此，企业采用"赊销"来销售产品，有必要建立"证据链"，以保护应收账款，使与客户交往的每一步，都能有文件支持及证明，并坚持每月"对账"，以作补救错漏及提醒对方付账。(资料来源：http://www.ecfo.com.cn)

思考与练习

1. 企业为什么要持有现金？

2. 如何确定最佳现金持有量？

3. 应收账款管理的目标是什么？说明应收账款信用政策包含的内容。

4. 存货成本包括哪些内容？确定存货经济订货批量应考虑哪些成本？

5. 存货ABC分类管理法如何确定分类标准？

6. 四季饭店全年需要某软饮料2000箱，每箱售价75元，每次订货费用40元，每箱年储存成本为8元；供应商提出，若企业每次订货数量为500箱，可享受2%的价格优惠，试计算该饭店的订货数量。

7. 某企业预计全年需要现金40万元，其现金收支稳定，现金与有价证券间每次的转换成本为50元，假设有价证券年利率为10%，试计算该旅社的最佳现金持有量、最低现金持有成本和交易次数。

第九章

利润及税金管理

本章导读：

企业赚取利润后，对利润进行分配，是财务管理的重要环节。企业在缴纳所得税后，可对利润进行分配。股利政策是处理企业短期利益与长期利益、企业与股东之间关系的关键。目前主要有以下几种股利政策：剩余股利政策、定额股利政策、定率股利政策、低定额加额外股利政策。

核心概念：

利润(profit)　利润分配(appropriation of profit)　股利政策(dividend policy)　税金(taxation)

【专题案例】

上市公司股利

2004 年有 232 家上市公司不分配，所占比例为 20%，达到近年最低水平；2005 年不分配的公司的绝对数和比例大幅上升，数量为 444 家，比重为 36.27%；2006 年不分配的公司的绝对数和比例又大幅上升，数量为 636 家比重为 50.19%；2007 年，股市获得了少有的丰收，高比例派送成为新看点，但仍然有 624 家上市公司公布了不分配预案，比例达上市公司总数的 46.57%，2008 年不分配上市公司数量为 609 家比重为 42.32%，2009 年不分配上市公司数量为 677 家比重为 39.41%，铁公鸡" 公司在 2009 年度不乏少数，在 2010 年两市 2108 家披露年报的上市公司中，1362 家公司推出分红方案，占比为 64.73%，也就是说，有 746 家上市公司去年不分红。

表 1　2003—2010 年不分配股利上市公司比重(%)

年　度	2003	2004	2005	2006	2007	2008	2009	2010
上市公司总数	1088	1160	1224	1267	1340	1439	1718	2108
不分配公司数	393	232	444	636	624	609	677	746
不分配公司比重	36.12	20.00	36.27	50.19	46.57	42.32	39.41	35.39

分配股利的上市公司 2003 年前的股利支付率一直低于 40%，2004 年证监会新政策的出台，使这一情况发生了较大的变化。虽然 2004 年和 2005 年低于 40%，但是近 7 年的

平均值已经达到 40%，取得了可观的变化。而美国在 1970—1992 年间，所有公司的税后利润中大约有 50%～70%作为股利发放给股东，由此可以看出我国公司股利支付比率相对较低。

表2　上市公司 2003—2009 年股利支付率(%)

年　度	2003	2004	2005	2006	2007	2008	2009	平均
股利支付率	47.43	35.3	32.76	41.78	42.30	43.48	36.00	40

(资料来源：根据中证网，中国证券监督管理委员会网站整理数据)

第一节　利　润　管　理

一、利润管理概述

企业生产经营活动的主要目的，就是要不断提高企业的盈利水平，增强企业获利能力。企业只有最大限度地获取利润，才能为国家积累资金，不断促进社会生产的发展，满足人们日益增长的物质文化生活水平的需要。因此，利润水平的高低不仅反映企业的盈利水平，而且反映企业为整个社会所做的贡献。

利润是企业在一定时期内生产经营活动的最终财务成果，是企业生产经营活动的效率和效益的最终体现，其包括营业利润、利润总额和净利润。

(一)利润总额的计算

企业的利润，就其构成来看，既有通过生产经营活动而获得的，也有通过投资活动而获得的，还包括那些与生产经营活动无直接关系的事项所引起的盈亏。

1. 营业利润

营业利润是企业(利润的主要组成部分，是企业从事经营业务活动所取得的净收益，包括主营业务利润和其他业务利润。

营业利润=营业收入-营业成本-营业税金及附加-管理费用-财务费用-销售费用-
　　　　 资产减值损失+公允价值变动收益+投资收益[①]

2. 营业外收入和营业外支出

营业外收入和营业外支出是指与企业生产经营无直接关系的各项收入和各项支出。

[①] 财政部 2006 年 2 月颁布新《企业会计准则——基本准则》"利润金额取决于收入和费用、直接计入当期利润的利得和损失金额"。

(1) 营业外收入。营业外收入是指与企业生产经营活动无直接关系的各种收入，具体包括固定资产盘盈、处理固定资产收益、罚款净收入等。

(2) 营业外支出。营业外支出是指与企业生产经营活动没有直接的关系，但按照有关规定应从企业实现的利润总额中扣除的各项支出。

按现行制度规定，企业的营业外支出具体包括固定资产盘亏、处理固定资产损失、非常损失、罚款支出和公益救济性捐赠、计提的无形资产减值准备、计提的固定资产减值准备、计提的在建工程减值准备等。

根据上述内容分析，企业利润总额的计算公式

$$利润总额 = 营业利润 + 营业外收入 - 营业外支出 \tag{9.1}$$

(二)净利润的计算

企业的净利润是指企业当期实现的利润总额扣除所得税额后的余额，又称税后利润，其计算公式为

$$净利润 = 利润总额 - 所得税额 \tag{9.2}$$

二、利润分配的内容

每年年末，企业的所有者对本年度的净利润进行分配。企业管理者必须正确地组织企业进行利润分配，遵守国家的财经法规，兼顾国家、所有者和企业各方面的利益，尊重企业的自主权，加强企业的经济责任，使利润分配机制发挥利益激励与约束功能，以及对再生产的调节功能，充分调动各方面的积极性，促进企业生产的发展，从而实现提高企业的经济效益的目标。利润分配程序如下所述。

(一)亏损税前弥补

按照国家规定，纳税人发生年度亏损的，可以用下一年度的税前利润弥补，如果不足以弥补，可以在 5 年内延续弥补，但不得超过 5 年；若延续 5 年尚未弥补的亏损，就需用所得税后利润弥补。

(二)利润分配的顺序

企业实现的利润总额，要在国家、企业的所有者和企业法人之间进行分配，形成国家的所得税收入、分给投资者的利润和企业的留用利润(包括盈余公积金和未分配利润)等不同项目。利润分配的程序就是按照国家财务制度和企业章程将利润总额划分为上述各项目的步骤或顺序。企业的利润首先应按国家规定作相应的调整，增减有关收支项目，然后依法交纳所得税。企业税后利润除国家另有规定者外，应按下列顺序进行分配。

(1) 支付被没收财物损失和各项税收的滞纳金、罚款。

(2) 弥补企业以前年度亏损(指超过用所得税前的利润抵补亏损的期限，仍未补足的亏损)。

(3) 提取法定盈余公积金，公司制企业比例为当年税后利润(减弥补亏损)的 10%，其他企业可以根据需要确定提取比例，但不得低于 10%。当企业提取的法定盈余公积金累计已达注册资金的 50%时可以不再提取。

(4) 公司在税后利润中提取法定盈余公积金后，经股东会决议，可以提取任意公积金。

(5) 向投资者分配利润或股利。

可供投资者分配的利润=净利润−弥补以前年度的亏损−提取的法定盈余公积金−提取的任意盈余公积金+以前年度未分配利润+公积金转入数 (9.3)

对于股份制企业，可供投资者分配的利润应按以下顺序分配。

(1) 支付优先股股利是指企业按照利润分配方案分配给优先股股东的现金股利，按照事先约定的股利率计算支付。

(2) 支付普通股现金股利是指企业按照利润分配方案分配给普通股股东的现金股利，一般按照各股东所持有的股份比例进行分配。

(3) 支付普通股股利指企业按照利润分配方案分配给普通股股东的以分配股票股利。

企业如果将法定盈余公积金转增资本金，则剩余法定盈余公积金也不应少于注册资金的 25%。

企业税后利润进行以上分配后的结余部分，称为未分配利润，可留待以后年度进行分配。

本年年末未分配利润=可供投资者分配的利润-优先股股利-普通股股利 (9.4)

(三)影响利润分配决策的因素

企业在进行对投资者分配利润的决策时，需要考虑如下因素。

1. 盈余的稳定性

企业是否能获得长期稳定的盈余，是其利润分配决策的重要基础。盈余相对稳定的企业能够较好地把握自己，有可能支付比盈余不稳定的企业更高的股利，而盈余不稳定的企业一般采取低股利政策。对于盈余不稳定的企业来讲，低股利政策可以减少因盈余下降而造成的股利无法支付、股价急剧下降的风险，还可将更多的盈余再投资，以提高企业权益资本比重，减少财务风险。

2. 资产的流动性

较多地支付现金股利，会减少企业的现金持有量，使资产的流动性降低，而保持一定的资产流动性，是企业经营所必需的。

3. 举债能力

具有较强举债能力(与企业资产的流动性相关)的企业因为能够及时地筹措到所需的现金,有可能采取较宽松的利润分配政策,而举债能力弱的企业则不得不多滞留盈余,因而往往采取较紧的利润分配政策。

4. 投资机会

有着良好投资机会的企业,需要有强大的资金支持,因而往往少发放股利,将大部分盈余用于投资;缺乏良好投资机会的企业,保留大量现金会造成资金闲置,于是倾向于支付较高的股利。正因为如此,处于成长中的企业多采取低股利政策;陷于经营收缩的企业多采取高股利政策。

5. 资本成本

与发行新股相比,保留盈余不需花费筹资费用,是一种比较经济的筹资渠道。所以,从资本成本考虑,如果企业有扩大资金的需要,也应当采取减少利润分配的政策。

6. 债务需要

具有较高债务偿还需要的企业,可以通过举借新债、发行新股筹集资金偿还债务,也可直接用经营积累偿还债务。如果企业认为后者适当(比如,前者资本成本高或受其他限制难以进入资本市场),将会减少股利的支付。

7. 其他因素

(1) 债务合同约束。企业的债务合同,特别是长期债务合同,往往有限制企业现金支付程度的条款,这使企业只得减少对投资者的利润分配。

(2) 通货膨胀。在通货膨胀的情况下,企业折旧基金的购买力水平下降,会导致没有足够资金来源重置固定资产。这时盈余会被当作弥补折旧基金的购买力水平下降的资金来源,因此,在通货膨胀时期企业利润分配政策往往偏紧。

三、股利政策

对股份制企业来讲,将所获利润中的多少作为股利分配给股东,多少留在公司作为再投资使用,这是需要认真权衡的问题,即股利政策。

(一)利润分配与股利

1. 对股利分配的认识

如前所述,我国规定公司实现的利润总额,首先应依法缴纳所得税。税后利润在弥补以前年度亏损、提取公积金后才能向投资者分配利润。向投资者分配利润的基础,不仅包括公司本年度盈余，而且还可以将公司以前年度未分配的利润并入本年度。由此可以看出，股利分配是利润分配的最后一个步骤。

股利是股息和红利的总称，它由公司董事会宣布从公司的净利润中分配给股东，作为股东对公司投资的报酬。对这部分净利润，公司董事会有完全的支配权，它有权决定将多少利润分配给股东，这是决定股利的基本原则。股利究竟如何分配与会计准则无关，因为作为利润分配的最后环节，应向投资者分配的利润额完全是按照国家有关会计和财务的制度计算出来的，剩下的事情属于公司自身的财务政策问题。

公司董事会在考虑是否向股东分配股利、分配多少股利时，往往从公司本身需要及长远战略方面来考虑，有时会将股利分派放在次要地位。大家知道，股份有限公司筹措自有资本的重要渠道可以是发行股票或增发新股，但这并不能成为经常性的手段。当公司需要保持一定比例的周转资本，或扩充产能亟须资本时，内部筹资则是一项资本补充的经常性渠道，它实际上来自于投资者投资的增值。也就是说，留存公司利润是最可靠和最便利的资本来源，而这些留存收益本来是可以分配给股东的股利。

即使公司董事会将股利分派放在决策的次要地位，它也不能剥夺股东分配利润的基本权利。长期不分派股利会影响公司的声誉和股东对公司的信心。天平一方是公司发展需要留存收益这一宝贵的资本来源，另一方是股东，至少是一部分股东希望这些收益能转化为股利，以便"落袋为安"。董事会如何摆布这架"天平"，这就是股利政策问题了，也是财务管理要研究的重要问题之一。

2. 股东对股利分配的态度

前面曾经讲过，财务管理的目标在于股东财富最大化，它与公司财富最大化是统一的。但从上边的内容来看，可能会给你一种两者有矛盾的感觉。从一般意义上讲，股东本质上与公司的利益应当是一致的。但是，股东购买股票的目的并非完全一致，因而对股利分派的态度也就不一致。从这个角度出发，我们将公司股东分为三类，分别加以简单的分析，这样有助于对股利政策的理解。

1) 董事类型的股东

这类股东长期持有公司股权，通过股权将自己与公司紧密地联系起来，并希望这种关系是永久性的。公司董事往往属于这类股东，他们了解并熟悉公司的内情，大多是有权决定公司重要政策的人物，他们把公司看作是自己的"事业"，与公司有着密切而长久的利害关系，他们自然希望尽量少地将利润分配给广大股东，而是将利润留存于公司内使用。例如，他们可以利用其对公司的影响力，使董事会有权高估各项预计费用，并尽量将各项应摊销的大额费用在当期收入中抵扣，从而满足低估利润的愿望。这样操作的结果，自然可供分配给股东的利润就少了，而实际上利润是留在了公司。

2) 投资类型的股东

这类股东也较长期地持有股份，他们购买股票的目的是为了获取股利，属投资性质。

他们可以说是公司股东中的"栋梁"，因为他们坚定地持有公司的股票。但他们与董事类型的股东又不同，他们并没有将公司视为自己的"归属"，因为他们往往另有职业，就其自身而言，与公司的利害关系并非是第一位的。所以，这类股东只要求董事会真实地反映盈亏，既不低估也不高估盈亏，不要损害他们的利益，也不要损害公司的利益。

3）　投机类型的股东

这类股东购买股票的目的就是希望通过在股票市场上低吸高抛来赚取价差，他们根本没有打算长期持有公司的股票，与公司保持长久的关系。在我国，人们对这类股东有个不准确但十分形象的说法：股民。因为他们中的多数人在股市上今天买、明天卖的时候，甚至都不清楚他暂时持有股票的这家公司是干什么的，因而他们更不关心公司的长远利益。当然，这类股东中也不乏大的投机家。对一个投机者来讲，他实际上并没有把自己当作公司的股东，他只希望在他买进股票的这个短暂时间内，公司短期收益提高，多派股息，从而导致股票价格上涨，以便他在价格高位时将股票抛出去。

由上述对三类股东的情况分析可以看出，股利政策确是财务管理一项值得认真考虑的事情，如何协调这些矛盾和利益，将是公司董事会年复一年要面临的决策问题。

(二)股利理论

如上所述，公司所获净利润主要有两个用途：一是作为股利发放给股东，一是留存公司作为再投资使用。股利理论所要分析的是公司净利润的这两项用途之间的分配对公司股票价格，进而对公司价值是否有影响，是否存在最佳的股利支付比率。在西方，最具代表性的是截然相反的两种股利理论：股利无关论和股利相关论。

1. 股利无关论

股利无关论认为股利分配对公司的股票价格不会产生影响。该理论由美国经济学家米勒和莫迪利亚尼于 1961 年创立。

1）　股利无关论的假定

这一理论建立在这样一些假定之上：存在一个完整无缺的市场；不存在个人或公司所得税；没有股票的发行费用和交易费用；公司的投资决策和股利决策彼此独立；公司投资回收没有风险。

2）　股利无关论的基本观点

在上述五个假设前提的基础上，股利无关论有下述三个基本观点。

(1)　在完全资本市场中，理性投资者的股利收入与资本增值两者之间不存在区别。如果公司股利支付率太低，投资者可以卖掉一部分股票，以弥补股利的不足；如果公司股利支付率太高，则投资者可以用多余的股利另外购入一些股票，以扩大投资。所以，投资者并不关心公司的股利政策，而认为获得股利与在股票上获得资本是一样的。也就是说，无论公司是选择将净利润留存用作再投资，还是选择支付股利，投资者都可以通过买卖股票使自己处于相同的境地。因此，无论公司制定何种股利政策，投资者对股利和资本并无偏好。

(2) 股利政策无优劣之分，它对公司的股票市价不会产生任何影响。也就是说，股利支付比率高低不影响公司的股价。

(3) 股票价格主要由公司的获利能力所决定。

上述股利建立在十分严格的假设前提下，并通过数学证明得出严谨的结论。但令人吃惊的是，它的结论竟是股利政策无用。为什么说是令人吃惊呢?因为在实际生活中，经验告诉我们，公司股票价格会随股利的增减而变动。理论的结局与实践的感受产生了较大的差距，如何解释这个现象呢?股利无关论对此的解释是，股票价格的变动不能归因于股利增减本身，而应归因于股利所包含的有关公司未来盈利的信息内容。另外，由于股东的偏好不同，有的股东偏好于高水平的现金股利，有的股东偏好于高的资本利得。公司的任何股利政策都不可能同时满足所有股东的股利要求。因此，公司干脆不考虑股东的偏好。

事实上，问题的主要原因在于该理论的几个基本假设过于偏离现实。理论研究中的假设，可以使复杂问题简单化，有助于人们思路更清晰，但假设与现实偏差过大，则可能产生错误。由于这些假设描述的是一个完整无缺的市场，所以该理论也称作完整市场理论。

2. 股利相关论

股利相关论认为，公司的股利政策对公司的价值并非无关，而是相关。这一理论是美国学者格雷厄姆和多德于1951年提出的。他们认为股票投资者大多数是希望公司多支付股利，而非支付少量的股利，股票投资者在购买股票时肯定会考虑到股利这一因素的。根据这个理论，股利政策影响着股票市价，支付的股利越多，股票的价格越高，反之则低。

股利相关论被人们形象地喻为"一鸟在手"理论。"一鸟在手"源自谚语"双鸟在林不如一鸟在手"。该理论的核心是：已经得到的现实的价值比未得到的有风险的预期价值要高，就像还停留在丛林中尚未被抓到的两只小鸟比不上一只已抓在手中的鸟一样。

股利相关论的基础是对投资者心理状态的分析，其主要论点是：由于投资者对风险有天生的反感，而且认为风险将随着时间延长而增大，所以宁愿目前收到较少的股利，也不愿意等到将来再收回不肯定的较多的股利或以较高的价格出售股票。也就是说，他们认为股利收入要比由留存收益带来的资本收益更为可靠。在此观点下，公司只有采取较高的股利支付率，才能有效地吸引投资者购买公司发行的股票，因而公司应定期地向股东支付较高水平的股利。

股利无关论者对此观点持不同看法，认为它混淆了公司的股利政策和投资政策对股票市价的影响。因为公司用留存收益进行再投资形成的资本利得的风险，取决于公司的投资决策而不是股利政策。

股利无关论与股利相关论是相互矛盾的，到底以谁为准呢? 事实上，在实践中各公司都是根据本公司的特点选择适合自己的观点加以应用，在股利支付比率问题上一般采取中间路线。

在实际生活中，公司和股东对股利发放的比例，各有自己的考虑。

从公司的立场出发，主要考虑的问题：

(1) 公司过去实施的股利政策，会对当前采取什么股利政策产生影响。

(2) 公司在考虑扩充产能，亟须资本来源时，就会减少股利的发放。

(3) 在公司资本结构中，当债务比较大时，公司会考虑多保留一些盈余。

(4) 当公司发行新股时，由于稀释效应，要想保持每股股利不变，就要提高股利支付比例。

从股东的立场出发，主要考虑的问题：

(1) 稳定的股利可以增强股东对公司的信心，也有利于投资者分析股票价格的合理性，确定股价合理波动范围。

(2) 不同类型的股东有不同的投资目的，公司不能偏于某一类型股东的要求，而冷落其他股东的愿望。因此公司应权衡利弊，在股东的不同要求之间，选择适当的股利支付比例。

(三)影响股利政策的因素

关于股利政策，无论公司如何权衡利弊，倾向哪一种理论或走中间路线，都不可能不受任何影响，完全由公司在一系列假设下按照理论模式来制定股利政策。在实际生活中，公司股利分配是在各种制约因素下进行的，公司不可能不受这些因素的约束。

影响股利政策的因素有以下内容。

1. 法律因素

为了保护债权人和投资人的利益，我国有关法律对公司的股利分配规定有如下限制。

(1) 应体现资本保全的原则，不允许公司用资本(包括股本和资本公积金)发放股利。

(2) 应保证公司的积累，规定公司按税后利润的一定比例提取法定盈余公积金。

(3) 净利约束。规定股利只能从公司过去和现在的净利润中支付，以前年度若有亏损必须足额弥补。

(4) 偿债能力约束。公司由于经营管理不善，出现亏损以致资不抵债，或者虽未严重亏损，但现金流动差，以致出现偿债危机，均不能支付现金股利。

2. 契约限制

当公司以长期借款协议、债券契约、优先股协议、租赁合约等形式向外部筹资时，常常应对方的要求接受某些有关支付股利的限制。例如，债务契约中可能会规定股利只能从签约后所产生的盈利中支付；签约前的盈利不可作派发股利之用；当流动资金低于契约中所限定的数额时，公司不得派发股利等。优先股的契约通常也会规定在累积的优先股股息付清之前，公司不得派发普通股红利。

这些契约性限制条款的目的，在于约束公司将利润的一部分用于再投资，保证公司有足够的经济实力作为偿债能力的基础，维护债权人的权益。

3. 资产的流动性

尽管法律上规定公司的税后利润在满足了提留和补亏后，可以用来发放股利。但是，账面上的净利润并不等于现金。而公司现金股利的发放，需要具有足够的较强的流动性资产，如现金、有价证券。因此，公司即使有盈利，若手中缺少现金，也难以具备支付股利的能力。一般来讲，公司流动资产越多，"变现能力"越强，可支付的股利水平就会高一些；反之，固定资产较多，"变现能力"差的公司，可支付的股利水平就会低一些。所以，在支付股利之前，公司理财当局应认真分析资产的流动性以及预期现金流入和现金流出的情况。

4. 利润的稳定性

公司能否获得长期稳定的利润，是其股利政策的重要基础。一般地讲，利润较稳定的公司支付的股利比利润不稳定的公司支付的股利要高；而利润不稳定的公司往往采取低股利政策。这是因为，低股利政策可以将更多的利润转作再投资，以便提高公司自有资本比重，减少财务风险，可以减少因利润下降而造成无法支付股利、公司股票市价下降的风险。

5. 筹资能力

对于那些新创建的并快速发展的公司来讲，由于具有较大的经营和财务风险，在金融市场上发行股票或举债筹资的能力受到限制，因而它们往往保留较多的盈余供经营使用，股利支付率一般较低。对于那些历史较长、声名显赫的公司来讲，它们的品牌和声誉大大加强了其筹资能力，在投资者看来风险也较小，因而它们的股利支付率要比小公司高。

6. 公司控制权

公司支付较高的股利会导致留存收益减少，这又意味着将来发行新股的可能性加大，而发行新股就会稀释公司的控制权。公司现有股东和管理层为了不使自己对公司的控制权削弱，他们就可能不愿意发行新股而宁愿通过保留更多的利润来获取资本，因而对公司股利政策的影响就是降低股利支付率。

7. 投资机会

有良好投资机会的公司，需要的资金量大，它们希望少发放股利，而将利润留在公司用于投资。对于缺乏良好投资机会的公司，则希望支付较高的股利，以免造成大量资金闲置。因此，具有很好的成长性的公司往往采取低股利政策，而经营规模已定、无进一步扩展空间的公司往往采取高股利政策。

8. 资本成本的比较

与发行新股相比，留存收益不需要支付筹资费用，资本成本低，对公司来讲是一种较为经济的筹资渠道。所以，从资本成本比较的角度讲，公司为了扩大资金的需要，有可能采取低股利政策。当然，如果股票发行成本较低，公司的股利政策就可以比较灵活，因为此时公司既可通过出售股票也可通过留存收益来获取自有资本。

影响股利的因素很多，除了上述介绍的这八个主要因素外，还有其他的一些因素也会不同程度地影响股利政策的选择，这里不再介绍。

(四)股利政策种类

在上述的内容里，可以知道有两种相互矛盾的股利理论，以及影响股利政策的各项因素。公司在选择股利政策时要充分考虑这些因素的影响。在进行股利分配时，公司比较常用的股利政策主要有以下几种。

1. 剩余股利政策

采取剩余股利政策，就是将公司的盈余首先用于良好的投资项目，然后将剩余的盈余作为股利进行分配。

实施剩余股利政策有以下四个步骤。

(1) 测定合理的资本结构，也就是要确定自有资本与借入资本二者的比例关系，并在此资本结构下，使加权平均资本成本达到最低水平。

(2) 确定在此资本结构下投资所需要的自有资本数额。

(3) 最大限度地使用留存收益来满足投资方案所需要的自有资本数额。

(4) 投资方案所需要的自有资本数额完全满足后，若还有剩余盈余，再将其作为股利发放给股东。

【例 9.1】假设某公司 2009 年税后利润在提取了公积金、公益金后为 1000 万元。2000 年投资计划已定，所需资金为 1200 万元。经测定，公司合理的资本结构应为权益资本占 60%，债务资本占 40%。按照此资本结构计算公司投资方案所需的权益资本数额为

$$1200 \times 60\% = 720(万元)$$

公司 2009 年全部可用于发放股利的净利润为 1000 万元，在满足了上述投资计划所需资金后仍有剩余，其剩余部分应作为股利发放。2009 年发放的股利数额为

$$1000 - 720 = 280(万元)$$

假设该公司当年流通在外的普通股(无优先股及非流通股)为 5000 万股，那么每股股利应为

$$280 \div 5000 = 0.056(元)$$

大家知道，一个公司的投资计划和实现的利润每年都会不尽相同，如果严格地执行剩余股利政策将会导致股利的波动。例如，在遇到好的投资机会的年份，公司就会不派发股

利。假设在下一年，投资机会很差，公司又会宣布发放大量股利。另外，即使投资机会稳定，现金流量的波动也会导致股利的变化。因此，公司在进行股利决策时几乎不可能照搬剩余股利政策。但是，许多公司在实际工作中经常应用剩余股利政策来帮助设立一个长期的目标股利支付率。

2. 固定股利额政策

采用固定股利额政策，就是公司不论税后利润为多少，都支付给股东一定数额的固定股利，并不因为公司税后利润的变化而调整股利数额。公司只有在确信未来收益可以维持新股利数额时才会宣布增加股利。制定这一政策的指导原则就是尽量避免减少年股利数额。

不过，考虑到通货膨胀的影响，有些公司过去采用固定股利额政策，后来转而实行"稳定增长的股利政策"，即公司制定一个目标股利增长率。例如每年增长 2%，公司就可以在支付固定股利额的基础上，努力按照这个幅度增长，逐步提高股利支付水平，并免除通货膨胀的损失。当然，只有在利润稳定增长的前提下，这一政策才是可行的。

在实际工作中，许多公司都愿意采取这种股利政策，原因如下。

(1) 股利支付数额的波动将会导致股票价格的波动，并因此提高公司普通股股本的成本。

(2) 稳定的股利向市场传递着公司正常运营的信息，有利于树立公司良好的形象，稳定股票的价格。

(3) 利用股利来支付当期消费的股东，通常希望能依靠固定的股利收入来维持其日常生活支出。如果股利派发不稳定，就不会受到此类股东的欢迎，会使公司的股票需求下降。

(4) 有些公司主管通常会认为，削减股利并不是最明智的，他们为维持稳定的股利水平，会采取延缓某些投资计划，将实际资本结构脱离目标资本结构或出售普通股以筹措资金等措施。

该股利政策虽受许多公司的欢迎，但也存在股利的支付与公司的盈余相脱节的缺点。当公司收益较低时仍要支付固定的股利，就可能导致资金短缺，财务状况恶化；同时不能像采取剩余股利政策那样保持较低的资本成本。

3. 固定股利支付率政策

采取固定股利支付率政策，就是由公司确定一个股利占盈余的比率，长期按照这个比率支付股利。在这个股利政策下，公司各年支付的股利额随公司获得盈利的多少而上下波动。在公司赚取巨额利润的年份，其支付的每股股利将很多，但在利润较低的年份，其每股股利必将很低。虽然从股利与盈利二者的相互联系的角度看，这一政策是采取了固定股利政策，但在实际工作中，采取这种政策的公司比较少。这是因为，一方面由于公司的盈余每年都会有变化，采取该股利政策会导致股利每年都有变动，而股利的频繁变动对公司和投资者都不利；另一方面，采取该政策也不可能达到公司价值最大化的目的。

4. 低正常股利加额外股利政策

采取这种政策，就是在一般情况下，公司每年只支付数额较低的股利。在公司经营业绩非常好时，除定期股利外，再增加支付额外的股利。这样可以使额外支付的股利不是固定的，并不意味着公司永久地提高了规定的股利率。这一政策实际上是上述第二、第三项政策的折中办法。

采取这种股利政策的有利之处如下。

(1) 该股利政策使公司具有较大的灵活性。当公司盈余较少或因投资需用较多资金时，可维持设定的较低但正常的股利；当盈余有较大幅度增长时，则可适当增加股利发放的幅度。这样，较低的但属正常股利部分可以保证不致使股东有较强的股利跌落感；而增加的额外股利会使股东享受到公司获利的成果，增强对公司投资的信心，有利于稳定公司股票市价。

(2) 该股利政策可以使那些依靠股利收入维持日常生活支出的股东每年至少可得到一笔数额虽少但是稳定的股利收入，从而吸引住这类股东的投资。

该股利政策虽有上述好处，但是，对投资者来讲，股利将变得不太确定。从公司来讲，在盈余和现金流量变动很大时，这种政策可以看作是一个最佳选择。公司可以设定一个相当低的正常股利，甚至低到低利润年度或计划高额投资的年度都可维持的水平，然后在有额外盈余的年度，再发放额外股利，但注意支付额外股利的次数不易频繁；否则，股东会认为股利会持续提高，这样将失去额外股利的意义。该项股利政策通常为季节性盈余较高的公司所采用。

(五)股利发放形式

股利发放的形式主要有现金股利、股票股利两种。但从本质来说，股票回购和股票分割也达到了股利发放的效果，这里我们一并介绍。

1. 现金股利

以公司当年盈利或积累的留存收益用现金形式支付给股东的股利叫做现金股利。这是最常见的一种股利发放形式。

现金股利主要有以下几种。

(1) 正常股利。公司根据其经营状况和盈利能力，有把握在未来一定时期按时按量向股东支付股利。这是一种稳定的现金股利支付形式。

(2) 额外股利。这是在固定股利之外，公司根据其本期盈利状况决定额外支付的股利，这类股利公司并不承诺发放的连续性。公司额外股利的发放与否、数额大小与公司当年的盈利状况和投资决策密切相关。

正常股利和额外股利都是对股东权益和税后利润的分配。

(3) 清算股利。在公司清算资产时，将偿还债权人后的剩余部分在股东之间进行分配；

清算股利与上述两种股利不同，它不是来源于公司的现金和留存收益，而是来源于公司资产的减少。

2. 股票股利

采取股票股利方式，实际上是颁发一种额外增发的股票。公司颁发这种股票，只不过是将公司的留存收益转移到股本账户上去。由于它并不实际向股东支付现金，只是引起公司利润在账面上的转移，所以不会影响公司和股东的资产价值。

1) 我国上市公司在支付股票股利时的做法

送股，这种做法是公司将公积金转为股本，将增加的股票数按比例派送给股东。例如，假设某公司股票市价为 10 元，发放 10%的股票股利，可使持有 100 万股的股东无偿分到 10 万股，留存收益中就有 1 000 000 元(1 000 000 股×10%×10 元)的资本分别转移到普通股股本和资本公积中去，普通股股本由于面额 1 元的限制，只能增加 100 000 股的 100 000 元的股本金额，其余 900 000 元的溢价部分则增加到资本公积中，但无论发放股票股利前后的股东权益总额都将保持不变，如表 9.1 所示。

表 9.1　股票股利前后的股东权益　　　　　　　　　　　　　　　　单位：万元

股票股利前		股票股利后	
普通股(1 000 000 股，每股 1 元)	100	普通股(1 100 000 股，每股 1 元)	110
资本公积	100	资本公积	190
留存收益	500	留存收益	400
股东权益合计	700	股东权益合计	700
负债及股东权益合计	1000	负债及股东权益合计	1000

就股东而言，股票股利除了增加其所持有的股票数量外，每股股价减小外，几乎没有任何价值。由于公司的总收益不变，持有的份额比例不变，因此，每位股东所持有的股票市值总额也保持不变。

也有部分人将配股认为是发放股票股利的一种形式。这种做法是公司在增发股票时，以一定比例按优惠价格配给老股东股票；例如，在公司股票市价每股 11 元时，公司以每股 7 元价格，10 股配 3 股给老股东，那么，持有 100 股的股东就可以支付 210 元购入 30 股配股。

配股与送股的区别在于：配股是有偿的；配股不会减少公司公积金；配股实质上是给予老股东的补偿，是一种优惠购买股票的权利。

2) 公司采取股票股利方式的原因

(1) 在公司盈利和现金股利预期不会增加的情况下，发放股票股利可以使股票价格降低，以便吸引投资者的投资兴趣。

(2) 采取这种方式可以使股东分享公司的盈利，但又不必支付现金，而且配股还可以收进一笔现金。这样公司可以将更多的现金留存下来，用于再投资，加快公司的发展步伐。

3）公司采取股票股利方式的条件

公司采取股票股利方式尽管有上述好处，但不能滥用，它是有一定的条件。

(1) 具有足够的公积金。在我国，公司将公积金转为股本，必须保证法定准备金不低于原股本的25%。没有足够的公积金，就不能采取送股的方式。

(2) 控股者是否欣赏该方法。首先，送股对于控股者来讲只是一种账面游戏。例如，某公司目前股票市价为每股20元，若该公司宣布发放10%的股票股利，则每股市价降为18.18元(1÷1.1×20=18.18)。此时，某人持有该公司股票1000股，股票市值为20 000元。送股后，每股市价由20元降至18.18元，但由于持有股票数量增至1100股，其拥有的股票市值仍为20 000元(18.18×1100)。因此，股票股利并不能增加股东所拥有的财富。其次，采用配股的方式需要持股者付出现金。由于控股者所持股票数量大，需大笔现金，若不能买回配股份额，就意味着控股地位的削弱。

(3) 选择有利时机。送股能否给投资者带来实际利益，关键在于选择送配的有利时机。股市为"牛市"时，市场为多头主导，公司股价坚挺，此时为送股的大好时机；反之，在"熊市"时，则有可能给持股者带来损失。

3. 股票回购(Stock repurchase)

股票回购是企业出资购回其发行在外的股票，是支付现金股利的一种替代方法。被企业购回的股票作为库藏股，市场上流通的股票将因此而减少。公司以闲置的现金购回股东所持股份，使流通在外的股份减少，每股股利增加，从而使股价上升，股东能因此获利资本利得，相当于付给股东股利。

股东股票回购可以在二级市场公开进行，也可以与部分投资者协商后从他们手中直接购回。一般可采用以下两种方式：一是证券交易所集中竞价交易方式，但上市公司不得在以下交易时间进行股份回购的委托：①开盘集合竞价；[①] ②收盘前半小时内；③股票价格无涨跌幅限制。二是要约方式。《上市公司回购社会公众股份管理办法》第三十条："上市公司以要约方式回购股份的，要约价格不得低于回购报告书公告前30个交易日该种股票每日加权平均价的算术平均值。"第三十一条规定"上市公司以要约方式回购股份的，应当在公告回购报告书的同时，将回购所需资金全额存放于证券登记结算机构指定的银行账户。要约的期限不得少于30日，并不得超过60日。"

上市公司回购股份应当符合以下条件：①公司股票上市已满1年；②公司最近1年无重大违法行为；③回购股份后，上市公司具备持续经营能力；④回购股份后，上市公司的股权分布原则上应当符合上市条件；公司拟通过回购股份终止其股票上市交易的，应当符合相关规定并取得证券交易所的批准；⑤中国证监会规定的其他条件。

---

① 《上市公司回购社会公众股份管理办法》证监发〔2005〕51号。

【**例 9.2**】某公司以每股 10 元的价格回收 10%的股票，则股票数量减少 10 000 股(100 000×10%=10 000)，现金和股东权益减少 100 000 元(10 000 股×10 元=100 000 元)。由于资产的减少与流通股股数的减少相互抵销，所以股票市值保持不变，如表 9.2 所示。

表 9.2 现金股利与股票回购资产负债表比较 单位：元

资　产		负债和股东权益	
股利分配前资产负债表			
现金	150 000	负债	0
其他资产	850 000	股东权益	1 000 000
合计	1 000 000	合计	1 000 000
流通在外普通股 100 000 股			
每股市价=1 000 000÷100 000=10			
发放现金股利后资产负债表			
现金	50 000	负债	0
其他资产	850 000	股东权益	900 000
合计	900 000	合计	900 000
流通在外普通股 100 000 股			
每股市价=900 000÷100 000=9			
股票回购后资产负债表			
现金	50 000	负债	0
其他资产	850 000	股东权益	900 000
合计	900 000	合计	900 000
流通在外普通股 90 000 股			
每股市价=900 000÷90 000=10			

在例 9.2 中，无论发放现金股利还是股票回购，公司都需要支出相同的现金资产，其结果都使公司总资产减少 100 000 元。

对于投资者而言，无论收到现金股利，还是公司股票回购(相当于投资者出售股票获得现金的做法)，其投资者财富价值并没有发生变化。假设投资者甲在股利分配前持有 1 000 股价值 10 000 元的该公司股票，如果他将手中 10%的股票 100 股出售给公司，那么投资者的财富价值为 1 000 元的现金收入和 900 股价值 9 000 元的股票价值，如表 9.3 所示。

公司采取股票回购这种方式主要有以下目的和动机：第一，用于公司兼并或收购。目前收购或兼并的方式，产权交换的支付方式主要是现金购买或以股票交换两种。如果公司有库藏股，即可以用公司的库藏股票来交换被兼并公司的股票，由此可以减少公司的现金支出。第二，满足可转换条款和有助于认股权的行使。在公司有发行可转换证券或附认股权证的情况下，公司可通过回购股票，使用库藏股来满足认股权证持有人以特定价格认购股票的需要或可转换证券持有人将其转换为股票的需要，从而不必另行发行新股。第三，改善公司的资本结构需要，实现资本结构的合理化。第四，分配公司的超额现金，如果公司现金富余，可以使用股票回购，将现金分配给股东。这样，流通在外的普通股股数减少，在其他条件不变的情况下，可使每股收益和每股市价有效提高，达到与分配现金股利相同的效果。

表 9.3　现金股利与股票回购对投资者比较

项　　目	发放现金股利	股票回购
股利分配前价值	10 元×1 000 股=10 000 元	10 元×1 000 股=10 000 元
股利分配后价值		
现金	1 元×1 000 股=1 000 元	10 元×100 股=1 000 元
股票市场价值	9 元×1 000 股=9 000 元	10 元×900 股=9 000 元

4．股票分割(stock spilt)

股票分割又称拆股，是指将面额较高的股票转换成面额较低的股票的行为。例如，将原来的一股股票转换成五股股票。股票分割不属于某种股利方式，但其所产生的效果与发放股票股利近似，股票分割会增加发行在外的股数，使得每股面值降低，每股盈余下降；但企业总价值不变，股东权益总额、权益各项目的金额及其相互间的比例也不会改变。因此股票分割与发放股票股利的作用非常相似，都是在不增加股东权益的情况下增加股票的数量，不同的是股票分割导致的股票数量的增加，可能远大于发放股票股利，而且在会计处理上也有不同，如表 9.4 所示。

表 9.4　股票分割前后的股东权益　　　　　　　　单位：万元

股票分割前		股票分割后	
普通股(1 000 000 股，每股 1 元)	100	普通股(2 000 000 股，每股 0.5 元)	100
资本公积	100	资本公积	100
留存收益	500	留存收益	500
股东权益合计	700	股东权益合计	700

从实务上看，由于股票分割与股票股利非常接近，有的国家证券交易机构规定，发放25%以上的股票股利即属于股票分割。

尽管股票分割与发放股票股利都能达到降低企业股价的目的，但一般而言，只有在企业股份剧涨且预期难以下降时，才采用股票分割的办法降低股价；而在企业股价上涨幅度不大时，往往通过发放股票股利将股份维持在理想的范围之内。

公司采取股票分割这种方式主要有以下目的和动机：第一，降低股票市价，促进股票的流通性。第二，为新股发行做准备，利用股票分割降低股票价格，促进市场交易活跃度，增加投资者的注意力，有利于新股的畅销。第三，有助于公司兼并合并政策的实施，如果想兼并其他公司，首先将自己公司股票加以分割，可提高对被兼并公司的吸引力。例如甲公司拟对乙公司通过股票交易进行兼并，假设甲、乙公司现在的股票市价分别是 50 元和 5元，甲公司管理当局认为以 1：10 的交换比例(即 10 股乙股票交换 1 股甲股票)是市场合理价格。但 1：10 可能会使乙公司的股东心理上难以承受，为此，甲公司决定先按 1 股变 5股对本公司股票进行分割，然后再按 1：2 的交换比例实施对乙公司的兼并。尽管交易实质未变，但乙公司股东心理上更愿意接受。

(六)股利支付程序

公司决定分派股利后，应由董事会将分派股利的事项向股东宣告，包括股利支付额、股权登记日、除息日及发放日等。

1. 股利宣告日(declaration date)

公司董事会股利支付情况予以公告的日期。

2. 股权登记日(hold-of-record date)

股权登记日指有权领取股利的股东有资格登记的截止日期，也称作除权日。只有在股权登记日前在公司股东名册上有名字的股东，才有权分享股利。一般由证交所计算机系统自动登记股东名册。

3. 除息日(ex-dividend date)

除息日指领取股利的权利与股票相互分离的日期。在除息日前，股利权从属于股票，持有股票者即享有领取股利的权利。除息日始，股利权与股票分离，新购入股票的人不能分享股利。在不考虑股利波动的情况下，除息日每股的跌幅一般相当于每股股利。

4. 股利支付日(payment date)

股利支付日指向股东正式发放股利的日期，也称作付息日。

【例 9.3】抚顺特殊钢股份有限公司(证券代码：600399) 利润分配及资本公积金转增股本实施公告(2015 年 06 月 04 日)

(1) 公司 2014 年度利润分配方案。以截至 2014 年 12 月 31 日公司总股本 52 000 万股为基数，向全体股东每 10 股派发现金红利 0.5 元人民币(含税)，每股派发现金红利 0.05 元(含税)，共计派发现金红利 2 600 万元。以截至 2014 年 12 月 31 日公司总股本 52 000 万股为基数，以未分配利润向全体股东每 10 股送 4 股(含税)，每股送股 0.4 股(含税)，共计送股 20 800 万股。

(2) 公司 2014 年度资本公积金转增股本方案。以公司 2014 年 12 月 31 日总股本 52 000万股为基数，向全体股东每 10 股转增 11 股，每股转增 1.1 股，共计转增 57 200 万股。本次转增股本是以股本溢价形成的资本公积金转增股本，不涉及扣税。转增和送股后公司总股本将增加至 130 000 万股。

(3) 股权登记日：2015 年 6 月 9 日。除权、除息日：2015 年 6 月 10 日。现金红利发放日：2015 年 6 月 10 日。新增无限售条件流通股份上市日：2015 年 6 月 11 日。

【案例 9.1】

股利分配中转增、配股及送股的区别

转增是指将公积金转化为股本，并按股东原有比例派送新股或者增加每股面值的形式。转增虽然增加了股本规模，但没有改变股东权益，其客观结果与送股(股票股利)相似。转增与送股的本质区别在于资金来源不同，送股来自于公司年度税后利润，只有在公司有盈余的前提下，才能向股东分配股利。而转增股本资金来源于公积金，它可以不受公司本年度可分配收益多少及时间限制，只是将转增数从公司的公积金账户转入注册资本中就可以了。所以，从严格意义上讲，转增并不属于对股东的分红回报。

配股是指上市公司为了扩大再生产，向原有股东按一定比例配售新股的行为。它是公司股权融资的主要形式之一。虽然，配股与送股有些相似的地方，但其性质根本不同，主要区别在于：一是送股是股东向公司投资的一种价值回报，即投资报酬，本质上是一种股东参与公司税后利润分配的一种形式，而配股仅仅是公司增资扩股的一种形式，属于发行新股的范畴。二是送股的资金来源于公司税后利润中用于分红的部分，是将本应该派发给股东的现金转为股本，并具体到每个股东名下，股东无须额外追加资本，而配股的资金来源于公司以外，是股东对公司的追加投入。三是送股和配股都使用公司总股本增加，但送股并不增加股东权益总额，因为送股的资金本来就是公司股东权益的一部分，但配股在增加股本的同时，股东权益也相应增大，因为股东追加的投资。四是送股是无偿的，非股东不能享有，配股是有偿的，股东可以接受，也可以放弃。

第二节 税 金 管 理

一、企业税金种类及计算

(一)税金的种类

税金是国家财政收入的一个重要组成部分，是国家按照法律规定的标准取得财政收入的一种手段。企业是税法规定的纳税义务单位，应依照税法规定按期向国家缴纳各种税款。企业应该上缴的税金有以下几种。

1. 城市维护建设税

城市维护建设税,是国家为扩大和稳定城市乡镇公共设施和基础设施建设对享用市政设施的企业,以其应交纳的营业税和增值税为计税依据所征收的一种附加税。

2. 增值税

增值税是对我国境内的应税货物及应税劳务在生产经营过程中的增值额为计税依据课征的一种税。其增值额为生产经营过程中新创造的那部分价值,也可以说是纳税人在一定时期内销售商品或提供劳务所取得的收入大于其商品购入或取得劳务时所支付的金额的差额。

3. 所得税

所得税是指国家对企业或个人的各种所得按规定税率征收的税款。

4. 车船使用税

车船使用税是对我国境内行驶于国家公共道路的车辆,航行于国内河流、湖泊和领海口岸的船舶,按车辆(船舶)的种类和大小,向拥有并使用这些车辆(船舶)的单位和个人征收的一种税。

5. 房产税

房产税是国家在城市、县城、建制镇和工矿区征收的由产权所有人缴纳的税。旅游企业可根据拥有的房产或承典的房产依照房产原值一次减除一定比例后的余值计算缴纳。

6. 土地使用税

土地使用税是国家为了合理利用城镇土地,调节土地级差收入,提高土地使用效益,加强土地管理而开征的一种税。

7. 印花税

印花税是国家对企业在经济活动中书立、领受的凭证征收的一种税。其征税范围包括各种经济技术合同、产权转移书据、营业账簿、权利许可证照和财政部确定征税的其他凭证等五类。

(二)税金的计算

1. 增值税的计算

增值税是对企业从事生产、经营过程中,新增加的价值部分征收的一种流转税。它适用于在我国境内销售货物或提供加工、修理修配劳务以及进口货物的单位或个人。增值税

的计税依据如下

$$应纳税额=当期销项税额-当期进项税额 \qquad (9.5)$$

其中，销项税额是指纳税人销售货物或者提供应税劳务，按税法规定向购买方收取的增值税税额。

$$销项税额=销售额×税率(基本税率17\%) \qquad (9.6)$$

增值税的税率分为三档：一是基本税率，为17%，适用于一般货物和劳务及有形动产租赁服务；二是低税率，税率为11%，适用于粮、油，自来水、冷气、热水、煤气、民用煤炭制品，图书、报纸、杂志，调料、化肥、农药、农机、农用膜等4类货物，以及交通运输服务、邮政服务、建筑服务等；三是税率6%，适用于金融服务、信息技术服务、文化创意服务、物流辅助服务、鉴证咨询服务、生活服务等。此外小规模纳税人的税收征收率为3%。小规模纳税人应交增值税的计算公式为

$$应纳税额=销售额×征收率 \qquad (9.7)$$

值得注意的是服务业主要是零售业务，在销售商品时一般填制普通发票或填制销售发票，这样销售商品的售价中已包含增值税的税额，所取得的收入是含税销售收入，因此在月末需要将含税收入调整为不含税的销售额，将销项税额从含税收入中分离出来。其计算公式如下

$$销售额=\frac{含税收入}{1+增值税税率} \qquad (9.8)$$

$$销项税额=销售额×增值税税率 \qquad (9.9)$$

【例9.4】某商场经营商品的增值税税率为17%，月末含税收入为351 000元，进项税额为42 200元，计算本月应交纳的增值税。

解：

$$商品销售收入=\frac{351\,000}{1+17\%}=300\,000\,(元)$$

$$销项税额=300\,000×17\%=51\,000\,(元)$$

本月应交增值税额=51 000-42 200=8800 (元)

从例中可以看出：销项税额为51 000元，进项税额为42 200元，其差额8800元即为该商场本月份应交的增值税额，下月初缴纳本月增值税。

【案例9.2】

国务院2017增值税减税新政：7月1日起增值税税率由四档减至三档

增值税税率征收改革最新消息：今天国务院公布对减税举措新政公告：

会议决定，在一季度已出台降费2000亿元措施的基础上，进一步推出以下减税举措：

一是继续推进营改增，简化增值税税率结构。从今年7月1日起，将增值税税率由四

档减至 17%、11%和 6%三档，取消 13%这一档税率；将农产品、天然气等增值税税率从 13%降至 11%。同时，对农产品深加工企业购入农产品维持原扣除力度不变，避免因进项抵扣减少而增加税负。

二是扩大享受企业所得税优惠的小型微利企业范围。自 2017 年 1 月 1 日至 2019 年 12 月 31 日，将小型微利企业年应纳税所得额上限由 30 万元提高到 50 万元，符合这一条件的小型微利企业所得减半计算应纳税所得额并按 20%优惠税率缴纳企业所得税。

三是提高科技型中小企业研发费用税前加计扣除比例。自 2017 年 1 月 1 日到 2019 年 12 月 31 日，将科技型中小企业开发新技术、新产品、新工艺实际发生的研发费用在企业所得税税前加计扣除的比例，由 50%提高至 75%。

四是在京津冀、上海、广东、安徽、四川、武汉、西安、沈阳 8 个全面创新改革试验地区和苏州工业园区开展试点，从今年 1 月 1 日起，对创投企业投资种子期、初创期科技型企业的，可享受按投资额 70%抵扣应纳税所得额的优惠政策；自今年 7 月 1 日起，将享受这一优惠政策的投资主体由公司制和合伙制创投企业的法人合伙人扩大到个人投资者。政策生效前 2 年内发生的投资也可享受前述优惠。(资料来源：2017-04-19 22:32 中国政府网)

2. 城市维护建设税的计算

城市维护建设税的计算公式如下

$$城市维护建设税 = 应交增值税 \times 适用税率 \tag{9.10}$$

城市维护建设税根据企业所在地的不同，按市、县、镇规定的不同的税率计算，并与增值税等同时缴纳。

3. 所得税的计算

1) 企业所得税计算

所得税以企业所得额为征收对象，所得多的多征，所得少的少征，无所得的不征。

所得税是以全年的所得额为计税依据，但为了保证国家财政收入的及时和均衡，所得税采取分月、季预征，年终汇算清缴，多退少补的办法。

根据税法规定，所得额是指在一定经营期间的收入总额，扣除了与其配比的费用成本后的余额，即企业实现的利润总额；而纳税所得额是指利润总额加减税前调整项目后的数额。新准则规定企业一律采用资产负债表债务法核算所得税，这就要求企业在取得资产、负债时，应当确定其计税基础[1]。

税前调整项目主要包括以下三个方面的内容。

① 企业各种捐赠支出、赔偿金、滞纳金和罚款支出，以及被没收的财物损失等，减

---

[1]《中华人民共和国企业所得税法》2007 年 3 月 16 日第十届全国人民代表大会第五次会议通过，现予公布，自 2008 年 1 月 1 日起施行。

少了企业的利润总额，而税法规定这些项目也应纳税，因此在计算纳税所得额时，要加上这些项目的金额。

② 企业投资于股票的股利收入和投资于联营企业分得的利润等，这些收入均列入了相关账户，从而增加了企业的利润总额，而这些收入已由被投资企业交纳了所得税，为了避免重复纳税，在计算纳税所得额时，应将这些项目的金额从利润总额中扣除。

③ 税前利润弥补以前年度亏损，以及按规定免征所得税的国库券利息收入等，是计算纳税所得额的扣除项目。

若无税前调整项目，纳税所得额就是利润总额，其计算公式如下

$$纳税所得额=利润总额+税前调整项目金额 \tag{9.11}$$

$$应交纳所得税=纳税所得额×25\% \tag{9.12}$$

2) 个人所得税计算

个人所得税是指在中国境内有住所，或者无住所而在境内居住满一年的个人，从中国境内和境外取得的所得，依照本法规定缴纳个人所得税。如在中国境内无住所又不居住或者无住所而在境内居住不满 1 年的个人，从中国境内取得的所得也要依照本法规定缴纳个人所得税。

个人所得税采取个人自行申报纳税和支付所得单位扣缴两种征管办法。目前，普遍采用的是支付所得单位扣缴方法，这样，既减少个人所得税流失，又便于支付单位正确计算扣缴个人所得税，如实反映个人所得税的扣缴情况。

① 个人所得税的计税依据：个人所得税以个人取得的各项所得为计税依据。由于个人所得范围广、项目多、内容复杂，为此，个人所得税采取列举所得项目征税。税法列举项目包括下列 11 项：工资、薪金所得；个体工商户的生产经营所得；对企事业单位的承包经营、承租经营所得；劳务报酬所得；稿酬所得；特许权使用费所得；利息、股息、红利所得；财产租赁所得；财产转让所得；偶然所得(指因中奖等原因)；经国务院财政部门确定征税的其他所得。

下列各项个人所得，免纳个人所得税，具体包括：省级人民政府、国务院部委和中国人民解放军军以上单位，以及外国组织、国际组织颁发的科学、教育、技术、文化、卫生、体育、环境保护等方面的奖金；国债和国家发行的金融债券利息；按照国家统一规定发给的补贴、津贴；福利费、抚恤金、救济金；保险赔款；军人的转业费、复员费；按照国家统一规定发给干部、职工的安家费、退职费、退休工资、离休工资、离休生活补助费；依照我国有关法律规定应予免税的各国驻华使馆、领事馆的外交代表、领事官员和其他人员的所得；中国政府参加的国际公约、签订的协议中规定免税的所得；经国务院财政部门批准免税的所得。

② 个人所得税税率具体规定：工资、薪金所得，适用超额累进税率，税率为5%～45%；个体工商户的生产、经营所得和对企事业单位的承包经营、承租经营所得，适用 5%～35%

的超额累进税率；稿酬所得，适用比例税率，税率为 20%，并按应纳税额减征 30%；劳务报酬所得，适用比例税率，税率为 20%。对劳务报酬所得一次收入畸高的，可以实行加成征收，具体办法由国务院规定；特许权使用费所得，利息、股息、红利所得，财产租赁所得，财产转让所得，偶然所得和其他所得，适用比例税率，税率为 20%。

③ 应纳税所得额计算的具体内容包括：工资、薪金所得，以每月收入额减除费用 3500 元后的余额，为应纳税所得额；个体工商户的生产、经营所得，以每一纳税年度的收入总额，减除成本、费用以及损失后的余额，为应纳税所得额；对企事业单位的承包经营、承租经营所得，以每一纳税年度的收入总额，减除必要费用后的余额，为应纳税所得额；劳务报酬所得、稿酬所得、特许权使用费所得、财产租赁所得，每次收入不超过 4000 元的，减除费用 800 元；4000 元以上的，减除 20%的费用，其余额为应纳税所得额；财产转让所得，以转让财产的收入额减除财产原值和合理费用后的余额，为应纳税所得额；利息、股息、红利所得，偶然所得和其他所得，以每次收入额为应纳税所得额。

个人将其所得对教育事业和其他公益事业捐赠的部分，按照国务院有关规定从应纳税所得中扣除。

扣缴义务人每月所扣的税款，自行申报纳税人每月应纳的税款，都应当在次月 7 日内缴入国库，并向税务机关报送纳税申报表。

工资、薪金所得应纳的税款，按月计征，由扣缴义务人或者纳税义务人在次月 7 日内缴入国库，并向税务机关报送纳税申报表。特定行业的工资、薪金所得应纳的税款，可以实行按年计算、分月预缴的方式计征，具体办法由国务院规定。

个体工商户的生产、经营所得应纳的税款，按年计算，分月预缴，由纳税义务人在次月 7 日内预缴，年度终了后 3 个月内汇算清缴，多退少补。

对企事业单位的承包经营、承租经营所得应纳的税款，按年计算，由纳税义务人在年度终了后 30 日内缴入国库，并向税务机关报送纳税申报表。纳税义务人在一年内分次取得承包经营、承租经营所得的，应当在取得每次所得后的 7 日内预缴，年度终了后 3 个月内汇算清缴，多退少补。

各项所得的计算，以人民币为单位。所得为外国货币的，按照国家外汇管理机关规定的外汇牌价折合成人民币缴纳税款。

【案例9.3】

我国个人所得税税率表

《全国人民代表大会常务委员会关于修改〈中华人民共和国个人所得税法〉的决定》(中华人民共和国主席令第四十八号)(以下简称税法)将自 2011 年 9 月 1 日起施行。2011 年 9 月 1 日起调整后，新个人所得税税率表实行的 7 级超额累进个人所得税税率表，如下所示：

级数	全月应纳税所得额(含税级距)	全月应纳税所得额(不含税级距)	税率(%)	速算扣除数
1	不超过 1,500 元	不超过 1455 元的	3	0
2	超过 1,500 元至 4,500 元的部分	超过 1455 元至 4155 元的部分	10	105
3	超过 4,500 元至 9,000 元的部分	超过 4155 元至 7755 元的部分	20	555
4	超过 9,000 元至 35,000 元的部分	超过 7755 元至 27255 元的部分	25	1,005
5	超过 35,000 元至 55,000 元的部分	超过 27255 元至 41255 元的部分	30	2,755
6	超过 55,000 元至 80,000 元的部分	超过 41255 元至 57505 元的部分	35	5,505
7	超过 80,000 元的部分	超过 57505 元的部分	45	13,505

应纳个人所得税税额=应纳税所得额×适用税率-速算扣除数；扣除标准 3500 元/月 (2011 年 9 月 1 日起正式执行)(工资、薪金所得适用)；个税免征额 3500 元(工资薪金所得适用)。

4. 房产税的计算

房产税以房产评估值为计税依据。以房产余值即房产原值一次减除 10%～30%后的余值为计税依据的，年税率为 1.2%；以房产出租的房产租金收入为计税依据的年税率为 12%。房产税按年计征、按期交纳。

5. 车船使用税的计算

车船使用税实行从量定额征税，分为机动车船和非机动车船等不同情况，以净吨位、载重净吨位及车辆数为计税依据，并以各该税暂行条例所附的《车船使用税额表》的规定，按年征收，分别缴纳。

6. 土地使用税的计算

土地使用税的计税依据是纳税人实际占用的土地面积。土地使用税实行从量定额征税，每平方米的年税额分为 5 类，具体为：市 1.5～30 元；中等城市 1.2～24 元；小城市 0.9～18 元；县城、建制镇、工矿区 0.6～12 元；农村 0.3～6 元。

7. 印花税的计算

印花税实行由纳税义务人根据应纳税凭证对应的税目，分别按比例税率或按件定额计算应纳税额，一次贴足印花税票，应缴纳不足一角的，免纳印花税。

二、税金日常管理

(一)及时办理税务登记

税务登记是税务机关对纳税人的生产、经营活动进行登记管理的一项制度。通过企业申请税务登记，使税务机关掌握税源，积累资料，为搞好征收管理工作打下基础。对纳税人来说，是主动接受税务机关监督，依法纳税所必须履行的手续。

企业应在经工商管理部门批准开业、领取营业执照起 30 日内，持有关证件向当地税务机关办理税务登记。登记的内容包括：纳税人名称、地址、法定代表人、经济性质、企业形式、核算方式、经营方式、经营范围及其他有关事项。主管税务机关审核后发给税务登记证。

企业办理税务登记后，发生转业、分设、合并、联营、歇业、停业、破产以及其他需要改变税务登记的情况时，如改变经营方式、经营范围等，都应当在有关部门批准或宣告之日起 30 日内，向主管税务机关申报办理变更登记、重新登记或者注销登记。

(二)正确填写纳税鉴定表

按规定办理税务登记的旅游企业，还应办理纳税鉴定。纳税鉴定是税务机关对纳税单位和个人的有关纳税事项所做的一种书面鉴定。它是把税收政策、法令贯彻落实到纳税单位或个人的一种具体形式，是征纳双方共同办税的依据。通过纳税鉴定，可以帮助旅游企业经理和财会人员了解国家税收政策、法令，明确本单位该交哪几种税，税率是多少，以及如何计算税额、何时交纳等事项。

纳税鉴定是通过填写纳税鉴定申报表，向主管税务机关申报。纳税鉴定申报表主要有以下一些内容：所有制形式、经营方式、经营范围、职工人数、人均标准工资、适用的财务会计制度类别，以及收入、所得和其他应税项目。主管税务机关依法对纳税人的纳税鉴定表进行认真审核，确定其适用的税种、税目、税率、纳税环节、计税依据、纳税期限和征收方式等，做出纳税鉴定书，交纳税人执行。纳税鉴定书是对税法的具体运用，因此它具有与税法同等的效力。

(三)按期办理纳税申报

纳税申报是纳税人根据征收管理制度的规定，向税务机关报送纳税申报表、财务会计报表和有关纳税资料的一项管理制度，是纳税人履行纳税义务的法定手续。通过纳税人纳税申报，可以为纳税机关办理税款征收业务、开具纳税凭证提供依据，同时也便于税务机关的税收监督。

凡有纳税义务的旅游企业，在发生纳税义务之后，都应按规定的期限进行纳税申报。纳税申报的具体内容，因税种不同而异。如旅游企业所得税的纳税申报，应写明本期利润总额、本期按规定扣除的单项留利、本期归还专项贷款的利润额、本期申报课税所得额，以及上述各项对应的累计额、适用税率、累计应纳税额、本期实际应纳所得税额等。

企业因特殊情况不能按期办理纳税申报的，必须报告税务机关，酌情准予延期，并根据税务机关暂先核定的纳税额预缴税款，待申报后结算。企业发生纳税义务超过税务机关核定的纳税期限 15 日未向税务机关申报纳税的，税务机关有权确定其应纳税额，限期纳税。

(四)按期如实交纳税金

税款的征收方式，一般是由税务机关根据税收法规的规定和纳税人的生产经营情况、财务管理水平，以及便于征收管理的原则具体确定的，其主要方式有查账征收、定期定额征收、自核自缴，以及代征、代扣、代缴等。餐饮企业应严格执行由税务机关核定的餐饮企业交纳各项税金的期限，防止拖欠税款和交纳滞纳金，保证不截留应上交的税款。

逾期不报或不缴纳税金的，税务机关除按规定限期追缴外，还要视不同情况处以不同比例的罚款或滞纳金，并将其从企业税后利润中扣除，对偷税漏税行为，经查出，除处以罚款外，还要追究个人责任甚至法律责任。

(五)主动接受税务检查

税金是国家财政收入的主要来源，为了确保国家财政收入，每个旅游企业都应自觉履行纳税义务。税务机关对企业纳税要进行检查，这是税务机关根据税法和财会制度规定，对纳税单位和个人履行纳税义务的情况进行监督检查的一项管理制度，是税务机关行使其职权，贯彻执行税收政策法令的一种经营性的业务工作，是征收管理的重要环节。企业应主动接受税务检查，通过检查，促进企业建立和健全财务管理制度，加强经济核算，提高经济效益。

本 章 小 结

1. 利润是企业在一定时期内生产经营活动的最终财务成果，是企业生产经营活动的效率和效益的最终体现。

2. 利润分配是对企业利润总额的分配，包括缴纳企业所得税及税后利润分配。

3. 股利政策对企业有着重要的意义，它是处理企业短期利益与长期利益、企业与股东之间关系的关键。

4. 在西方，最具代表性的是截然相反的两种股利理论：股利无关论和股利相关论。

5. 目前主要有以下几种股利政策：剩余股利政策、定额股利政策、定率股利政策、低定额加额外股利政策。

6. 股利发放的形式主要有现金股利、股票股利。

7. 税金是国家财政收入的一个重要组成部分，是国家按照法律规定的标准取得财政收入的一种手段。企业是税法规定的纳税义务单位，应依照税法规定按期向国家缴纳各种税款。

8. 税金日常管理包括：及时办理税务登记；正确填写纳税鉴定表；按期办理纳税申报；按期如实交纳税金。

知 识 链 接

股利政策的调查

Brav A , Graham J.R., Harvey C. R. (2005)，对 384 位 CFO 就公司的股利政策进行问卷调查，结果见下表。

股利政策的调查反馈表

政策描述	认为主要或非常主要的比例(%)
1. 与历史股利政策保持一致	84.1
2. 未来盈利的稳定性	71.9
3. 盈利变化的可持续性	67.1
4. 吸引机构投资者购买股票	52.5
5. 对机构投资者的影响	52.4
6. 公司进行良好投资机会的可能性	47.6
7. 吸引个人投资者购买股票	44.5
8. 公司并购战略	40.5
9. 同行业或竞争对手的股利政策	38.3
10. 公司股票价格	34.8
11. 相对公司现金持有水平或流动性资产	33.1
12. 有利于提高机构投资者的监督作用	30.3
13. 股利的税收效应	21.1
14. 派发股利意味公司没有较好的项目	17.8
15. 派发股利减少现金持有，可提高效率	13.2
16. 股票发行费用	9.3
17. 公司收益的临时变动	8.4

资料来源：Brav A ,Graham J.R.,Harvey C. R. ,et al. "Payout policy in the 21st century" ,Journal of Economics,2005,7(3):483-527.

案例与点评

华夏公司的利润分配

华夏公司资产负债表中权益部分如下表所示。

资产负债表中权益部分

普通股(面额 1 元，已发行 2 000 000)	2 000 000
资本公积	6 000 000
未分配利润	9 000 000
股东权益	1 700 000

假设公司派发 15%的股票股利，即规定现有股东每持 10 股可得 1.5 股新发放股票。

要求：若该股票当时市价 10 元，请重新编制权益部分。

点评：该公司宣布发放 15%的股票股利，即发放 300 000 股普通股股票，现有股东每持 10 股可得 1.5 股新发放股票。若该股票当时市价 10 元，随着股票股利的发放，需从"未分配利润项目转出资金为

$$10×2 000 000×15\%=3 000 000$$

由于股票面额(1 元)不变，发放 300 000 股，普通股只应增加"普通股"项目 300 000 元，其余的 2 700 000(3 000 000-300 000)应作为股票溢价转到"资本公积"项目，而公司股东权益总额不变。发放股票股利后，公司股东权益各项目如下表所示。

股东权益各项目表

普通股(面额 1 元，已发行 2 000 000)	2 300 000
资本公积	8 700 000
未分配利润	6 000 000
股东权益	17 000 000

思考与练习

IBM 公司为何调整股利政策？

1989 年以前，IBM 公司的股利每年以 7%的速度增长。从 1989—1991 年，IBM 公司的每股股利稳定在 4.89 美元/年股，即平均每季度 1.22 美元/股。1992 年 1 月 26 日上午 9 时 2 分，《财务新闻直线》公布了 IBM 公司新的股利政策，季度每股股利从 1.21 美元调整为 0.54 美元，下降超过 50%。维持多年的稳定的股利政策终于发生了变化。

IBM 公司董事会指出：这个决定是在慎重考虑 IBM 的盈利和公司未来的长期发展的基础上做出的，同时也考虑到了给广大股东一个合适的回报率。这是一个为了维护股东和公司未来最好的长期利益，维持公司稳健的财务状况，综合考虑多种影响因素之后做出的决定。1993 年，IBM 的问题累积成堆，股利不得不从 2.16 美元再次削减到 1.00 美元。

在此之前，许多投资者和分析人士已经预计到 IBM 将削减其股利，因为它没有充分估

计到微型计算机的巨大市场，没有尽快从大型计算机市场转向微型计算机市场。IBM 的大量资源被套在销路不好的产品上。同时，在 20 世纪 80 年代，IBM 将一些有利可图的项目，如软件开发、芯片等拱手让给微软和英特尔，使得他们后来获得丰厚的、创纪录的利润。结果是：IBM 公司在 1992 年创造了美国企业历史上最大的年度亏损，股票价格下跌 60%，股利削减 53%。

面对 IBM 的问题，老的管理层不得不辞职。到了 1994 年，新的管理层推行的改革开始奏效，公司从 1993 年的亏损转为赢利，1994 年的 EPS 达到 4.92 美元，1995 年 EPS 则高达 11 美元。因为 IBM 公司恢复了赢利，股利政策又重新提到议事日程上来……。最后，IBM 董事会批准了一个庞大的股票回购计划——回购 50 亿美元，使得股东的股利达到 1.4 美元/股。1993 年是 IBM 股价最为低迷的时候，最低价格是 40.75 美元；最高价格是 1987 年，176 美元/股。股利政策调整后，IBM 的股价上升到 128 美元。

价值线(Value Line)预测：1999 年 IBM 公司的 EPS 将达到 15.5 美元，股利将达到 3 美元/股，股票价格将达到 200 美元/股。结局如何，投资者拭目以待！(资料来源：南方证券网)

根据上文回答下列问题。

(1) 为什么 IBM 早期的董事会没有实行削减股利或取消股利的政策？

(2) IBM 是否应该调整其股利政策？为什么？

(3) 如果 IBM 调整其股利政策，则应发放多少的现金股利？

(4) IBM 是否应该采取提高现金股利的政策或推行股票股利的政策？

(5) 如果 IBM 公司的股利政策再次调整，则是否影响其股票价格呢？

第十章

财 务 评 价

本章导读：

如同人的定期体检一样，财务评价是对企业财务状况、经营成果和现金流量的综合分析和检查，它是保证企业健康运行以及各项经营决策的基础。具体的评价内容包括企业的偿债能力、营运能力、盈利能力、发展能力、利润质量及现金流量状况等。另外，通过计算市盈率等指标可以综合判断上市公司股票的投资价值，并利用杜邦财务分析体系评价企业的综合财务状况。

核心概念：

财务评价(financial evaluation)　偿债能力(paying ability)　营运能力(operation ability)　盈利能力(profit ability)　现金流量(cash flow)　市盈率(price earning ratio)　杜邦分析(the Du Pont System)

【专题案例】

格力电器(000651)2015年三季报业绩符合预期 估值具备一定安全性

2015年1～9月，公司实现营业收入815.23亿，同比下降17.16%，归属于母公司股东净利润99.53亿元，同比增长1.27%，扣除非经常损益后净利润为97.75亿元，同比下降3.74%，每股收益1.65元。第三季度营业收入314.12亿元，同比下降22.52%，净利润42.32亿元，同比增长2.98%，扣除非经常损益后净利润45.62亿元，同比增长21.12%。

市场份额持续提升，空调行业去库存持续。受房地产市场低迷与凉夏影响，前三季度空调行业需求疲软，渠道库存维持高位。2015年1～9月，我国空调累积产量8565万台，同比下降8.0%，销量8963万台，同比下降5.0%，其中内销5353万台，同比下降4.7%，出口3611万台，同比下降5.5%，公司销售空调2935万台，同比下降1.9%。按照中怡康统计，前三季度，格力空调平均单价为3848元/台，同比下降5.76%，若按照产业在线可比口径计算，公司空调均价下降13%。去库存阶段，空调价格下降，前三季度毛利率同比下降3.41个百分点至32.13%，第三季度毛利率降幅收窄，下降0.29个百分点至38.57%。预计空调行业渠道去库存将延续到2016年3月左右，2014年第四季度，公司开始大规模促销，单季收入达到400亿元，基数相对较高，由于终端需求疲软，第四季度公司收入和利润将继续面临一定压力。

空调普及率相对较低，未来仍有一定成长空间。2014 年我国农村每百户空调保有量仅为 34.2 台，随着城镇化进程与农民生活水平提高，三四线城市空调需求将持续增加。此外，随着空调价格战的持续推进，中小企业市场逐步萎缩，公司空调市场份额持续提升，以产业在线口径测算，2015 年 1~9 月，格力内销量市场份额同比增加 1.2 个百分点至 40.9%。中怡康统计数据以一、二线城市为主显示公司市场份额 27.75%，同比提升 4 个百分点。

一方面，去库存后格力公司将再次迈入增长态势，未来转型预期初现。虽然大松品牌净水机、电饭煲等小家电产品稳步推进，加快了市场开拓，但是短期内难以拉动收入规模提升。公司持续去库存，空调企业端出货量增速持续低于终端销售。另一方面公司技术积累和沉淀深厚，空调需求逐步饱和后，或进入其他领域(如自动化)开辟新的增长点。

盈利预测与评级。我们分别下调公司未来三年每股收益 0.20 元、0.08 元和 0.09 元至 2.08 元、2.59 元和 3.04 元，对应的动态市盈率分别为 8 倍、7 倍和 6 倍，由于 2015 年第四季度收入基数较高，终端需求疲软，第四季度公司业绩仍将面临较大压力，但下半年以来公司股价走势已有所反映，当前估值水平具备一定的安全性，维持"买入"投资评级。

(资料来源：中国证券网)

第一节 财务分析概述

一、财务分析的意义

财务分析是运用财务报表数据，对企业过去的财务状况和经营成果以及未来的发展前景所作的综合评价。通过这种分析评价，可以为企业的财务决策、计划和控制提供广泛的帮助。

财务分析具有广泛的用途。人们用它来寻找投资对象和兼并对象，预测企业未来的财务状况和经营成果，判断投资、筹资和经营活动的成效，评价企业管理业绩和企业决策。财务分析帮助我们完善了决策，减少了盲目性。

财务分析的对象是企业的各项资金运动。企业的任何资金活动都体现为款项的收付和收入费用的发生，并形成各种经济业务即会计事项。这些会计事项经过分类、计算和汇总等处理，被编制成财务报表。财务报表是企业活动的高度综合信息，含有大量的决策信息。公司财务分析就是从报表中获取符合报表使用人分析目的的信息，认识公司经济活动的特点，评价其业绩，发现存在的问题。因此，公司财务分析的对象是财务报表所反映的企业活动。

公司经济活动的内容丰富，形式多样，财务报表并不反映公司的全部活动，只是反映其基本活动。公司财务分析的起点是阅读财务报表，终点是做出某种判断，包括评价和找出问题，中间的财务报表分析过程，由比较、分类、类比、归纳、演绎、分析和综合等认识事物的步骤和方法组成。其中分析与综合是两种最基本的逻辑思维方法。因此，公司财务分析的过程也可以说是分析与综合的统一。

例如，公司在进行财务分析时需要把整个财务报表的数据重新进行组织，分成偿债能力的信息、收益能力的信息、财务风险的信息、投资报酬的信息等若干部分，以便分门别类地认清事物的本质和发展情况。

二、财务分析的目的

公司财务分析的目的决定于分析主体，不同的利益相关者所处立场的不同，其关心的侧重点也有所区别，从财务报表分析中获得益处的人主要是报表使用人即企业的利益关系人。他们拿到报表后，要进行分析，获得对自己决策有用的信息。公司财务报表的使用人有许多种，包括公司的投资人、债权人、经理人员、政府机构和其他与企业有利益关系的人士。他们出于不同目的使用财务报表，需要不同的信息，采用不同的分析程序。

公司财务信息的使用者大致可以分为以下几种。

1. 投资者

投资者是指公司的权益投资人，即(普通)股东。公司对权益投资人并不存在偿还的承诺。普通股东投资于公司的目的是扩大自己的财富。他们所关心的主要是企业的偿债能力、收益能力以及风险等。

权益投资人的主要决策包括：是否投资于某企业以及是否转让已经持有的股权，考查经营者业绩以决定更换或不更换主要的管理者，以及决定股利分配政策。

由于普通股东的权益是剩余权益，因此他们对财务报表分析的重视程度，会超过其他利益关系人。权益投资人进行审慎的财务分析是为了在竞争性的投资机会中做出选择。

2. 债权人

债权人是指借款给企业并得到企业还款承诺的人。债权人期望在一定时间时偿还其本金和利息，自然关心公司是否具有偿还债务的能力。债权人有多种提供资金的方式，融通资金的目的也不尽相同。大体上可以分为两大类：一类是提供商业信用的公司，另一种是为公司提供融资服务的金融机构。

无论何种信用，其共同特点是在特定的时间企业需要支付规定数额的现金给债权人。偿付的金额和时间，不因为企业经营业绩好或不好而改变。但是，一旦企业运营不佳或发生意外，陷入财务危机，债权人的利益就受到威胁。因此，债权人必须事先审慎分析企业的财务报表，并且对企业进行持续性的关注。

债权人的主要决策是决定是否给企业提供信用，以及是否需要提前收回债权。

3. 经理人员

经理人员是指被企业所有者聘用的、对企业资产和负债进行管理的人。如旅游行业的一些佼佼者，随着现代社会的发展，其规模和发展速度已有了长足的进步，集团化规模化使得这些企业需要众多的经理人员来进行企业的经营管理。

经理人员关心企业的财务状况、盈利能力和持续发展的能力。他们管理企业要随时根据变经营情况调整企业的经营，而财务分析是他们监控企业运营的有力工具之一。他们可以根据需要随时获取各种会计信息和其他数据，全面、连续地进行财务分析。

经理人员可以获取外部使用人无法得到的内部信息。但是，他们对于公开财务报表的重视程度并不小于外部使用人。由于存在解雇和收购威胁，他们不得不从外部使用人(债权人和权益投资人)的角度看待企业。他们通过财务报表分析、发现有价值的线索，设法改善业绩，使得财务报表能让投资人和债权人满意。他们分析报表的主要目的是完善报表。

4. 雇员和工会

雇员和工会是指企业的职工和代表雇员利益的工会组织。行业的经营特点决定了员工的自身利益与经营成果密切相关，公司的雇员、职工和工会主要关心他们的劳动报酬、保险、福利等是否符合劳务合同及政府法规的要求，工资和福利是否与企业的盈利相适应。

5. 政府机构

政府机构是企业财务报表的基本使用人，包括税务部门、国有企业的管理部门、证券管理机构、监管机构和社会保障部门等。他们使用财务报表是为了履行自己的监督管理职责。

我国的政府机构既是财务报表编制规范的制定者，也是会计信息的使用者。税收管理部门通过财务报表分析，可以审查企业是否依法纳税；国有企业管理部门通过财务报表分析，可以评价管理国有企业的政策的合理性；证券管理机构通过财务报表分析，可以评价上市公司遵守政府法规和市场秩序的情况；财政部门通过财务报表分析，可以审查遵守会计法规和财务报表编制规范的情况。社会保障部门通过财务报表分析，可以评价公司雇员的收入和就业状况，以及执行国家社保政策的情况。

6. 中介机构

中介机构是指审计师、财务分析师和注册会计师事务所等社会机构。按照国家法律规定，公司的有关财务信息需要经过公证的社会中介机构审计和核查，才具有公信力，审计师通过财务分析可以确定审计的重点。他们通过分析性检测程序，发现异常变动，并对引起变动的项目实施更细致的审计程序。专业的财务分析师，以其专业能力为报表使用人服务。他们通过财务报表分析寻找潜在的投资对象，评估企业的经济价值，给投资者以咨询。

总的来说，财务分析总是针对特定的目的。每个分析人收集与特定目的有关的各种资料，予以适当组织，用来显示各项资料的相关联系，然后解释其结果，以达到特定的目的。公司财务分析因使用人的不同，目的客观上存在差异，但就普遍的一般目的不外乎三个方面：总结过去的经营业绩；评价现在的财务状况；预测未来的发展趋势。

三、财务报表

财务报表是根据统一规范编制，反映一定时期企业财务状况、经营成果及现金流量的文件。

公司财务分析使用的主要资料是公司对外发布的财务报表，应该了解财务报表不是财务分析唯一的信息来源。因为公司通常还以各种形式发布补充信息，分析时经常需要查阅。

1. 资产负债表及其附表

资产负债表是反映企业会计期末全部资产、负债和所有者权益情况的报表。包括：资产负债表、利润表、现金流量表、附表和附注、文字说明等。

资产负债表是根据的会计恒等式 "资产＝负债＋所有者权益" 编制的。

资产负债表不但要列出期末的资产、负债和所有者权益，还要列出各项目的期初金额，以揭示会计期间的资金来源和资金占用的变化。

从企业基本活动看是"投资＝筹资"。投资和筹资是平衡的，筹资总是以投资(包括现金)的形式出现，投资额不能超过筹资额。如果投资需求增加，企业就要扩大筹资。通常，首先是加大收益留存的比例，从内部筹资；其次是在合理的负债率内增加借款，用负债筹资；最后是要股东投入，用股权筹资。如果投资需求萎缩，找不到可以增加股东财富的机会，就应把钱还给资金的提供者。

表10.1的左方列示资产。资产是投资活动的结果，也是可供经营活动使用的物质资源，该资源会给公司带来经营活动的收益。现代公司为了在激烈的市场竞争中占领制高点，在竞争中处于有利位置，经营活动中必须将获得的现金投资于各类实物资产。但是，就公司而言资产规模并不是企业成败的标志，大多数公司只需要有限的资产，如旅行社、餐饮企业等。而有的集团或酒店宾馆则需要较多的资产，需要大量的实物资产。运用这些资产的关键是能否为股东增加财富，而不是资产的多少。不同的经营活动需要不同的资产，虽然公司的行业性质相近，但各类企业的经营特点各异，资产的总量与结构应当适合经营活动的规模和类型，以求资产能发挥最大效用。

表 10.1　资产负债表与企业的基本活动

资产类		负债及所有者权益类	
流动资产	日常经营所需资金	流动负债	信用筹资
长期投资	控制子企业经营	长期负债	长期负债筹资
固定资产	企业经营的实物资产	股东权益	权益筹资
无形及其他资产	经营中的非实物资产	资本公积	内部筹资
资产总额	经营活动占用的资源	权益总额	筹资活动的结果

该表的右方列示企业的资金来源即负债和所有者权益项目，反映的是筹资活动结果，显示了企业的义务。负债是来自债权人的资金，代表企业对债权人的义务，履行该义务会在将来导致企业经济利益流出。所有者权益是股东投入资本和留存收益之和，反映了企业的净资产，代表企业对股东的义务，在持续经营状态下它是所有者要求收益的权力，在进入清算后它是所有者对企业的索偿权。由于债务到期时必须偿还，债务越多则对企业经营活动的影响就越大，在未来不确定的经济环境里，出现企业破产的概率也较大，因此债务占整个资金来源的比重可以反映企业的破产风险。

资产负债表有 3 张附表，包括资产减值明细表、所有者权益(股东权益)增减变动表和应交增值税明细表。

资产减值明细表，是对已计提减值准备的资产项目的进一步说明。按照现行制度规定，在年末应对应收款项、短期投资、存货、长期投资、固定资产、无形资产、在建工程和委托贷款等 8 项资产计提减值准备。资产减值是市场价格变动引起的，未减值的金额是资产的购置成本，减值后的余额代表按当前市场价格水平预计的资产可回收金额。资产按减值后的余额报告，而将减值损失计入利润表，可以使报告收益变得比较谨慎。

所有者权益增减变动表，是对资产负债表中"所有者权益"项目的进一步说明。在资产负债表中，所有者权益类的项目包括实收资本、资本公积、盈余公积、公益金和未分配利润等 5 项。所有者权益的增长，反映收益再投资的数额。一个具有发展潜力的企业，所有者权益应当不断增长。

应交增值税明细表，是对资产负债表中"应交税金"项目的进一步说明。通过该表，可以看出增值税纳税义务的形成和交纳情况。

2. 利润表及其附表

利润表是反映企业在一定期间全部活动成果的报表，是两个资产负债表日之间的财务成果。我国的利润表采用多步式格式，分为营业收入、营业利润、利润总额和净利润，分步骤反映净利润的形成过程。

利润表和企业基本活动的关系，见表 10.2 所示。

在财务分析中，区分经营活动损益与非经营活动损益非常重要。经营活动损益是正常的、有目的的经营活动的产物，与企业经营管理的水平密切相关，可以反映企业的获利能力。而非经营活动损益是非正常的损益或者并非原定的目的损益，与经营管理水平不密切，不能代表企业的获利能力。濒临破产企业的一个特征就是经营利润逐年减少，而非经营损益的比重逐步增加。获利能力下降的企业，总是本能地利用其他途径粉饰报表，如证券买卖、资产置换、债务重组等非经营活动"制造"利润。值得注意的是，"投资收益"也不属于原定目的的收益。投资活动的利益将体现在经营收益之中。如果单纯为取得投资收益，则不如把钱还给股东，让他们自己去投资，可以节约交易费用，更有利于增加股东财富。一般企业对外投资的收益，只是获得控制权的附带成果。至于短期证券投资，只是现金管理的一种形式，以此减少持有现金的机会成本，而非企业获利的基本手段。

表 10.2　利润表与企业的基本活动

损益表项目	企业的基本活动
一、营业收入	经营活动收入
减：营业务成本	经营活动费用
营业务税金及附加	经营活动费用
销售费用	经营活动费用
管理费用	经营活动费用
财务费用	筹资活动费用(债权人所得)
资产减值损失	
加：投资收益	投资活动收益
公允价值变动收益	
二、营业利润	全部经营活动利润(已扣债权人利息)
加：营业外收入	投资和其他非经营活动收益
减：营业外支出	投资和其他非经营活动损失
三、利润总额	全部活动净利润(未扣除政府所得)
减：所得税	全部活动费用(政府所得)
四、净利润	全部活动净利润(所有者所得)

利润表有 3 张附表，包括利润分配表、分部报表(业务分部)和分部报表(地区分部)。利润分配表反映企业利润分配的情况，包括本年净利润、可供分配利润、已分配利润和年末未分配利润等。

3. 现金流量表

现金流量表是反映企业在一定期间现金和现金等价物流入和流出的报表。编制现金流量表，主要是为企业提供一定会计期间内现金和现金等价物流入和流出的信息，以便于报表使用者了解和评价企业获得现金和现金等价物的能力、企业偿债能力、支付能力和周转能力，并据以预测企业未来现金流量，分析企业投资和理财活动对经营成果和财务状况的影响，评价企业收益的质量。

该表的项目，按经营活动、投资活动和筹资活动 3 项基本活动分别列示。

现金流量表是对资产负债表和利润表的补充说明。它的补充，主要表现在反映现金流量状况方面。对于经营活动业绩，利润表以权责发生制为基础进行反映，而现金流量表以收付实现制为基础进行反映。对于筹资和投资活动，资产负债表反映其在会计期末的"存量"，而现金流量表反映其整个会计期间的"流量"。

表 10.3　现金流量表与企业的基本活动

现金流量表项目	企业的基本活动
经营现金流入	经营活动：会计期间经营活动
经营现金流出	
经营现金流量净额	现金流动量
投资现金流入	投资活动：会计期间投资活动
投资现金流出	
投资现金流量净额	现金流动量
筹资现金流入	筹资活动：会计期间筹资活动
筹资现金流出	
筹资现金流量净额	现金流动量

上述 3 张主要的财务报表，分别从一个侧面反映 3 项基本活动。无论是分析企业的经营活动，还是筹资或投资活动，都会涉及 3 张报表，而不是 1 张报表。

4. 股东权益变动表

是反映公司本期(年度或中期)内截至期末股东权益则增减变动情况的报表。

5. 财务报表附注

财务报表附注是对财务报表编制基础、编制依据、编制原则和方法及主要项目所做的解释。一般至少包括以下内容：会计政策和会计估计及其变更情况的说明；重大会计差错更正说明；关键计量假设说明；或有事项和承诺事项说明；资产负债表日后事项的说明；关联方关系及其交易说明；重要资产转让及出售说明；有助于理解和分析会计报表需要说明的其他事项。

6. 财务情况说明书

财务情况说明书一般包括：企业生产经营的基本情况；利润实现和分配情况；资本增减和周转情况；对企业财务状况、经营成果和现金流量有重大影响的其他事项。

四、财务分析的内容

在现代企业制度条件下，对财务报表分析的内容通常是将其分成 5 项内容。

1. 偿债能力分析

偿债能力是指企业对债务的清偿能力或保证能力，主要评价企业偿还到期债务能力的强弱，包括短期和长期偿债能力分析。

2. 营运能力分析

营运能力是指资产运用的效率，反映了企业单位资产创造营业收入的能力。它主要取决于收入对资产的比例关系。资产运用的效率既影响偿债能力，又影响收益能力。因此，在评价企业的经营理财水平中营运能力分析主要就是观察企业是否有效地运用了资金。

3. 获利能力分析

获利能力在这里是指运用资产赚取利润的能力。它主要取决于利润与获取利润的资产或销售收入的比例关系。获利是企业经营理财的核心，获利能力的大小是评价企业经营管理水平的试金石，是企业经营管理能力的综合表现。

4. 投资报酬分析

投资报酬在这里是指股权投资所获得的报酬。投资报酬分析是从股东角度评价企业的收益能力。股东投资报酬的高低，不仅取决于资产的获利能力，还受资本结构的影响。

5. 现金流量分析

如果说企业的业绩主要反映在它的盈利状况，那么企业的价值则主要反映在它的现金流动状况之中。现金流是企业价值的最终驱动力，股东对未来现金流的预期是确定股票价值的基础，因此人们越来越重视现金流动状况的分析。通过现金流动状况的分析，可以了解一项业务(生产经营、投资或筹资)产生或消耗现金的程度，使人们对偿债能力有新的认识，并且对利润的质量作出判断。市场经济条件下，企业的现金流转情况在很大程度上影响着企业的生存和发展。公司现金充裕，就可以及时垫付团款、机票款以及相关费用，购入必要的材料物资和固定资产、及时支付工资、偿还债务、支付股利和利息；反之，现金周转不畅，将会影响公司的正常经营，甚至影响公司的生存。

上述五个方面是相互联系的。一个企业偿债能力很差，收益能力也不会好；收益能力很差，偿债能力也不会好。提高资产运用效率有利于改善偿债能力和收益能力。偿债能力和收益能力下降，必然表现为现金流动状况恶化。

第二节　财务分析方法

在进行财务分析时离不开选择适当的分析方法。根据不同的目的进行分析，并选择适当相关的分析信息，找出事物之间的相互关系，揭示公司的经营状况以及财务变动趋势，从中获取高质量的财务信息，是财务管理中财务分析的基本目的。财务分析的方法有很多，常用的有趋势分析法、比率分析法、因素分析法、差额分析法。

一、趋势分析法

趋势分析法是根据企业连续几年或几个时期的分析资料，运用指数或完成率的计算，确定分析期间各有关项目的变动情况和趋势的一种财务分析方法。

趋势分析法既可用于对会计报表的整体分析，即研究一定时期报表各项目的变动趋势，也可对某些主要指标的发展趋势进行分析。趋势分析法的一般步骤是：

第一，计算趋势比率或指数。通常指数的计算有两种方法，一是定基指数，二是环比指数。定基指数就是各个时期的指数都是以某一固定时期为基期来计算的。环比指数则是各个时期的指数以前一期为基期来计算的。趋势分析法通常采用定基指数。

第二，根据指数计算结果，评价与判断企业各项指标的变动趋势及其合理性。

第三，预测未来的发展趋势。根据企业以前各期的变动情况，研究其变动趋势或规律，从而可预测出企业未来发展变动情况。

下面举例说明趋势分析方法的应用。

【例 10.1】某公司 2001—2005 年有关销售额、利润、每股收益及每股股息资料如表 10.4。

表 10.4　某公司 2001——2005 年有关销售额、利润、每股收益及股股息

项　　目	2001	2002	2003	2004	2005
销售额(万元)	9 890	10 200	10 500	13 600	14 800
税后利润(万元)	920	680	860	1060	1 200
每股收益(元)	2.52	0.85	2.12	3.64	3.88
每股股息(元)	1.5	1.65	1.70	1.8	2.20

根据表 10.4 的资料，运用趋势分析法可得出趋势分析表 10.5。

表 10.5　趋势分析表　　　　　　　　　　单位：%

项　　目	2001	2002	2003	2004	2005
销售额(万元)	100	103.14	106.17	137.51	149.65
税后利润(万元)	100	73.91	93.48	115.22	130.43
每股收益(元)	100	33.73	84.13	144.44	153.97
每股股息(元)	100	110.	113.33	120	146.67

在以上计算的基础上，就可以进行观察分析，但是，为更直观清楚的让相关分析人员了解企业的经济活动变化情况，通常，还需要绘制趋势分析图，如图 10.1。

从趋势分析表可看出，该企业几年来的销售额和每股股息在逐年增长，特别是 2004 年和 2005 年增长较快；税后利润和每股收益在 2002 年和 2003 年有所下降，2004 年和 2005

年有较大幅度增长；总体状况看，企业自 2001 年以来，2002 年和 2003 年的盈利状况有所下降，2004 年和 2005 年各项指标完成的都比较好；从各指标之间的关系看，每股收益的平均增长速度最快，高于销售、利润和每股股息的平均增长速度。企业几年来的发展趋势说明，企业的经营状况和财务状况不断改善，如果这个趋势能保持下去，2006 年的状况也会较好。

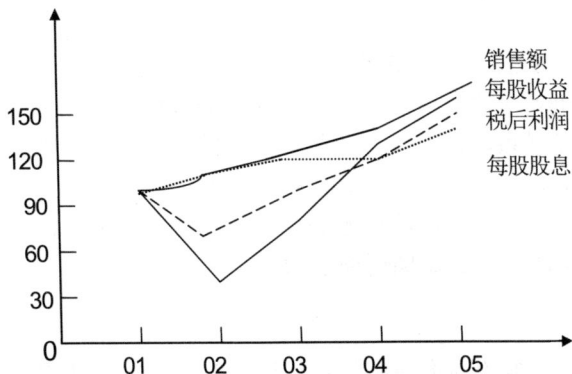

图 10.1　趋势分析图

二、比率分析法

比率分析法是将影响财务状况的两个因素联系起来，通过计算其具体比率，反映事物之间的相互关系，借以揭示企业财务状况和经营成果的一种分析方法。

在财务分析中，财务比率的分解有着特殊意义。财务比率是财务报表分析的特有概念，财务比率分解是财务报表分析所特有的最基本、最重要的方法。企业的偿债能力、收益能力等是用财务比率评价的，对这些能力的分析必须通过财务比率的分解来完成。因此，人们通常都说财务分析就是比率分析。比率分析指标由于分析对象、目的和所处的角度不同，有多种分类形式，但基本的可以分为以下 4 种。

1. 结构比率

这个指标是就某一个或某类指标与总体指标之比，反映出事物在总体之间的关系。也称为构成比率。其公式为

结构比率=某指标的金额÷总体指标的金额

通过结构指标，可以观察某一具体指标变动对总体的影响，了解个别因素变动对事物的影响程度，掌握经营活动中个别因素变化的规律，从而在经营决策中作出正确的判断。

2. 效率比率

这个指标是某项经济活动投入与产出的比率，反映了成本支出与收入所得的配比关系。

常见的效率比率指标有销售收入利润率、成本利润率、资本收益率、资产报酬率、资金利润率等。其公式为

效率比率 = 利润类指标金额 ÷ 各类成本、费用、收入、资金指标金额

通过效率比率指标分析,可以考察企业经营成果,评价企业经济效益,为投资者和管理者提供比较投入产出情况的依据,了解企业获利能力的高低及其增减变化情况。

3. 相关比率

这个指标是根据经济活动中客观存在的相互依存、相互联系的关系,以某类指标与其相关但又不同的指标进行对比所得的比率。是用倍数或比例表示的分数式,它反映各会计要素的相互关系和内在联系,代表了企业某一方面的特征、属性或能力。通过这个指标可以反映有关经济活动的相互关系,了解具体业务之间的内在关系,考察有联系的相关业务安排是否合理,能否保障企业经济活动顺利进行。如流动负债与流动资产相互比较,计算出流动比率,就可以判断企业的短期偿债能力。

4. 趋势比率

这个指标是将不同时期的同类指标的数值进行对比,求出比率。用以分析该项指标发展方向和增减速度,以观察企业经济活动发展趋势和未来变化情况,为改善企业经营管理提供一定的数据。这种方法与前面所提及的趋势分析法存在密切关系,可以说两者是一回事,只是作为单一指标计算使用时就可以将其归为比率法之中。

总的来说,比率分析法的优点是计算简便,结果直观明了,由于比率是相对数,因而排除了规模的影响,使不同比较对象建立起可比性,因此广泛用于历史比较、同业比较和预算比较。因而被认为是财务分析的最基本或最重要方法。但在采用这一方法时,也应该看到它的不足:第一,比率的变动可能仅仅被解释为两个相关因素之间的内在关系;第二,难以综合反映比率与其计算依据会计报表的联系;第三,比率反映的仅仅是事物变化的某个方面,不能给人们提供财务分析的综合观点。

三、因素分析法

因素分析法也是财务报表分析常用的一种技术方法,它是指把分析对象的影响因素分解,采用一定的程序和方法,确定各影响因素对分析指标差异的影响程度的一种分析方法。因素分析法根据其分析特点可分为连环替代法和差额分析法。

企业的活动是一个有机整体,每个指标的高低,都受不止一个因素的影响。从数量上测定各因素的影响程度,可以帮助人们抓住主要矛盾,进而正确总结经验教训,为今后更好地开展各项工作打下坚实的基础。

(一)连环替代法

连环替代法是因素分析法的基本形式,是为了测定各个经济因素对预定指标完成的影

响程度，采用一定的方法依次替代测定各影响因素影响程度的一种分析方法。由于这一方法要按照一定的顺序逐个替代，所以称为"连环替代法"。在实际工作中，某一计划的完成情况，某项预算的执行情况。或者资金运动的情况，总是多种因素综合作用的结果，各种因素的影响不同，各种因素之间又存在着某种联系。要揭示出各个因素的影响方向和程度时，就要运用因素分析法。其具体作用是；以指标体系为基础，逐次替换每个因素，当某个因素替换时，所有的其他因素不变，由此所产生的差异，就是替换了的那个因素影响的结果，分析的结果，可用绝对值表示，也可以用相对数表示。

1. 连环替代法的程序

(1) 确定分析指标是由哪些因素所构成，各因素排列要遵循正确的顺序，必须符合客观事物的内在联系。确定构成因素就是确定分析指标与其影响因素之间关系，通常是用指标分解法(或称因素分解法)，即将经济指标在计算公式的基础上，进行分解或扩展，从而得出各影响因素与分析指标之间的关系式。例如，资产收益率可以分解如下

$$资产报酬率 = \frac{息税前利润}{平均资产总额} \times 100\% = \frac{销售净额}{平均资产总额} \times \frac{息税前利润}{销售净额} \times 100\%$$
$$= 资产周转率 \times 销售利润率$$

(2) 确定各因素与分析指标的关系，明确分析对象。

(3) 根据分析目的，将各因素分解，测定每一因素对分析对象变动的影响方向和程度，为进一步深入分析提供方向和依据。

【例 10.2】某宾馆商场 2004 年和 2005 年的有关资产周转率和销售利润率的资料如表 10.6。

表 10.6　某宾馆商场 2004 年和 2005 年的有关资产周转率和销售利润率的资料

指　标	2004	2005
资产报酬率 %	45	40
资产周转率	2.5	2
销售利润率 %	18	20

要求：分析各影响因素变动对资产报酬率的影响程度。

第一步：明确关系式和分析对象

资产报酬率 =资产周转率 × 销售利润率 ×100%

分析对象：2005 年资产报酬率 － 2004 年资产报酬率 ＝ 40－45 ＝－5

第二步：依次逐项替代

2004 年：　　　$2.5 \times 18 = 45$　…………(1)

替代第一个因素：　　$2 \times 18 = 36$　…………(2)

替代第二个因素：　　$2 \times 20 = 40$　…………(3)

第三步：确定各因素变动对资产报酬率的影响程度

资产周转率变动的影响：　(2)-(1)= 36 - 45 = - 9

销售利润率变动的影响：　(3)-(2)= 40 - 36 = 4

————————————————————————————————

合计　资产报酬率的综合变动：- 9 + 4= - 5(与分析对象验证相符)

2. 连环替代法的特点

由上可见，连环替代法具有以下几个特点。

(1) 假定性：每次顺序替代一个因素，也就是在测定某一个因素变动的影响程度，是假定以前各个因素已变动而以后各因素不变为条件的；而且在确定各影响因素的关系时，其排序也是人们主观的一种认识假定。

(2) 连环性：每一个中间环节都是连续重复地比较两次。形成了一系列比较中的连环性。在测定各因素的影响程度时，都是将某个因素替代后的结果与该因素替代前的结果比较，一环连着一环。这样在分析中，连续紧密地对分析对象进行分析，其结果科学合理，也便于检验分析结果的准确性。

(3) 顺序性：在连环替代法使用中，由于因素分解不仅要求确定准确，而且排列顺序也反映了客观事物的内在关系。在连环、环比计算方法下，也确定了必须按一定的顺序，一旦替代顺序的改变，就会改变各因素的影响程度，影响了分析结果。

(二)差额分析法

差额分析法是连环替代法的简化形式。所谓"差额分析法"是指当某一经济指标受几个因素影响时，为测定其中某一因素的影响程度，就以这一因素变化前后的差额，结合其他已变和未变因素的数额，直接得出这一因素影响程度的一种分析方法。

采用【例10.2】资料的有关数据，运用差额分析法分析各因素变动的影响程度：

第一步：明确关系式和分析对象

资产报酬率 =资产周转率 × 销售利润率

分析对象：　2005 年资产报酬率 - 2004 年资产报酬率 = 40 - 45 = - 5

第二步：测定各因素的影响程度

资产周转率变动的影响：(2 - 2.5) × 18 = - 9

销售利润率变动的影响：2 × (20 - 18)= 4

————————————————————————————

合计　资产报酬率的综合变动：- 9 + 4= - 5

在实际的分析中，因素分解法的运用大多使用差额分析法这种简化的形式，应该知道连环替代法的特性同样也适应于差额分析法，应该注意，在不同的关系式的基础上，其方法是有所不同的，如果各影响因素之间不是连乘关系时，则运用差额分析法的分析方法也会有所变化，在分解关系式存在加减乘除关系时，使用必须慎重。

总的来说，因素分析法在实际的分析中，大多并不是单独使用，而是与比较法结合使用的。比较之后需要分解，以此深入了解差异的原因，分解之后还需要比较，以进一步认识其特征。不断地比较和分解，构成了财务报表分析的主要过程。

第三节 财务分析指标

一、偿债能力分析

偿债能力是指公司对各种到期债务偿付的能力。偿债能力反映了企业财务状况的好坏，公司在经营过程中，由于经营的需要，常常也会有大量的负债客观存在。因此，衡量企业偿债能力的财务指标，也是企业经营管理人员、投资者、财务管理人员和债权人关心的一个重要指标。偿债能力的分析通常包括短期偿债能力分析和长期偿债能力分析。

(一)短期偿债能力分析

短期偿债能力是指公司用流动资产偿还流动负债的现金保障程度，是公司目前财务能力，特别是流动资产变现偿付能力的表现。看一个企业的短期偿债能力大小，要看流动资产和流动负债的多少和质量状况。

流动资产的质量是指其"流动性"即转换成现金的能力，包括是否能不受损失地转换为现金以及转换需要的时间。流动负债也有"质量"问题。一般说来，企业的所有债务都是要偿还的，但是并非所有债务都需要在到期时立即偿还，债务偿还的强制程度和紧迫性被视为负债的质量。

短期偿债能力是公司的任何利益关系者都应重视的问题，体现在以下方面。

(1) 对企业管理者来说，短期偿债能力的强弱意味着企业承受财务风险的能力大小。

(2) 对投资者来说，短期偿债能力的强弱意味着企业盈利能力的高低和投资机会的多少。

(3) 对企业的债权人来说，企业短期偿债能力的强弱意味着本金与利息能否按期收回。

(4) 对企业的其他协作公司和消费者来说，企业短期偿债能力的强弱意味着企业履行合同能力的强弱。

衡量短期偿债能力的指标主要有流动比率、速动比率、保守速动比率和现金比率。

1. 流动比率

流动比率是流动资产与流动负债的比值，反映企业短期偿债能力的强弱。同时反映了企业每 1 元流动负债有多少流动资产作为偿付的保证。

$$流动比率 = 流动资产 \div 流动负债$$

流动比率越高,企业的偿债能力越强,债权人利益的安全程度也越高。 通常,流动比率为2∶1为财务状况良好,除了能满足日常经营活动的流动资金需要,还有足够的资金偿付到期的短期债务。流动比率过低,说明企业可能在资金周转上存在问题,难以及时偿付到期的短期债务;流动比率过高,也不一定是好事,虽然有足够资金偿付债务,却说明企业在资金的利用上存在一定的不足,当然,这需要结合企业的经营特点和具体情况来看,了解企业的资金使用效率和筹资成本对企业的盈利能力的影响。

流动资产能否用于偿债,要看它们是否能顺利转换成现金。通过报表附注,可以了解各项流动资产的变现能力,并据此对计算口径的调整。

2. 速动比率

速动比率是速动资产与流动负债的比值。所谓速动资产是流动资产扣除存货后的数额。速动比率的内涵是每1元流动负债有多少元速动资产作为偿还保障。速动比率的计算公式为

$$速动比率=(流动资产-存货)÷流动负债$$

该指标越高,表明企业偿还流动负债的能力越强。在速动资产中减去变现能力较差且不稳定的存货、待摊费用等项目,所以速动比率比流动比率更能反映流动负债偿还的安全性和稳定性。一般来说,该比率的下限为1。如果低于1,表示企业的支付能力存在不足;如果比率高于1,表示企业有足够的资金偿付短期债务,同时,也说明企业有较多的不能盈利的现款和应收账款。当然,对部分地区有信用消费习惯的公司,则要具体情况具体分析。

虽然大多数公司存货数额并不大,但部分企业由于经营上的需要,还是有一部分存货的,尤其是一些综合经营的公司,存货也是客观存在的。在计算速动比率时要把存货从流动资产中剔除,其主要原因是:①在流动资产中存货的变现速度最慢。②由于某种原因。存货中可能含有已损失报废,但还没作处理的不能变现的存货。③部分存货可能已抵押给某债权人。④存货估价还存在成本与合理市价相差悬殊的问题。

计算速动比率时,要注意货币资金、短期投资和应收账款的计算口径和计算价格的调整。

速动比率也有其局限性。第一,速动比率只是揭示了速动资产与流动负债的关系,是一个静态指标。第二,速动资产中包含了流动性较差的应收账款,使速动比率所反映的偿债能力受到怀疑。特别是当速动资产中含有大量不良应收账款时,必然会减弱企业的短期偿债能力。第三,各种预付款项及预付费用的变现能力也很差。

3. 保守的速动比率

所谓保守速动比率是指保守速动资产与流动负债的比值,保守速动资产一般是指货币资金、短期证券投资净额和应收账款净额的总和。其计算公式

$$保守速动比率=(货币资金+短期证券投资净额+应收账款净额)÷流动负债$$

通常,评价保守速动比率的高低,其性质的好坏,应该根据各企业所处的行业特点和企业自身的经营特点,结合企业的历史资料和行业平均水平来判断,对具体计算保守速动

比率的具体项目，只要能客观地反映企业存在的问题，揭示企业的实际情况，就可以灵活把握，作为反映企业特点的内部评价指标。

4．现金比率

现金比率是现金类资产与流动负债的比值。现金类资产是指货币资金和短期投资净额。这两项资产的特点是随时可以变现。现金比率的计算公式

$$现金比率=(货币资金+短期投资净额)÷流动负债$$

现金比率反映企业的即时付现能力，就是随时可以还债的能力。企业保持一定的合理的现金比率很有必要，从稳健角度考虑，现金比率用于评价企业的短期偿债能力最为保险。一般情况下，该比率数值越大越好。

(二)长期偿债能力分析

长期偿债能力是企业偿还长期债务的现金保障程度。企业的长期债务是指偿还期在 1 年或者超过 1 年的一个营业周期以上的负债，包括长期借款、应付债券、长期应付款等。分析一个企业长期偿债能力，主要是为了确定该企业偿还债务本金和支付债务利息的能力。

由于长期债务的期限长，企业的长期偿债能力主要取决于企业资产与负债的比例关系，取决于获利能力。通常衡量长期偿债能力的指标有资产负债率、产权比率、有形净值债务率、利息偿付倍数等。

1．资产负债率

资产负债率也就是负债总额与资产总额的比例关系，也称之为债务比率。资产负债率的计算公式

$$资产负债率=(负债总额÷资产总额)×100\%$$

公式中的负债总额指企业的全部负债，包括长期负债和流动负债。公式中的资产总额指企业的全部资产总额，包括流动资产、固定资产、长期投资、无形资产和递延资产等。

资产负债率反映企业在总资产中有多大比例是通过借债来筹资的，也可以衡量企业在清算时保护债权人利益的程度。资产负债率是衡量企业负债水平及风险程度的重要标志。

一般认为，资产负债率的适宜水平是 40～60%。对于经营风险比较高的企业，为减少财务风险应选择比较低的资产负债率；对于经营风险比较低的企业，为增加股东收益应选择比较高的资产负债率。

在分析资产负债率时，可以从以下几个方面进行。

(1) 从债权人的角度看，资产负债率越低越好。资产负债率低，债权人提供的资金与企业资本总额相比，所占比例低，企业不能偿债的可能性小，企业的风险主要由股东承担，这对债权人来讲，是十分有利的。

(2) 从股东的角度看，他们希望保持较高的资产负债率。结论：在全部资本利润率高

于借款利息率时，负债比例越高越好。

(3) 从经营者的角度看，企业最关心的是在充分利用借入资本给企业带来好处的同时，尽可能降低财务风险。

2. 产权比率

产权比率是负债总额与股东权益总额之间的比率，也称之为债务股权比率。它也是衡量企业长期偿债能力的指标之一，反映了企业资产总额中，债权人资金在企业资产中所占的比例，企业资产对债权人权益的保障程度。其计算公式

$$产权比率=(负债总额÷所有者权益总额)×100\%$$

公式中的"所有者权益"在股份有限公司中是指"股东权益"。

产权比率与资产负债率都是用于衡量长期偿债能力的，具有相同的经济意义。资产负债率和产权比率可以互相换算。

$$产权比率=\frac{负债}{所有者权益}=\frac{负债}{资产-负债}$$

$$\frac{负债÷资产}{(资产÷负债)-(负债÷资产)}=\frac{负债÷资产}{1-(负债÷资产)}$$

产权比率越小，表明企业的长期偿债能力越强，债权人的风险较小，但也说明企业未充分发挥负债的财务杠杆作用；如果产权比率越大，说明企业的长期偿债能力越差。一般，产权比率应该小于1。

3. 有形净值债务率

有形净值债务率是企业负债总额与有形净值的百分比。有形净值是所有者权益减去无形资产净值后的净值，即所有者具有所有权的有形资产净值。有形净值债务率用于揭示企业的长期偿债能力，表明债权人在企业破产时的被保护程度。其计算公式

$$有形净值债务率=[负债总额÷(股东权益-无形资产净值)]×100\%$$

有形净值债务率主要用于衡量企业的风险程度和对债务的偿还能力。这个指标越大，表明风险越大；反之，风险则越小。同理，该指标越小，表明企业长期偿债能力越强，反之，则偿债能力越弱。但从企业所有者和经营者的角度看，为了扩大经营规模，获取更多的财务杠杠效益，就应该适度举债，保持适当的负债经营是有益的。评价其好坏，由于各自所处的立场不同，认识也有差别，一般该指标为1比较适当。

4. 利息偿付倍数

利息偿付倍数是指企业经营业务收益与利息费用的比率，也称为已获利息倍数或利息偿付倍数。它表明企业经营业务收益相当于利息费用的多少倍，其数额越大企业的偿债能力越强。其计算公式

$$利息偿付倍数 = 息税前利润 ÷ 利息费用 = (税前利润 + 利息费用) ÷ 利息费用$$

或　　　　　　　＝(税后利润 ＋ 所得税 ＋ 利息费用) ÷ 利息费用

公式中的分子"息税前利润"是指利润表中未扣除利息费用和所得税之前的利润。它可以用"利润总额+利息费用"来测算，也可以用"净利润+所得税或利息费用"来测算。利息偿付倍数指标越高，表明企业的债务偿还越有保障；相反，则表明企业没有足够资金来源偿还债务利息，企业偿债能力低下。因企业所处的行业不同，利息偿付倍数有不同的标准界限。一般公认的利息偿付倍数为 3。从稳健的角度出发，应选择几年中最低的利息偿付倍数指标，作为最基本的标准。

二、营运能力分析

营运能力是指企业营运资产的效率性和充分性。效率性是指使用的后果，是一种产出的概念；充分性是指使用的进行，是一种投入概念。公司营运资产的效率主要指资产的周转率或周转速度。营运能力的分析就是通过对反映企业资产营运效率与效益指标进行计算与分析，评价公司的营运能力，为企业提高经济效益指明方向。

资产的运用效率评价的财务比率是资产周转率，其一般公式

$$资产周转率＝周转额 ÷ 资产$$

资产周转率可以分为总资产周转率、分类资产周转率和单项资产周转率。

1. 总资产周转率

总资产周转率是指企业一定时期的主营业务收入与资产总额的比率，它说明企业的总资产在一定时期内(通常为 1 年)周转的次数。其计算公式

$$总资产周转率 ＝ 主营业务收入 ÷ 总资产平均余额$$
$$总资产平均余额 ＝(期初总资产 ＋ 期末总资产)÷2$$

总资产周转率也可用周转天数表示，其计算公式

$$总资产周转天数 ＝ 计算期间天数 ÷ 总资产周转率$$

总资产周转率的高低，取决于主营业务收入和资产两个因素。增加收入或减少资产，都可以提高总资产周转率。

在公司全部资产中，流动资产占的比重较大，周转速度最快的也是流动资产，因此，大多数公司的资产周转速度较一般企业要快，从全部资产周转速度与流动资产的关系，也可以确定影响流动资产周转率的因素。

$$全部资产(周转次数)=\frac{销售收入}{平均流动资产}×\frac{平均流动资产}{平均总资产}$$

$$＝ 流动资产周转天数 × 流动资产占总资产的比重$$

由上不难看出，全部资产周转率的快慢取决于流动资产周转率和流动资产所占的比重，企业流动资产比重越大，总资产周转速度就越快，效率则高；反之则慢，效率则低。

2．分类资产周转率

1) 流动资产周转率

流动资产周转率是指企业一定时期的主营业务收入与流动资产平均余额的比率，即企业流动资产在一定时期内(通常为一年)周转的次数。流动资产周转率是反映企业流动资产运用效率的指标。其计算公式

$$流动资产周转率 = 主营业务收入 \div 流动资产平均余额$$
$$流动资产周转天数 = 计算期天数 \div 流动资产周转率$$

流动资产周转率指标不仅反映流动资产运用效率，同时也影响着企业的盈利水平。企业流动资产周转率越快，周转次数越多，表明企业以相同的流动资产占用实现的主营业务收入越多，说明企业流动资产的运用效率越好，进而使企业的偿债能力和盈利能力均得以增强。反之，则表明企业利用流动资产进行经营活动的能力差，效率较低。

2) 固定资产周转率

固定资产周转率是指企业一定时期的主营业务收入与固定资产平均净值的比率。它是反映企业固定资产周转状况，衡量固定资产运用效率的指标。其计算公式

$$固定资产周转率 = 主营业务收入 \div 固定资产平均余额$$
$$固定资产周转天数 = 360 \div 固定资产周转率$$

固定资产周转率越高，表明企业固定资产一定时间内运用越充分，说明企业固定资产投资得当，固定资产结构分布合理，能够充分地发挥固定资产的使用效率，企业的经营活动越有效；反之，则表明固定资产使用效率不高，提供的生产经营成果不多，企业固定资产的营运能力较差。

3．单项资产周转率

单项资产的周转率是指根据资产负债表左方项目分别计算的资产周转率。其中最重要和最常用的是应收账款周转率和存货周转率。

1) 应收账款周转率

应收账款周转率是指企业一定时期的主营业务收入与应收账款平均余额的比值，它意味着企业的应收账款在一定时期内(通常为1年)周转的次数。应收账款周转率是反映企业的应收账款管理水平的指标。其计算公式

$$应收账款周转率(次数) = 主营业务收入 \div 应收账款平均余额$$
$$应收账款周转天数 = 计算期间天数 \div 应收账款周转率(次数)$$
$$或=(应收账款平均余额 \times 计算期间天数) \div 主营业务收入$$

一定期间内，企业的应收账款周转率越高，周转次数越多，表明企业应收账款回收速度越快，企业应收账款的管理效率越高，资产流动性越强，短期偿债能力越强。同时，较高的应收账款周转率可有效地减少收款费用和坏账损失，从而相对增强企业流动资产的收益能力。

2) 存货周转率

企业的部分商场、公司，存在必不可少的经营性存货。其存货周转率的计算就显得非常必要。存货周转率有两种计算方式。一是以成本为基础的存货周转率，主要用于企业资产的流动性分析。二是以收入为基础的存货周转率，主要用于营利性分析。计算公式分别如下。

$$成本基础的存货周转率 = 主营业务成本 \div 存货平均余额$$
$$收入基础的存货周转率 = 主营业务收入 \div 存货平均余额$$

以成本为基础的存货周转率，可以更切合实际的表现存货的周转状况；而以收入为基础的存货周转率维护了资产运用效率比率各指标计算上的一致性，由此计算的存货周转天数与应收账款周转天数建立在同一基础上，从而可直接相加并得出营业周期。

一般而言，影响资产周转率的因素包括：企业经营周期的长短，企业的资产构成及其质量，资产的管理力度，以及企业所采用的财务政策等。由于资产周转率指标中的资产数据是一个时点数，极易受偶然因素的干扰，甚至是人为的修饰。因此，要弄清企业资产周转率的真实状况，首先应对其进行趋势分析，即对同一企业的各个时期的资产周转率的变化加以对比分析，以掌握其发展规律和发展趋势。然后结合企业的历史资料和同行业先进水平，评价企业的具体问题，找出改善企业经营管理的关键，解决管理中存在的问题。

三、盈利能力分析

盈利能力是指企业在一定时期内获取利润的能力。盈利能力的高低是一个相对的概念，就是说，盈利能力是利润相对一定的资金投入和一定的收入而言。利润率越高，说明企业的盈利能力越强。企业的盈利能力对所有的利害关系者来说都非常重要，是企业经营管理水平的最终体现。

从不同的角度看，盈利能力可以用很多指标反映，通常有净资产收益率、销售毛利率、总资产报酬率、每股收益和市盈率等。

(一)净资产收益率

净资产收益率是指企业本期净利润与净资产的比率，是反映企业资本经营盈利能力的基本指标。也叫净值报酬率或权益报酬率。

$$净资产收益率 = 净利润 \div 净资产平均余额 \times 100\%$$
$$净资产平均余额 = (期初净资产 + 期末净资产) \div 2$$

式中，净利润是指企业的税后利润；净资产是指企业资产减去负债后的余额，即所有者权益。

净资产收益率是反映企业盈利能力的核心指标，反映了公司的综合盈利能力。因为公司的基本目标是股东价值(或所有者权益)最大化，而净资产收益率就直接反映了资本的增值状况，反映了投入资本与所带来的效益两者之间的相互关系。

(二)销售毛利率

销售毛利率是指企业的毛利占销售收入的百分比。销售毛利是主营业务收入与主营业务成本之差。销售毛利的计算有绝对数和相对数两种方式。

$$销售毛利额=主营业务收入 - 主营业务成本$$

$$销售毛利率 = (销售毛利 \div 销售收入) \times 100\%$$

该指标反映了每百元主营业务收入中获取的毛利额。毛利率是企业获利的基础，毛利水平越高，说明企业抵补各项期间费用的能力越强，盈利水平越高。公司的毛利水平受多方面因素影响，有自然、地理、人文、政策、气候和行业竞争的影响，最基本还是两个方面，即客源量和价格。

(三)总资产报酬率

总资产报酬率是指企业一定期限内实现的收益额与该时期企业平均资产总额的比率。反映企业资产综合利用效果的指标，也是衡量企业总资产获利能力的重要指标。总资产报酬率也称总资产收益率，其计算公式

$$总资产报酬率=\frac{收益总额}{平均资产总额}\times100\%$$

$$收益总额=税后利润 + 利息 + 所得税$$

$$平均资产总额=(期初资产总额 + 期末资产总额) \div 2$$

在确定收益总额中之所以将利息加入，是因为从全部资产的角度看，利息是借入资本的等价报酬，它与税金一样也是企业对社会的贡献。总资产报酬率指标集中体现了公司资产运用效率和资金利用效果之间的关系。在公司资产总额一定的情况下，利用总资产报酬率指标可以分析企业盈利的稳定性和持久性，确定企业所面临的风险，可反映企业综合经营管理水平的高低。

在评价总资产报酬率时，需要与企业前期的相关比率、同行业其他企业进行比较，进一步总结经验教训，以利于企业加强经营管理。如果资产报酬率高于同期银行借款利率和社会平均利润率，则说明公司总资产获利能力强。

(四)每股收益

每股收益是评价上市公司的重要指标，是指净利润扣除优先股股息后的余额与发行在外的普通股的平均数之比，该指标反映了每股发行在外的普通股所能分摊的净收益。

$$每股收益=\frac{净利润-优先股股息}{发行在外的普通股加权平均数(流通股数)}$$

因为优先股股东对股利的受领优于普通股股东，因而在普通股股东所受益的收益额时，需将优先股股利扣除。随着我国股份制企业的不断增多，上市公司也越来越多，这对公司

的跨越式发展，开辟了一条全新的道路。一般情况下，每股收益越高，说明企业的盈利能力越强。当然，为更好地认识企业的盈利能力，应该与其他企业进行不同时期的每股收益进行对比，结合其他指标进行综合分析，才能得出正确的结论。

(五)市盈率

市盈率是指普通股的市场价格与当期每股收益的比率，可用以判断上市公司股票潜在投资价值。计算公式

$$市盈率=每股市价÷每股收益$$

上市公司一段时期连续的市盈率指标反映了上市公司的盈利情况及稳定情况，可在一定程度上说明上市公司经营管理水平和盈利能力以及今后的发展趋势。通常，在投资分析时，市盈率是分析的首要指标，它客观地反映了目前市场对该上市公司的综合评价，以及该公司今后的市场发展前景。

四、发展能力分析

发展能力是指企业在可预见的未来不断扩大经营规模，获取更多经济收益的潜力。主要包括公司的资产、营业收入、收益等方面的增长趋势和增长速度。从现代企业发展看，企业的价值在很大程度上是取决于企业未来的获利能力，取决于企业营业收入、收益以及股利的未来增长，可以说提高目前的盈利能力、偿债能力和资产营运效率，都是为了企业未来的发展。因此，从动态的角度分析和预测企业发展能力，是更全面地衡量一个企业的价值的重要方面。

(一)营业增长率

营业增长率是指公司本年营业收入增长额与上年营业收入总额的比率。所谓营业收入是指企业的主营业务收入。营业增长率是表示与上年相比，企业的营业收入增减变动情况，这个指标是评价企业增长状况和企业发展潜力的重要指标。因为，市场竞争条件下，市场是企业生存和发展的空间，企业的营业收入不断增长，说明企业在市场竞争中获取了更大的份额，企业生存和发展的空间也越大。其计算公式

$$营业增长率=本年营业增长额÷上年营业收入总额$$

营业增长率是衡量企业经营状况和市场占有能力、预测企业经营业务发展趋势的重要标志，也是企业扩张增量和存量资本的重要比较。我国现代公司的发展，是随着近几十年人们生活水平的不断提高而不断发展的历史。营业增长率指标值越高，说明企业的发展越快。如果这个指标值较低，小于 0，则说明企业在市场竞争中处于不断衰退的困境，市场份额萎缩，需要及时找出问题的关键所在。

一方面，营业增长率指标在实际工作使用时，应结合企业连续几年的营业收入水平、

企业市场占有情况、行业未来发展及其企业发展的潜在因素进行前瞻性预测，或结合企业前3年的营业收入增长率作出趋势性分析。另一方面，在分析企业在营业状况的成长性，必须注意营业增长率是否具有效益性，虽然营业增长率越高说明企业取得了市场，但还需要具体分析，判断企业在经营状况方面的未来成长性和可持续成长能力，如果营业收入的增加主要依赖于资产的增加，即营业增长率低于总资产增长率，说明这种情况下的营业增长不具有效益性，同时反映了企业在营销方面未来的成长性并不好，正常情况下，公司的营业增长率应该高于其资产增长率。

(二)总资产增长率

总资产增长率是企业本年总资产增长额与年初资产总额的比率。该指标可以评价企业本期资产规模的增长情况，说明企业经营规模总量上的扩张程度。计算公式

$$总资产增长率 = \frac{本年总资产增长额}{年初资产总额} \times 100\%$$

该指标是从公司资产总量扩张方面衡量企业未来的发展潜力，表明企业发展规模增长水平对企业发展后劲的影响。总资产增长率越高，说明企业在本会计期间内经营规模扩展的速度越快，说明企业正处于成长期。在实际运用中，应该注意资产规模扩张的量与质之间的关系，以及对企业后续发展的影响，避免过分依赖数据，忽视客观深入的调查分析。在很多情况下总资产增长率并不是孤立地越高越好，要评价企业资产规模增长是否适当，必须与企业的营业增长、利润增长等情况结合起来分析。只有在销售增长、利润增长超过资产规模增长的情况下，这种资产规模增长才属于效益型增长，才是适当有效的增长，才有利于企业长远的发展。

(三)资本积累率

资本积累率是指企业本年所有者权益增长额与年初所有者权益的比率。该指标反映了企业当年资本的积累情况，是评价企业发展潜力的重要指标。

$$资本积累率 = \frac{本年所有者权益增长额}{年初所有者权益额} \times 100\%$$

资本积累率反映了当年企业所有者权益的变动情况，表明了当年所有者权益每百元的增长幅度。企业的不断发展，离不开资本积累过程，资本积累是公司规模不断扩张的源泉，反映了企业发展的后劲与活力。该指标数值越高，说明企业的资本积累越多，企业资本的保全越好，应付经营风险，持续发展的能力就越强。反之，则说明企业在发展处于不利的困境。

(四) 3年利润平均增长率

3年利润平均增长率是反映企业利润连续3年的增长情况，表现了企业的发展趋势和

发展后劲。计算公式

$$平均增长率=\left(\sqrt[3]{\frac{年末利润总额}{3年前年末利润总额}}-1\right)\times100\%$$

3 年前年末利润总额指企业 3 年前的利润总额数。如果要评价企业 2006 年的绩效状况，则 3 年前利润总额是指 2003 年利润总额年末数。

利润是企业经营管理的综合表现，是企业积累和发展的基础。3 年利润平均增长率指标值越高，说明企业积累得越多，今后的发展能力越强。利用 3 年利润平均增长率指标，能够反映企业利润增长趋势和效益的稳定程度，较好地体现企业的发展状况和潜力，避免了因个别年份利润的超常增长而带来对企业不正确的评价。

(五)可持续增长率

可持续增长率是企业在保持目前经营策略和财务策略的情况下能够实现的增长速度。企业的价值在于其盈利及其增长能力。而企业的盈利及其增长，一方面主要体现为资产、营业收入以及收益的增长；另一方面主要受企业经营策略和财务策略的影响。经营策略是企业的营销政策和资产营运政策。财务策略是指融资政策和股利政策。企业为了不断地获利和发展，通常要利用上述 4 个经济杠杆。可持续增长率可以用来衡量企业利用这些经济杠杆获得的持续增长的效果。其计算公式

可持续增长率=净资产收益率×(1－股利支付率)

=销售净利率×资产周转率×权益乘数×(1－股利支付率)

可持续增长率指标的有关数据是根据企业资产负债表和损益表计算而得。从公式可以看出，企业未来一年的收益成长率不可能大于本年净资产收益率，也就是说，当企业不发股利的时候，可持续增长率最多等于净资产收益率。可持续增长率越高，说明企业收益的未来增长速度越快；该指标越低，则说明企业收益的未来增长速度越慢。后面一个变形公式则是说明影响可持续增长率的因素也可以反映为：销售净利率、资产周转率、权益乘数和股利支付率。从关系式可以看出，前三者的变动与可持续增长率是正向变动趋势，即销售净利率、资产周转率、权益乘数等数值越高，则可持续增长率就越高；而股利支付率却是反向变动趋势，即股利支付率越大，则可持续增长率就越低。总的来说，作为可持续增长策略主要就是企业经营策略分析和财务策略分析。企业的经营策略分析实质上是研究提高公司销售净利率和资产周转率的途径。为实现长远发展目标，公司可以考虑调整企业的财务策略，包括增加权益资本、提高财务杠杆、降低股利支付水平等。

第四节 股票投资价值的评价

上市公司作为现代企业制度的一种形式，吸引着越来越多的投资者的关注，投资者通

过购买股票的方式成为企业的股东。因此对股票投资价值的评价，是广大股东和潜在投资者所关心的，上市公司获利能力是反映其股票价值的一个重要方面，除了运用前述偿债能力、营运能力、盈利能力和发展能力的分析外，还需要对上市公司的每股盈余、市盈率等指标进行分析和计算。

一、每股盈余

每股盈余(Earning Per Share，EPS) 又称每股收益，是企业净收益与发行在外的普通股股数的比率，反映了每股发行在外的普通股所分摊到的净收益数。每股收益具有连接资产负债表和利润表的功能，是两张会计主表间的桥梁。每股收益作为评价上市公司经营业绩的基本指标，也是衡量市盈率、股利支付率等重要盈利能力指标的依据。每股收益可被用于在不同公司间或同一公司不同时期间的业绩比较，较好地反映公司的财务状况和经营成果，具有引导投资及评价公司市场价值等多方面的作用，是上市公司评价盈利能力的核心指标。每股盈余的计算公式为

每股盈余=(净利润-优先股股利)/发行在外的普通股股数　　　　(10.1)

由于优先股股利一般是按固定比例支付，并支付在普通股股利之前的，因此在计算普通股股东所享有的每股盈余时，应将优先股股利从净利润中扣除。公式(10.31)中分母"发行在外的普通股股数"应采用加权平均数，以正确反映本期内发行在外的普通股股数。例如海尔股份有限公司 2004 年的净利润为 36 944 万元，未发行优先股，故优先股股利为零，公司 2004 年初发行在外的普通股股数为 79 764.828 2 万股，于 2004 年 7 月 6 日转送股 39 882.414 1 万股，至 2004 年末发行在外的普通股股数为 119 647.242 3 万股，可以计算出该年度发行在外的普通股股加权平均数为 99 706.035 2 万股[79 764.828 2+(39 882.414 1× 6/12)]，故公司本年度的每股盈余为 0.37 元/每股。

每股盈余越高，一般来说企业的获利能力就越强，企业的经营业绩就好。在其他因素不变的情况下，每股盈余愈高，该种股票的市价则愈高。在对企业的每股盈余进行评价时，应考虑不同企业或同一企业不同时期的对比分析，才能得出正确地认识。表 10.7 是我国上市公司 2002 年至 2004 年每股收益分析表，供参考。

表 10.7　我国上市公司 2002 年至 2004 年每股收益分析表

年　份	评价户数	每股收益	较上年增加额	较上年增加率/%
2002	1 211	0.14		
2003	1 250	0.19	0.05	35.71
2004	1 352	0.24	0.05	26.32

(资料来源：中联财务顾问有限公司. 中国上市公司业绩评价报告(2005). 北京：经济科学出版社，2005，第 4 页)

二、市盈率

市盈率(Price Earning ratio，P/E)是上市公司普通股每股市价与普通股每股收益的比率，反映投资者对上市公司每元净利润愿意支付的价格，可以用来估计股票的投资报酬和风险。其计算公式为

$$市盈率=普通股每股市价/普通股每股收益 \qquad (10.2)$$

公式(10.32)中普通股每股市价通常采用年度平均价格，即全年各日的收盘价格的简单平均数，从证券交易所发布的证券交易资料中可以获得。为简单起见，采用 2004 年 12 月 31 日青岛海尔的收盘价 5.16 元作为同期每股市价，每股收益按前述计算方法确定为 0.37 元，故青岛海尔 2004 年末的市盈率为 13.95 倍。说明投资者要取得 1 元的收益，需要投资 13.95 元。

一般情况下，市盈率越高说明股票的市价越高，投资者认为该企业发展前景较好，投资者愿意用较高的价格购买股票；反之，前景发展不佳的企业该比率较低。利用市盈率评价股票的投资价值时，最好比较一个企业连续几年的市盈率，能更有效地评价企业的盈利能力的稳定性和潜在的发展能力；同时，把多个企业的市盈率进行对比，判断股票市价对投资者是否有吸引力。

三、股利支付率

股利支付率又称股利发放率是指普通股每股股利与普通股每股收益的比率，反映企业一定时期对净利润中股利的发放程度，计算公式为

$$股利支付率=普通股每股股利/普通股每股收益 \qquad (10.3)$$

式中，普通股每股股利=普通股股利总额/发行在外普通股平均数。

每股收益表明每一股普通股所能获得的利润，但是在考虑企业支付能力、偿债能力和营运能力等因素的影响，企业不会也不可能将当期实现的净利润全部用于分派股利。企业希望该比率最好既能维持企业在资本市场中的形象和投资者信心，也能不影响企业的支付能力、偿债能力和营运能力。一般来说，股票投资者分为两种类型，长期投资者和短期投资者，对于长期投资者比较关注市盈率，即股票价格与收益的比率；而短期投资者则比较注重股利的发放，尤其是现金股利。

股利支付率反映了企业的股利政策，其高低要就企业对资金需要量的具体情况而定，因此，投资者不能仅根据股利支付率的高低判断股票的投资价值。根据本章资料，青岛海尔 2004 年每股股利为 0.0399 元，股利支付率为 10.78%。

四、每股净资产

每股净资产(Net Asset Value per Share)是指股东权益总额减去优先股权益后的余额与发

行在外的普通股股数的比率，计算公式为

$$每股净资产=(股东权益总额-优先股权益)/发行在外的普通股股数 \qquad (10.34)$$

每股净资产越高，说明该股票内在价值越高，积累资本公积和留存收益的能力就越强。

第五节　杜邦分析体系简介

而如何实现公司价值最大化是旅游财务管理的重要目标。任何一个公司的生存与发展都依赖于该公司能否创造价值。为了让企业领导者更直观地了解经营成果，企业需要一套有效的财务指标体系，以便据此评价和判断企业的经营绩效、经营风险、财务状况、获利能力和发展状况。杜邦财务分析体系(The Du Pont System)就是一种比较实用和常用的财务比率分析体系。

杜邦财务分析体系法是利用各财务比率指标之间的内在联系，对企业综合经营理财及经济效益进行体系评价的方法。杜邦财务分析体系也称为杜邦财务分析法，这种财务分析方法从评价企业绩效最具综合性和代表性的指标——净资产收益率和总资产报酬率出发，层层分解至企业最基本生产要素的使用，成本与费用的构成，从而满足经营者通过财务分析进行绩效监控需要，在经营目标发生异动时能及时查明原因并加以修正。在体系中自有资金利润率指标是一个综合性最强的财务比率，是杜邦体系的核心，它等于总资产报酬率与权益乘数的乘积。杜邦分析结构如图 10.2 所示。

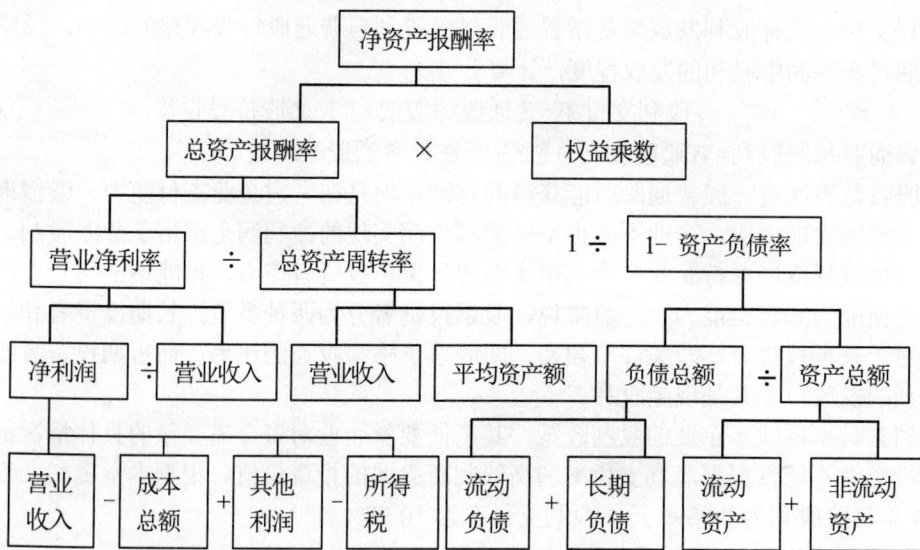

图 10.2　杜邦分析结构图

杜邦财务分析体系的作用是解释各比率指标变动的原因和变动趋势，并为采取相应措施指明方向。按照权益乘数对净资产收益率的分解，对体系中的相互关系可分为以下几个公式。

(1) $净资产收益率 = \dfrac{净利润}{所有者权益} = \dfrac{净利润}{资产总额} \times \dfrac{资产总额}{所有者权益}$

$(净值报酬率)=资产净利率 \times 权益乘数$

(2) $资产收益率 = \dfrac{净利润}{资产总额} = \dfrac{净利润}{营业收入} \times \dfrac{营业收入}{资产总额}$

$=营业净利率 \times 资产周转率$

(3) $营业净利率 = \dfrac{净利润}{营业收入} = \dfrac{营业收入-营业成本-期间费用-税金-其他支出}{营业收入}$

(4) $总资产周转率 = \dfrac{营业收入}{资产总额} = \dfrac{营业收入}{流动资产+固定资产+长期投资+无形资产+其他资产}$

(5) 净资产收益率=营业净利率×总资产周转率×权益乘数

(6) 权益乘数= 1 ÷ (1 - 资产负债率) = 平均总资产 ÷ 平均净资产

权益乘数表示企业的负债程度。权益乘数越大，企业负债程度越高，通常的财务比率都是除数，除数的倒数叫乘数，权益除以资产是资产权益率，权益乘数是其倒数，即资产除以权益。

权益净利率反映公司所有者权益的投资报酬率,具有很强的综合性。由公式可以看出：决定权益净利率高低的因素有权益乘数、销售净利率和总资产周转率。3 个比率分别反映了企业的负债比率、盈利能力比率和资产管理比率。这样分解之后，可以把权益净利率这样一项综合性指标发生升降的原因具体化，定量地说明企业经营管理中存在的问题，比一项指标能提供更明确的、更有价值的信息。

权益乘数越大，企业负债程度越高，偿还债务能力越差，财务风险程度越高。同时，这个指标也反映了财务杠杆对利润水平的影响。财务杠杆具有正反两方面的作用。在收益较好的年度，它可以使股东获得的潜在报酬增加，但股东要承担因负债增加而引起的风险；在收益不好的年度，则可能使股东潜在的报酬下降。当然，从投资者角度而言，只要资产报酬率高于借贷资本利息率，负债比率越高越好。资产净利率是一个综合性的指标，同时受到销售净利率和资产周转率的影响。

销售净利率高低的分析，需要从销售额和销售成本两个方面进行。这方面的分析是有关盈利能力的分析。这个指标可以分解为销售成本率、销售其他利润率和销售税金率。销售成本率还可进一步分解为毛利率和销售期间费用率。深入的指标分解可以将销售利润率变动的原因定量地揭示出来，如售价太低，成本过高，还是费用过大。当然经理人员还可以根据企业的一系列内部报表和资料进行更详尽的分析。总资产周转率是反映运用资产以产生销售收入能力的指标。对总资产周转率的分析，则需对影响资产周转的各因素进行分析。除了对资产的各构成部分从占用量上是否合理进行分析外，还可以通过对流动资产周转率、存货周转率、应收账款周转率等有关资产组成部分使用效率的分析，判明影响资产周转的问题出在哪里。

资产净利率把企业一定期间的净利与企业的资产相比较，表明企业资产利用的综合效果。

本 章 小 结

1. 财务评价是根据企业提供的财务会计报告等信息，考察企业财务状况的健康情况，为投资者、债权人、企业经营者及其他利益相关者提供决策的一种分析方法，常用的方法有比较分析法、比率分析法、因素分析法和综合分析法等。

2. 企业的财务状况及经营成果体现了企业的财务能力，通过主要财务指标的计算，对企业偿债能力、营运能力、盈利能力和发展能力 4 个方面进行评价。

3. 现金是企业一项非常重要的资产，因此对现金流量的评价十分必要。通过对现金流量的评价，可以在一定程度上修正以资产负债表和利润表为基础的偿债能力、营运能力、盈利能力及发展能力的分析，更加准确地预测企业未来的价值变化趋势。

4. 对股票投资价值的评价是广大股东和潜在投资者所关心的，也是评价上市公司价值的一个重要内容。除了运用和非上市公司同样的分析方法外，还需要对上市公司的每股盈余、市盈率等指标进行分析和计算。

5. 杜邦财务分析是一种综合财务评价方法，它通过几个主要财务指标之间的联系，直观地、全面地反映企业的财务状况和经营成果。对杜邦财务分析体系的运用和其他财务评价与分析方法一样，关键不在于财务指标的计算，而在于对财务指标的理解和运用。

知 识 链 接

标准无保留意见的审计报告范例

××股份有限公司全体股东：

我们审计了后附的××股份有限公司 200×年 12 月 31 日资产负债表，以及 200×年度的利润表和现金流量表。这些会计报表的编制是贵公司的责任，我们的责任是在实施审计工作的基础上对这些会计报表发表意见。

我们的审计是依据中国注册会计师独立审计准则进行的。审计工作包括在抽查的基础上检查支持会计报表金额和披露的证据，评价贵公司管理者在编制会计报表时采用的会计政策和作出的重大会计估计，以及评价会计报表的整体表述。

我们认为，上述会计报表符合国家颁布的企业会计准则和《××会计制度》的规定，在所有重大方面公允地反映了××股份有限公司 200×年 12 月 31 日的财务状况和 200×年度的经营成果和现金流量。

附件:

1. 200×年 12 月 31 日资产负债表

2. 200×年度利润表

3. 200×年度现金流量表

4. 200×年度所有者权益变动表

5. 会计报表附注

中国注册会计师(签名并盖章)

×××会计师事务所有限公司

中国注册会计师(签名并盖章)

地址: 中国·北京

二〇〇×年×月×日

(资料来源: 史富莲, 于洪江, 贾创雄. 会计概论. 北京: 高等教育出版社)

案例与点评

【案例1】

白送的企业我不要

一、案例资料

A 外国投资者在 B 市找到 C 企业。双方商定, 由 A 和 C 共同出资 500 万美元, 引进全套生产线, 兴建一个合资公司(中方出资 150 万美元, 外方出资 350 万美元), 产品将以某外国品牌全部用于出口。同时, 中方投资者为了表示对此项合作的诚意, 决定将自己现有的已拥有十余年历史的生产类似产品(全部用于国内销售)的 D 企业, 无偿赠给未来的合资企业。

A 方的财务顾问在得知有关情况后认为, 必须对 D 企业的财务状况进行审查。D 企业的财务报表显示: 资产总额 1 亿元, 其中, 应收款项 4000 万元, 估计回收率为 50%; 负债为 1.3 亿, 所有者权益为-0.3 亿元。对此, A 方的财务顾问认为, D 企业已经处于资不抵债状态, 如果再考虑到应收账款 50%的回收率所带来的坏账损失 2000 万元, D 企业的净资产实际为-5000 万元。这就是说, 如果接受 D 企业, 即使 C 企业对合资企业再入资 5000 万元, 其对合资企业的贡献也只是 0。因此, A 方不应接受这种"赠送"。

在得知 A 方财务顾问的意见后, C 企业的负责人认为, D 企业有多种增资因素: ①企业的品牌在当地有一定声望, 具有无形资产性质; ②企业有自己的销售网络; ③企业有自己的管理模式; ④企业现有生产线的相关技术; ⑤企业有房屋、建筑物和土地等资产, 其价值将高于现有的账面价值。

A 方财务顾问认为, 在上述所谓因素中, 只有房屋、建筑物和土地等资产可以为未来的合资企业作出贡献, 其他因素不可能为未来的合资企业作出贡献, 因而不可能在未来的合资企业中"享受资产的待遇"。

二、案例点评

1. 对资产质量分析的要点

我们认为，资产的质量是指资产的变现能力、被企业在未来进一步利用或和其他资产组合增值的质量。资产质量的好与坏，主要表现为资产的账面价值量与其变现价值连获进一步利用的潜在价值量(可以用资产的可变净值或公允价值来计量，或与其他资产组合增值后的价值)之间的差异上。资产按照质量分类，可以分为以下几类：

(1) 按照账面价值等额实现的资产，如企业的货币资金。

(2) 按照低于账面价值的金额贬值实现的资产，包括短期债权(如应收票据和应收账款等)、部分短期投资、部分存货、部分长期投资、部分固定资产等。

(3) 按照高于账面价值的金额增值实现的资产，包括大部分存货、部分对外投资、部分固定资产等。

2. 其他具体分析

A方财务顾问的人是完全正确的。这是因为资产的价值具有相对性。对于不同的企业(会计主体)，资产会有不同的可利用状态，从而表现出不同的价值。一项经济资源，在某个企业中可能在未来有利用价值，因而可以被认为是资产。但同样一项经济资源，如果对另外一个企业在未来没有可利用价值，就不可以被确认为资产。

在本例中，对于D企业而言，其品牌、销售网络、管理模式、技术等因素均会对其未来有实实在在的贡献，因而他们均可以被看作D企业的表外无形资产因素。但经过认真分析发现：D企业现有的销售网络已经给企业带来了50%的债权损失，这种近乎瘫痪的销售网络恰恰成为企业资不抵债的重要推动因素；企业管理模式的价值，主要体现在现有企业的活动是否顺畅、是否具有效益、是否与实现企业的目标保持一致，然而D企业正处于走下坡路的状态，所以，其管理模式也不是成功的模式；至于D企业现有产品的品牌和技术因素还能不能算作"资产"因素，还要看其对未来的合资企业能否做出实际的贡献。然而，未来的合资企业产品将全部用某外国品牌出口而且引进全套生产线，所以D企业现有产品的品牌和技术也不能被合资企业确认为资产。

由上例看出，对任何企业进行财务评价，除了运用专门的分析方法，对企业财务状况、经营成果和现金流量等各个方面进行综合分析外，企业资产及利润的内在质量也是决定企业能否在未来保持持续增长的关键因素。

(资料来源：张新民，王秀丽. 解读财务报表——案例分析方法. 北京：对外经济贸易大学出版社)

【案例2】

现以丽江玉龙旅游股份有限公司(简称丽江旅游)上市公司的2005年度有关财务报告进行综合财务分析，相关财务报表如下。

丽江旅游资产负债表

报告期	2005-12-31	2005-09-30	2005-06-30	2005-03-31	2004-12-31
资产					
流动资产					
货币资金	182,554,174	188,055,061	190,978,371	220,768,631	226,151,957
短期投资	3,000,000	0	0	0	0
减：短期投资跌价准备	0	0	0	0	0
短期投资净额	3,000,000	0	0	0	0
应收票据	0	0	0	0	0
应收账款	6,419,907	0	9,188,395	0	4,149,233
应收账款净额	4,842,365	6,198,503	7,443,058	1,045,425	4,149,233
其他应收款	7,427,294	0	6,018,967	0	0
其他应收款净额	5,939,620	6,780,760	5,509,395	5,353,413	4,988,709
减：坏账准备	3,065,215	0	2,254,909	0	0
应收款项净额	10,781,986	12,979,263	12,952,453	6,398,838	9,137,942
预付账款	51,887,656	40,684,466	29,120,878	16,998,637	15,221,513
存货	2,606,686	0	2,973,155	0	3,106,169
待摊费用	199,236	587,620	1,104,857	2,116,372	1,292,860
流动资产合计	251,029,738	244,975,219	237,129,714	249,388,147	254,910,441
长期投资					
长期股权投资	17,890,595	17,443,360	17,996,125	18,548,889	19,101,654
长期债权投资	0	0	0	0	
长期投资合计	17,890,595	0	17,996,125	0	19,101,654
长期投资净额	17,890,595	17,443,360	17,996,125	18,548,889	
固定资产					
固定资产原价	130,747,749	129,845,876	127,918,459	127,908,602	127,039,836
减：累计折旧	63,637,889	61,605,279	59,381,963	56,786,724	54,461,263
固定资产净值	67,109,860	68,240,597	68,536,495	71,121,878	72,578,573
固定资产净额	67,109,860	68,240,597	68,536,495	71,121,878	72,578,573
在建工程	725,266	0	1,434,060	0	
在建工程净额	725,266	4,803,192	1,434,060	0	350,000
固定资产合计	67,835,126	73,177,769	70,097,211	71,121,878	72,928,573
无形资产及其他资产					
无形资产	8,215,838	0	8,354,979	0	8,494,120

续表

长期待摊费用	757,780	1,277,040	1,437,319	1,907,137	1,296,664
其他长期资产	0	0	0	0	0
无形资产及其他资产合计	8,973,619	9,562,449	9,792,298	10,349,996	9,790,784
资产总计	345,729,077	345,158,798	335,015,347	349,408,910	356,731,452
负债及股东权益					
流动负债					
短期借款	0	0	0	0	0
应付账款	217,291	182,040	240,421	247,878	730,871
预收账款	480,580	190,486	854,038	163,386	1,746,920
应付工资	3,146,112	134,494	1,396,060	1,229,224	3,730,576
应付福利费	2,741,638	1,633,209	1,879,240	1,865,498	2,188,930
应付股利	0	0	0	21,031,707	
应交税金	16,663,961	11,995,535	7,349,715	13,538,422	16,832,206
其他应交款	11,459,866	17,662,327	14,784,447	10,716,335	10,677,014
其他应付款	7,133,151	5,287,380	2,810,625	2,435,758	2,317,258
预提费用	4,000	40,000	28,000	16,000	4,000
一年内到期的长期负债	0	0	0	6,000,000	6,000,000
其他流动负债	0	4,267	0	4,453	
流动负债合计	41,846,600	37,129,737	29,342,546	57,248,660	44,227,778
长期负债					
长期借款	0	0	15,000,000	15,000,000	15,000,000
长期负债合计	0	0	15,000,000	15,000,000	15,000,000
负债合计	41,846,600	37,129,737	44,342,546	72,248,660	59,227,778
少数股东权益	15,369,692	13,938,591	11,833,215	9,369,890	14,521,498
股东权益					
股本	99,323,048	99,323,048	99,323,048	99,323,048	99,323,048
股本净额	99,323,048	99,323,048	99,323,048	99,323,048	99,323,048
资本公积金	135,068,505	135,068,490	135,068,490	135,068,490	135,068,490
盈余公积金	23,821,623	20,062,658	20,062,658	17,740,018	17,740,018
其中：公益金	7,190,977	5,937,989	5,937,989	5,163,775	5,163,775
未分配利润	30,299,608	39,636,275	24,385,391	15,658,803	30,850,625
股东权益合计	288,512,785	294,090,470	278,839,587	267,790,359	282,982,181
负债及股东权益总计	345,729,077	345,158,798	335,015,347	349,408,910	356,731,452

利润简表

项 目	2005-12-31	2005-09-30	2005-06-30	2005-03-31	2004-12-31
主营业务收入	1,0465,568	7,529,429	4,199,161	1,548,798	101,629,263
主营业务利润	8,272,366	5,944,650	3,209,966	1,140,593	81,392,593
利润总额	6,215,077	4,776,499	2,396,887	778,903	61,449,257
净利润	3,830,719	3,097,290	1,572,202	467,279	36,616,353
未分配利润	3,029,961	3,963,628	2,438,539	1,565,.880	30,850,625

现金流量简表

项 目	2005-12-31	2005-09-30	2005-06-30	2005-03-31	2004-12-31
经营现金净流量	6,000,448	3,882,335	1,211,110	301,711	123,017,213
投资现金净流量	- 4,558,061	- 3,139,081	- 1,679,413	- 304,544	- 35,437,581
筹资现金净流量	- 5,802,165	- 4,552,944	- 3,049,055	- 535,500	100,463,867
汇率对现金影响	--	--	--	--	--
现金流量净增额	- 4,359,778	- 3,809,690	- 3,517,359	- 538,333	147,402,67

　　企业情况简介：该公司于 2004 年 8 月上市，总股本 9932.30 万股，流通股 3375 万股。丽江所处的滇西北地区是云南省旅游资源最为富集的地方之一。"中国香格里拉生态旅游区"、"三江并流区域"、"茶马古道"均是世界知名的精品旅游区。丽江则是"中国香格里拉生态旅游区"的中心和示范区，是滇西北旅游区的龙头。丽江当地交通、通讯等基础设施的快速发展，大大改善了丽江作为旅游目的地的可达性和易达性。云南丽江玉龙雪山省级旅游区是国家 AAAA 级景区,景区面积 300 多平方公里，具有雪山、现代冰川、高山原始森林、河谷、牧场等自然景观是富有吸引力的旅游目的地。玉龙雪山景区内目前共建有玉龙雪山索道、云杉坪索道和牦牛坪索道三条索道，三条索道分别代表了冰川、森林、草甸三种不同类型的自然景观,目前上述索道公司控股经营，所以公司在玉龙雪山景区的旅游服务中具有鲜明的产品特色优势。

　　分析：

　　1. 2005 末期主营业务收入情况

主营收入　　同比增长　　　主营成本　同比增长 毛利率　同比增长

按行业

旅游服务　　10465.57　2.98%　　　1633.47　10.42%　84.39%　-1.05%

按产品

索道运输　　10066.05　3.37%　　　1309.27　8.63%　86.99%　-0.63%

　　2005 年我国宏观经济继续平稳高速增长，国民收入进一步提高，在此背景下，丽江地区旅游业继续保持良好的增长态势。公司克服了今年第一季度玉龙雪山雪崩造成的大索道停运对公司业绩的不利影响，强化索道安全运营，加强成本控制，使公司年初各项工作目标得以实现，2005 年实现主营业务收入 10,465.57 万元，比 2004 年增长 2.98%，实现主营业务利润 8,272.37 万元，比 2004 年增长 1.63%，实现净利润 3,830.72 万元，比 2004 年增长 4.62%。说明企业总体经营活动情况良好。

2. 各项财务比率指标

(1) 盈利能力指标

盈利能力指标

	2005 年报	2005 三季	2005 中报	2005 首季	2004 年报
每股收益	0.386	0.310	0.160	0.050	0.370
经营净利率	36.603	41.136	37.441	30.170	36.029
经营毛利率	79.044	78.952	76.443	73.644	80.809
净资产收益率	13.280	10.530	5.640	1.740	12.94
净利润率	36.603	41.136	37.441	30.170	36.029

从每股收益的趋势分析图可以看出，公司的经营能力在上市公司中，从上市至 2005 年末，除 2005 年初，受自然原因，给企业公司业务收益带来影响外，企业的总体经营能力较好，基本能保持每股收益能在 0.3 元以上。

从资产收益率看有在资金增加的情况下，并没有很好地利用，说明企业的投资能力不强。

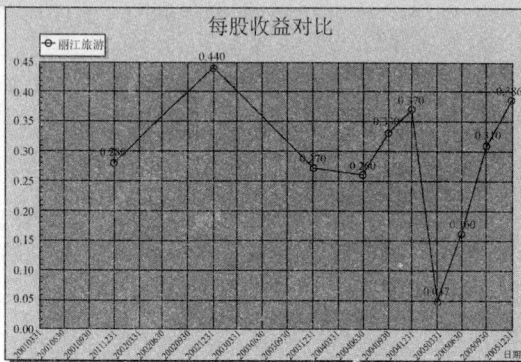

每股收益对比

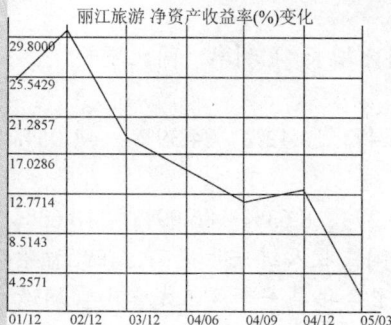

丽江旅游 净资产收益率(%)变化

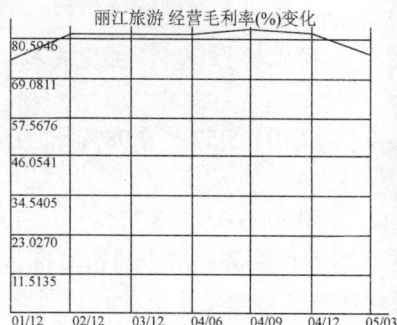

丽江旅游 经营毛利率(%)变化

(2) 偿债能力指标

从企业的各项偿债指标看，该公司的偿债能力是比较好的，远超过一般企业的平均水平。

	2005 年报	2005 三季	2005 中报	2005 首季	2004 年报
流动比率	5.999	6.598	8.081	4.356	5.764
速动比率	5.937	6.526	7.980	4.302	5.693
资产负债比率	12.104	10.757	13.236	20.677	16.603
产权比率	14.504	12.625	15.903	26.980	20.930
应收账款周转率	23.279	14.553	7.245	5.963	23.981

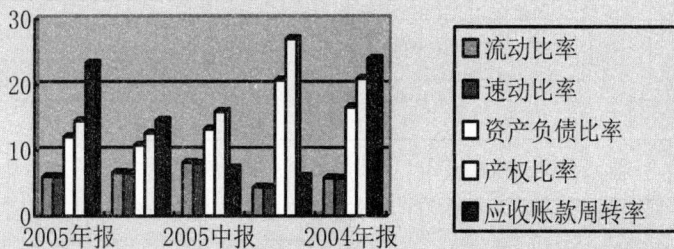

从上图中可以看出，2005 年与上年相比，部分指标有所降低，但总体是好的。

(3) 成长能力指标

	2005.12	2005.9	2005.6	2005.3	2004.12	2003.12	2002.12
流动比率	5.999	6.598	8.081	4.356	5.764	2.740	3.350
速动比率	5.937	6.526	7.980	4.302	5.693	2.670	3.220
资产负债比率	12.104	10.757	13.236	20.677	16.603	32.578	15.978
产权比率	14.504	12.625	15.903	26.980	20.930	51.750	19.975
应收账款周转率	23.279	14.553	7.245	5.963	23.981	13.490	15.160

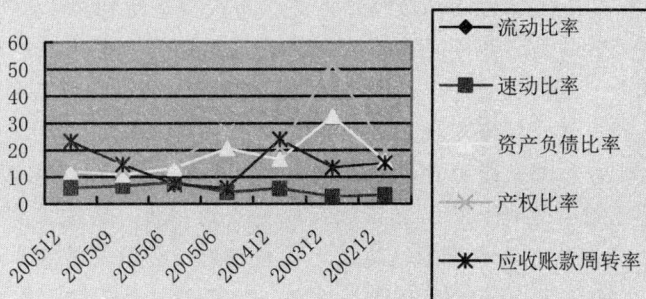

从以上的图表指标看，该公司的成长性变化较小，基本与上年保持稳定，说明企业正处于成熟期。发展较为稳定。

3. 丽江旅游杜邦分析

为更好地了解该公司的经营活动情况绘制杜邦分析图如下所示。

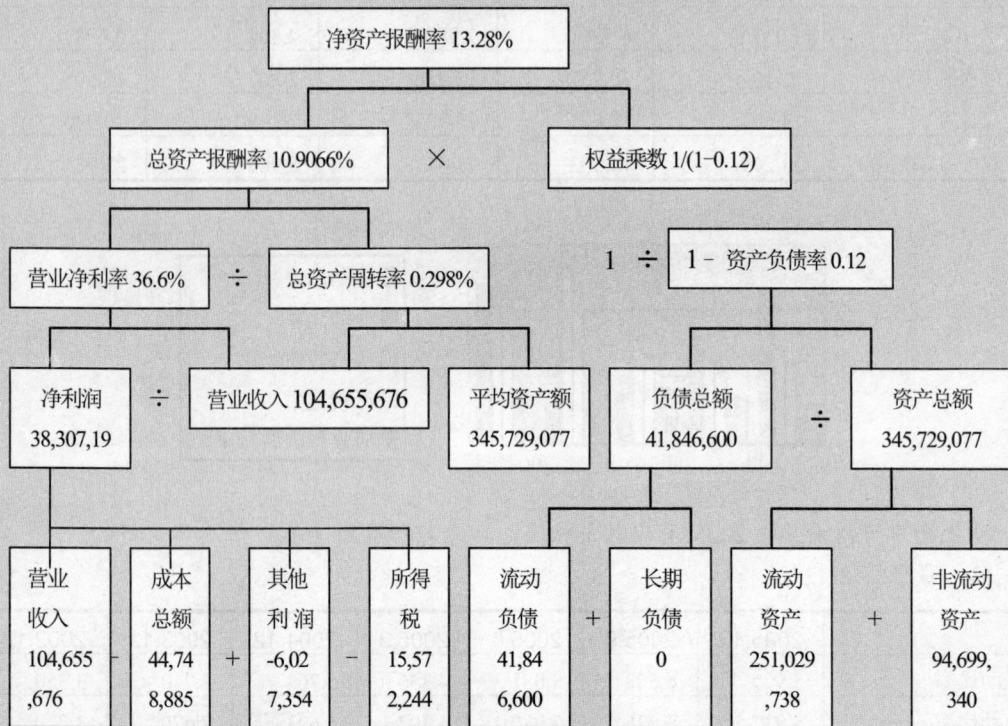

```
                        ┌─────────────────────┐
                        │  净资产报酬率 13.28%  │
                        └─────────────────────┘
                ┌────────────────────┐        ┌────────────────────┐
                │ 总资产报酬率 10.9066% │   ×    │ 权益乘数 1/(1-0.12)  │
                └────────────────────┘        └────────────────────┘
        ┌──────────────┐   ┌──────────────────┐    ┌──────────────────────┐
        │ 营业净利率 36.6% │ ÷ │ 总资产周转率 0.298% │    │ 1 ÷ 1 - 资产负债率 0.12 │
        └──────────────┘   └──────────────────┘    └──────────────────────┘
```

| 净利润 38,307,19 | ÷ | 营业收入 104,655,676 | 平均资产额 345,729,077 | 负债总额 41,846,600 | ÷ | 资产总额 345,729,077 |

营业收入 104,655,676	成本总额 44,748,885	其他利润 -6,027,354	所得税 15,572,244	流动负债 41,846,600	长期负债 0	流动资产 251,029,738	非流动资产 94,699,340
	+	-			+		+

杜邦结构分析图

综合评价：丽江玉龙旅游股份有限公司是丽江最大的旅游服务企业，公司的经营和盈利能力具有连续性和稳定性的特点。从 2005 年的财务完成情况看，总的来说是好的。随着市场竞争的加剧，有垄断优势的公司在经营上更容易获得垄断利润，从而进一步发展壮大，而该公司在经营得天独厚地占据了丽江旅游的索道运输经营，具有相对的垄断性，这可以从较高的毛利率看出；该企业的资产报酬率为 10.9066%，由于运用了财务杠杆的作用，即负债经营，使企业的净资产报酬率提高到 13.08%，说明企业在追求利润的同时，风险并不高。从企业的盈利能力和增长能力看，企业的发展还存在一定的问题，从 2005 年的经营情况看，索道的运量已趋于饱和，难以更好地获取更多的利润，这就需要企业不能仅仅以旅游索道的经营为主营业务，旅游产品仅局限于观光旅游，公司业绩基本对旅游市场接待游客数量的依赖较大，从一个完善的发展企业来说，市场的扩展和建设需要进一步加强。

思考与练习

1. 财务评价的主要方法有哪些？

2. 分别列出对企业短期偿债能力、长期偿债能力和盈利能力感兴趣的利益群体的名单，并说明理由。

3. 评价企业营运能力的指标有哪些？

4. 对企业现金流量状况进行评价的指标主要有哪些？

5. 如何判断上市公司的股票价值？

6. 杜邦财务分析体系的核心思想是什么？

7. 分析资料：某企业 2004 年 12 月 31 日的资产负债表如表 10.8 所示。

表 10.8　资产负债表(简表)　　　　　　　　　　　　　　单位：万元

资　产	年初数	年末数	负债及所有者权益	年初数	年末数
货币资金	90	92	短期借款	50	65
应收账款净额	120	150	应付账款	160	150
存货	160	170	流动负债合计	210	215
待摊费用	30	35	长期负债合计	290	372
流动资产合计	400	447	负债合计	500	587
固定资产净值	800	860	所有者权益合计	700	720
资产总计	1 200	1 307	负债及所有者权益合计	1 200	1 307

要求：

(1) 对资产负债表进行水平分析。

(2) 对资产负债表进行垂直分析。

(3) 评价该公司的财务状况。

8. 已知某公司 2005 年度的销售收入为 1000 万元，销售成本为 650 万元，利息费用为 50 万元，净利润为 120 万元，所得税率为 30%。2005 年 12 月 31 日的资产负债表如表 10.9 所示。

表 10.9　资产负债表(简表)　　　　　　　　　　　　　　单位：万元

资　产	年初数	年末数	负债及所有者权益	年初数	年末数
流动资产	8 684	6 791	流动负债	5 850	4 140
其中：			应付账款	5 277	3 614
应收账款	4 071	3 144	长期负债	10 334	4 545

续表

资　　产	年初数	年末数	负债及所有者权益	年初数	年末数
存货	3 025	2 178	其中：长期借款	7 779	2 382
固定资产原值	15 667	13 789	负债合计	16 184	8 685
固定资产净值	8 013	6 663	所有者权益	6 780	6 013
无形资产	6 267	1 244	其中：实收资本	6 000	5 000
资产总计	22 964	14 698	负债及所有者权益合计	22 964	14 698

要求：根据该公司的以上资料计算下列财务比率：

(1) 流动比率、速动比率、现金比率、资产负债率、利息保障倍数。

(2) 存货周转率、应收账款周转率、流动资产周转率、总资产周转率。

(3) 销售净利率、资产报酬率、所有者权益报酬率。

9. 某企业有关资料如表 10.10 所示。

表 10.10　企业相关资料表　　　　　　　　　单位：万元

项　　目	2005 年	2006 年
平均总资产	2 894	2 881
平均净资产	1 538	1 668
负债	1 352	1 213
销售收入	1 253	1 397
净利润	25	106

要求：按杜邦财务分析体系分析评价企业综合状况。

第十一章

跨国公司财务管理

本章导读：

跨国公司财务往往在全球多个股票市场进行筹资、投资和纳税筹划管理。本章将讨论跨国公司的筹资方式，以及面对不同国家的不同税收差异和复杂的投资环境，跨国公司如何进行财务决策。

核心概念：

跨国公司(multinational corporation) 筹资管理(finance management) 投资管理(invest manage) 税收管理(tax manage)

【专题案例】

松下电器

松下幸之助 1918 年创立的松下电器具制作所，20 世纪 60 年代成为日本最大的家用电器制造商。产品的范围涉及家用电器、办公用电器、产业用电器以及社会系统等广泛的领域。通过与世界各个国家开展业务合作，成为"国际性综合电子技术跨国企业"。

松下电器实行事业部制，各事业部按产品类别划分，独立核算。各事业部分别有自己的下属工厂、派出机构，形成从产品试制到生产、销售、收支等统一经营的独立核算的事业体。宛如一个个中小企业，直辖于总公司松下电器。然而，它们与一般中小企业有一个根本不同就是事业部长无权自行筹措资金。松下电器在财务管理方面实行必须按月用现金支付、用现金收回，他们称之为一切用现金说话。

总公司向事业部提供"内部资金"，作为事业部的总资本。这个内部资金额根据两个标准计算：一是事业部设立工厂所需的固定资产费用，作为固定资本；二是一个月的销售额再加上生产过程中购买原料等的一切费用，作为流动资本。两项加起来作为提供给事业部的内部资金。内部资金并不是无偿提供，总公司按年率一成收取利息而且不管赢利与否，都必须支付这 10% 的"资本利息"。在此种情况下，各事业部都努力提高资金效率，随时注目于商品动态、库存状况等，保证经营状况良好。所以现金管理不仅是反映各事业部日常活动的晴雨表，而且起到推动各事业部活动的作用。

总公司每半年向各事业部公布总方针，具体来说，即给予销售额指标。各事业部根据这一销售额制定出至少赚取 10%利润率(除去资本利息,上缴给总公司及营业本部的经费之后)的事业计划,获总公司承认后即需对此负全责。事业部的计划一经成立,总公司即随时监督其执行情况。首先事业部必须每月向总公司提供决算书。决算日期为每月 20 日止,月末送至总公司,最高领导层据此了解各事业部动态,根据不同情况提出注意事项。总公司还负责监察事业部的账簿、经营情况等。为了严格执行利润管理原则,甚至事业部向本公司设立的中央研究所提出委托研究任务时也必须自负费用。事业部所获利润 60%上交总公司,并必须将销售额的 3%上交,剩余部分归事业部。但又规定有义务存入被称为"松下银行"的总公司资金部,事业部可吃利息。总公司决不用赢利的事业部去弥补亏损的事业部。

(资料来源: http://www.e448.com)

第一节　跨国公司财务管理特点

跨国公司(multinational 或 global corporation)被用来描述那些在多个国家采取统一风格经营的公司。很多国家为了扩展市场,寻求原材料和新的技术,寻求有效的生产,为了避免政治和管制的阻碍,或者为了实现经营多样化而渐渐走向全球化,成为控制全世界技术、营销和生产资源大部分份额的跨国公司。

所谓跨国公司,是指一个由经济实体构成的工商企业,它的主要内容如下。

(1) 该实体由在两个或两个以上国家营业的一组企业组成。

(2) 这些企业是根据资本所有权、合同或其他安排建立的共同控制体制下营业的。

(3) 各实体推行全球战略时,彼此共同分享各种资源和分担责任[①]。

跨国公司财务管理主要是研究跨国公司在组织财务活动、处理财务关系时所遇到的特殊问题。例如由于不同的货币单位、不同的经济和法律、语言的差异、文化的差异、政府扮演的角色以及政治风险等引起的问题。跨国公司由于其公司形式的和性质的特殊性,主要具有如下一些特点。

一、经营范围的跨国性

跨国公司是由公司实体在两个或两个国家以上营业的一组企业组成,因此决定了公司在地域上的跨国界性质。即整个公司不是在同一个国家或同一个地区经营,公司的利益是由分布在若干个国家的若干个公司共同完成的。这些公司规模巨大,在全球的企业中首屈一指、举足轻重,是世界很多公司效法的楷模和成功的典范。例如,在全世界很著名的跨国公司有:宝洁公司、麦当劳、可口可乐公司、飞利浦公司、汤姆森公司等。

---

① 王化成. 财务管理理论结构. 北京:中国人民大学出版社,2006,第 212 页

二、经营管理的风险性

跨国公司由于母公司与子公司所处地区和国家不同，存在着巨大的地域、语言，政治制度、文化背景和法律环境等的差异，因此公司在日常的经营业务中有许多不可预测的风险。例如隐含的政治风险、经济风险、消费偏好、汇率变动、地方保护主义等，都会为跨国公司在经营管理过程中带来不可预测的风险。

三、经营行业的复杂性

跨国公司涉及的行业林林总总，星罗棋布地分布在世界各地，为人们的生活带来巨大的变化，在某种意义上可以说是跨国公司的母国概念越来越模糊。例如美国的运动鞋大王耐克和快餐大王麦当劳。耐克公司目前基本上不在美国国内生产运动鞋，生产工厂主要集中在人力成本比较便宜的亚洲；而麦当劳国外销售额已经大大超过它在国内的销售额。而随着世界经济一体化的发展，第二和第三产业的跨国公司在世界各地方兴未艾，从不同的侧面推动着世界经济的发展和进步。

四、经营人员的无国界性

全球性经营造就了许多跨国界的经营人员，他们的管理人员来自本国和异国，西方经济学家们将他们称之为"无国界经理"。法国咨询和软件业巨头凯普·杰米尼·恩斯特在公司执行委员会开会时说，事实上，只有窗外的凯旋门能表明这个公司的总部在巴黎。出生在英国的首席执行官杰夫·昂温用英语主持会议。这家法国公司的 9 名执行委员中，只有 3 名是法国人，其他分别是荷兰人、英国人、瑞士人和美国人。据一个调查咨询协会说，欧洲实力最雄厚的 200 个公司中，有 40 个目前由非本土首席执行官管理。此外，欧洲顶尖的商学院，如伦敦商学院和欧洲工商管理学院，从这里毕业的欧洲人至少有一半在国外工作。

五、经营管理的灵活分散和高度集中的统一性

随着世界各地日益复杂的经济业务，许多跨国公司向综合性和多种经营方面发展，同时业务活动又在多个国家中开展，复杂多变。因此，跨国公司大多实行集权式的决策。通常以总公司为中心，但有时也以许多子公司为中心，权力既灵活又集中。跨国公司只对整个公司的投资负责，而将日常经营权下放给世界各地的分公司灵活掌握，使得整个跨国公司既分散又集中，统一管理而又分工合作。

六、经营格局的多样性

跨国公司对外投资的地区从战后的美国流向发达国家和发展中国家，变为发达国家相互流动，同时新兴工业化国家和地区也成为跨国公司的主要投资场所。跨国公司的投资形式也比过去更为灵活。20世纪70年代以前，跨国公司一般实行全资子公司，以全面控制子公司。而20世纪70年代以后，跨国公司大多采取合资形式进行运作。资金来源多样化，20世纪50年代，跨国公司投资来源主要靠本国过渡资金汇出。到20世纪60年代以后，跨国公司的投资新增加部分则主要靠利润再投资，在母国以外筹资以及将债务转化为投资。目前除美国以外的其他发达国家和新兴工业化国家对外直接投资的步伐也不断加快，真正实现了多样化格局。

第二节　跨国公司的筹资管理

一、跨国公司的资本来源

(一)跨国公司内部筹资

跨国公司内部筹资是指公司资本从母公司流向子公司，或者从一个子公司流向另一个子公司，主要形式为以下3种。

1. 股权筹资

股权筹资是指母公司通过购买子公司的股票，向子公司投资，使得资本流入子公司。这种筹资方式的优点是可以加强母公司对子公司的所有权和控制权，加强海外子公司的举债能力。缺点是外汇风险较大，汇付利润和偿还投资的风险以及财产被没收和国有化的风险较大。

2. 债权筹资

债权筹资是指母公司利用自有资本或向银行取得借款后再贷给子公司。这种筹资方式的优点是支付利息可以获得税收利益，容易获得较低成本的资本，容易获得汇付利润和偿还资本。缺点是子公司从国外借入资本的外汇风险较大。

3. 一个子公司向另一个子公司放贷款

一个子公司向另一个子公司放贷款主要是指跨国公司内部的一个子公司为了总公司的共同利益而向总公司内部的另外一个子公司提供贷款。这种贷款的优点是方式灵活机动，容易得到贷款。缺点是为了总公司的利益可能损害其中的一家子公司的利益。

(二)向投资所在国筹资

跨国公司可以根据投资所在国的具体经济状况和金融环境来筹集所需资本。例如可以通过当地的银行取得借款，或者通过当地的证券市场进行股票和债券筹资。这种筹资方式的优点是政治风险低、外汇风险小，可与当地公司或其他金融机构建立良好的往来关系。缺点是投资所在国资本可供资本有限，母公司对子公司的控制权相对较弱。

(三)向第三国筹资

跨国公司可以通过世界银行、国际开发协会、各洲开发银行、进出口银行等筹集所需资本，也可以通过向第三国银行借款或者向第三国资本市场发行股票和债券进行筹资，其中主要有下述两种情况。

1. 意向贷款

意向贷款主要指与一定的目的相联系的专项贷款。这种贷款的优点是利率比较低，期限较长，有时候带有一定的优惠条件。缺点是目的单一，局限性强。

2. 自由外汇贷款

自由外汇贷款是指由国际金融市场上的外国商业银行提供资本。这种贷款的优点是方式灵活，手续简便，资本供给充足，借款人可以任意选择币种，贷款可以自由使用，不受贷款银行限制，可能选择到低利率的国家贷款。缺点是贷款利率高，贷款期限短，低利率可能来源于较低的预期通货膨胀率。

二、跨国公司筹资中计价货币的选择

跨国公司筹资中计价货币的选择主要面临的问题是如何在利率水平和外汇风险水平之间进行权衡，具体可以分为以下两种情况。

(一)无风险条件下计价货币的选择及案例

无风险条件下计价货币的选择主要是指假定未来借款利率不变和未来汇率变动已知的前提下进行计价货币的选择。

【例 11.1】天龙公司年初准备借入一笔一年期借款，当前国际金融市场上有美元和澳元两种货币可供选择，两种货币当时的汇率为 1 澳元=0.4 美元。该公司直接从银行借入 500 万美元，一年期借款利率为 15%；该公司先借入 1250 万澳元，然后兑换成 500 万美元，一年期借款利率为 10%，年末还须用美元购买澳元以偿还澳元借款本息。假设借款在年末一次还本付息。公司将选择哪一种计价货币呢？

(1) 假定期末汇率等于期初汇率。

即一年后的汇率仍然为 1 澳元=0.4 美元，则公司一年后，

① 需偿还所借美元的本利和为：500+500×15%=575(万美元)

② 需偿还所借澳元的本利和为：1250+1250×10%=1375(万澳元)=550(万美元)

在这种情况下，该公司显然是选择马克借款，因为马克借款的利率低于美元借款利率，也就是说澳元的借款成本低于美元借款成本。

(2) 假定期末汇率大于期初汇率。

即一年后的汇率为 1 澳元=0.45 美元，则公司一年后，

① 需偿还所借美元的本利和为：500+500×15%=575(万美元)

② 需偿还所借澳元的本利和为：1250+1250×10%=1375(万澳元)=618.75(万美元)

在这种情况下，澳元的借款成本高于美元的借款成本，公司应选择美元作为其债务的计价货币。

(3) 假定期末汇率低于期初汇率。

即一年后的汇率为 1 澳元=0.35 美元，则公司一年后，

① 需偿还所借美元的本利和为：500+500×15%=575(万美元)

② 需偿还所借澳元的本利和为：1250+1250×10%=1375(万澳元)=481.25(万美元)

以上计算表明公司只需用 481.25 万美元便可认购 1375 万澳元，即公司可以从这笔借款中获利 18.75 万美元。在这种情况下，公司应选择澳元作为其债务的计价货币。

如果公司的管理者能够准确地预测到一年后贷款偿还时的汇率是升值还是贬值，就可以准确计算出美元或澳元的借款成本，从而做出正确的筹资决策。但事实上，汇率受各种因素的影响，无法确切预知，大多数情况是在风险条件下进行计价货币的选择。

(二)风险条件下计价货币的选择及案例

风险条件下计价货币的选择主要是指假定未来借款利率变化和未来汇率变动未知的前提下进行计价货币的选择。虽然借款人不可能事先得知未来的确切汇率，但是可以在充分分析汇率未来走势的基础上对汇率的不确定性进行量化。

【例 11.2】假设天龙公司对未来汇率变化情况进行分析测算(如表 11.1)，得知如下资料。

表 11.1 未来汇率变化情况分析表

汇率 ($/DM)	概率 (P)
0.35	0.25
0.40	0.20
0.45	0.45
0.50	0.10

汇率期望值=0.25×0.35+0.20×0.40+0.45×0.45+0.10×0.50=0.42

根据例 11.1 的资料，可采用以下两种方法比较各种贷款方案的预期成本。

1. 函数分析法

这种方法是将借款方案的成本表示为期末汇率的函数。假设期末汇率用 X_1 表示，则马克的借款成本为：

C_{DM}=借款本金×(期末汇率-期初汇率)+借款利息×期末汇率

$\qquad$ =1250×(X_1-0.4)+125X_1

$\qquad$ =1375X_1-500

当 X=\$0.42/DM 时：C_{DM}=1375×0.42-500=77.5(万美元)

由于 $C_{DM}>C_\$$，即借入澳元的成本高于美元借款成本，该公司选择成本较低的美元借款，反之则选择澳元借款。

2. 均衡点分析法

均衡点分析法不必用特定的概率将风险数量化，只需求出两种借款成本相等时的汇率 X_b，然后加以决策。根据上例，当 $C_{DM}=C_\$$ 时，可以得到：

$$1375X_b-500=75(万美元)$$

$$X_b=(500+75)÷1375=0.4182$$

当 \$0.4182/DM 是两个借款方案成本相等时的汇率，也称成本重合点。如果期末汇率 $X_1<$ \$0.4182/DM，则澳元借款便宜；如果 $X_1>$ \$0.4182/DM，则美元借款更合适。上述结果如图 11.1 所示。

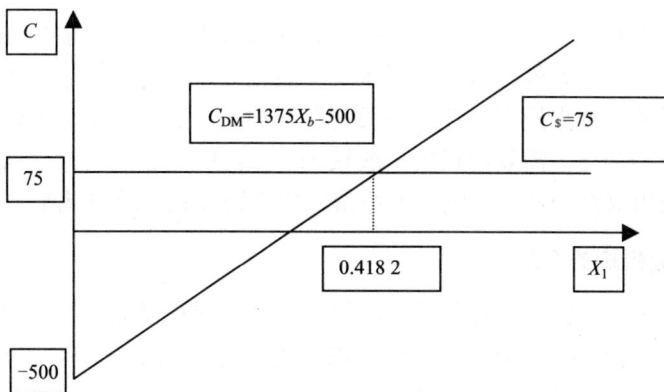

图 11.1　计价货币选择临界图(万美元)

图 11.1 中 C_{DM} 线是根据函数 $C_{DM}=1375X_1-500$ 绘制而成的；$C_\$$ 线表示函数式 $C_\$$=75 万美元。两条直线的交点所决定的均衡汇率为 $X_1=X_b=0.4182$。

从图 11.1 中可知，当 $X_1 > X_b$ 时，澳元借款成本高于美元借款成本；当 $X_1 < X_b$ 时，美元借款成本高于澳元借款成本。因此，公司可根据预期汇率做出正确的筹资决策。按上例，当期望汇率 $X_1 = \$0.42/DM$ 时，由于 $X_1 > X_b$，则该公司应选择美元借款。

三、跨国公司的资本结构

广义的资本结构(capital structure)不仅仅包括收益资本、长期债券、长期借款等长期资本，也包括短期债务等短期资本。狭义的资本结构仅仅包括长期资本结构，这里只研究狭义的资本结构，也就是在这里只研究某跨国公司在筹资过程中股权资本和债权资本在总资本中所占的比例。

(一)跨国公司资本结构的影响因素

1. 收入的稳定性

企业的主营业务收入是企业利润的主要来源，也是企业偿还债务的主要手段，由于债务资本具有的财务杠杆效应，大多数的企业在进行融资的时候都有选择债务融资的倾向。由于公司债务要求到期必须还本付息，收入稳定的企业更容易获得债务资本。因此，现金流稳定的跨国公司在资本结构中可以安排更高的债务比例；相反，现金流波动较大的跨国公司更愿意进行股权融资，因为他们无法保证每一期都能够产生足够的现金来支付债务的本金和利息。

2. 企业的成长性

企业的竞争能力是决定企业可持续发展与否的关键因素。竞争能力强，市场份额高，发展速度快的跨国公司，对外部资金的需求量一般较大，更加倾向于债务资本的筹集，以合理充分地利用财务杠杆来提高企业的每股收益。相反，那些竞争能力较差，成长前景暗淡，发展速度不佳的企业，需要的投资一般较少，很可能企业的留存收益就能满足正常的融资需要，往往采用权益融资，通过增发股票、内部留存收益等方式来补充其资本需求。

3. 银行和评级机构的态度

为了规避信用风险，债权人对债务人的资信、抵押或担保品、风险管理能力有较高的要求，这些因素直接影响贷款的可获得性。在涉及较大规模的筹资时，贷款银行和信用评级机构的态度实际上往往成为决定企业财务结构的关键因素：信用等级高的跨国公司更容易获得贷款，资本结构中债务比例较高；管理稳健高效，信用风险低的公司也会比较容易获得低成本贷款，容易利用财务杠杆；拥有房地产等可担保资产的跨国公司更容易获得贷款，也更偏爱债务融资。相反，资产流动性低的跨国公司，由于没有足够的可担保资产，难以获得债务融资，只能更多地依赖股权融资。

4. 税收

企业债务利息在税前支付，可以适当减少企业所得税，而企业股利在税后支付，没有减税功能。因此，企业所得税实际上会对企业负债筹资产生一种刺激作用，所得税税率越高的跨国公司举债筹资的好处就越大，越偏好债务融资。另外，如果东道国对子公司向母公司汇回的收益征收预提税，那么在东道国举债，利用当地债务融资，可以减少子公司定期汇回的现金量，进而减少预提税；如果东道国政府对子公司的收入征收较高的所得税，为了从高税负国家获得利息扣税的好处，跨国公司也会考虑提高债务融资的比例，获得更加理想的加权平均资本成本。

(二)国家风险对跨国公司资本结构的影响

1. 股权限制

全球有许多国家对资本市场进行或多或少的限制。有的国家政府规定，投资者只能购买本国企业发行的股票，而不能购买外国企业发行的股票；有的国家虽然允许投资者购买外国企业的股票但是投资者很难获得有关的信息，投资者要承担更多的信息不对称带来的决策失误，因而要求更高的资本成本；汇率风险和税收因素可能减少国外投资的实际收益。所以，许多投资者更偏好在本国投资，购买本国企业发行的股票。

2. 利率政策

由于各个国家对资本流动施加限制，并且存在着汇率风险、税收调整风险和国家风险等不利影响，所以可贷资金并不能总是流向最需要的地方。受资金供求关系的影响，如果东道国的债务成本比较低，跨国公司就会更多地进行债务融资，以获得最优资本结构。相反，进行权益融资就是跨国公司得更好选择。

3. 汇率政策

汇率(exchange rate)是指一国货币兑换成另一国货币的兑换价。如果标价表示的是每单位外币可兑换的美元数，则该标价被称为直接标价。例如：1.5 美元=1 英镑；如果标价表示的是每单位美元可兑换的外币数，则该标价被称为间接标价。例如： 0.67 英镑=1 美元。跨国公司的现金流受汇率的影响很大。如果东道国货币疲软，子公司汇回母公司的现金流就会减少。如果子公司提高负债的比例，增加本金和利息的支出，从而减少汇回母公司的利润金额，母公司的汇率风险就会下降。高债务融资比例的资本结构有利于跨国公司控制汇率风险。如果东道国的货币坚挺，子公司汇回母公司的现金流就会增加。如果子公司降低负债的比例，提高股权融资比例，就可以制造出更多的汇回利润，有利于母公司增加现金流。

4. 征收风险

征收风险来自于各国政府。一般地，如果东道国的征收风险较大，跨国公司将偏向于在东道国进行大量的债务融资，这样可以促使东道国的债权人非常关心本国政府对该跨国公司的政策，对政府施加压力，以避免不利于子公司偿债能力的事情发生。一旦子公司的经营被东道国政府终止或者被征收，东道国的债权人会千方百计与政府讨价还价，以便能够在本国政府征收跨国公司的资产后收回他们的贷款本金与利息，降低损失，而跨国公司也会因此得到更多的补偿。

(三)跨国公司资本结构管理及案例

由于存在国别风险差异，跨国公司各子公司的资本结构可能会偏离母公司制定的目标资本结构。然而，通过动态的资本结构管理，跨国公司还是可以达到预定的管理目标。

【例 11.3】天龙跨国公司制定的目标资本结构是：债务融资占 40%，股权融资占 60%。该公司在马来西亚和中国香港各有一家资金规模大体相同的子公司。马来西亚子公司在当地发行股票融资的资格受到限制，只能依靠银行贷款来进行融资，其债务融资的比例高达60%。与 40% 的债务融资比例目标相比，明显偏高。马来西亚子公司没有达到最优资本结构，综合资本成本较高。但是在中国香港的子公司可以通过发行股票进行股权融资，而且中国香港的市盈率比较高，股权融资成本相对较低。于是，天龙公司要求中国香港的子公司提高权益融资的比例，使之达到 80%，债务融资比例仅为 20%，与 40% 的债务融资比例目标相比，明显偏低。两个子公司的资本结构安排具有互补性，二者综合起来，刚好能够符合母公司制定的资本结构目标，如表 11.2 所示。

表 11.2　天龙跨国公司资本结构调整表

	债务融资比例/%	股权融资比例/%	总资本结构/%
马来西亚子公司	60	40	60:40
中国香港子公司	20	80	20:80
天龙跨国总公司	80	120	40:60

这个例子说明在各个不同国家或地区的子公司的资本结构与跨国公司整体的目标资本结构可能不同，但母公司通过调整不同公司的债务和股权融资组合比例，仍然可以实现目标资本结构。

第三节　跨国公司投资管理

一、跨国公司直接投资方式

跨国公司投资分为资国际直接投资和国际间接投资，这里重点介绍国际直接投资。所谓国际直接投资(international direct)是指投资者跨越国界，通过创立、收购等手段，以掌握和控制国外企业经营活动从而谋取利润的一种投资活动。由于世界各国的文化传统、经济发展程度、政治体制和管理体制存在着巨大的差异，企业组织形式也不相同，主要有独资企业、合伙企业和公司制企业。不同性质的企业，在企业设立、登记、组织机构、经营管理、并购以及缴纳赋税等方面相差甚远。因此，企业在做出对外直接投资前，首先应该明确直接投资方式。根据不同国家、不同企业形式的法律特点和跨国企业本身的实际情况，选择一种最合适的直接投资方式。

(一)合营企业

合营企业主要是指在企业经营中至少有两方共同合作经营的企业。合营方式主要有两种：股权式合营和契约式合营。

1. 股权式合营(合营企业)

股份制企业包括股份有限公司和有限责任公司两种形式。股份有限公司是指注册资本由等额股份构成，通过发行股票 (或股权证)筹集资本，股东以其所认购的股份对公司承担有限责任，公司以其全部资产只对其债务承担有限责任的企业法人。有限责任公司是指由两个以上的股东，以其所认缴的出资额对公司承担有限责任，公司以其全部资产对其债务承担有限责任的企业法人。我国的合资企业主要采用有限责任公司形式，如零售企业中的家乐福、百盛、沃尔玛、宜家等。

2. 契约式合营(合作企业)

合作企业，在我国具体是指由中国企业或其他经济组织与外国企业、其他经济组织或个人在中国境内以实施联合经营为目的，双方以平等的地位通过签订合约，明确双方权利和义务、履行合同规定条款而产生的经济组织。国际上契约式合营企业大多采用合伙制形式，特别是一些专业性强的服务机构和一些时间性较强的工程开发项目，均采用契约式合营方式。例如国际知名的普华永道、毕马威、德勒、安永 4 大会计师事务所在华投资设立的机构，就是合作企业。中外合作企业既可以作为企业法人负有限责任，也可以不是法人，而是类似于国外的合伙企业。

(二)独资企业

独资企业，是指一国投资者(公司、企业、其他经济组织或个人门按照东道国法律，经政府批准，在其境内单独投资、独立经营、自负盈亏的一种国际直接投资方式。独资企业基本形式主要有两种。

1. 子公司

《中华人民共和国公司法》规定："公司可以设立子公司，子公司可以具有企业法人资格，依法独立承担法律责任。"子公司虽然是独立的法人，可以在自己的经营范围内从事各种经营活动。但是，子公司的自主性是有限的。这是因为各国公司法都普遍规定公司的权力机构是股东会，诸如公司的经营方针、投资计划、董事的选举和更换等一切事宜，都由股东会来决定。作为子公司，它最大的股东应该是母公司，母公司在子公司的股东会上起主导作用。因此，子公司的经营方针和投资计划实际上都是由母公司决定的。

2. 分公司

分公司是指在法律上、经济上没有独立性，仅仅是母公司的附属机构的公司。分公司没有自己的名称、章程，没有自己的财产，并且以母公司的资产对分公司的债务承担法律责任。

在国际直接投资中，特别是发达国家的跨国公司，往往偏好全部股权，设立独资公司，有利于对子公司实行严密控制，有利于保守技术秘密，有利于协调母公司与子公司之间的问题与冲突。美国友邦人寿保险公司进入中国市场时，就是以独资企业的形式在中国开设公司。

选择合营方式还是合作方式，或者是独资方式，对于跨国投资者、东道国政府与企业而言，权利与义务是不一样的，各有利弊。

二、跨国公司直接投资的经济效益

面对经济的全球化，对外直接投资，重新分配资源，开辟新的市场，成为跨国公司经营的战略选择。大多数国家的政府都因势利导，采取了自由化的种种政策，特别是逐步开放本国资本市场，积极参与到这一轮新的国际分工中来，为本国谋求更多的比较利益。

直接投资意味着在国外建立生产线，涉及巨额的初始资金投入、管理投入、技术投入和市场分割，有可能造成技术的扩散、培养出更有力的竞争对手，最终导致投资的失败。但是跨国公司在进行直接投资也有着本土投资不可比拟的竞争优势。

(一)获取比较利益与垄断利润

1. 扩大市场范围和产品销量

当企业在本国市场中所占市场份额已接近于饱和，为了确保预期利润额，企业就应该通过直接投资的方式开拓海外市场，扩大产品销量。否则，企业就会面临转产或消亡。例如，中国经济的持续高速增长导致了巨大的电力需求，2005 年中国的电力总需求量达到15 450 亿千瓦，2006 年达到了 19 660 亿千瓦。面对如此巨大的电力市场对各国能源公司无疑是一个无法抗拒的诱惑。2004 年，捷克斯科达能源公司在广东设立了合资企业，生产小型涡轮机，并开始将生产技术转移至中国，寻觅商机。

2. 谋求比较利益和超额利润

世界各国经济发展水平和产业结构不同，同一行业的生产能力、技术水平、市场供求关系存在着明显差异。处于技术先进、市场成熟国家的企业能够在技术和市场落后的国家获得远高于本国的超额利润，这些跨国公司通过降低市场价格进入经济落后的国家，通过技术保密阻击当地竞争者，占据较大的市场份额，分享超额利润。一旦国外直接投资成功，跨国公司单位产品的利润率就可能增加，其国际竞争能力也随之增强，在一定程度上强化了"强者更强"的内在机制。例如，在汽车、计算机、投资银行等技术密集、知识密集型的行业，跨国公司容易获得超额利润。

3. 利用国外的生产优势

现实世界中许多市场存在的信息不对称、行业壁垒、技术垄断等问题，都可能造成各国的劳动力成本、土地、技术以及其他相对稀缺资源的价格水平悬殊。跨国公司可以选择生产要素成本低廉、技术发达的市场进行投资，充分利用国外的资源优势组织生产，以降低产品的成本、提高生产技术水平。例如，东亚和东南亚发展中国家具有劳动力低廉、土地便宜、资本和技术相对稀缺的特点，特别适合拥有先进技术和充裕资金的外资企业。例如我国许多 IT 企业都在美国设立子公司，利用当地的先进技术和人才资源，从事产品的研发。2004 年，我国联想集团斥巨资并购 IBM 集团的 PC 电脑部，就是希望利用 IBM 的生产技术优势。

4. 利用国外的原材料资源

原材料是生产资料，其价格与运输成本都会影响到生产产品的成本。从控制成本角度考虑，通常企业应该尽量避免采用从国外进口原材料组织生产，尤其是要避免将生产出来的最终产品再出口到原材料来源国销售。因此，在资金和技术条件许可的情况下，企业将选择到原材料来源国投资建厂组织生产。例如，我国最大的煤矿上市公司——兖州矿业集团公司收购了新西兰南部煤矿，目的就是要充分利用新西兰的煤矿资源。

5. 突破贸易壁垒

随着 WTO 的推进，各个成员国对国际贸易的关税有所放松，但是非关税壁垒依然存在，而且有愈演愈烈之势。面对如此环境，跨国公司寻找直接对外投资的机会实质上就是避免减少国外市场份额的策略。例如，充分考虑到我国的国际贸易环境和贸易壁垒问题，TCL 集团 1999 年在越南开设了第一条国外生产线；2002 年在德国成功收购"百年老字号"施奈德；2003 年与法国汤姆逊全面合并彩电生产业务。通过直接投资的方式，TCI 成功地将自己的生产布局渗透到当地，在国际市场站稳了脚跟。

(二)降低经营风险及案例

1. 规避长期汇率风险

货币币值的波动，特别是本国货币出现升值或贬值的长期趋势时，跨国公司合并财务报表将受到重大影响，经营业绩随币值波动而改变。根据货币走势和全球经营状况，在不同国家直接投资组织生产，以便规避汇率风险，稳定企业的利润和股票价格，是跨国公司风险管理的重要内容。当本币对外币出现长期升值时，投资费用支出会相对降低，企业应该转移到国外进行生产，对外直接投资将增加。当本币长期贬值时，国内生产有优势，到本国来投资的外国公司会增加。例如，20 世纪 80 年代中后期开始，日元对美元进入长期的升值周期，日本对所有盯住美元汇率制度的国家都具有投资优势。也正是在这个时期，日本企业在美国、我国台湾地区、韩国和东南亚的直接投资显著增加。2002 年以来，欧盟在欧洲得到广泛支持，吸纳了东欧一批成员国，欧元兑美元升值的趋势比较明朗，这也使得欧盟国家对美国以及盯住美元的国家具有直接投资的优势。欧盟国家对东南亚、拉美国家的直接投资有了比较突出的上升趋势。

2. 稳定收入和现金流量

尽管经济全球化、国际分工和贸易的发展使得各国的经济周期逐渐接近，但各国经济发展仍然不完全同步。在经济周期不同的国家组织生产和销售产品，进行跨国直接投资，可以减少经济周期对企业现金流量波动的影响。

【例 11.4】天龙公司计划投资一个新项目，可以在国内进行，也可以在新西兰进行。新项目的投资金额占企业全部预算投资总额的 40%，其余 60%全部投资在国内现有项目上。企业考虑未来 5 年的预期风险和收益，并以此评估项目的可行性。假定企业现有项目的预期税后投资收益率为 15%，以标准差测量的投资风险为 0.15。表 11.3 给出了天龙公司在投资项目地点选择问题上的主要信息。

表 11.3　天龙公司投资项目选择信息

	国内投资计划项目指标	新西兰投资计划项目指标
预期年平均税后投资收益	20%	10%
预期年平均税后投资收益标准差	0.08	0.12
预期年均税后投资收益与前期企业税后投资收益的相关系数	0.70	0.03

在本案例中，天龙公司要比较和评估两个不同的投资组合案，最终选择一个最有利于公司价值增值的投资组合方案。第一个投资组合方案是，总金额中的 60%投资于现有的国内项目，40%投资于设在国内的新项目；第二个投资组合的方案是，总金额中的 60%投资于现有的国内项目，40%始投资于设在新西兰的新项目。天龙公司的投资决策将取决于每一个方案的预期收益与预期风险。

1)　在国内投资新项目

如果选择投资组合方案一，则天龙公司的预期税后投资年收益为

$$R_p=60\%\times15\%+40\%\times20\%=17\%$$

天龙公司的税后投资年收益的风险为

$$\sigma_p=(0.60^2\times0.15^2+0.40^2\times0.08^2+2\times0.60\times0.40\times0.15\times0.08\times0.70)^{1/2}$$
$$=(0.360\times0.022\ 5+0.160.006\ 4+0.004\ 032)^{1/2}$$
$$=(0.008\ 1+0.001\ 024+0.004\ 032)^{1/2}$$
$$=0.114\ 7$$

2) 在新西兰投资新项目

如果选择投资组合方案二，则天龙公司的预期税后投资年收益为

$$R_p=60\%\times15\%+40\%\times10\%=13\%$$

天龙公司的年税后投资收益的预期波动风险为

$$\sigma_p=(0.60^2\times0.15^2+0.40^2\times0.12^2+2\times0.60\times0.40\times0.15\times0.12\times0.03)^{1/2}$$
$$=(0.36\times0.225+0.16\times0.0144+0.000\ 259\ 2)^{1/2}$$
$$=(0.008\ 11+0.002\ 304+0.000\ 259\ 2)^{1/2}$$
$$=0.1033$$

不难发现，投资组合方案一的预期收益比方案二高 4 个百分点，但是方案一的风险也比方案二高。如何决策，将取决于天龙公司的发展战略和风险管理水平。通常，项目投资在本国，虽然收益比较理想，但新增项目现金流波动的相关系数较高，不利于分散企业整体的经营风险。相反，在国外投资，虽然企业的整体收益水平可能下降，但整体风险也可能降低。

三、跨国投资项目资本预算

跨国投资项目资本预算(capital budget)是指在考虑各种风险因素的基础上，详细列示未来一定时期内某一项投资项目的现金流入和现金流出的计划，是未来一定时期跨国公司进行直接投资的大致计划。如果某一投资项目资本预算结果有利可图，跨国公司就可以进行直接投资，否则就应该放弃。

(一)导致母公司与子公司资本预算差异的因素

跨国公司通常以设立子公司的方式进行项目投资。处在不同国家的母公司和子公司在对同一项目进行资本预算时，由于影响现金流量的因素有所不同，得出的预算结果往往不一致。对母公司有利的投资项目，对子公司却没有什么吸引力，或者相反，对子公司有利的投资项目，却会损害母公司的利益。因此，在进行跨国投资时，需要权衡母子公司之间的利益。在权衡过程中所要考虑的主要因素包括税收政策、汇率水平、资本管制、管理费等几个方面。

1. 税收政策

税收政策是一国财政政策的主要组成部分，不同的经济发展水平以及政府管理意图使得各国的税收政策、所得税税率水平有较大的差异。为了鼓励国际直接投资，许多国家制定了避免双重征税的协议，对在国外的子公司缴纳的所得税给予抵免。有些资本短缺的国家还给予国外直接投资以税收优惠。因此，只要选择在税率较低的国家进行项目投资，母公司的投资收益就不会因子公司所在国的税收而减少。例如，拉脱维亚政府对外资企业征收的所得税的基本税率是 25%，但是为了鼓励小企业发展，对小企业只征收 5% 的所得税。中国政府按 33% 的税率征收企业所得税，即使设立在经济特区、国家高新技术产业区、国家级经济技术开发区，企业也需缴纳 15% 的所得税。如果我国在拉脱维亚进行直接投资的子公司是小企业，就可以大大地减少税收支出，获得更高的投资回报。

2. 汇率水平

当子公司的资金调回母公司或者子公司的利润合并到母公司时，母公司将面临汇率波动带来的交易风险(transaction exposure)和折算风险(translation exposure)。然而，以子公司角度进行投资项目评估，不涉及货币兑换问题，就能够避免外汇风险。当母子公司所用货币之间选择的是非固定汇率制度时，汇率风险是造成母子公司间资本预算差异的重大原因。

3. 资本管制

为了平衡国际收支和稳定经济的发展，许多国家对资本流出进行严格管制。例如，一些发展中国家政府明文规定，外商投资企业必须将其利润的一定比例 (如 30%)保留在东道国进行再投资，对再投资利润免征所得税；或者外商投资企业所分配的利润必须再投资在东道国，若干年后(如 5 年)方可调回母国。在这样的资本管制政策下，跨国公司将因此失去对这部分投资的控制权和灵活支配权，这样的项目对子公司的回报可能相当丰厚，但是就母公司而言却鲜有吸引力。

4. 管理费

母公司对子公司的控制一般主要通过管理层进行，子公司的管理层的人事关系、报酬确定、激励机制都集中在母公司，母公司要向子公司摊派较高的管理费用。管理费用的支出相应地减少了子公司的利润。但却增加了母公司的管理收入，并增加了母公司的利润。大多数跨国公司倾向于选择从母公司的角度进行预算管理，在对同一项目进行资本预算时，由于要保证母公司的收益，通过对管理费支出规模的调整，使得母子公司的收益产生了较大的差异。

综上所述，既然跨国直接投资不可避免地面临着母子公司之间的投资核算差异，究竟应该怎样选择核算主体呢?这要视投资项目能否增加公司价值而定。如果子公司完全由母公司控股，就应该从母公司的角度进行核算，保证投资项目的净现值为正值，保证股东的价值增加。如果母公司部分控股子公司，母子公司之间就需要签订协议，确保投资项目可以增加双方股东的权益。

(二)跨国公司制定资本预算所需考虑的要素

1. 税收政策

资金短缺的发展中国家，通常制定优惠的税收政策来吸引外商直接投资，对外商投资的子公司给予一定程度的税收减免。跨国公司一般愿意选择税率水平相对较低，或者有这类税收优惠政策的国家进行投资，享受税收优惠政策。

2. 汇率水平

跨国公司在有效的投资期内，会受到汇率波动的影响，需要通过一定的方法来评估投资收益的汇率风险。多数跨国公司倾向于采用衍生金融工具对外汇风险进行套期保值。但是，对需要套期保值的未来现金流以及未来汇率预测的不确定性等问题难以解决。其实无论怎样的方法也不可能完全规避投资收益的汇率风险，有时可能比不套期保值更糟。

3. 资本管制

东道国政府可能限制外商投资的子公司将资金调回母公司，主要目的是强制子公司将所得利润用于东道国的经济建设，或者防止资金调回时对东道国的汇率产生不利影响。东道国的资本管制措施不利于母公司灵活系统地掌握资金。

4. 市场需求

跨国投资的主要目标是扩大市场份额。对目标市场需求量预测的准确程度，是跨国公司资本预算决策中最重要的考虑因素。最常用的方法是通过预测公司在目标市场份额大小来推算公司未来的产品销售量。对市场份额的预测方法主要有：

(1) 历史数据法。以目标市场中现存外商在进入该市场时达到的市场份额为依据，剔除个性差异后进行估算。由于此种类比方法，受到目标市场外商企业数目和市场结构以及市场成熟度的影响，准确性较差。

(2) 专家分析法。主要是聘请专家做出详细的目标市场分析报告，包括宏观、微观因素以及行业、市场竞争者的变化和市场份额变化等。跨国公司将之作为一个重要的参考内容来进行市场分析。

5. 产品的市场价格

销售价格是否稳定，该价格是否能在同类产品中保持竞争优势，价格下降到什么程度时公司将不得不退出目标市场，产品的市场价格是决定投资收益的关键因素。对产品未来价格的预测方法有以下两种。

(1) 采用同一市场中竞争产品的价格作为参考。这种方法主要适用于价格的短期预测，没有考虑整个项目执行期内的价格水平，属于公司短期决策行为。

(2) 考虑通货膨胀、经济周期、收入政策、产业结构、消费习惯等长期影响价格水平的因素来制定市场价格。这种方法复杂,但是方案缜密细致,属于企业长期决策行为。

6. 项目生命周期

投资项目的存续期一般是约定好的,但是如果国家政策和项目性质不同,则投资项目的存续期也会有所差异。资本预算在整个项目存续期都可以进行,因为企业可以预计投入和产出的现金流。然而,在投资项目的存续期间可能会遇到国家风险,致使投资项目被迫中断。例如,2004 年,俄罗斯政府对进入其石油、能源行业的外资政策进行了调整。同年,中国政府对钢材、电解铝等过热行业的投资也实施了限制政策。由于各国具体国情不同,出现这类国家风险的可能性也不一致,需要公司在做具体的投资决策时认真考虑。

7. 可变成本

可变成本相对于不变成本而言,是跨国公司比较难以控制的一个因素。原因如下:①可变成本的预测主要是参考竞争产品的原材料生产的工资水平,而东道国的通货膨胀难以预料,预期方法的难度较大,这对长期投资有较大影响。②不能简单地以产品的单位变动成本来估算总可变成本,因为总可变成本受到单位成本和产量的双重影响;即使能够准确预测单位可变成本,如果产品的需求量不能准确预测,也会使总变动成本的预测值大打折扣。

8. 固定成本

如果项目总投资和投资回收期确定,就很容易预测出固定成本。然而,通货膨胀风险对固定成本却有很大的影响。例如,20 世纪 80 年代,墨西哥、阿根廷等拉美国家因债务危机,爆发了长达 8 年的严重的通货膨胀,使得固定资产严重贬值,重置成本飞升,导致这些国家的外商直接投资纷纷撤退,外资流失现象一时间成为潮流。

9. 初始投资额

母公司对跨国投资项目的初始投资是项目融资的主要资金来源。初始投资不仅包括项目启动所必需的投资额,还包括在整个项目运营期内需要附加的投资,如营运资本、工人工资等。有的国家对外商的初始投资有最低额要求,而且在东道国市场融资时,当地金融机构或投资者对项目或企业的初始资金也有要求。初始投资额越大,资金越充裕,获得外部融资的可能性就越强,项目顺利运行的概率就越大。当然,过大的初始投资规模,一方面对母公司产生资金需求压力,另一方面会承受更大的失败风险。

10. 清算价值

清算(liquidation)是企业在终止过程中为终结企业现存的各种经济关系,对企业的财产进行清查、估价、变现;清理债权、债务,分配剩余财产的行为。对外投资往往有规定的期限，到期时投资者将进行清算，拿走属于自己的资产对应的那部分资金。清算价值是决定投资收益的一个不可缺少的因素，也是跨国公司资本预算的重要内容。能否准确预测国外投资项目的清算价值，很大程度上取决于项目成功的概率和东道国对项目清算时的特殊规定。在极端的情况下，东道国政府可能完全接管甚至没收外商在本国的投资项目，而且不给予任何补偿。

(三)跨国公司资本预算操作案例

【例 11.5】天龙公司新增加了脚踏车制造业务，计划向法国出口脚踏车。由于中国政府对进口的法国纸业征收了反倾销税，法国政府可能会采取报复性措施限制进口中国脚踏车。为了穿透法国政府的贸易壁垒，天龙公司考虑在法国直接投资建厂，在当地进行生产并销售。通过前期调研，得到如下决策信息。

(1) 初始投资额为 700 万欧元，包括项目所需的运营成本。

(2) 项目投资期为四年，四年后如果子公司被法国政府购买，可以得到一定补偿。

(3) 产品价格、需求量和产品单位变动成本在今后四年的预测值，如表 11.4 所示。

(4) 办工场地租金每年 50 万欧元，其他制造费用每年 50 万欧元。

(5) 假设当时人民币汇率价格 EUR1=RMB10.8 作为未来 4 年各期汇率的估计值。

表 11.4 天龙公司产品成本要素预测值

年 份	产品单价(欧元)	法国市场的需求量(辆)	产品单位变动成本(欧元)
1	160	30 000	90
2	180	30 000	90
3	210	50 000	110
4	250	60 000	130

(6) 法国政府允许天龙公司投资建厂，征收 20%的所得税，对子公司汇回母公司的资金征收 10%的预提税。

(7) 中国政府对子公司汇回资金给予税收抵免，不再对法国政府已征税资金重复征税。

(8) 子公司每年年末将本年度产生的现金流全部汇回母公司。

(9) 法国政府允许子公司每年计提不超过 80 万欧元的厂房和固定设备折旧。

(10) 法国政府对出售子公司不征收资本利得税，四年后清算时法国政府支付 350 万欧元给母公司，以获得该子公司的所有权。

(11) 母公司要求获得 12%的内部收益率。

考虑到子公司每年必须将其营运所得资金汇回母公司，天龙公司决定从母公司角度进行资本预算管理。现金流出的标志是母公司向子公司投资，现金流入的确认时间为母公司收到现金。投资项目的内部收益率是根据母公司的资金运用成本为基础计算的折现率。如果资本预算计算出的投资项目的净现值为正值，或者大于零，意味着母公司有利可图，将在法国直接投资建厂，否则就取消投资计划。

通过分析表 11.5 可以看出，初始投资了 7560 万元，最终产生了 2409.92 万元的净现值，投资收益率为 31.88%，项目具有很强的可行性，因此天龙公司应该在法国投资建厂。然而，在上述分析中我们也不难发现，天龙公司在进行资本预算时忽略了一些重要因素(如税收政策、汇率波动、资金冻结、通货膨胀、清算价值等)，这些因素的波动性实际上对该投资项目的现金流有很大影响，如果考虑影响因素波动性后的分析，就会更为复杂。我们在这里不做研究。

表 11.5　天龙公司对外投资项目资本预算　　　　　单位：万欧元

	第0年	第1年	第2年	第3年	第4年
1. 需求量/辆		30 000	30 000	50 000	60 000
2. 单价/元		160	180	210	250
3. 总收入=1×2		480	540	1 050	1 500
4. 单位变动成本/元		90	90	110	130
5. 总变动成本=1×4		270	270	550	780
6. 年租金		50	50	50	50
7. 其他年固定费用		50	50	50	50
8. 折旧费		80	80	80	80
9. 总成本=5+6+7+8		450	450	730	960
10. 子公司税前利润=3-9		30	90	320	540
11. 东道国税收(20%)		6	18	64	108
12. 子公司税后利润=10-11		24	72	256	432
13. 子公司净现金流量=12+8		104	152	336	512
14. 从子公司调回资金		104	152	336	512
15. 对调回资金征收预提税(10%)		10.4	15.2	33.6	51.2
16. 子公司汇回税后现金流=14-15		93.6	136.8	302.4	460.8
17. 清算价值					350
18. 外汇汇率		￥10.8:1€	￥10.8:1€	￥10.8:1€	￥10.8:1€
19. 流入母公司的现金流		￥1010.88	￥1477.44	￥3265.92	￥8756.64
20. 流入母公司的现金流的现值		￥902.5	￥1177.81	￥2324.62	￥5565
21. 初始投资	￥7560				
22. 累计净现值		-￥6657.5	-5479.69	-3155.08	-2409.92

第四节　跨国公司税收管理

依法纳税是企业合法经营的基本准则。税收是一国政府获取财政收入的主要方式。税收是企业被强制的无偿流出的固定资金，税收对企业各项业务的现金流产生了重大影响。税收是跨国公司制定资本预算时必须考虑的因素。发展水平不同、发展模式不同的各个国家，税收体系和税收制度有较大的差异，税率也各不相同。跨国公司进行国际税收评估时需要重点考虑各国的税收特点，仔细比较各国的税收规定，进行税收筹划，进而趋利避害。对跨国公司现金流影响最大的税收种类包括：所得税、预提税、税收滚动(前转和后移条款)、所得税协定和税收抵免。

一、跨国公司主要税种

1. 所得税

所得税是各个国家对跨国公司在本国经营业务所征收的税种。有的国家为了吸引跨国公司的直接投资，对这些公司多获得的利润实行免税政策。有的国家为了保护民族工业不受到国外企业的冲击，对跨国公司的直接投资以 50% 的高税率进行征收。但是由于税收抵减、企业补贴、折旧等原因，简单地对各国法定税率的合理与否进行评价是不全面和不客观的，应该综合各种因素分析后进行比较和权衡。

2. 预提税

预提税主要是指东道国政府对本国居民或法人向外国投资者和债权人支付的股利、利息所征收的税收。子公司的各种资金流出都应该向东道国交纳预提税。预提税率在各个国家之间的差异很大，即使在同一国家，由于资金转移的目的不同，预提税率也有可能发生变化。子公司常常向母公司支付股利、利息、租金、特许招待费等费用，东道国对转移方式不同的资金，课征税率也不一样，其目的是便于控制跨国公司内部的资金转移规模和频率。

3. 税收滚动

跨国公司在经营年度实现的亏损可以进行前转或者后移(leads and lags)，各个国家处理的方式不同。很多国家采用后移的方式处理跨国公司的投资亏损问题(例如我国)。但是也有很多国家只允许跨国公司的亏损前转(例如美国)，即企业发生亏损当年多缴纳的税收抵减可以前转两年，之后再后移五年，用来抵消国外收入来源应该在东道国缴纳的税收。

4. 所得税协定

所得税协定(method of tax agreement)是各个国家为了避免跨国公司双重纳税而在国家

之间达成的协定。这种协定的课税内容有很大的差异。有的协定将抵免范围限定在跨国公司和东道国之间，有的协定专门针对东道国政府对汇回到母公司的收入进行课税。如果没有这些协定，子公司的收入应该先向东道国课税，汇回母公司之后再由母公司课税，母公司向股东发放现金股利时，股东的收入还要进行课税。

5. 税收抵免及案例

税收抵免(method of tax credit)是指一国政府允许跨国公司使用在东道国缴纳的所得税和预提税来抵减母公司应纳的税款。这与所得税协定一样，主要是为了避免双重纳税，刺激对外直接投资。

【例 11.6】假设天龙跨国公司需交纳 25%的所得税，税率情况如下。

(1) 东道国的所得税率水平低，子公司需要交纳 20%的所得税，那么当子公司的收入 1 000 000 美元汇回到母公司之后，母公司只需要在国内补缴 3%的税款，使得来自子公司的收入达到与国内相同的纳税水平。

东道国缴纳税金数：1 000 000×20% = 200 000(美元)

母公司缴纳税金数：1 000 000×5% = 50 000(美元)

这样国内和国外的收入纳税没有任何差异，也不存在任何套利的可能。

(2) 东道国的税率水平较高，子公司需要交纳 38%的所得税，大多数国家一般不会再对汇回母公司的收入进行课税，但是也不给予母公司补偿。

东道国缴纳税金数：1 000 000×38%=380 000(美元)

二、转移定价与减税

1. 转移定价的概念

转移定价是指跨国公司为了获得更大的经济利益，通过人为操作来制定背离正常市场价格的内部交易价格和费用，降低收入，减少总体税负的方法。

2. 转移定价案例

【例 11.7】中国天龙公司是一家跨国公司，其中在中国香港和马来西亚各有 A 和 B 两个子公司，中国的所得税率为 25%，而中国香港的所得税率为 16.5%，马来西亚的所得税率假定为 40%。在 A 公司和 B 公司的利润汇回中国之前，中国不会对任何一家公司征税。这两家公司分别向所在地交纳所得税。假设中国香港 A 公司每年向马来西亚 B 公司销售价值为 4000 万元的商品，这时跨国公司可以利用转移定价策略，提高 A 公司的销售价格，将利润从高税收的马来西亚转移到低税率的中国香港公司。假如将售价增加 300 万元，则请观察表 11.6。

表 11.6 公司转移定价效率比较　　　　　　　单位：百万元

	中国香港公司 A	马来西亚公司 B	合 并 值
正常价格			
销售收入	40	45	45
减：产品成本	35	40	35
毛利润	5	5	10
减：其他费用	2	2	4
税前收入	3	3	6
减：所得税	0.5	1.2	1.7
净收益	2.5	1.8	4.3
高价策略			
销售收入	43	45	45
减：销售成本	35	43	35
毛利润	8	2	10
减：其他费用	2	2	4
税前收入	6	0	6
减：所得税	1.0	0	1.0
净收益	5.0	0	5.0

　　从表 11.6 中不难发现，经过转移定价后的两家公司成功地将公司的所得税从 170 万元减少到 100 万元，从而增加了公司的税后现金收入，为公司带来了效益。

三、国际税收差异对跨国公司财务的影响

　　跨国公司在进行短期融资、流动资金管理、资本结构、资本预算等活动的决策中都容易受到国别税收差异的影响。如果跨国公司要进行税收筹划，应该尽可能地利用各国之间的税收差异实现公司价值最大化。税收差异对跨国公司财务的影响主要有以下几个方面。

1. 短期融资

　　跨国公司可以利用转移费用的方式进行短期融资。如果跨国公司设在高税收国的子公司拥有闲置资金，设在低税收国的子公司需要资金，可以让高税收国的子公司通过费用支付或者低利率贷款的方式，将这些闲置资金转移给需要资金的子公司。付出资金的子公司的业绩可能会因此而降低，获得资金的子公司则会改善业绩。具体分以下两种情况考虑：

　　(1) 不考虑税收影响。付出资金的子公司减少的收益将会等于获得资金的子公司增加的收益，该跨国公司作为一个整体并不会从中受益。

　　(2) 考虑国别税收差异。将位于高税国子公司的收益转入位于低税国的子公司，跨国

公司作为一个整体无疑会从这样一种内部资金融通策略中受益，跨国公司整体的税后收入将有所增加。

2. 营运资本管理

营运资本是指公司对流动资产的总投资。为了扩充跨国公司营运资本规模，跨国公司在进行投资决策时，需要综合考虑总体收入和税负的问题，具体分以下两种情况考虑。

(1) 跨国公司应该把研究开发中心设在高税国，通过研发中心支付管理费、技术购买费、设备费、咨询费等，向设在低税国的母公司或其他子公司转移收入，跨国公司整体的税后收入就会增加。

(2) 如果低税国子公司的闲置资金投资收益不高，那么可以通过高利率的方式借给高税国的子公司，由于利息可以税前抵扣，这种贷款可以减少高税国子公司的税前收入，从整体上也能增加跨国公司的营运资金。

3. 资本结构政策

最优资本结构(optimal capital structure)的确定是跨国公司决策的中心问题，各国不同的税收特征影响着跨国公司资本结构的制定。例如，天龙跨国公司计划为韩国子公司的大型项目融资，在不考虑税收影响的情况下，在本国增发股票来筹集资金是比较有利的。然而，考虑到该韩国属于高税国，让子公司自己在当地或欧洲债券市场发行债券为该项目融资，利用债券本金和利息支出来抵销子公司的部分收益，可以减少子公司的税收，有利于跨国公司获得更多的税后现金。经过分析比较，天龙跨国公司应放弃股票融资方式，转而选择债务融资。

4. 资本预算

资本预算是跨国公司投资决策的重要依据。在资本预算中必须考虑到各国不同的税收政策和税收制度。例如，天龙跨国公司计划在国外新设立一家制造工厂，在测算国外子公司的生产成本时，不能忽略税收的影响。如果厂址可以在高税国和低税国之间选择，则考虑到税收影响(尽管还有许多其他因素的影响)，但在低税国设立工厂的税收优势，通常是高税国无可比拟的。

本 章 小 结

1. 跨国公司财务管理特点是：经营范围的跨国性、经营管理的风险性、复杂性、人员的无国界性、管理的灵活与统一性以及经营格局的多样性。

2. 跨国公司的资本来源主要有 3 个途径：内部筹资、向投资所在国筹资和向第三国筹资。

3. 跨国公司筹资中计价货币的选择主要面临的问题是如何在利率水平和外汇风险水平之间进行权衡。

4. 跨国公司资本结构的影响因素有：收入的稳定性、企业的成长性、银行和评级机构的态度和税收。

5. 国家风险对跨国公司资本结构有很大影响，分别来自股权限制、利率与汇率政策以及来自于各国政府的征收风险。

6. 跨国公司在进行跨国投资时，可能导致母公司与子公司存在资本预算差异，因此需要权衡母子公司之间的利益。

7. 跨国公司进行国际税收评估时需要重点考虑各国的税收特点，对跨国公司现金流影响最大的税收种类包括：所得税、预提税、税收滚动(前转和后移条款)、所得税协定和税收抵免。

8. 转移定价是指跨国公司为了获得更大的经济利益，通过人为操作来制定背离正常市场价格的内部交易价格和费用，降低收入，减少总体税负的方法。

知 识 链 接

国际货币体系

每个国家都有各自的货币体系和货币管理机构。二战后到 1971 年 8 月，全世界都实行固定汇率制，这种体制由国际货币基金组织进行管理。这种体制下，美元同黄金挂钩 (35 美元/盎司)，其他货币同美元挂钩。其他货币同美元的汇率只能在很小的范围内浮动，但是会定期调整。

汇率的波动主要是由于美元、英镑和其他货币供需的变化。这些供需的变化主要有两个原因。第一，对货币需求的变化取决于进口和出口货物和服务的变化。例如，美国进口商必须买入英镑来支付从英国进口的货物价款。同样英国进口商也必须买入美元来支付从美国进口的货物价款。如果美国从英国进口的货物价值超过出口到英国的货物价值，对英镑的需求就要超过美元，这就会使英镑对美元的汇率上扬。第二，资本的流动也会造成汇率的波动。假设英国的利率高于美国的利率，美国的银行、公司甚至精明的个人投资者为了享受英国较高的利率，就会用美元买入英镑，然后用这些英镑去购买高收益的英国债券。这种买入英镑的行为也会使英镑的价格上升。

为了避免人为操纵利率而可能带来的国际金融动荡，20 世纪 70 年代早期，旧的国际货币体系解体了。美国和其他主要贸易国从此开始通行浮动汇率体系，在这种体系下， 汇率允许自由确定而没有太多的政府干预。然而，每个国家的中央银行都会进行某种程度的入市干预，买卖本国货币来稳定汇率的波动。

浮动汇率体系下汇率内在的不稳定性增加了跨国公司现金收入的不确定性。由于这些现金来自世界许多地区，以不同的货币形式存在。然而由于汇率在变化，一家公司用美元来衡量的现金收入也会波动，例如，丰田公司估计美元每升值1日元，他们每年的净收益就会减少100亿日元。这就是汇率风险。

对汇率风险的担心使得人们努力去稳定货币流动。实际上，这种担心也是促成欧洲联合的动力之一。正如我们所了解到的，每一个欧元区成员国的货币都盯住欧元。实行盯住汇率的国家就是同某种主要货币确立一种固定汇率，然后其货币价值就随被盯住货币的变化而变化。其他国家也已选择把它们的货币盯住美元。例如，委内瑞拉就将其货币盯住美元，每美元兑换0.002 107博利瓦。委内瑞拉将其货币盯住美元的原因是它本国的收入中很大一部分来自石油出口，而这主要以美元结算，并且这样他的贸易伙伴也会感到履行合同时更方便，因为实际上合同是以美元为基础的。同样，科威特将它的货币盯住一篮子货币(主要是购买其石油的主要贸易伙伴的货币的组合)，而乍得(前法国殖民地)依然将其货币盯住法国法郎。

案例与点评

跨国公司的资金清算

跨国公司内部成员之间经常进行账目冲兑，表11.7、表11.8是某跨国公司的国外子公司的往来账款情况。

表11.7 某跨国公司的国外子公司的往来账款情况　　　　　单位：万元

收款单位＼付款单位	法国公司	西班牙公司	英国公司	德国公司	总付款
法国公司		120	0	90	210
西班牙公司	100		140	120	360
英国公司	205	70		20	295
德国公司	0	85	50		135
总付款	305	275	190	230	1000

表11.8 子公司间账目冲兑后的情况表　　　　　单位：万元

项目＼单位	法国公司	西班牙公司	英国公司	德国公司
应付款	305	275	190	230
应收款	210	360	295	135
净付款	95	-85	-105	95

如何加快清算速度呢？

点评：如果在跨国公司内部设立一个中心清账机构，则可简化资金周转路径与时间。

在设立多边清算系统中，最后只剩下总额 380 万元的四笔结算款需要结清，而不再是当初总额为 1000 万美元的 10 笔款项需要结清了，如图 11.2 所示。

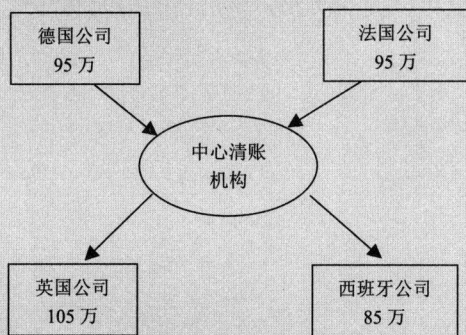

图 11.2　多边清算系统示意图

思考与练习

厦普赛尔公司是山西省高平市一个中等规模的黄梨汁饮料生产商。尽管至今为止，该公司大部分只在中国境内从事经营活动并销售其产品，但是，公司的首席执行希望向太平洋地区扩展。第一步是在日本和澳大利亚建立销售分支机构，然后，在日本建立生产基地，最后，将其产品在整个太平洋地区分销。公司的财务经理对计划充满激情，她正考虑对外扩展对财务管理过程的影响。她要求你这个最近公司聘任的财务分析员准备 1 小时的教学材料，解释国际财务管理的基本问题。该教学材料将提交给下次召开的董事会会议。为了便于你开始工作，财务经理为你列出下面问题：

(1)　何谓国际财务管理？为何公司要向其他国家扩展？

(2)　国际财务管理与国内财务管理存在哪几方面的差异？

(3)　简要讨论国际资本市场。

(4)　不同的国家平均资本结构差异程度如何？

(5)　跨国经营对下列财务管理主题有何影响？

①现金管理；②资本预算决策；③信用管理。

(6)　考虑表 11.9 所示的汇率。

表 11.9　购买单位外币所需要的美元

日本	0.008
澳元	0.610

① 假设厦普赛尔公司生产的每升黄梨汁运到日本需要 1.75 美元。如果公司想获得 50 的利润,黄梨汁在日本应该卖多少钱?

② 现在假设厦普赛尔公司在日本开始生产同样的黄梨汁产品的生产成本是 250 日元,运到澳大利亚,在那里可以卖 6 澳元。该销售的美元利润是多少?

③ 什么是汇率风险?

主要参考文献

1. 荆新，王化成，刘俊彦. 财务管理学. 北京：中国人民大学出版社，2015

2. 尤金·F. 布朗格姆. 财务管理理论与实践. 第 10 版. 北京：清华大学出版社，2010

3. 斯蒂芬·A. 罗斯. 公司理财. 第 6 版. 北京：机械工业出版社，2009

4. 大为·斯科特. 现代财务管理基础. 第 8 版. 北京：清华大学出版社，2013

5. 刘淑莲. 财务管理. 大连：东北财经大学出版社，2013

6. 陈雨露. 国际金融. 第 2 版. 北京：中国人民大学出版社，2006

7. [美]Stephen A. Ross，Randolph W. Westerfield，Jeffrey F. Jaffe 著；吴世农，沈艺峰等译. 公司理财[M]. 北京：机械工业出版社，2013

8. James C·Van Horne，John M·Wachowicz, JR 著. 刘曙光等译. 财务管理基础. 第 12 版. 北京：清华大学出版社，2006

9. 郭复初. 新编财务管理学. 北京：清华大学出版社，2006

10. 段九利，刘方乐. 旅游财务管理理论与实务. 第 2 版. 北京：清华大学出版社，2011

11. 秦志敏，牛彦秀. 财务管理习题与案例. 大连：东北财经大学出版社，2013

12. 加里·戈顿. 银行的秘密. 北京：中信出版社，2011

13. 刘斌，李伟. 财务管理. 大连：东北财经大学出版社，2011

14. 尤金·F. 布朗格姆. 财务管理基础. 第 9 版. 北京：中信出版社，2014

15. 雷蒙德·M·布鲁克斯. 财务管理. 北京：中国人民大学出版社，2015